독자의 1초를
아껴주는 정성을
만나보세요!

세상이 아무리 바쁘게 돌아가더라도 책까지 아무렇게나 빨리 만들 수는 없습니다.
인스턴트 식품 같은 책보다 오래 익힌 술이나 장맛이 밴 책을 만들고 싶습니다.
땀 흘리며 일하는 당신을 위해 한 권 한 권 마음을 다해 만들겠습니다.
마지막 페이지에서 만날 새로운 당신을 위해 더 나은 길을 준비하겠습니다.

길벗 IT 도서 열람 서비스

도서 일부 또는 전체 콘텐츠를 확인하고 읽어볼 수 있습니다.
길벗만의 차별화된 독자 서비스를 만나보세요.

더북(TheBook) ▶ https://thebook.io

더북은 (주)도서출판 길벗에서 제공하는 IT 도서 열람 서비스입니다.

Unlocking the Secrets of Prompt Engineering

Copyright ©Packt Publishing 2024.

First published in the English language under the title 'Unlocking the Secrets of Prompt Engineering – (9781835083833)'

이 책의 한국어판 저작권은 에이전시 원을 통해 저작권자와의 독점 계약으로 (주)도서출판 길벗에 있습니다.
저작권법에 의한 한국 내에서 보호를 받는 저작물이므로 무단전재와 무단복제를 금합니다.

프롬프트 엔지니어링의 비밀
Unlocking the Secrets of Prompt Engineering

초판 발행 · 2024년 10월 30일

지은이 · 길버트 미즈라히
옮긴이 · 김진호
발행인 · 이종원
발행처 · (주)도서출판 길벗
출판사 등록일 · 1990년 12월 24일
주소 · 서울시 마포구 월드컵로 10길 56(서교동)
대표 전화 · 02)332-0931 | **팩스** · 02)323-0586
홈페이지 · www.gilbut.co.kr | **이메일** · gilbut@gilbut.co.kr

기획 및 책임편집 · 이원휘(wh@gilbut.co.kr) | **디자인** · 장기춘 | **제작** · 이준호, 손일순, 이진혁
마케팅 · 임태호, 전선하, 차명환, 박민영, 박성용 | **유통혁신** · 한준희 | **영업관리** · 김명자 | **독자지원** · 윤정아
교정교열 · 강민철 | **전산편집** · 박진희 | **출력 · 인쇄 · 제본** · 예림인쇄

▶ 잘못 만든 책은 구입한 서점에서 바꿔 드립니다.
▶ 이 책은 저작권법에 따라 보호받는 저작물이므로 무단전재와 무단복제를 금합니다.
　이 책의 전부 또는 일부를 이용하려면 반드시 사전에 저작권자와 ㈜도서출판 길벗의 서면 동의를 받아야 합니다.

ISBN 979-11-407-1140-6 93000
(길벗 도서번호 080427)

정가 25,000원

독자의 1초를 아껴주는 정성 길벗출판사

(주)도서출판 길벗 | IT교육서, IT단행본, 경제경영, 교양, 성인어학, 자녀교육, 취미실용　www.gilbut.co.kr
길벗스쿨 | 국어학습, 수학학습, 어린이교양, 주니어 어학학습, 학습단행본　www.gilbutschool.co.kr

페이스북 · www.facebook.com/gbitbook
예제소스 · https://github.com/gilbutITbook/080427

프롬프트 엔지니어링의 비밀

길버트 미즈라히 지음 · 김진호 옮김

저의 멋진 아내 마리아 올가(Maria Olga), 당신은 제 버팀목이자 가장 친한 친구입니다. 항상 저를 믿어 주어서 고맙습니다. 내 아이들 다니엘(Daniel)과 안드레아(Andrea), 너희 덕분에 아빠는 매일 더 나은 사람이 되도록 노력하고 있단다. 가족의 흔들리지 않는 믿음이 이 꿈에 날개를 달아 주었습니다. 이 책은 우리 가족 모두를 위한 것입니다.

— 길버트 미즈라히(Gilbert Mizrahi)

추천사

역동적이고 빠르게 변화하는 인공 지능(Artificial Intelligence, AI)의 환경 속에서, 길버트 미즈라히의 최신 저서는 프롬프트 엔지니어링(Prompt Engineering)이라는 새로운 분야를 소개하며 실용적인 지식과 깊은 이해로 이끄는 등대와 같습니다. 저는 Aptima, Inc.[1]의 창립자이자 CEO로서 저자가 회사 동료였을 때부터 20년 이상 인연을 이어 오며, 인간과 기계 사이의 생산적인 협력을 이끌어내는 새로운 방법을 함께 고민해 왔습니다. 이처럼 폭넓고 선구적인 저작을 소개하게 되어 큰 영광이자 특권입니다.

길버트는 스탠포드대학교 시절부터 혁신과 기술의 최전선에 있었고, 이 책을 통해 대규모 언어 모델(Large Language Model, LLM)과 생성형 인공 지능(Generative AI)에 대한 깊은 이해와 통찰력 있는 접근을 보여 줍니다. 이 책은 단순한 기술 지침서에 그치지 않고, 세상을 변화시킬 수 있는 AI의 힘을 깊게 이해하고 건전한 관행을 고수하기를 강조하는 프롬프트 엔지니어링의 복잡한 세계를 탐험합니다.

이 책은 LLM의 기초를 탄탄하게 다지는 것으로 시작하여, 컴퓨터 과학과 공학 분야에서는 보기 드물게 정밀하고 명확하게 프롬프트 엔지니어링의 복잡성을 돌파해 나갑니다. 특히 이 책 전반에 걸쳐 강조하고 있는 윤리 문제는 기술 발전에 따라 양심적으로 반드시 지켜야 할 내용으로, 깊이 새겨들을 필요가 있습니다. 이 책을 읽으면서 느끼겠지만, 프롬프트 엔지니어링은 꼼꼼한 레시피를 만드는 것과 비슷하며, 음식 재료에 해당하는 프롬프트의 각 요소를 신중하게 다듬어야 LLM을 원하는 결과로 이끌어낼 수 있습니다.

이 책과 함께 놀라운 여정을 계속 이어가다 보면 핵심 개념을 깊이 파고들어 작게 나누고 다시 종합하여 다루는 것을 볼 수 있습니다. 또한 다양한 산업에서 프롬프트 엔지니어링을 활용하는 혁신적인 사례를 확인할 수 있습니다. 이를 통해 프롬프트 엔지니어링이 임상 의사 결정 지원, 환자 교육, 약물 발견과 같은 의료 분야를 혁명적으로 변화시키는 미래를 생생하게 엿볼 수 있습니다.

LLM의 미래 동향과 혁신을 예측하는 길버트의 선견지명은 이 분야에서 협업과 지속적인 학습이 필요하다고 강조합니다. LLM의 다양한 활용 분야를 탐구하며 거의 모든 산업 분야를 근본적으로 변화시킬 수 있는 잠재력이 있음을 보여 줍니다. 이 책은 기술 지침서일 뿐만 아니라 디

---

[1] 보스턴(Boston) 근교에 본사를 두고 있는 업체로, 교육, 기술, AI 등을 결합하여 인간의 업무 효율성을 향상시키는 솔루션을 제공하고 있습니다.

지털 시대에 어떻게 행동할지 알려주는 나침반이기도 하며, 이러한 역량의 발전에 따른 지혜와 세심한 배려, 투명성이 필요하다는 것을 강조합니다.

결론적으로 이 책은 AI 분야에 새로 발을 내딛는 초보자와 경험 많은 전문가 모두에게 없어서는 안 될 소중한 자원입니다. 또한 인간 사용자와 AI 간의 유익한 대화를 구축하기 위한 프롬프트 엔지니어링의 예술과 과학을 이해하고 통달하는 지침서이며, AI의 잠재력을 책임감 있게 활용하려면 협력하여 노력해야 한다는 사실을 상기시켜 줍니다. AI의 변화하는 환경을 탐색하는 이들을 위한 표지 역할을 하며 LLM의 기술적, 윤리적, 실질적 측면에 대한 깊은 이해를 반영합니다.

AI와 프롬프트 엔지니어링의 특별한 가능성을 탐구하려는 모든 이들에게 이 책을 추천합니다. 오랜 동료이자 친구의 성취를 기념하며, AI 분야에 크게 기여하는 이 책을 소개하게 되어 대단히 자랑스럽습니다.

— 다니엘 서파티(Daniel Serfaty), Aptima, Inc.의 창립자 겸 CEO

들어가며

GPT-4, 제미나이(Gemini)[1], 클로드(Claude)[2]와 같은 LLM의 등장은 AI의 능력에 지각 변동을 일으키고 있습니다. 이러한 모델들은 방대한 데이터 집합(Dataset)과 컴퓨팅 파워에 힘입어 놀라울 정도로 인간에 가까운 문장을 생성하고 복잡한 대화에 참여할 수 있게 되었습니다. 하지만 이 잠재력은 프롬프트 엔지니어링 기술이 있어야 완전하게 실현될 수 있습니다. 프롬프트 엔지니어링은 모델을 활성화하는 프롬프트를 세심하게 만드는 과정입니다. 프롬프트는 명령, 문맥, 예시, 안전 장치를 부호화해 특정 작업에 대한 모델의 능력을 전달합니다. 프롬프트 엔지니어링에 통달해야 콘텐츠 생성부터 데이터 분석에 이르는 다양한 애플리케이션에서 LLM의 막강한 힘을 활용할 수 있습니다.

이 책은 다양한 분야에서 프롬프트 엔지니어링을 사용하는 데 도움을 줄 실용적인 지침서입니다. 관련 배경 지식을 제공하고, 구체적인 예시와 실제 사례 연구를 통해 문제를 별개의 프롬프트로 분해하는 방법, 프롬프트를 반복적으로 정제해 모델의 처리 결과를 형성하는 효과적인 기술을 배울 수 있습니다. 또한 최적화된 프롬프트를 통해 LLM의 다재다능함을 활용하는 전략을 제공합니다. 이 책에서 소개하는 기술을 따라가다 보면 누구나 GPT-4나 클로드와 같은 AI 시스템의 문제 해결 기술을 활용하여 실질적인 가치를 창출하는 솔루션을 구축할 수 있을 것입니다.

대상 독자

이 책은 ChatGPT와 같은 AI 시스템에 사용할 프롬프트를 능숙하게 작성하고자 하는 모든 이들을 위해 썼습니다. 프롬프트 엔지니어링을 전혀 알지 못하건 어느 정도 경험이 있건 간에, 이 책은 효과적인 프롬프트를 작성하는 예술과 과학에 통달하는 데 도움이 될 것입니다. 저는 학생, 연구자, 기업가, 마케터, 고객 서비스 제공자, 그 외 AI의 힘을 최대한 활용하려는 전문가를 포괄하는 광범위한 독자층을 대상으로 이 책을 설계했습니다. 제 목표는 바로 적용할 수 있는 실행 가능한 전략과 기술을 제공하여 프롬프트 작성 기술을 향상시키는 것입니다. 이 책을 끝마칠 때면 AI 시스템에서 원하는 반응을 이끌어낼 수 있도록 의도를 명확하게 전달하고 적절한 상황

---

1 Google에서 개발한 LLM으로 2024년 2월 8일 이전까지는 Bard라는 브랜드를 사용했으나, 이후 제미나이로 리브랜딩 되었습니다.
2 OpenAI의 GPT-3 개발자 중 일부가 설립한 Anthropic의 LLM으로, 안전성과 윤리성에 초점을 맞춘 모델입니다.

과 예시를 포함한 프롬프트를 구성하는 방법을 알게 될 것이라 확신합니다. 이 책의 실용적인 지식으로 여러분은 프롬프트 엔지니어링 전문가로 거듭날 것입니다.

이 책에서 다루는 내용

1장 프롬프트와 프롬프트 작성 기법 이해하기

들어가는 첫 장에서는 LLM 프롬프트와 프롬프트 엔지니어링의 기초에 대한 포괄적인 개요를 제공합니다. 프롬프트의 구성 요소, 다양한 프롬프트 작성 기술, LLM의 매개 변수, 효과적인 프롬프트를 작성하기 위한 실험에 사용되는 체계적인 프레임워크에 대해 살펴봅니다. 이외에도 장황함, 일관성의 부재와 같이 해결해야 할 과제에 대해서도 이야기합니다. 이 장에서는 프롬프트 엔지니어링과 LLM의 행동을 이끌어내는 방법을 이해함으로써, 이어지는 내용에서 다양한 애플리케이션에 AI의 힘을 활용할 수 있는 토대를 마련합니다.

2장 AI로 문장을 생성하여 콘텐츠 제작하기

ChatGPT와 같은 AI 도구를 활용하여 소셜 미디어 게시물, 영업 판매 문구, 영상 대본, 기사 등과 같은 콘텐츠의 초안 내용을 생성하거나 개요와 초안을 작성하는 방법에 대해 알아봅니다. AI에게 방향을 안내하기 위해 상황과 예시를 제공하는 방법, 메시지를 맞춤 구성하는 방법, 말투와 목소리를 맞춤 구성하는 방법, 정제되지 않은 AI의 처리 결과를 다듬는 방법 등을 다룹니다. 이러한 기술을 통해 AI는 콘텐츠를 제작할 때 인간의 창의성과 생산성을 향상시킬 수 있는 가능성을 보여 주지만, 그럼에도 불구하고 여전히 인간의 감독이 중요합니다. 이 장의 핵심은 AI의 조력을 인간의 창의성 및 의도와 사려 깊게 결합하여 매력적이고 품질 높은 콘텐츠를 개발하는 것입니다.

3장 ChatGPT와 실용적인 예제를 통해 팟캐스트 만들고 홍보하기

매력적인 팟캐스트 제작이나 면접 질문과 같은 작업에 ChatGPT와 같은 AI 도구를 활용하는 실용적인 예시를 보여 줍니다. 팟캐스트 주제, 잠재적인 참여자, 홍보 자료를 식별하기 위한 프롬프트와 기술을 알아봅니다. 면접의 경우, 면접관과 지원자 모두 AI를 사용하여 관련 질문을 전략적으로 준비하고 신중한 답변을 구상할 수 있는 방법을 다룹니다. 이 장의 핵심은 AI를 사용하여 팟캐스트와 면접을 위한 준비, 아이디어 생성, 콘텐츠 제작을 가속화하고 인간의 창의성을 향상시키는 것입니다.

4장 창의적인 글쓰기를 위한 LLM

작가들이 ChatGPT와 같은 AI 도구를 활용하여 창의적 글쓰기 과정의 다양한 측면을 향상시킬 수 있는 방법을 살펴봅니다. 소설을 위한 아이디어, 인물, 줄거리 생성부터 독창적인 시를 쓰는 방법까지 창의적인 프롬프트를 작성하는 예시들을 제공합니다. 이 장의 핵심은 작가의 관점과 목소리를 유지하면서 상상력을 자극하기 위해 AI를 사용하는 것입니다. 인간의 창의성과 AI의 조력이 적절히 조화를 이룰 때, 더욱 빠르게 아이디어를 생성하고, 편집을 통해 초안을 개선하며, 새로운 창의적 지평을 열 수 있습니다.

5장 비정형 텍스트에서 통찰력 얻기: 텍스트 분석을 위한 AI 기술

비정형 텍스트에서 분석 결과를 이끌어내기 위한 감성 분석, 데이터 분류, 데이터 정리, 패턴 매칭 같은 AI 기법의 주요 적용 사례를 살펴봅니다. 콘텐츠에서 감정을 알아내거나 데이터를 분류하고 불일치를 해결하며 구조화된 정보를 추출하는 것과 같은 작업을 수행하기 위해 이러한 기법을 사용하는 예시를 제공합니다. 이 장의 핵심은 AI를 활용하여 정성적 데이터 분석을 자동화함으로써 시간과 노력을 절약하고 정확도를 높이는 것입니다. 적절한 기법을 사용하면 누구나 AI를 이용해서 급증하는 비정형 텍스트 데이터에서 가치를 발굴할 수 있습니다.

6장 교육과 법률 분야의 LLM 사례

교육과 법률 분야에서 ChatGPT와 같은 AI 시스템의 활용 사례를 보여 줍니다. 교육 분야에서는 학습 목표에 따른 맞춤 교육 자료, 연습 문제, 채점 기준을 생성하는 예시를 제공합니다. 법률 분야에서는 연구, 문서 작성, 지적 재산 관리, 법대생 교육을 비롯한 새로운 사용 사례에 LLM을 활용하는 방법을 살펴봅니다. 하지만 AI의 응답을 사람이 검증하는 것은 여전히 중요합니다. 신중하게 구현한다면 ChatGPT와 같은 도구들은 반복적인 작업을 자동화하고 생산성을 향상시켜 교육, 법률을 비롯한 여러 분야의 전문가들을 지원할 수 있는 엄청난 잠재력을 보여 줄 것입니다.

7장 AI 짝 프로그래머의 부상: 지능형 도우미와 함께 더 나은 코드 작성하기

GPT-4와 같은 LLM은 기능적인 코드 조각 생성, 코드 설명, 디버깅, 성능 최적화, 프로그래밍 언어 사이의 번역을 통해 코딩을 변화시키고 있습니다. 이 장에서는 AI를 사용하여 웹사이트 코드와 크롬 확장 프로그램을 빠르게 개발하는 사례 연구를 제공하여, 개발자가 기계적인 코딩 작업이 아닌 코드 설계에 집중할 수 있도록 합니다. GitHub Copilot 같은 AI 코딩 도우미는 GPT-3와 GPT-4를 활용하여 개발자의 요구에 맞춘 자율적인 코드를 생성해 줍니다. AI가 개발의 속도를 높여 줄 수는 있지만, 생성된 코드는 배포 전에 사람이 직접 검토하고 수정해야 합니다. AI가 조만간에 개발자를 완전히 대체할 가능성은 높지 않지만, 코딩을 할 때 인간의 창의력과 문제 해결 능력을 보완해 줄 수 있습니다. 미래에는 인간과 AI의 협력이 더욱 풍부해질 것이며, 프로그래머와 도우미가 공생하며 함께 작업하게 될 것입니다.

8장 챗봇을 위한 AI

GPT-3, 4나 클로드 같은 LLM에 의해 구동되는 챗봇은 대화형 AI를 혁신해 더 자연스럽고 인간에 가까운 디지털 경험을 가능하게 합니다. 이 장에서 자세히 설명된 예시에서 볼 수 있듯이, 봇은 강력한 생성 모델을 통해 자연어를 진정으로 이해하고 사용자와 자유롭게 대화를 나누며 상거래부터 맞춤화된 평가에 이르기까지 정교한 작업 흐름을 완성할 수 있습니다.

봇이 능력을 발휘하려면 신중한 프롬프트 엔지니어링이 중요합니다. 개발자들은 중요한 맥락, 분야 지식, 업무의 논리 흐름, 데이터 원본 등을 프롬프트에 주입하여 봇의 행동을 형성할 수 있습니다. 플레이그라운드에서 상호 작용하는 것만으로도 충분히 잠재력을 엿볼 수 있지만, LLM API를 기반으로 구축한 맞춤 솔루션은 더 많은 가능성을 열어 줍니다.

9장 더 똑똑한 시스템 구축: 고수준의 LLM 통합

LLM을 실제 작업 흐름에 통합하여 새로운 가능성을 열어 주는 다양한 기법을 살펴봅니다. 쉽게 사용할 수 있는 SheetSmart와 같은 템플릿은 스프레드시트에 수식을 간단하게 설정하여 GPT-3.5 같은 LLM에 대량의 프롬프트를 전달할 수 있습니다. Zapier나 Make 같은 더 강력한 자동화 플랫폼은 LLM API를 이용해 웹 애플리케이션을 파이프라인에 연결할 수 있게 해줍니다. 이를 통해 데이터 원본을 LLM에 통합하여 경쟁력 분석 보고를 생성하는 등의 과정을 자동화할 수 있습니다. LangChain, Flowise, Langflow 같은 개발자 도구는 완전한 사용자 맞춤을 위해 추론, 대화, 맥락 추천을 포함하는 정교한 고급 LLM 프로그램을 구축하는 프레임워크를 제공합니다. 이 장의 실습 예제를 통해 고객 데이터에서 분석 결과를 이끌어내어 고객 관리 시스템을 보강하고, LLM을 사용해 PDF 문서와 대화하는 통합 예제를 볼 수 있습니다.

10장 생성형 AI: 윤리와 혁신의 교차점에서 발생하는 문제들

생성형 AI는 신뢰, 책임, 편향적 위험성, 생산성 향상부터 일자리 감소에 이르는 경제적 영향, 지속 가능성을 위협하는 대규모 컴퓨팅 수요, 미묘한 사회적 위험, 기계의 창의성을 둘러싼 철학적 질문과 같은 많은 도전 과제를 내놓았습니다. 이러한 문제를 해결하기 위해서는 설계 윤리, 알고리즘 평가, 신중한 규제, 포용적인 관리 체계, 인권 존중에 대한 협력이 필요합니다. 오늘날 AI 윤리와 관리 체계에 대해 어떤 선택을 하느냐는 장래에 중대한 영향을 미칠 것입니다. 인본주의(humanism)가 개발을 이끌면 이러한 기술은 사회를 고양하고 풍요롭게 하는 방향으로 나아갈 것입니다.

11장 결론

프롬프트 엔지니어링은 다양한 산업 전반에서 작업을 자동화하고 인간의 역량을 강화하기 위해 LLM과 같은 생성형 AI 시스템을 이끄는 획기적인 기술입니다. 요리할 때 재료를 조절하는 것처럼, 결과를 기반으로 프롬프트를 세심하게 다듬는 것은 이러한 모델을 다루는 핵심 작업입니다. 아직까지는 갓 태어난 AI의 능력을 감독하기 위해 인간의 전문 지식이 필수적입니다. 앞으로는 조건 처리와 인과 관계를 다루는 프롬프트 기술을 통해 보다 안정적이고 개인화된 애플리케이션을 구현할 수 있을 것입니다. 의료, 공학, 금융 같은 다른 분야는 전문가를 지원하는 프롬프트 엔지니어링의 엄청난 잠재력을 보여 줍니다. 그럼에도 불구하고 작금의 한계를 인정하고 위험을 책임감 있게 관리하기 위한 신중한 관리 체계를 구현해야 합니다. 고유한 데이터에 대한 학습을 통해 결과를 개인화해 주는 서비스와 도구를 모델과 통합하는 플랫폼은 그 가능성을 점차 확장할 것입니다. 아직까지는 프롬프트 엔지니어링이 문장 생성에 중점을 두고 있지만, 멀티모달(Multi Modal) LLM이 발전함에 따라 그 형태는 더욱 다양해질 것입니다.

이 책은 전반적으로 사려 깊은 프롬프트 엔지니어링을 통해 삶과 업무의 거의 모든 측면을 변화시킬 수 있는 흥미로운 가능성을 불러일으키는 기술의 입문서가 될 것입니다.

이 책을 최대한 활용하려면

프롬프트 엔지니어링을 다루고 있는 이 책을 최대한 활용하려면 OpenAI의 ChatGPT, Anthropic의 클로드, Google의 제미나이에 접근해야 합니다. 기본적인 내용부터 시작하기 때문에 이를 다루는 전문적인 기술이나 지식은 없어도 됩니다. 다만 창의적이고 반복적으로 효과적인 언어 모델 프롬프트를 만드는 데 열중해야 합니다. 프롬프트 엔지니어링이 작업을 명확히 표현하고 역량을 발휘하는 기술을 개발한다는 점을 고려할 때, 배우려는 마음가짐은 중요합니다. 이 책의 목표는 여러분이 자기 주도적인 여정을 시작하도록 돕는 것입니다.

이 책에서는 주로 OpenAI의 ChatGPT, Anthropic의 클로드, Google의 새로운 제미나이 언어 모델을 위한 프롬프트 제작에 초점을 맞추고 있으며, 업계를 선도하는 이러한 시스템에서 사용할 수 있는 기술을 모두 다룹니다. 코드와 예제는 macOS, Windows 10 이상, 일반적인 Linux 배포판에서 모두 사용할 수 있으며, 하드웨어의 요구 사항은 2017년 이후에 발매된, 인터넷에 연결되어 있는 컴퓨터면 충분합니다.

이 책은 실제 문제에 즉각적인 엔지니어링 작업을 빠르게 적용할 수 있도록 구성했습니다. 여러분의 학습 스타일이 개념을 빠르게 파악하고 실제 실습에 빠르게 뛰어드는 것이라면 올바른 지침서를 찾은 셈입니다.

이 책에서 다루고 있는 소프트웨어와 하드웨어	운영 체제 요구 사항
OpenAI ChatGPT, GPT-3.5, GPT-4	Windows, MacOS, Linux
Anthropic 클로드 2	
Google 제미나이	

이 책에서 사용된 관례

이 책에서는 몇 가지 관례를 사용하고 있습니다.

문장 안의 코드: 문장 안의 코드 단어, 데이터베이스 테이블 이름, 폴더 이름, 파일명, 파일 확장자, 경로 이름, 가상 URL, 사용자 입력, X(Twitter) 계정 이름을 나타냅니다. 이에 대한 예는 다음과 같습니다. "유일하게 변경된 사항은 구성(manifest)에서 `browser-action`이 `action`으로 변경된 것뿐입니다."

프롬프트는 다음과 같이 표현합니다.

> **프롬프트**
>
> 첫 번째 질문 모음에 대해, 각각의 질문마다 잠재적으로 좋은 답변을 세 가지 제공해 주세요.

프롬프트에 대한 답변은 다음과 같이 표현합니다.

> **응답**
>
> 1. 성공한 1인 기업가로서 개인 브랜딩이 개인 기업 환경에서 얼마나 중요하다고 생각하며, 자신의 개인 브랜드가 성공에 어떻게 기여했다고 생각하시나요?
> 2. 개인 브랜딩과 전문 브랜딩의 경계가 모호해지면 1인 기업가에게 잠재적인 위험이 있다고 생각하십니까? 어떻게 균형을 유지하시나요?
> 3. 개인 브랜딩은 경쟁에서 돋보일 수 있는 강력한 도구인 것 같습니다. 개인 브랜드가 고객에게 고유한 가치 제안을 반영하도록 하려면 어떻게 해야 하나요?
> 4. 이제 막 시작하는 1인 기업가에게 강력하고 신뢰할 수 있는 개인 브랜드를 구축하기 위한 조언이 있다면 무엇인가요?

코드 블록이나 프롬프트의 특정 부분을 강조해야 할 때, 관련 줄이나 항목은 굵은 글씨로 표시합니다.

> **프롬프트**
>
> OCR을 사용하여 청구서에서 추출한 [문장]을 사용하세요. [JSON 모델]에 명시된 구조를 사용하여 JSON 객체로 구성하세요.
> **[문장]="OCR에 의해 생성된 문장"**
> [JSON 모델]=(위의 모델)
> JSON에 동일한 키를 포함하고 구조를 모델과 동일하게 유지하세요.

옮긴이의 말

AI 기술이 우리의 일상에 깊숙이 자리 잡으며, 인간과 기계 간의 소통 방식이 급속히 진화하고 있습니다. 특히 AI의 중요한 축을 차지하고 있는 '프롬프트 엔지니어링'이라는 개념은 그 핵심에 자리 잡고 있으며 기술 발전과 더불어 우리의 사고 방식을 바꾸고 있습니다. 이제 우리는 단순히 AI에게 명령을 내리는 시대를 넘어, 마치 예술 작품을 빚어내듯이 정교하게 설계된 질문과 명령을 통해 AI의 잠재력을 최대한 끌어내는 시대에 접어들었습니다.

이러한 변화의 흐름 속에서 길버트 미즈라히의 〈Unlocking the Secrets of Prompt Engineering〉은 AI와 소통하는 새로운 문법을 제시하며 이 기술이 지니는 무한한 가능성의 문을 여는 열쇠를 제공합니다. 프롬프트를 작성하는 것은 단순한 명령어 나열에 그치지 않고, AI가 제공할 수 있는 지식, 창의력, 문제 해결 능력을 극대화하기 위한 일종의 예술적 과정이라 할 수 있습니다. 이 책은 그 과정을 세밀하게 안내하고 있으며, AI를 도구로서 활용하는 것을 넘어 우리의 협력자로 자리잡게 하는 방법을 설명합니다.

책을 번역하면서 가장 인상 깊었던 점은 저자가 프롬프트 엔지니어링을 바라보는 철학적 접근입니다. 단순히 기술적인 설명을 제공하는 것에 그치지 않고 AI와 인간의 상호 작용 속에서 일어나는 미묘한 흐름을 깊이 있게 탐구하는 그의 통찰력은 이 책을 기술 서적 이상의 가치를 더하고 있습니다. 특히 인간의 창의력과 AI의 무한한 계산 능력이 결합할 때 발생하는 시너지를 강조하며, 이러한 시대적 흐름이 우리의 사고 방식과 창의적인 문제 해결 능력을 어떻게 극대화할 수 있는지 명쾌하게 풀어냅니다.

번역 과정에서 프롬프트 엔지니어링의 개념을 단순히 기술적 용어로 설명하기보다는, 이 기술이 지니는 철학적 깊이와 실용성을 독자들에게 정확하게 전달하기 위해 심혈을 기울였습니다. AI는 이제 우리 삶의 필수적인 도구가 되었고, 그 도구를 다루는 방법과 태도에 따라 우리의 미래가 달라질 것입니다. 이 책은 바로 그 중요한 관문을 통과하기 위한 훌륭한 안내서 역할을 할 것입니다.

이 책을 통해 여러분이 단순히 AI 기술을 배우는 것을 넘어, AI와의 새로운 소통 방식을 터득하고, 이를 바탕으로 창의적인 사고와 혁신적인 아이디어를 현실화할 수 있기를 바랍니다. 저자의 지혜와 통찰이 독자 여러분에게 큰 영감이 되기를 기대하며, 이 책이 AI 시대에 새로운 가능성을 열어 줄 수 있기를 소망합니다. 그리고 프롬프트 엔지니어링이라는 신세계로의 첫걸음을 내딛는 독자 여러분 모두에게 이 책이 좋은 동반자가 되기를 바랍니다.

마지막으로 이 책을 번역하는 데 함께 고민하고 애쓰신 길벗의 이원휘 님과 관계자 여러분께 감사드립니다. 특히 제 번역에 대한 까칠한 고집을 이해해 주시면서도 또 독자를 위해 쓴 소리도 마다하지 않으신 덕분에 좋은 책을 번역할 수 있었습니다.

또한 언제나 밝은 모습으로 많은 사람들에게 긍정적인 에너지를 전달해 주고 계시는 제 우상인 윤태진 아나운서님께도 마음속 깊이 감사를 드립니다. 책에 이름을 사용할 수 있도록 허락해 주신 덕분에 책을 쓰면서 더욱 즐거웠습니다. 언제나 팬의 입장에서 생각하고 팬 걱정만 하시는 아나운서님의 팬이자 춘알단으로서 짧다면 짧고 길다면 긴 시간 동안 함께 할 수 있어서 행복하다는 말씀을 다시 전합니다.

그리고 이 책을 번역할 때 항상 옆에서 지치지 않도록 힘을 불어넣어 준 부인냥에게도 무한한 감사의 말을 전합니다.

2024년 8월 싱가포르 센토사(Sentosa) 섬에서
김진호(Choonholic)

> **이 책의 활용법**

예제 파일 내려받기

책에서 사용하는 예제 코드는 길벗출판사 웹사이트에서 도서명으로 검색하여 내려받거나 다음 저장소에서 내려받을 수 있습니다.

- **길벗출판사 웹사이트**
  https://www.gilbut.co.kr
- **길벗출판사 깃허브**
  https://github.com/gilbutITbook/080427
- **저자 깃허브**
  https://github.com/uberto
- **연습문제 힌트 깃허브**
  https://github.com/uberto/pesticide

저자의 소셜 미디어

- Twitter: https://twitter.com/ramtop
- Medium: https://medium.com/@ramtop
- LinkedIn: https://www.linkedin.com/in/uberto
- Mastodon: https://mastodon.online/@ramtop

실습 관련 일러두기

1. AI의 성격상 매번 답변이 달라질 수 있고, 실습의 흐름이 달라질 수 있습니다. 본문을 학습할 때 이 점을 참고해 주기 바랍니다.
2. 7장 이후 코드 관련 실습을 소개할 때도 질문마다 AI의 답변이 달라질 수 있습니다. 이 책에서와 같이 AI가 답변한 코드를 예제 코드 형태로 제시하는 것은 어려운 일입니다. 따라서 똑같이 따라 해야 하는 실습이 아니라 이렇게도 사용할 수 있구나 하는 느낌으로 눈으로 보고 따라 하는 개념으로 보면 더욱 도움이 될 것입니다.

> **베타테스터 후기**

이 책에서 특히 도움이 되었던 부분은 AIDA, PAS, FOMO와 같은 구체적인 프롬프트 작성 패턴을 설명한 내용입니다. 마케팅이나 고객 지원 등 실제 비즈니스 사례에 바로 적용할 수 있는 구조화된 방식을 제시하여, 현업에서 프롬프트를 작성할 때 큰 도움이 되었습니다.

고수준 통합 기법을 다룬 부분도 데이터 처리 업무가 많은 제 입장에서 매우 인상적이었습니다. SheetSmart와 Zapier 같은 자동화 도구를 활용해 작업 흐름을 구축하는 방법이 설명되어 있었고, 업무 자동화에 직접적으로 기여할 수 있는 유용한 가이드였습니다.

또한 LLM을 통해 많은 업무를 처리할 수 있지만, 인간의 직관과 윤리적 기준으로 이를 조율하고 감독하지 않으면 부정확하거나 예기치 못한 결과가 발생할 수 있다는 점을 책의 마지막 장에서 다시 확인했습니다. 이를 통해 AI를 관리하고 감독할 때, 어떤 기준을 갖추어야 할지 다시 고민하는 계기가 되었습니다.

이 책은 프롬프트 엔지니어링을 실무에 적용하려는 사람들에게 매우 유용한 가이드입니다. 이미 프롬프트 엔지니어링을 활용 중인 사람들도 이 책을 통해 새로운 아이디어와 확장된 응용 방안을 얻을 수 있을 것입니다.

송인지_통신회사 소프트웨어 개발자

생성형 AI가 활용되는 사례와 실제 프롬프트가 적용되고 결과를 얻었을 때 어떻게 하면 결과의 품질을 높일 수 있는지에 대해, 다양한 분야에 걸쳐 잘 소개된 책입니다. 또한 한 분야의 사례가 아닌, 글쓰기나 법률, 프로그래밍과 같은 실용적인 분야에 직접 접목된 내용이 잘 설명되어 있어, 전문 개발자가 아니더라도 실제 해당 사례에서 응용하게 될 케이스에 유용하게 써먹을 수 있을 것 같습니다.

강찬석_LG전자 소프트웨어 엔지니어

생성형 AI는 우리 삶에 밀접하게 들어와 있지만, 그것을 올바르게 다루는 방법은 정확히 알지 못합니다. 이 책은 다양한 분야에서 올바르게 프롬프트를 사용하는 방법을 익힐 수 있습니다. 생성형 AI의 기초적인 사용 방법이 궁금한 분들뿐만 아니라 효과적인 소통을 통해 고품질의 답변을 얻고 싶은 분들에게 이 책을 추천합니다.

박현우_티맥스와플 3년차 프런트엔드 개발자

프롬프트가 단순히 글을 입력하는 개념이 아니라, 이론과 논리가 있는 하나의 프로그래밍 같다는 느낌을 받았고, 이러한 부분을 개념부터 설명하는 책입니다. 예시는 실제 누구나 생각해 볼 수 있는 현실적인 내용으로 구성되어 있습니다. 다양한 활용 방안 및 예시가 생각의 범주를 더 크게 해 주고 실제 예제 코드와 동작되는 흐름도 잘 정리되어 있습니다. 단순한 프롬프트를 소개하는 데 그치지 않고, 다양한 고급 영역의 기술까지 포함하고 있어서 여러 부분에 대해 도움이 되는 책입니다.

박찬웅_롯데렌탈 소프트웨어 엔지니어

6장까지는 마치 잔잔한 바다를 지나는 기분으로 보았는데, 7장부터는 슬슬 바람도 불고 파도도 치는 곳을 지나는 느낌으로 흥미진진하게 봤습니다. 특히 후반부는 책의 분량을 늘려서라도 조금 더 많은 내용을 자세하게 다루었으면 싶었습니다. 프롬프트 엔지니어링을 공부하고 싶은 분들이나 실무에 적용해 보고 싶은 분들이 읽어 보면 도움이 될 만한 책입니다.

김영익_AWSKRUG 시니어 백엔드 개발자

최근 프롬프트 엔지니어링에 대한 관심이 높습니다. 기술적인 부분만 아니라 사회 각 분야에서 사용되고 있기에 더욱 그러합니다. 이 책은 자신이 몸담고 있는 분야에서 어떻게 프롬프트 엔지니어링을 사용할 수 있는지 구체적으로 보여 줍니다.

개인적으로 코딩과 관련된 부분이 무척 인상적이었습니다. 코딩을 도와주는 것을 넘어서 주석, 정리, 최적화까지 도와주니 확실히 생산성이 좋아지는 것을 느낄 수 있었습니다. 또한 GPT-4를 이용한 챗봇 제작과 LLM 구축은 내가 원하는 최적의 서비스를 만드는 데 많은 도움이 될 것이고, 무엇보다 GPT를 이용한 다양한 사용처를 알게 되어 새로운 비즈니스를 생각할 수 있을 것 같습니다. 구체적인 질문과 상세한 화면을 제공하여 초보자도 쉽게 따라 하고 이해할 수 있는 멋진 프롬프트 엔지니어링 입문서이자 전문서입니다.

김동우_프리랜서 백엔드 개발자

LLM을 연구하다 보면 미세 조정, RAG, 프롬프트 엔지니어링과 친해질 수밖에 없습니다. 하지만 다른 두 분야와 다르게 프롬프트 엔지니어링을 상세하고 정리해 다루는 저서는 많이 없습니다. 특히 한국어 자료는 기초적인 부분만 다루곤 합니다. 그런 의미에서 이 책은 여러 모델을 활용하며 실제 사용 예를 들고 있어, LLM에 입문하는 많은 개발자 연구자들에게 도움이 될 것 같습니다.

박민건_세종대학교 석사 과정

시중에 판매되는 대부분의 책은 LLM의 작동 원리에 기반하지 않고, 프롬프트 엔지니어링을 추상적으로 설명하는 데 그칩니다. 반면 이 책은 LLM이 무엇인지 그리고 LLM이 학습하고 추론하는 방식이 어떻게 프롬프트 엔지니어링이라는 개념과 연결될 수 있는지를 설명하는 것으로 시작합니다. 프롬프트 엔지니어링이 가능한 이유를 납득할 수 있는 방식으로 접근해서 좋았습니다.

강민재_성균관대학교 학부생

프롬프트에 대해서 배운다고 하면 보통은 명령어 사례, 톤앤매너, 몇 가지 튜닝 기법, 질문의 기술 등을 배우는 게 보통이지만 이 책은 실제 사용 사례와 고려 사항 그리고 현업에서 이용할 수 있는 실전적 기술을 가르쳐 주는 부분이 매우 흥미로웠습니다. 또한 특정 제품에 국한하지 않고 다양한 생성형 AI에 적용해 볼 수 있는 내용을 다뤄 주었기에 클로드, 제미나이 등 다양한 서비스에 접목해서 시너지를 기대해 볼 수 있을 듯합니다.

이찬우_에이더 대표

목차

1부 | 프롬프트 엔지니어링 소개

1장 프롬프트와 프롬프트 작성 기법 이해하기   031

1.1 기술적 요구 사항   033

1.2 LLM 프롬프트 소개   034

1.3 LLM 프롬프트의 동작 원리   034
- 1.3.1 구조   035
- 1.3.2 LLM 학습   035
- 1.3.3 프롬프트에서 응답까지: LLM이 추론으로 빈칸을 채우는 방법   038

1.4 LLM 프롬프트의 유형   039

1.5 LLM 프롬프트의 구성 요소   044

1.6 인격 부여하기: 맞춤형 상호 작용을 위한 역할 프롬프트   049
- 1.6.1 퓨샷 러닝: 예시 프롬프트로 모델 학습시키기   051

1.7 나만의 목소리 찾기: 프롬프트에 개성 정의하기   053

1.8 패턴 사용하기: 프롬프트의 효율성 높이기   056

1.9 혼합과 조화: 향상된 프롬프트를 위한 전략적 조합   059

1.10 LLM 매개 변수 탐색하기   062

1.11 프롬프트 엔지니어링(실험)에 접근하는 방법   064

1.12 LLM 프롬프트 사용의 과제와 한계   065

1.13 요약   066

2장 AI로 문장을 생성하여 콘텐츠 제작하기 069

2.1 AI를 활용하여 광고 문구 작성하기 071

2.2 소셜 미디어 게시물 작성하기 076
- 2.2.1 X 글타래 작성하기 077
- 2.2.2 인스타그램 게시물 작성하기 080
- 2.2.3 전환율을 높이는 판매 문구 작성하기 083

2.3 동영상 대본 작성하기 085

2.4 블로그 게시물, 기사, 뉴스 생성하기 088

2.5 AI를 활용해 흥미로운 콘텐츠 만들기 093

2.6 AI를 활용해 메시지 개인화하기 098

2.7 AI를 활용해 맞춤형 콘텐츠 만들기 103

2.8 요약 105

2부 | 기본적인 프롬프트 엔지니어링 기술

3장 ChatGPT와 실용적인 예제를 통해 팟캐스트 만들고 홍보하기 109

3.1 유명 게스트를 위한 팟캐스트 질문 작성하기 110

3.2 일반인 게스트를 위한 팟캐스트 질문 작성하기 115

3.3 팟캐스트의 주제, 아이디어, 잠재적 게스트 연사 파악하기   117

3.4 AI로 팟캐스트 홍보하기   120
       3.4.1 팟캐스트 에피소드 요약 작성하기   120
       3.4.2 소셜 미디어 홍보를 위한 매력적인 인용문 작성하기   124
       3.4.3 팟캐스트 하이라이트 영상 조각 만들기   125
       3.4.4 팟캐스트의 내용을 공유 가능한 블로그 콘텐츠로 바꾸기   126

3.5 통찰력 있는 면접 질문 파악하기   128

3.6 AI가 생성한 답변으로 면접 기술 훈련하기   130

3.7 AI를 통해 고객과의 상담을 위한 전략적 질문 생성하기   134

3.8 요약   135

4장 창의적인 글쓰기를 위한 LLM   137

4.1 AI를 활용한 창의적인 글쓰기   139

4.2 AI를 활용한 소설 쓰기   141

4.3 AI를 활용한 시 쓰기   148

4.4 요약   152

5장 비정형 텍스트에서 통찰력 얻기: 텍스트 분석을 위한 AI 기술 155

5.1 감성 분석: 텍스트에서 감정을 감지하는 AI 기술   156

5.2 비정형 데이터 정리: AI 기반의 텍스트와 데이터 자동 분류   160

5.3 엉망인 데이터 정리: AI가 데이터 집합의 문제를 식별하고 해결하는 방법   163

5.4 비정형 데이터 이해하기: 정보 추출을 위한 패턴 매칭   165

5.5 요약   176

3부 | 다양한 분야의 고급 사용 사례

6장 교육과 법률 분야의 LLM 사례   181

6.1 ChatGPT를 이용한 강의 자료 작성   183

6.2 유인물과 기타 자료 작성   185
    6.2.1 단원 유인물 작성   186
    6.2.2 풀이 예시 작성   187
    6.2.3 단어 문제   188

6.3 쪽지 시험 문제 작성   190

6.4 평가 기준표 작성   192

6.5 빈칸 채우기 이해력 시험 작성   194

6.6 법률 연구를 위한 AI 195

6.7 LLM을 활용한 법률 문서 검토 198

6.8 LLM을 활용한 법률 문서 작성 201

6.9 법률 교육과 학습을 위한 AI 206

6.10 LLM을 활용한 전자 증거 개시와 소송 지원 209

6.11 AI를 활용한 지적 재산 관리 212

6.12 변호사를 위한 기타 LLM 활용 216

6.13 요약 219

7장 AI 짝 프로그래머의 부상: 지능형 도우미와 함께 더 나은 코드 작성하기 **221**

7.1 코딩 도우미를 이용한 코드 생성 223

7.2 헷갈리는 것을 명확하게: AI가 코드의 기능을 쉽게 설명합니다 224

7.3 코드 주석 달기, 형식 정리, 최적화 226

7.4 잘못된 코드 수정: AI가 디버깅 과정을 바꾸는 방법 228

7.5 코드를 한 언어에서 다른 언어로 번역하기 230

7.6 사례 연구 1: AI를 활용한 웹사이트 코드 개발 231

7.7 사례 연구 2: AI를 활용한 엣지와 크롬 확장 프로그램 제작 243

7.8 요약 250

8장 챗봇을 위한 AI 251

8.1 기술 요구 사항 253

8.2 GPT-4 API와 기타 LLM API를 사용한 챗봇 제작 253

8.3 LLM API를 활용한 대화형 인터페이스 구축 256

8.4 AI를 활용한 고객 지원 264

8.5 사례 연구 1: 사용자의 제품 주문을 돕는 AI 기반 챗봇 266

8.6 사례 연구 2: 상호 작용 질문과 평가 생성 후 챗봇 흐름 배포 273

8.7 요약 280

9장 더 똑똑한 시스템 구축: 고수준의 LLM 통합 281

9.1 스프레드시트를 활용한 대량 프롬프트 자동화 282

9.2 Zapier와 Make를 통해 LLM을 기술 구성과 연동하기 287

9.3 제품 설명 작성과 번역 289

9.4 API를 넘어: LangChain으로 맞춤형 LLM 파이프라인 구축하기 300

9.5 LangChain의 기본 구성 요소 302

9.6 LangChain의 노 코드 도구: Langflow와 Flowise 304

    9.6.1 Flowise 탐색하기 305

    9.6.2 ChatGPT 스타일의 챗봇 구성하기 308

    9.6.3 LLM을 활용해 PDF에서 답 찾기 309

    9.6.4 LangSmith: LLM 작업 흐름 디버깅, 테스트, 모니터링하기 311

9.7 LLM 통합의 미래: 플러그인, 에이전트, 어시스턴트, GPT, 멀티 모달 모델   311

9.8 요약   314

4부 | 윤리, 한계, 앞으로의 발전

10장 생성형 AI: 윤리와 혁신의 교차점에서 발생하는 문제들   317

10.1 생성형 AI의 윤리적 도전 과제 탐구   319

　　10.1.1 생성형 AI의 신뢰와 책임 문제   319

10.2 경제적 영향에 대한 고려   321

10.3 환경 지속 가능성 문제   322

10.4 사회적 위험과 성찰   322

　　10.4.1 더 넓은 사회적 영향   323

　　10.4.2 기계의 창의성이 인지에 대해 알려주는 것들   323

　　10.4.3 국방과 의료 분야의 우려   324

10.5 앞으로 나아갈 길: 해결책과 안전 장치   325

10.6 요약   326

11장 결론 327

11.1 책 내용의 요약　328

11.2 가능성 확장하기: 혁신적인 프롬프트 엔지니어링 활용　329

11.3 의도한 결과 달성하기: 프롬프트 엔지니어링의 목표　332

11.4 한계를 이해하고 감독 유지하기　333

11.5 요약　334

리뷰어 소개　335

찾아보기　336

1부

프롬프트 엔지니어링 소개

1부에서는 언어 전문 AI를 위한 프롬프트 엔지니어링 세계에 대한 포괄적인 기반을 다집니다. 1장에서는 AI 프롬프트의 구성, 범주, 실제 적용 사례, 기본 개념, 원하는 모델의 결과를 형성하는 기술 등을 설명하며 AI 프롬프트에 대해 폭넓게 살펴봅니다.

프롬프트의 구조와 언어 모델의 내부 동작에 대해 깊이 이해하면 원하는 결과에 필요한 정밀한 프롬프트를 체계적으로 만들 수 있습니다. 이러한 핵심 개념을 기반으로, 2장에서는 ChatGPT와 같은 도구를 활용하여 자동적으로 콘텐츠를 생성하는 방법을 다룹니다.

인기 소셜 네트워크 게시물이나 전환율이 높은 판매 문구를 작성하는 등의 실용적인 사례를 살펴봅니다. 또한 콘텐츠가 대상 고객과 공감대를 형성할 수 있도록 보장하는 개인화와 참여 전략도 다룹니다.

1부에서는 검증된 프롬프트 엔지니어링의 모범 사례를 제시하여 언어 AI의 경이로운 잠재력을 활용해 콘텐츠 개발 작업 흐름을 향상시킬 수 있도록 도와줍니다. 이어지는 장에서는 여기서 다룬 기술들을 실제로 적용하고, 다양한 분야의 혁신적인 애플리케이션을 살펴봅니다.

1부는 다음과 같이 두 개 장으로 구성됩니다.

- **1장** 프롬프트와 프롬프트 작성 기법 이해하기
- **2장** AI로 문장을 생성하여 콘텐츠 제작하기

CHAPTER 1

프롬프트와 프롬프트 작성 기법 이해하기

SECTION 1	기술적 요구 사항
SECTION 2	LLM 프롬프트 소개
SECTION 3	LLM 프롬프트의 동작 원리
SECTION 4	LLM 프롬프트의 유형
SECTION 5	LLM 프롬프트의 구성 요소
SECTION 6	인격 부여하기: 맞춤형 상호 작용을 위한 역할 프롬프트
SECTION 7	나만의 목소리 찾기: 프롬프트에 개성 정의하기
SECTION 8	패턴 사용하기: 프롬프트의 효율성 높이기
SECTION 9	혼합과 조화: 향상된 프롬프트를 위한 전략적 조합
SECTION 10	LLM 매개 변수 탐색하기
SECTION 11	프롬프트 엔지니어링(실험)에 접근하는 방법
SECTION 12	LLM 프롬프트 사용의 과제와 한계
SECTION 13	요약

이 책은 LLM의 구조와 기초를 살펴보는 것으로 시작하며, 메커니즘(mechanism, 응답 생성 기제)도 알아볼 겁니다. 이어서 초기 아이디어를 다듬고 반복하는 등의 다양한 프롬프트 엔지니어링 기법을 살펴보고 LLM에서 원하는 결과를 얻는 효과적인 프롬프트를 작성해 봅니다. LLM을 사용함에 있어 편견을 줄이고 공정성, 투명성, 책임성을 보장하는 방법 등 윤리적인 고려 사항에 대해서도 이야기합니다.

이 책은 다양한 분야에 걸쳐 LLM을 혁신적으로 적용한 사례를 소개하며, 삶을 개선하고 산업을 재편할 수 있는 엄청난 잠재력을 알아볼 것입니다. 또한 새로운 트렌드, 잠재적 혁신, 발전을 이끄는 협업의 역할을 살펴봄으로써 LLM의 미래에 대해 생각해 볼 것입니다.

이 책 전반에 걸쳐 실용적인 예제, 사례 연구, 실습을 통해 프롬프트 엔지니어링에 대해 포괄적으로 학습하겠습니다. 목표는 LLM의 힘을 활용하여 의미 있고 긍정적인 변화를 만들어 내는 숙련된 프롬프트 엔지니어(prompt engineer)가 될 수 있도록 역량을 강화하는 것입니다.

1장은 AI 프롬프트와 그 중요성을 명확하게 이해하는 것이 목표입니다. 프롬프트와 함께 GPT-4와 같은 LLM의 내부 동작 구조를 살펴봄으로써 그 힘을 효과적으로 활용할 수 있는 실용적인 지식과 기술을 습득할 수 있습니다.

이 장에서는 경험해 볼 내용은 다음과 같습니다.

- **프롬프트의 내부 동작 원리 알아보기**: 입력 프롬프트에서 문맥을 거쳐 응답에 이르기까지 LLM 프롬프트를 움직이는 구성 요소에 대해 설명합니다. 각각의 요소를 들여다봄으로써 언어 모델에서 생성되는 결과를 어떻게 형성하는지 이해할 수 있습니다.

- **다양한 프롬프트 살펴보기**: 프롬프트 기술의 다양한 측면을 심층적으로 살펴보고, 활용 가능한 여러 유형에 대해 깊이 이해할 수 있습니다. 실제 사례를 통해 다양한 상황에서 프롬프트를 사용하여 원하는 결과를 얻을 수 있는 방법을 확인합니다.

- **프롬프트의 과제와 한계 탐색하기**: LLM 프롬프트는 엄청난 잠재력을 제공하지만, 동시에 도전과 한계가 뒤따릅니다. 흔히 만나는 장애물을 알아보고 이를 극복하는 방법을 깊이 이해할 수 있습니다. 한계를 이해하면 프롬프트 엔지니어링 전략을 구현할 때 정보에 입각한 결정을 내릴 수 있습니다.

이 장을 모두 읽은 후에는 프롬프트 엔지니어링에 대한 탄탄한 기초를 갖추게 될 것입니다. 습득한 지식과 기술을 통해 이어지는 장에서 고급 기술과 활용 분야를 탐구하며 LLM 프롬프트의 잠재력을 최대한 활용할 수 있을 것입니다.

이 장에서 다루는 주제는 다음과 같습니다.

- LLM 프롬프트 소개
- LLM 프롬프트의 동작 원리
- LLM 프롬프트의 유형
- LLM 프롬프트의 구성 요소
- 역할 프롬프트 작성(Role prompting)
- 목소리 정의(Voice definition)
- 패턴을 사용한 프롬프트 효율 향상
- 프롬프트 엔지니어링 기술 결합의 몇 가지 예시 살펴보기
- LLM 매개 변수 살펴보기
- 프롬프트 엔지니어링에 접근하는 방법(실험)
- LLM 프롬프트를 사용할 때 만나는 어려움과 한계

1.1 기술적 요구 사항

이 장의 프롬프트를 실험하려면 다음 도구 중에서 계정을 하나 이상 생성해야 합니다.

- **OpenAI ChatGPT**: https://chat.openai.com
  계정을 생성하고 유료 서비스로 업그레이드할 수 있습니다. 하지만 이 책을 활용하기 위해 반드시 업그레이드할 필요는 없습니다.
- **Google 제미나이**: https://gemini.google.com[1]
  Google 개인 계정 대신 Google Workspace 계정으로 로그인한 경우, 관리자가 제미나이 접근을 활성화하지 않았을 수 있습니다. 이 경우 관리자에게 접근 활성화를 요청하세요.
- **Anthropic 클로드**: https://console.anthropic.com

가장 먼저 LLM 프롬프트를 소개하면서 어떻게 동작하는지 살펴보고, 이어서 최상의 결과를 얻기 위해 어떤 유형의 프롬프트를 사용할 수 있는지 살펴보겠습니다.

---

1 이전 주소인 https://bard.google.com으로 접속하면 자동으로 전환됩니다.

1.2 LLM 프롬프트 소개

LLM은 우리가 기술과 상호 작용하는 방식에 혁명을 일으켜, 디지털 환경을 형성하고 우리가 의사 소통하고 학습하고 혁신하는 방식을 변화시켰습니다. 이 혁명의 최전선에는 OpenAI의 GPT-4, Google의 LaMDA, Anthropic과 같은 매우 큰 규모의 LLM이 있습니다. 이러한 언어 모델은 API를 사용하거나 대화 인터페이스에서 프로그래밍 방식으로 사용할 수 있습니다. 이 인터페이스를 각각 OpenAI ChatGPT, Google 제미나이, Anthropic 클로드라고 합니다.

프롬프트 엔지니어링은 LLM이 우리가 원하는 결과를 생성할 수 있도록 입력 프롬프트를 설계하고 개선해 나가는 과정입니다. 처음에는 사소하거나 그저 기술적인 것처럼 느껴질 수 있지만, 실제로는 여러 분야의 노력이 필요합니다. 언어학, 인지 과학, AI, 사용자 경험 디자인, 윤리 등 다양한 분야에 대한 전반적인 이해가 필요합니다. 이 장의 목표는 LLM의 잠재력을 최대한 활용하는 데 필요한 도구를 손에 넣는 것입니다. 먼저 프롬프트 엔지니어링의 복잡성을 이해하고 숙달하기 위해 포괄적인 프레임워크(framework)를 살펴보겠습니다.

1.3 LLM 프롬프트의 동작 원리

매우 큰 규모의 LLM은 인간의 언어를 이해하고 생성하는 데 중점을 둔 AI의 형태 중 하나입니다. 주로 신경망(neural networks)과 같은 정교한 기계 학습 알고리즘을 사용하여 방대한 양의 문장 데이터를 처리하고 분석합니다. LLM의 주요 목표는 주어진 입력 프롬프트에 대해 일관성 있고, 문맥과 연관된, 인간과 유사한 답변을 생성하는 것입니다. LLM의 동작 원리를 이해할 때 자세히 봐야 할 부분은 기본 구조와 학습 과정입니다. 더 쉽게 이해할 수 있도록 몇 가지 비유를 통해 개념을 설명하겠습니다.

1.3.1 구조

OpenAI의 GPT-4와 같은 LLM은 트랜스포머(transformer, 변환기)라는 특별한 유형의 신경망을 통해 만들어집니다. 트랜스포머는 문장과 잘 동작하는 특별한 구조를 가지고 있습니다.

트랜스포머에서 중요한 특징은 자기 주의 집중(self-attention)입니다. 이는 모델이 문장의 여러 부분에 집중하고 특정 문맥에서 어떤 단어가 더 중요한지 결정할 수 있다는 뜻입니다. 다시 말하면 가장 중요한 단어에 주의를 기울이는 것과 같습니다.

또 다른 특징은 위치 부호화(positional encoding)를 사용한다는 것입니다. 이는 모델이 문장에서 각 단어의 위치를 추적할 수 있게 해 줍니다. 다시 말하면 각 단어에 특별한 표식(label)을 붙여 모델이 해당 단어가 순서열(sequence)에서 어디에 속하는지 알 수 있게 하는 것과 같습니다.

LLM은 이러한 특성을 통해 긴 문장을 제대로 처리하고 이해할 수 있고, 모델들은 단어가 나타나는 문맥을 기반으로 단어의 의미를 파악하고 문장 속 단어의 순서를 기억할 수 있습니다.

1.3.2 LLM 학습

LLM의 학습(training) 과정은 크게 사전 학습(pre-training)과 미세 조정(fine-tuning)이라는 두 단계로 구성됩니다. LLM은 학습하는 동안 이 두 가지 주요 단계를 거치게 됩니다. 마치 고도로 숙련된 어학 연수생이자 언어 학습자처럼 말이죠.

사전 학습

첫 단계에서 LLM은 서적, 기사, 웹사이트 등에서 추출된 방대한 양의 문장에 노출됩니다. 다양한 정보로 가득 찬 거대한 도서관의 책을 읽는 셈입니다.

LLM은 모든 문장을 검토하면서 언어가 어떻게 구조화되어 있는지 패턴을 파악하기 시작합니다. 그러면서 다음과 같은 것을 학습합니다.

- 어떤 단어들이 서로 자주 뒤이어 오는 경향이 있는지('개' 다음에 '짖다'가 뒤이어 올 확률)
- 다양한 언어의 문법과 문장 구조(동사가 문장에서 어디에 위치하는지)
- 특정 단어가 연관된 주제와 개념('개'와 '강아지'가 동물, 애완동물 등과 연관되어 있음을 학습)

LLM은 이 모든 문장을 처리하기 위해 언어를 한 입 크기로 씹어 삼키는 것처럼 소화할 수 있는 작은 조각(chunk)으로 나누며, 이 과정을 분할(chunking)이라고 합니다.

LLM은 문장을 토큰(token)이라는 더 작은 부분으로 잘게 쪼갭니다. 개별 단어, 부분 단어, 구두점과 같은 특수 문자가 토큰이 될 수 있습니다.

문장을 분할하고 나면 각각의 토큰을 수치 벡터(numerical vector)에 임베딩(embedding)하거나 부호화(encoding)하는데, 이 작업은 토큰에 수학적인 표현을 부여하는 작업입니다. 예를 들면 '개'를 컴퓨터가 처리할 수 있도록 [0.51, 0.72, 0.33, ...]으로 변환하는 것이죠. 이 과정을 임베딩이라고 합니다.

다르게 표현하면 영어 문장을 숫자로 번역하는 것과 같습니다. 이제 각 토큰에는 단어 대신 컴퓨터가 이해할 수 있도록 대응되는 숫자 벡터가 있습니다.

임베딩 과정에서 LLM은 광범위한 사전 학습을 통해 학습한 패턴을 기반으로 각 토큰의 의미에 대한 정보를 포착합니다. 비슷한 의미를 가진 토큰은 벡터 공간(vector space)에서 서로 가깝게 임베딩됩니다.

이렇게 처리된 숫자 토큰 벡터는 모두 LLM의 벡터 데이터베이스에 저장되며, 이후 토큰을 조회하거나 다른 토큰과의 관계를 분석하는 데 사용됩니다. 벡터 데이터베이스는 LLM에게 있어 수학적 도서관의 색인과 같습니다.

LLM은 이와 같이 사전 학습을 통해 방대한 양의 문장을 분석하고 복잡한 신경망 두뇌에 패턴을 저장하여 단어와 개념 간의 연결 고리를 형성합니다. '개'와 '강아지'가 서로 연관된 의미와 문맥을 가지고 있기 때문에 비슷한 벡터 표현을 가지고 있다고 저장하는 것이죠.

그러나 '개'와 '자전거'는 의미가 다르기 때문에 멀리 떨어져 있습니다. 벡터 공간은 단어의 유사점과 차이점을 기준으로 단어를 구성합니다.

미세 조정

사전 학습이 끝나면 LLM은 미세 조정 단계로 넘어갑니다. 이 단계에서는 구체적인 특정 작업과 관련된 더 작은 규모의 데이터 집합에 대해 추가로 학습합니다.

이는 교양 수업을 이수하고 나서 전공 수업에 집중하는 것과 같습니다. 예를 들어 과학의 기초를 학습한 후, 고급 생물학 수업을 듣는 것과 같은 느낌입니다.

LLM은 미세 조정에서 표식이 붙은 예제 데이터를 기반으로 특정 작업에 대한 결과를 생성하는 연습을 합니다. 표식이 붙은 데이터는 내용을 분류하거나 설명하는 표식으로 주석을 단 데이터를 의미합니다. 표식은 예상 결과의 방향을 제시하는 예제를 제공함으로써 모델을 학습시키는 데 도움이 됩니다.

이후 LLM에 새로운 프롬프트를 제공하면 사전 학습과 미세 조정을 통해 학습한 패턴을 사용하여 프롬프트를 분석하고 적합한 응답을 생성합니다.

LLM은 인간처럼 언어를 완벽하게 이해하지는 못합니다. 하지만 학습 과정을 통해 수많은 예제의 패턴을 인식함으로써 인간과 유사한 반응을 따라 하고 고도로 유능한 언어 학습자가 될 수 있습니다.

또한 이러한 벡터 표현은 감성 분석, 주제 구조화(topic modeling) 문서 분류와 같은 다양한 자연어 처리 작업에 사용할 수 있습니다. 알고리즘은 단어나 구문의 벡터를 비교하여 이들이 나타내는 개념의 유사성 또는 관련성을 판단할 수 있으며, 이는 고급 언어를 이해하고, 생성하는 작업에 필수적인 요소입니다.

모든 모델에서 중요한 요소는 컨텍스트 창(context window, 문맥 해석 범위)[2]으로, 이는 상호 작용 중 일관성과 깊이에 영향을 미칩니다. 컨텍스트 창이 특히 중요한 이유는 다음과 같습니다.

- **일관성과 관련성**: 컨텍스트 창이 크면 클수록 모델이 대화나 문서의 맥락을 오래 유지할 수 있기 때문에 보다 일관성 있고 상황에 맞는 응답을 제공할 수 있습니다.
- **문장 생성**: 기사, 스토리 또는 코드 작성과 같은 작업의 경우 컨텍스트 창이 클수록 모델이 이전 부분과 일관성 있는 콘텐츠를 생성할 수 있습니다.
- **대화 깊이**: 대화 체계에서 컨텍스트 창이 크면 클수록 AI가 대화의 이전 내용을 더 많이 기억하고 참조할 수 있기 때문에 더욱 매력적이고 자연스러운 상호 작용을 생성할 수 있습니다.
- **지식 검색**: 매우 긴 문장을 참조하거나 문서의 여러 영역에서 가져와야 하는 작업의 경우, 컨텍스트 창이 크면 클수록 모델이 더 효과적으로 정보를 상호 참조하고 결합할 수 있습니다.

그러나 컨텍스트 창이 클수록 처리하는 데 더 많은 연산 능력과 메모리가 필요하므로 서로 절충이 필요하며, 이는 응답 시간과 비용에 영향을 미칩니다. 컨텍스트 창을 개선하면 복잡한 작업에서 모델의 사용성과 적응성을 크게 향상시킬 수 있기 때문에, LLM 간의 차별화를 위한 핵심적인 요소입니다.

클로드 2의 컨텍스트 창은 토큰 100,000개인 반면, 새로운 모델인 GPT-4-turbo-1106-review의 컨텍스트 창은 토큰 128,000개입니다. 영어의 경우 토큰 1,000개당 평균 단어 수는 약 750개입니다. 연구자들은 2024년까지 100만 개 이상의 토큰을 가지는 모델을 예측하고 있습니다.

---

2 모델이 한 번에 고려할 수 있는 문장의 양을 의미합니다.

1.3.3 프롬프트에서 응답까지: LLM이 추론으로 빈칸을 채우는 방법

LLM이 학습을 마치면 사용자가 제공하는 프롬프트에 대한 응답을 생성할 준비가 완료된 것입니다.

사용자가 프롬프트를 입력하면 해당 프롬프트가 LLM의 신경망 두뇌로 전달됩니다. LLM의 두뇌 구조에는 프롬프트를 분석할 때 사용되는 특별한 구성 요소가 있습니다.

첫 번째 구성 요소는 우리가 글을 읽을 때 핵심 단어에 집중하는 것처럼 문맥과 가장 관련성이 높은 단어에 더욱 세심한 주의를 기울입니다.

또 다른 구성 요소는 단어의 순서와 프롬프트에서 해당 단어의 위치를 기억하는데, 이는 문맥을 정확하게 파악하는 데 중요합니다.

LLM은 두뇌 구성 요소를 사용하여 논리적으로 다음 응답에 나올 수 있는 단어의 목록을 생성합니다. 그리고 잠재적으로 다음에 올 가능성이 있는 단어에 각각 확률 점수를 할당합니다.

이어서 LLM은 복호화(decoding)라는 기술을 이용하여 확률적으로 가장 높은 점수를 가진 단어를 선택하고 이를 최종 응답으로 변환합니다.

이때 다음에 올 가능성이 있는 단어 중 가장 가능성이 높은 단어를 하나만 선택하거나, 또는 가능성이 높은 몇 개의 후보 단어 중 무작위로 하나를 골라 응답이 좀 더 다양하고 인간적으로 보이게 할 수도 있습니다.

요약하면 LLM의 특별한 두뇌 구조는 올바른 단어에 주의를 기울이고 순서를 기억하며 다음에 올 가능성이 있는 단어에 확률을 할당합니다. 그리고 나서 가장 적합한 선택을 프롬프트에 대한 적합한 응답으로 복호화합니다.

LLM은 이러한 과정을 통해 사용자가 제공한 초기 프롬프트를 기반으로 대화를 합리적으로 이어가는 매우 인간적인 응답을 생성할 수 있습니다.

LLM의 주요 장점 중 하나는 퓨샷 러닝(few-shot learning, 소수 예시 기반 학습)이나 제로샷 러닝(zero-shot learning, 무 예시 기반 학습)이 가능하다는 것입니다. 다시 말해 사전 학습 단계부터 지식을 일반화하여 최소한의 추가 학습 데이터만으로도 새로운 작업이나 분야에 빠르게 적응할 수 있습니다. 퓨샷 러닝은 모델에게 학습 가능한 소수의 예시를 제공하고, 제로샷 러닝은 모델이 기존에 보유하고 있는 지식과 주어진 프롬프트에만 의존하여 응답을 생성합니다.

LLM은 대화 AI, 콘텐츠 제작, 번역, 질의 응답 시스템 등 다양한 분야에서 자연어 이해와 생성 작업에 괄목할 만한 발전을 보여 왔습니다. 하지만 LLM에도 한계가 있음을 인식하는 것이 중요합니다. 때때로 부정확하거나 무의미한 답변을 생성할 수도 있고, 입력 구문의 사소한 변화에 민감하게 반응할 수도 있으며, 학습 데이터에 편향성이 나타날 수도 있습니다. 프롬프트 엔지니어링은 이러한 한계를 완화하고 LLM이 주어진 작업이나 애플리케이션에 대해 원하는 결과를 생성하도록 보장하는 데 중요한 역할을 합니다.

다음 절에서는 다양한 유형의 LLM 프롬프트에 대해 살펴보겠습니다. 다양한 유형의 프롬프트를 이해하면 언어 모델과 효과적으로 상호 작용하는 방법에 대해 깊이 이해할 수 있습니다. 또한 원하는 애플리케이션이나 작업에 대해 더욱 정확하고 개인화된 응답을 생성할 수 있습니다.

1.4 LLM 프롬프트의 유형

LLM 프롬프트는 목적, 형식, 제공된 세부 정보 수준 등 여러 측면에 따라 분류할 수 있습니다. 프롬프트를 분류하는 한 가지 방법은 지시하는 정보의 유형에 따라 분류하는 것입니다.

- **제로샷 프롬프트**(zero-shot prompting, 무 예시 기반 프롬프트): LLM이 특별히 따로 학습하지 않은 작업에 대해 응답을 생성할 수 있게 해 주는 기술입니다. LLM에는 입력 문장과 모델에게 기대하는 결과를 자연어로 설명하는 프롬프트가 제공됩니다. LLM은 이를 기반으로 자신이 이미 보유하고 있는 지식을 이용하여 프롬프트와 일치하는 응답을 생성합니다.

  예를 들어 LLM에 '사랑에 대한 시를 써 주세요.'라는 입력 문장과 '시는 아름답고 낭만적이어야 합니다.' 라는 프롬프트를 제공하면, LLM은 다음과 같은 응답을 생성합니다.

  > **응답**
  >
  > 사랑은 찬란한 것,
  > 봄의 시작에만 자라는 4월의 장미.
  > 사랑은 자연이 주는 선물,
  > 살아가는 이유를 주는 것.
  >
  > 사랑은 찬란한 것,
  > 남자를 왕으로 만드는 황금 왕관.
  > 봄의 시작에만 자라는 4월의 장미. 사랑은 자연이 주는 선물,
  > 살아가는 이유를 주는 것.

- **미세 조정**(fine-tuning): 미세 조정에서는 LLM이 수행하려는 작업에 대한 작은 규모의 표식이 지정된 예시 데이터 집합을 기반으로 학습합니다. 이 방법은 높은 품질의 응답을 생성하는 데 더 효과적이지만, 표식이 지정된 예시 데이터 집합이 훨씬 더 많이 필요합니다.

  예를 들어 입력은 새로운 암 치료 연구에 관한 기사이고, 학습 데이터는 요약과 함께 표식이 지정된 암 연구에 대한 기사라고 가정해 봅시다. 이에 대한 프롬프트는 다음과 같습니다.

  프롬프트
  > 입력된 기사에서 설명된 연구의 주요 발견을 요약해 주세요.

  응답
  > 입력된 기사의 주요 내용을 강조하는 간략한 요약입니다.
  > (※ 결과는 매번 달라질 수 있으므로 직접 확인하기 바랍니다. 이후에도 직접 확인이 필요한 경우 이와 같이 표시됩니다.)

- **데이터 증강**(data augmentation): 데이터 증강은 기존의 데이터에 잡음(noise)이나 변형을 추가하여 인위적으로 확장된 데이터 집합으로 대규모 언어 모델을 학습시킵니다. 표식이 지정된 데이터가 제한적인 작업에서 LLM의 성능을 향상시킬 수 있는 방법입니다.

  예를 들어 원본 학습 데이터가 날씨에 관한 1,000개의 문장으로 구성되어 있고, 확장 데이터가 원본 문장에 동의어를 추가하고, 문장을 다시 쓰고, 오타도 일부 넣어 생성한 추가적인 2,000개의 문장으로 구성되어 있다고 가정해 봅시다. 프롬프트는 다음과 같습니다.

  프롬프트
  > 각각의 문장을 맑은 날씨, 비 오는 날씨, 눈 오는 날씨로 분류하세요.

  응답
  > 확장된 학습 데이터 집합에서의 날씨 분류 예측입니다.

- **능동적 학습**(active learning): 퓨샷 러닝이라고도 합니다. LLM은 표식이 지정된 예시를 소량만 받고 이를 기반으로 가장 유익한 예시를 찾아 표식을 지정해야 합니다. 이 방법은 모델의 성능을 개선하는 데 가장 도움이 되는 예시에 표식을 지정하는 데 집중하기 때문에 LLM을 좀 더 효율적으로 학습시킬 수 있습니다.

  미세 조정은 모든 대화에 대해 전역적으로 이루어집니다. 능동적 학습에서 사용자는 프롬프트로 몇 가지 예시를 제공하여 결과가 특정 패턴을 따르도록 합니다.

예를 들어 결과가 '그 사람의 이름은 윤태진이고, 나이가 36세입니다.'였을 때, 사실 사용자는 JSON 형식으로 구성된 {"name": "윤태진", "age": 36}과 같은 응답을 원할 수도 있습니다. 이때 사용자는 원시 응답(raw response)으로 구성된 몇 가지 예시를 제공하고, 앞에서 표시된 것과 같이 명시적으로 JSON 형태로 출력하도록 LLM에 요청할 수 있습니다.

- **전이 학습**(transfer learning): 전이 학습에서 LLM은 수행하기를 요청받은 작업과 유사한 작업을 학습합니다. 이 방법은 LLM이 더 큰 데이터 집합에서 학습할 수 있으므로 높은 품질의 응답을 생성하는 데 더 효과적입니다.

  예를 들어 기존 작업이 영화 리뷰의 감성 분석이었고, 새로운 작업은 제품 리뷰의 감성 분석이라고 가정해 보겠습니다. 프롬프트는 다음과 같습니다.

  > **프롬프트**
  > 영화 리뷰 감성 분석에서 얻은 지식을 활용하여, 이 신제품 리뷰의 감성을 분류해 주세요.

  > **응답**
  > 영화 리뷰 데이터 집합에서 얻은 능력을 통해 제품 리뷰에 대한 감성 분류 예측을 수행합니다.

사용하기에 가장 적합한 프롬프트 유형은 LLM이 수행해야 하는 특정 작업과 사용 가능한 표식 데이터의 양에 따라 달라집니다.

프롬프트의 유형을 분류하는 다른 방법은 기능에 따라 분류하는 것입니다.

- **지시형 프롬프트**(instructional prompts): 이 형태의 프롬프트는 모델에게 글 요약, 문장 번역, 질문에 대한 답변과 같은 특정 작업을 수행하도록 명시적으로 지시합니다. 지시형 프롬프트는 일반적으로 '다음 문장을 프랑스어로 번역하세요.' 또는 '다음 단락을 요약하세요.'와 같이 명확합니다.
- **대화형 프롬프트**(conversational prompts): 이 형태의 프롬프트는 모델이 인간처럼 자연스럽게 대화에 참여하도록 설계되었습니다. 프롬프트는 질문이나 문장으로 구성되며 사용자와 모델 간에 주고받는 대화가 포함되는 경우가 많습니다. 대화형 프롬프트는 일상적인 잡담부터 특정 주제에 대한 집중적인 토론까지 다양한 주제를 다룰 수 있습니다. 한 가지 예를 살펴보겠습니다.

  > **프롬프트**
  > 안녕! 오늘은 기분이 어때?

  > **응답**
  > 전 좋아요. 물어봐 주셔서 감사해요. 당신은 어떠세요?

> **프롬프트**
>
> 좀 피곤하지만 불평할 수는 없지. 주말에 무슨 계획이라도 있어?

이렇게 서로 주고받음으로써 자연스럽고 자유로운 대화를 할 수 있습니다. 대화형 프롬프트는 비서처럼 친근하고 유용한 AI 도우미(assistant)를 개발하는 데 중요합니다.

- **상황형 프롬프트**(contextual prompts): 모델의 응답을 이끌어내기 위해 배경이나 상황 정보를 제공하는 프롬프트입니다. 모델이 사용자의 의도, 원하는 출력 형식, 응답 생성 시 고려해야 하는 제약 사항을 이해하는 데 도움이 됩니다. 상황형 프롬프트에는 과제를 명확히 해 주는 예제, 설명, 묘사 등이 있습니다. 예를 들어 보겠습니다.

  '당신은 OpenAI에 의해 만들어진 유용하고 해를 끼치지 않으며 정직한 AI 도우미입니다. 사용자가 다음 구절에서 주요 사건을 요약해 달라고 요청했습니다: [구절 삽입]'

- **창의형 프롬프트**(creative prompts): 모델에게 시를 쓰거나 이야기를 만들거나 문제에 대한 해결책을 브레인스토밍(brainstorming)하는 등 독창적인 콘텐츠나 아이디어의 생성을 이끌어내는 프롬프트입니다. 창의형 프롬프트는 종종 모델의 상상력을 발휘할 여지를 남겨 두며, 원하는 결과를 얻기 위해 여러 번 반복하거나 미세 조정이 필요할 수 있습니다. 이에 대한 예로는 '바다에 관한 하이쿠[3] 시를 써 보세요.'가 있습니다.

- **사실형 프롬프트**(factual prompts): 모델에게 정확하고 구체적인 정보나 지식을 요구하는 프롬프트로, 대개 질문 형태로 제시됩니다. 예를 들면 역사적 사건, 과학적 개념, 일반 상식에 대한 질문 등이 있습니다. 사실형 프롬프트는 모델이 사전 학습 단계에서 학습한 정보를 기억하고 종합하는 능력에 의존합니다. 예를 들어 '3.1 독립운동이 일어난 연도는 언제인가요?' 같은 질문이죠.

- **단계형 프롬프트**(step-by-step prompts): 모델에게 레시피, 사용 지침, 알고리즘과 같은 특정 작업을 수행하기 위한 일련의 단계나 절차를 요구하는 프롬프트입니다. 단계형 프롬프트에서는 모델이 일관되고 정돈된 논리적인 지침을 생성해야 합니다. 케이크를 굽는 방법을 처음부터 각 단계별로 세분화하여 제공하는 것처럼 말이죠. 단계형 프롬프트는 LLM에 수학 문제를 풀도록 요청할 때 사용되기도 합니다. 한 가지 예를 살펴보겠습니다.[4]

> **프롬프트**
>
> 5+3*8+5는 얼마인가요?

---

3 하이쿠(일본어: 俳句, 영어: Haiku)는 각 행이 5, 7, 5음으로 구성된 일본 정형시의 일종입니다. 하이쿠는 주로 계절을 나타내는 단어인 계어(季語, 기고)와 매듭어(切れ字, 기레지)로 구성됩니다. 일본 외에도 영어처럼 다른 언어를 사용해 쓴 하이쿠도 있는데, 이 경우에는 음의 개수에 제한이 없습니다.

4 응답은 사용하는 모델이나 사용하는 버전에 따라 다르게 나올 수 있다는 점 참고 바랍니다.

응답

> 답은 43입니다.

잘못된 답입니다. 올바른 답을 얻기 위해서는 단계형 프롬프트를 사용해야 합니다.

프롬프트

> 이 문제를 단계별 추론을 사용하여 다시 풀어 보세요.

응답

> 알겠습니다. 단계별로 살펴보겠습니다:
> 1단계: 3 * 8 = 24
> (곱셈이 덧셈보다 우선 순위가 높으므로 곱셈을 먼저 수행해야 합니다.)
> 2단계: 24 + 5 = 29
> (이제 곱셈 앞에 오는 5를 더할 수 있습니다.)
> 3단계: 29 + 5 = 34
> (마지막으로 마지막 5를 더합니다)
> 4단계: 따라서 전체를 계산한 답은 다음과 같습니다:
> 5 + 3 * 8 + 5 = 34

문제를 명확하고 순차적 단계로 세분화하는 방법을 사용해 적절한 연산 순서로 풀었습니다. 단계별 접근 방식 덕분에 곱하기 전에 덧셈을 하는 실수를 방지하고, 의도적으로 추론을 진행하면서 문제를 올바르게 풀 수 있었습니다.

- **의견 기반 프롬프트**(opinion-based prompts): 이러한 프롬프트는 모델에게 주어진 주제에 대한 의견, 관점, 추천을 제공하도록 요청합니다. LLM은 개인적인 신념이나 선호가 있지는 않지만 학습된 데이터에서 파생된 패턴과 통찰을 기반으로 응답을 생성할 수 있습니다. 의견 기반 프롬프트는 모델의 출력에 잠재적인 편견이 있을 수 있음을 신중하게 고려해야 할 때가 많습니다. 이러한 프롬프트의 예는 다음과 같습니다. '자율 주행 자동차 기술의 장단점은 무엇인가요? 당신의 관점을 지지해 주세요.'

- **멀티 모달 프롬프트**(multi-modal prompts): 그림, 음성, 영상과 결합된 문장처럼 다양한 형식의 입력 데이터가 포함된 프롬프트로, 모델이 다양한 형식의 정보를 처리하고 통합하여 적절한 응답을 생성해야 합니다. 일부 LLM은 주로 문장 기반의 상호 작용을 위해 설계되었지만, 최근 AI의 발전으로 OpenAI의 DALL-E나 CLIP처럼 멀티 모달을 처리할 수 있는 모델이 개발되고 있습니다. 예를 들어 '이 그림의 장면을 설명하세요: [그림 삽입]' 같은 질문입니다.

- **체계적 프롬프트**(systematic prompts): 항목의 목록 생성, 에세이나 발표 자료의 개요 작성, 주어진 주제에 대한 구조화된 분석 제공과 같이 특정 구조, 패턴, 형식을 따르는 응답을 이끌어내는 프롬프트입니다. 정보를 일관성 있고 논리적으로 정리하여 제시해야 하는 경우가 많습니다. 예를 들어 '다음 동물들을 분류 그룹으로 분류하세요: [동물 목록]' 같은 질문입니다.

- **연쇄 프롬프트**(prompt chains), 또는 **사고의 연쇄**(chain of thought): 상호 연결된 일련의 입력과 출력을 포함하며, 하나의 프롬프트에 대한 모델의 응답이 다음 프롬프트의 입력에 사용됩니다. 연쇄 프롬프트는 복잡한 문제를 해결하거나 다단계 작업, 모델과의 대화에서 연속성을 유지하는 데 사용합니다. 한 가지 예를 살펴보겠습니다.

> **프롬프트**
> 프랑스의 수도는 어디인가요?

> **응답**
> 프랑스의 수도는 파리입니다.

> **프롬프트**
> 파리의 인구 수는 얼마인가요?

LLM은 프롬프트 전반에 걸쳐 문맥과 일관성을 유지합니다.

LLM용 프롬프트를 설계할 때는 대상 애플리케이션의 특정 요구와 목표를 반드시 고려해야 합니다. 프롬프트 엔지니어는 다양한 유형의 프롬프트를 이해하고 서로 결합함으로써 접근 방식을 최적화하고, 모델에서 가장 정확하고 높은 관련성을 가지는 유용한 응답을 이끌어낼 수 있습니다. 더욱이 효과적인 프롬프트 엔지니어링은 미세 조정과 실험을 반복하고, 사용자 반응을 통합하고 프롬프트의 구조를 조정하여 모델의 성능을 최적화해야 합니다. LLM 분야가 지속적으로 발전함에 따라, 프롬프트 엔지니어링의 예술과 과학은 강력한 AI 도구와의 상호 작용 방식을 형성하고, 다양한 애플리케이션과 분야에서 AI의 모든 잠재력을 이끌어내는 데 기여할 것입니다.

1.5 SECTION LLM 프롬프트의 구성 요소

LLM 프롬프트는 큰 규모의 LLM에서 입력 역할을 담당하며, 응답 생성 과정을 이끌어냅니다. 정확하고 높은 관련성을 가지는 유용한 결과를 얻으려면 효과적인 프롬프트를 만드는 것이 중요합니다. LLM 프롬프트의 구성 요소는 작업, 애플리케이션, 원하는 결과에 따라 달라질 수 있습니다. 잘 설계된 프롬프트에는 보통 다음과 같은 몇 가지 핵심 요소가 포함되어 있습니다.

- **작업 설명**

    프롬프트의 필수 구성 요소 첫 번째는 모델이 수행할 것으로 예상되는 작업에 대한 명확하면서도 간결한 설명입니다. 구문 요약, 문장 번역 또는 질의 응답처럼 상호 작용의 목적을 명시하는 지시, 질문, 진술 등입니다.

    > **프롬프트**
    >
    > 다음 구절을 두 문장으로 요약해 주세요.

- **상황 정보**

    프롬프트 안에서 모델의 응답 생성을 이끌어내는 분야별 용어, 예제, 설명과 같은 상황 정보를 제공하면 모델이 작업 범위, 제약 조건, 배경 정보를 이해하는 데 도움이 됩니다. 상황 정보는 특히 모호함을 해소하고, 모델의 초점을 정리하고 구체화하거나, 출력의 특정 형식이나 스타일을 준수하는지 확인하는 데 유용합니다.

    > **프롬프트**
    >
    > 과학 연구 논문의 맥락에서 주요 연구 결과를 간결하게 요약해 주세요.

- **입력 데이터**

    입력 데이터는 모델이 처리하여 응답을 생성할 실제 내용입니다. 데이터에는 문장, 단락, 일련의 질문이나 진술도 포함됩니다. 입력 데이터는 작업과 관련이 있어야 하며 모델이 이해하고 분석하기 쉬운 방식으로 구성되어야 합니다.

    > **프롬프트**
    >
    > 기후 변화로 인해 전 세계적으로 기온이 상승하고, 극지방의 얼음이 녹고 있으며, 해수면이 상승하고 있습니다. 해양 생태계에 미친 영향은 심각하며, 많은 생물종이 급변하는 환경에 적응하기 위해 고군분투하고 있습니다. 특히 산호초는 수온 상승으로 인한 해양 산성화와 백화 현상[5]으로 인해 생존을 위협받고 있습니다.

- **위치 표시 토큰**(placeholder token)

    프롬프트는 경우에 따라 모델이 응답을 삽입해야 하는 위치를 나타내는 위치 표시 토큰이나 변수를 포함할 수 있습니다. 이러한 토큰은 특히 여러 출력이나 응답을 특정한 순서나 형태를 유지하면서 생성해야 할 때 사용합니다. 예를 들어 보겠습니다.

---

[5] 갯녹음 현상이라고도 하며, 연안 암반 지역에서 여러 가지 형태와 색을 지닌 엽상형 해조류(Sheet Form Algae)가 사라지는 대신, 흰색의 무절석회조류(Crustose Coralline Algae)가 번무(繁蕪)하여 암반 지역이 흰색으로 변화하는 현상입니다.

프롬프트

[도시이름]에 처음 방문한다고 상상해 보세요. 도시를 탐험하고 그 문화를 경험할 수 있는 [체류일수]의 시간이 있습니다. 그곳에 머무는 동안 가장 가 보고 싶은 [명소개수]의 명소나 하고 싶은 활동은 무엇인가요? 각 명소에 대해 간단하게 설명하고 왜 그곳에 관심이 있는지도 알려주세요.
도시이름: 보스턴
체류일수: 3일
명소개수: 3개

응답

1. 프리덤 트레일(Freedom Trail): 보스턴 도심을 관통하는 4킬로미터 길이의 도보로, 매사추세츠 주의회 의사당과 폴 리비어 하우스(Paul Revere House)를 포함한 역사적으로 중요한 16개의 장소를 지납니다. 저는 이 도시의 풍부한 역사와 미국 혁명에서의 역할에 대해 배우는 데 관심이 있습니다.
2. 펜웨이 파크(Fenway Park): 야구 팬으로서, 1912년에 개장하여 여전히 사용되고 있는 가장 오래된 메이저 리그 야구장인 이 상징적인 구장에서 보스턴 레드 삭스(Boston Red Sox) 경기를 관람하는 것이 좋을 것입니다.
3. 뉴잉글랜드 수족관(New England Aquarium): 다양한 해양 생물, 바다거북, 펭귄, 거대한 오션 탱크가 있는 인기 명소입니다. 수족관을 방문하면 다음과 같은 것들을 배울 수 있습니다. (…)

초기 프롬프트에 [] 안에 지정된 변수가 이미 포함되어 있기 때문에, 이후에는 다음과 같이 변수의 값만 지정해도 질문할 수 있습니다.

프롬프트

도시이름: 파리
체류일수: 4일
명소개수: 10개

LLM은 위 프롬프트에 대한 목록을 제공할 것입니다. 이와 유사한 프롬프트를 계속 추가하는 것만으로도 수많은 도시에 대해 추천하는 명소의 정보를 원하는 만큼 얻을 수 있습니다.

- **예시**

  프롬프트에 예시를 포함하는 것은 특히 퓨샷 러닝 상황에 유용합니다. 예시는 원하는 출력 형식을 보여 주는 역할을 하며 모델이 작업을 더 효과적으로 이해할 수 있게 도와줍니다. 즉, 예시는 작업이 복잡하거나 모델에게 특정 구조를 출력하도록 강제해야 할 때 특히 유용합니다. 예를 통해 자세히 살펴보겠습니다.

> **프롬프트**
> 다음 제품 리뷰를 긍정, 부정, 중립 중 하나로 분류해 주세요.

예시를 제시합니다.

> **입력**
> 스피커는 깊은 저음과 함께 매우 선명하고 깨끗한 사운드를 들려 주었습니다. 설치는 빠르고 쉬웠습니다. 전반적으로 매우 추천하고 싶은 훌륭한 제품입니다.

> **출력**
> 긍정

이제 다음과 같이 질문해 봅니다.

> **입력**
> 이 헤드폰은 가볍고 편안하지만 음질이 거칠고 저음이 부족합니다. 소음 제거 기능은 기껏해야 평범한 수준입니다.

> **출력**
> 부정

예시를 통해 응답에서 원하는 어조와 어휘 유형을 보여줄 수도 있습니다.

- **제약 조건**

  모델의 응답이 특정 요구 사항을 만족해야 하는 경우, 지침을 준수해야 하는 경우, 문제가 되는 내용을 걸러내야 하는 경우와 같이 제약 조건을 걸어야 할 때가 있습니다. 제약 조건은 프롬프트 안에서 명시적으로 표현하거나 작업의 설명과 상황 정보를 신중하게 작성하여 암시적으로 표현할 수도 있습니다. 예를 하나 살펴보겠습니다.

> **프롬프트**
> 일출에 대한 내용을 AABB 운율 구조[6]의 4행시로 써 주세요.

---

[6] 앞의 두 줄끼리 운을 이루고(AA), 뒤의 두 줄끼리 운을 이루는(BB) 운율 구조를 의미합니다.

- **어조와 스타일**

  프롬프트의 어조(tone)와 스타일은 모델의 응답에 영향을 끼칩니다. 공식적인 어조, 비공식적인 어조, 설득력을 가진 어조와 같이 원하는 어조를 지정하면, 의도한 목적과 대상에 알맞은 결과를 생성합니다. 다음 예에서는 비꼬는 어조를 지정합니다.

  > **프롬프트**
  >
  > 가장 황당하고 쓸모 없는 기능들과 허술한 디자인을 가진 바보 같은 주방용 기기에 대해 100자로 리뷰를 작성해 주세요. 과도하게 비꼬는 어조를 사용해 주세요.

  다음 예에서는 해적이 사용할 법한 어조를 지정합니다.

  > **프롬프트**
  >
  > 공해상에서 보물을 찾는 해적의 하루를 기록하는 일기를 작성해 주세요. 해적이 사용하는 속어와 언어를 사용하세요.

LLM 프롬프트를 설계할 때, 프롬프트 엔지니어는 구성 요소 간의 상호 작용을 고려하여 모델에서 원하는 출력을 이끌어내는 효과적인 입력을 만들어야 합니다. 이 과정은 프롬프트의 구조와 내용을 최적화하기 위해 계속해서 개선하고, 실험하고, 사용자 반응을 통합해야 합니다. 프롬프트 엔지니어는 구성 요소를 이해하고 능숙하게 결합함으로써 큰 규모를 가진 LLM의 잠재력을 최대한 활용하고, 다양한 작업과 애플리케이션에서 정확하고 관련성 높고 가치 있는 응답을 보장합니다.

다음은 이 모든 것을 종합해 프롬프트의 구성 요소 사이의 상호 작용을 사용하는 예입니다. 전체 프롬프트는 다음과 같습니다.

> **프롬프트**
>
> 다음 문단을 두 문장으로 요약해 주세요. 이때 과학 연구 논문의 맥락에서 주요 발견에 대한 간결한 요약을 제공해 주세요. 문단은 다음과 같습니다: '기후 변화로 인해 전 세계적으로 기온이 상승하고, 극지방의 얼음이 녹고 있으며, 해수면이 상승하고 있습니다. 해양 생태계에 미친 영향은 심각하며, 많은 생물종이 급변하는 환경에 적응하기 위해 고군분투하고 있습니다. 특히 산호초는 수온 상승으로 인한 해양 산성화와 백화 현상으로 인해 생존을 위협받고 있습니다.' 요약은 두 문장 이내로 하되, 너무 전문적인 용어는 사용하지 않습니다. 일반 대중에게 적합한 명확하고 간결한 요약을 제공해 주세요. 예시 1: 입력: '기술의 발전과 세계화로 인해 경제가 상당한 성장을 이루었습니다. 그러나 소수의 인구가 자원의 큰 비중을 통제하면서 재산 분배는 여전히 불평등합니다.' 출력: '경제 성장은 기술과 세계화에 의해 주도되었으나, 재산 분배는 불평등합니다.' 예시 2: 입력: '[입력 데이터]'. 출력: '[요약]'. 입력: '[입력 데이터]'. 출력:

이 프롬프트는 주어진 구문에 대해 간결하고 정확한 요약을 생성하는 데 필요한 모든 구성 요소를 효과적으로 결합하여 LLM에게 알려줍니다. 명확한 작업 설명, 상황 정보, 입력 데이터, 어조와 스타일을 제공함으로써 모델이 원하는 결과를 생성하도록 이끕니다. 예시는 예상되는 형식을 보여 주며, 제약 조건은 요약이 간결하고 일반 독자에게 적합하도록 보장합니다. 위치 표시 토큰은 출력의 구조를 유지하여 모델의 응답을 더 쉽게 추출하고 처리할 수 있도록 도와줍니다. 이 프롬프트는 구성 요소를 신중하게 통합하여 프롬프트 엔지니어링이 실제로 동작하는 모습을 보여 주는 효과적인 예시입니다.

프롬프트 엔지니어링에 적용할 수 있는 또 다른 기법은 역할 프롬프트입니다. 사용자와 시스템이 특정 인격이나 관점을 채택하여 언어 모델의 응답을 이끌어냅니다.

1.6 인격 부여하기: 맞춤형 상호 작용을 위한 역할 프롬프트

역할 프롬프트(role prompt)는 사용자나 LLM 시스템이 독창적인 지식이나 전문성을 가진 특정 역할이나 인격(persona)을 가지고 있다고 가정하여, LLM이 더 정확하고 연관성이 높으며 상황에 적합한 응답을 만들어낼 수 있도록 이끌어내는 프롬프트 엔지니어링 기법입니다. 역할 프롬프트는 사용자와 모델 간의 역할 또는 관계를 명시적으로 정의함으로써 더욱 매력적인 상호 작용 환경을 조성해 높은 품질의 결과를 얻을 수 있습니다.

역할 프롬프트는 여러 가지 형태로 표현됩니다. 그중 몇 가지를 살펴보겠습니다.

- **전문가 역할**: 사용자는 과학자, 역사학자, 전문적인 직업인과 같이 특정 영역이나 분야의 전문가처럼 행동하여 모델이 좀 더 구체적이고 정보에 입각한 답변을 하도록 이끌어낼 수 있습니다. 또한 모델이 사전 학습된 광범위한 지식을 활용하여 더 상세하고 미묘한 정보를 제공하도록 유도합니다.

    반대로 시스템에게 전문가인 척하거나 또는 특정 인물처럼 행동하도록 요구할 수도 있습니다. 예를 들어 보겠습니다.

> **프롬프트**
> 저는 숙련된 소프트웨어 엔지니어로서 웹 스크레이핑(scraping) 프로젝트에 파이썬을 사용하는 것을 추천합니다. 그 이유는 간단하고 BeautifulSoup나 Scrapy 같은 강력한 라이브러리를 사용할 수 있기 때문입니다. 웹 스크레이핑에 파이썬을 사용할 때의 장단점은 무엇인가요?

- **가상의 역할**: 사용자는 탐정이나 탐험가와 같은 가상 인물의 인격을 맡아 모델과 더욱 몰입감 높고 창의적인 상호 작용을 이끌어낼 수 있습니다. 이 방법은 이야기, 대화, 상황극 시나리오를 만들어내는 데 특히 유용합니다. 한 가지 예를 살펴보겠습니다.

> **프롬프트**
> 나는 셜록 홈즈로서 도난당한 그림이 부두의 버려진 창고에 숨겨져 있을 거라는 결론을 내렸네. 자네는 왓슨 박사로서 그림을 되찾기 위한 구체적인 계획을 제시해 줄 수 있겠나?

- **지도 역할**: 사용자는 교사나 코치처럼 모델을 안내하거나 지도하는 역할을 맡을 수도 있습니다. 모델이 주제에 대해 더 깊이 생각하고 대안적 관점을 탐색하거나 복잡한 개념을 구체적으로 이해하도록 북돋아 줍니다. 예를 들어 보겠습니다.

> **프롬프트**
> 당신의 생물학 교사로서 함께 광합성 과정을 복습하겠습니다. 광의존적 반응(light-dependent reaction)과 광비의존적 반응(light-independent reaction)을 당신이 이해한 내용으로 설명해 줄 수 있나요?

- **협업 역할**: 사용자는 팀원이나 공동 저자와 같이 모델과의 협업이나 동반자 관계를 강조하는 역할을 맡을 수 있습니다. 이러한 접근 방식은 더 역동적인 상호 작용, 상호 학습, 시너지 효과가 극대화되는 문제 해결로 이어질 수 있습니다. 예를 들어 보겠습니다.

> **프롬프트**
> 저는 지속 가능한 농업에 관한 기사의 공동 저자로서 서론과 첫 장의 초안을 작성했습니다. 돌려짓기[7]의 이점에 대해 잘 조사한 후, 유익한 내용을 담은 장을 작성해 주시겠어요?

역할 프롬프트의 효과는 역할의 명확성과 구체성, 주어진 상황을 이해하고 적응하는 모델의 능력에 따라 달라집니다. 사용자는 잘 정의된 역할을 채택해 기대치를 설정하고 모델이 원하는 인격이나 전문성에 걸맞은 응답을 생성하도록 이끌어 줍니다. 이 접근 방식을 사용해 LLM과 더 매력적이고 유익하며 정확한 상호 작용을 할 수 있습니다.

---

7 하나의 농지에서 같은 작물을 계속 재배하는 대신 여러 작물을 돌려 가며 재배하는 방법입니다. 이 방법을 통해 수확량과 지력(地力)의 감소를 막을 수 있으며, 병충해나 잡초도 잘 생기지 않아 토지의 이용률을 높일 수 있습니다.

역할 프롬프트가 항상 완벽한 결과를 보장하지 않는다는 점을 염두에 두어야 합니다. 모델의 출력은 학습 데이터의 품질과 모델이 지식을 일반화하는 능력 등 여러 가지 요소에 따라 달라지기 때문입니다. 그럼에도 불구하고 역할 프롬프트는 다양한 활용 분야와 영역에서 프롬프트 엔지니어의 귀중한 도구가 되어 LLM과 더 효과적이고 상황에 맞는 상호 작용을 할 수 있게 해 줄 것입니다.

이 정보를 이해하기 위해 몇 가지 예를 살펴보겠습니다.

1.6.1 퓨샷 러닝: 예시 프롬프트로 모델 학습시키기

학습 중 예시 프롬프트를 사용하면 모델이 특정 작업에 대해 원하는 형식, 스타일, 내용과 일치하는 응답을 생성하도록 이끌 수 있습니다. 이러한 예시를 '퓨샷 러닝'이라고 하며, 모델이 사전 학습에서 얻은 지식을 일반화하고 최소한의 추가 학습 데이터로 새로운 작업에 빠르게 적응할 수 있는 능력을 확인할 수 있습니다.

다음은 다양한 작업에서 예시 프롬프트를 사용하는 몇 가지 예입니다.

- **구문 요약**

  > **프롬프트**
  >
  > 다음 구문을 한 문장으로 요약하세요. 예시: 입력: 재빠른 갈색 여우가 게으른 개를 뛰어넘습니다. 개는 신경 쓰지 않는 것 같습니다. 출력: 여우가 게으른 개를 뛰어넘고, 개는 당황하지 않습니다.
  > 입력: 태진이는 식료품을 사러 마트에 갔습니다. 태진이는 가족을 위해 과일, 채소, 간식거리를 샀습니다. 출력:

  > **응답**
  >
  > 태진이는 가족을 위해 과일, 채소, 간식 등 식료품을 구입합니다.

- **언어 번역**

  > **프롬프트**
  >
  > 다음 영어 문장을 프랑스어로 번역해 주세요. 예시: 입력: Hello, how are you? 출력: Bonjour, comment ça va?
  > 입력: What time is it? 출력:

응답

Quelle heure est -il?

- **감성 분석**

  프롬프트

  다음 문장의 감성을 긍정, 부정, 중립 중 하나로 판단해 주세요. 예시: 입력: 이 제품이 정말 마음에 듭니다. 출력: 긍정
  입력: 영화가 지루하고 결과가 뻔했습니다. 출력:

  응답

  부정

- **구문 분류**

  프롬프트

  다음 동물을 포유류, 조류, 파충류, 어류 중 하나로 분류하세요. 예시: 입력: 사자. 출력: 포유류
  입력: 독수리. 출력:

  응답

  조류

- **유추하기**

  프롬프트

  다음의 유추 단계를 완성하세요. 예시: 입력: 뜨거움:추움::행복함:? 출력: 슬픔
  입력: 낮:밤::깨어 있음:? 출력:

  응답

  잠들어 있음

각각의 예에서 프롬프트는 먼저 작업을 명확히 설명하고, 입력-출력 묶음의 예시로 예상되는 형식과 원하는 응답을 보여 줍니다. 예시 프롬프트를 제공하면 모델은 작업을 더 잘 이해하고 그 결과 더 정확하고 상황에 알맞은 출력을 생성할 수 있습니다.

퓨샷 러닝의 효과는 사전 학습된 지식을 일반화하는 모델의 능력과 제공되는 예시의 품질에 따라 달라진다는 점을 명심하세요. LLM 분야가 계속 발전함에 따라 퓨샷 러닝이나 효과적인 프롬프트 엔지니어링과 같은 기술은 AI 모델의 잠재력을 최대한 활용하고 다양한 작업과 애플리케이션에서 성능을 향상시키는 데 중요한 역할을 할 것입니다.

이어서 목소리 정의에 대해 살펴볼 차례입니다. 목소리 정의는 누군가가 자신을 표현하는 방식을 독특하게 만드는 특별한 자질과 스타일을 뜻하며, 매우 중요한 역할을 합니다. 원하는 목소리를 정의하는 것은 언어 모델에서 의도한 어조와 개성에 맞는 매력적이고 자연스러운 응답을 이끌어내는 프롬프트를 만드는 데 매우 중요합니다. 목소리 정의를 프롬프트와 통합하는 과정을 통해 사용자는 모델의 응답에 더욱 공감할 수 있고, 브랜드의 정체성(brand identity)에 부합하며, 애플리케이션에 따라 전반적으로 더 효과적으로 만들 수 있습니다.

1.7 나만의 목소리 찾기: 프롬프트에 개성 정의하기

목소리 정의는 개인이나 단체의 소통 방식을 구별하는 독특한 특성, 스타일, 어조를 지칭합니다. 글쓰기의 맥락에서 목소리는 내용에 개성을 부여하여, 매력적이고 기억에 남고 공감할 수 있게 해 주는 필수적인 요소입니다. 잘 정의된 목소리는 의도한 메시지를 효과적으로 전달하고 대상 독자의 공감을 이끌어내며 작성자의 정체성이나 브랜드를 확립합니다.

개성이 뚜렷한 목소리를 개발하려면 다음과 같은 언어의 다양한 측면을 고려해야 합니다.

- **어조**
  글의 어조는 글쓴이가 전달하고자 하는 태도나 감정을 반영합니다. 상황과 목적에 따라 공식적인 어조, 비공식적인 어조, 대화적인 어조, 권위적인 어조, 설득력 있는 어조, 장난스러운 어조처럼 다양합니다.
- **어휘**
  단어, 구문, 표현의 선택은 글의 목소리에 큰 영향을 미칩니다. 독특한 어휘는 작성자의 개성, 전문성, 문화적 배경을 반영할 뿐만 아니라 대상 독자의 선호도와 기대에 부응할 수 있습니다.

- **문장 구조와 구문**
  문장을 구성하는 길이, 복잡성, 변화 같은 것들은 글의 목소리에 영향을 미칩니다. 다양한 문장 구조는 역동적이고 매력적인 읽기 환경을 조성하며, 일관된 구문은 알아볼 수 있는 목소리를 만들어 줍니다.
- **관점**
  1인칭, 2인칭, 3인칭과 같이 글을 쓰는 시점은 목소리와 독자와의 관계 형성에 영향을 미칩니다. 올바른 시점을 선택하면 독자가 더욱 몰입하고 공감할 수 있습니다.
- **그림과 비유적 언어**
  생생한 그림, 은유, 직유와 같은 비유적 언어 요소를 사용하면 목소리를 향상시키고 내용을 더욱 매력적이고 기억에 남게 만들 수 있습니다.

작가는 내용을 작성할 때 이러한 측면을 고려하여 목표에 부합하고 독자의 공감을 불러일으키며 다른 내용과 차별화될 수 있는 일관되고 매력적인 목소리를 개발해야 합니다. 잘 정의된 목소리는 작가나 브랜드의 정체성을 확립하고 독자들 사이에서 신뢰감과 친근감을 형성하며 궁극적으로 의사 소통이 잘 이뤄지는 데 도움이 됩니다.

AI로 생성된 내용은 어조, 스타일, 어휘에 관한 구체적인 지침을 모델에 제공하는 등 프롬프트 엔지니어링 기술을 통해 뚜렷한 목소리를 개발할 수 있습니다. 원하는 목소리를 이끌어내기 위해 프롬프트를 조정하는 과정을 통해 LLM과 같은 AI 모델은 작성자나 브랜드의 독특한 소통 스타일에 부합하는 내용을 생성하여 AI가 생성한 내용의 가치와 효과를 더욱 향상시킬 수 있습니다.

다음은 다양한 글쓰기 유형과 상황에 대한 목소리 정의의 몇 가지 예입니다.

- **전문적이고 권위적인 목소리**
  이 목소리는 격식 있는 어조, 정확한 어휘, 잘 구성된 문장이 특징입니다. 업무 보고, 학술 논문, 법률 문서 등에 주로 사용됩니다.

  예시는 다음과 같습니다.

  > 시장 동향에 대한 종합적인 분석에 따르면 향후 10년간 재생 에너지원의 성장 잠재력이 상당할 것으로 예상됩니다. 이 보고서는 이러한 성장을 이끄는 요인에 대해 자세히 조사하고 새로운 기회를 활용하기 위한 전략적 권장 사항을 제시합니다.

- **대화하듯 친근한 목소리**
  이 목소리는 비공식적인 어조, 일상적인 어휘, 친근한 문장 구조를 사용합니다. 블로그나 소셜 미디어의 게시물, 개인적인 수필 등에 적합합니다.

예시는 다음과 같습니다.

> 안녕하세요, 여러분! 방금 새로운 초콜릿 칩 쿠키 레시피를 시험해 봤는데, 여러분과 빨리 공유하고 싶었습니다. 만들기도 매우 쉽고 정말 맛있어요. 한번 만들어 보고 어떻게 생각하는지 알려주세요!

- **영감을 주고 동기를 부여하는 목소리**

  이 목소리는 고양된 어조, 생생한 그림, 감성적인 언어를 사용하여 독자의 참여를 유도하고 영감을 줍니다. 동기 부여 연설, 자기 계발서, 개인적인 이야기에서 흔히 볼 수 있는 형태입니다.

  예시는 다음과 같습니다.

  > 모든 여정은 한 걸음에서 시작되며, 그 믿음의 도약은 여러분에게 달려 있습니다. 미지의 세계를 받아들이고, 두려움을 극복하고, 진정한 잠재력을 발휘하세요. 한계란 오직 자기 자신이 만드는 것임을 기억하세요.

- **유쾌하고 재치 있는 목소리**

  이 목소리는 장난기 넘치는 어조, 재치 있는 말투, 유쾌함이 어우러져 독자를 즐겁게 해 줍니다. 풍자 수필, 코미디 대본, 익살스러운 기사에 사용할 수 있습니다.

  예시는 다음과 같습니다.

  > 할 일 미루기가 올림픽 종목이었다면 저는 아마 금메달을 땄을 것입니다… 끝내 말이죠. 물론 먼저 최신 TV 시리즈를 모두 몰아 본 다음, 양말 서랍을 다시 정리하고 인생의 의미를 생각해야겠죠.

- **설득력 있고 매력적인 목소리**

  이 목소리는 설득력 있는 어조, 강력한 논거, 대상에 맞는 언어를 사용하여 독자가 특정 관점이나 행동을 취하도록 설득합니다. 일반적으로 사설, 판매 홍보 문구, 정치적인 연설 등에 사용됩니다.

  예시는 다음과 같습니다.

  > 교육에 대한 투자는 도덕적 의무일 뿐만 아니라 경제적으로도 필수적인 요소입니다. 청소년에게 21세기에 필요한 지식과 기술을 제공함으로써 우리는 모두를 위한 번영하고 지속 가능한 미래를 세우는 토대를 마련할 수 있습니다.

각각의 목소리 정의에는 독특한 특성, 어조, 스타일이 있으며, 다양한 상황과 목적에 적합합니다. 목소리 정의를 이해하고 숙달하는 과정을 통해, 작가들은 자신의 저작물을 효과적으로 대상 고객과 공감할 수 있도록 개인화하고, 그들과의 소통 목표를 달성할 수 있습니다.

AI가 생성한 콘텐츠를 다룰 때, 원하는 목소리 정의의 명확한 지시와 예시를 제공하면 LLM이 의도된 어조, 스타일, 어휘와 일치하는 콘텐츠를 생성할 수 있습니다. 프롬프트 엔지니어링에 목소리 정의를 통합하는 과정을 통해, AI 모델은 더욱 매력적이고 관련성 높고 영향력 있는 콘텐츠를 생성할 수 있기 때문에, 다양한 사례와 영역에서 AI가 생성한 콘텐츠의 가치를 더욱 향상시킬 수 있습니다. 목소리 정의를 통합하는 방법은 두 가지입니다. 첫 번째 방법은 LLM이 응답할 때 특정 인물의 스타일, 어조를 비롯한 특성을 가져오도록 프롬프트에서 명시하는 것입니다. 이 방법은 윌리엄 셰익스피어(William Shakespeare)나 김소월과 같이 잘 알려진 작가의 목소리 정의를 사용하고자 할 때 유용합니다. 두 번째 방법은 프롬프트의 일부로 대상 인물의 글쓰기 예시를 제공하는 것입니다.

목소리 정의의 개념과 중요성을 탐구했으니, 이제 또 다른 중요한 측면인 패턴에 초점을 맞춰 보겠습니다. 목소리가 내용에 개성을 더해 주는 것처럼, 패턴은 구조와 리듬, 변화를 추가하여 글쓰기의 흐름을 매끄럽고 매력적으로 만들어 줍니다.

1.8 패턴 사용하기: 프롬프트의 효율성 높이기

프롬프트 엔지니어링 관점에서 패턴은 주어진 입력 프롬프트 요소들의 구성과 반복에서 나타나는 인식 가능한 구조, 순서, 관계를 의미합니다. 패턴을 이해하고 활용하면 프롬프트의 효율성을 향상시키고, LLM에서 더 정확하고 관련성 높고 상황에 적절한 응답을 이끌어낼 수 있습니다.

프롬프트 엔지니어링에서 패턴은 다음과 같이 여러 가지 측면을 포함합니다.

- **언어 패턴**: 프롬프트 작성에 사용되는 구문, 문법, 어휘를 말합니다. 프롬프트 엔지니어는 언어 패턴을 이해하는 과정을 통해 더 효과적이고 일관된 프롬프트를 생성하여, LLM이 원하는 형식, 스타일, 어조로 응답할 수 있도록 이끌어줄 수 있습니다.
- **작업 패턴**: 특정 작업이나 애플리케이션에는 모델이 따라야 할 특정 패턴이나 관례가 있을 수 있습니다. 예를 들어 요약 작업은 모델이 핵심적인 관점을 유지하며 정보를 요약해야 합니다. 반면 번역 작업은 의미와 구조를 보존하면서 문장을 변환해야 합니다. 이러한 패턴을 프롬프트에 통합하면 모델이 주어진 작업에 더 적합한 출력을 생성할 수 있습니다.

- **상황 패턴**: 모델에게 제공하는 상황, 입력 데이터, 원하는 출력과 같은 프롬프트 요소 간의 관계와 의존성을 말합니다. 프롬프트 엔지니어는 이 패턴을 이해함으로써, 모델이 상황에 맞는 정확한 응답을 생성하도록 더 잘 이끌어 주는 프롬프트를 생성할 수 있습니다.
- **응답 패턴**: 프롬프트의 구조, 구문, 어조에 의해 영향을 받는 모델 생성 출력의 패턴을 의미합니다. 프롬프트 엔지니어는 LLM 응답의 패턴을 분석하는 과정을 통해, 프롬프트를 반복적으로 다듬고 개선하여 모델의 성능을 최적화하고 부정확성이나 편향성을 줄일 수 있습니다.

프롬프트 엔지니어링에서 패턴을 인식하고 활용해야 하는 이유는 다음과 같이 여러 가지입니다.

- **모델의 성능 향상**: 패턴을 이해하면 모델이 정확하고 상황에 적절한 응답을 생성하도록 이끌어 주는 더 효과적인 프롬프트를 설계할 수 있습니다.
- **모호성 감소**: 작업, 상황, 원하는 출력을 더 명확하게 만드는 패턴을 통합함으로써, 모델이 모호하거나 무의미하거나 관련 없는 응답을 생성할 가능성이 줄어듭니다.
- **새로운 작업에 적응**: 패턴을 식별할 수 있는 능력은 프롬프트 엔지니어가 새로운 작업이나 영역에 프롬프트를 빠르게 적응시킬 수 있도록 도와주어, 다양한 애플리케이션에서 더 효율적으로 LLM을 사용할 수 있게 합니다.
- **편향성 완화**: 모델 생성 패턴의 편향성을 인식하고 해결하면서 더 공정하고 편향되지 않으며 책임감 있는 출력을 생성하는 프롬프트를 생성할 수 있습니다.

출력 패턴은 LLM이 생성한 응답이 따라야 하는 특정 구조, 형식, 규칙을 의미합니다. 프롬프트에서 명확한 지침과 예시를 제공함으로써 모델이 원하는 패턴을 준수하는 출력을 생성하도록 이끌 수 있습니다. JSON 배열 형식의 항목 목록을 생성하는 경우, 프롬프트에 예상되는 출력 형식을 보여 줄 수 있습니다.

다음은 이러한 프롬프트를 구성하는 방법에 대한 예입니다.

> **프롬프트**
> 다음과 같은 과일 목록(사과, 바나나, 오렌지)을 바탕으로 항목의 JSON 배열을 생성하세요. 이 형식을 참조하세요.

> **입력**
> 개, 고양이, 물고기

출력

[{동물: "개"}, {동물: "고양이"}, {동물: "물고기"}]

입력

사과, 바나나, 오렌지

출력

[{과일: "사과"}, {과일: "바나나"}, {과일: "오렌지"}]

이 프롬프트는 작업을 설명하면서 항목의 JSON 배열을 생성한다는 목표를 명확하게 제시합니다. 프롬프트에 원하는 출력 형식을 예시로 보여 주면 모델이 응답을 생성할 때 따라야 할 패턴을 이해할 수 있습니다.

출력 패턴의 일관성을 유지하기 위해 프롬프트에 추가적인 제약 조건이나 서식 지침을 지정할 수도 있습니다. 예를 들어 출력에서 각 항목 주위에 큰따옴표를 넣거나, 배열이 입력 항목의 순서를 유지해야 한다는 점 등을 언급할 수 있습니다.

JSON 배열이나 기타 구조화된 데이터 형식으로 작업할 때는 생성된 출력이 해당 형식의 적절한 구문과 규칙을 준수하는지 확인하는 것이 중요합니다. 명확한 지침, 예시, 제약 조건이 포함된 프롬프트를 신중하게 작성하면 LLM은 원하는 출력 패턴을 따르는 응답을 생성하며, 다양한 작업과 애플리케이션에 대해 더 정확하고 유용하며 형식이 올바르게 지정된 출력을 생성합니다.

지금까지 살펴본 바와 같이 프롬프트 엔지니어링에는 역할 프롬프트, 예시 사용, 출력 패턴 적용과 같이 다양하고 효과적인 기법이 있습니다. 각각의 기법마다 장점이 있지만 이를 결합하면 훨씬 더 강력한 결과를 얻을 수 있습니다. 프롬프트 엔지니어는 다양한 기법을 혼합하여 시너지 효과를 발휘함으로써 언어 모델에서 매우 정확하고 자연스럽고 상황에 적합한 응답을 유도하는 프롬프트를 만들 수 있습니다.

1.9 혼합과 조화: 향상된 프롬프트를 위한 전략적 조합

프롬프트 엔지니어는 상호 보완적인 접근 방식을 신중하게 통합함으로써 매력적이고 자연스러우며 매우 효과적인 프롬프트를 개발할 수 있습니다. 이 절에서는 언어 모델에서 상황에 맞는 정확한 응답을 이끌어내기 위해 함께 사용되는 프롬프트 기법을 예를 통해 살펴봅니다. 프롬프트 엔지니어는 역할 프롬프트, 제약 조건을 비롯한 몇 가지 기법을 함께 사용하여 모델이 수행해야 할 작업에 필요한 것을 정확하게 생성하도록 유도할 수 있습니다.

다음은 기법의 조합을 보여 주는 몇 가지 예입니다.

- **역할 프롬프트와 예시 결합하기**

    멘토와 학생 관계라는 상황에서 모델에게 시간 관리에 대한 조언을 구한다고 가정해 봅시다. 역할 프롬프트와 예시를 결합하여 효과적인 프롬프트를 만들 수 있습니다.

    > **프롬프트**
    >
    > 시간 관리 멘토로서 생산성을 향상시킬 수 있는 세 가지 팁을 알려주실 수 있나요? 예를 들면 매일 구체적이고 달성 가능한 목표를 설정하는 것과 같은 팁이 있을 것입니다.

    > **출력**
    >
    > 물론이죠! 생산성 향상을 위한 세 가지 팁을 드리겠습니다.
    > 1. 큰 작업을 더 작고 관리하기 쉬운 하위 작업으로 나누세요.
    > 2. 아이젠하워 매트릭스[8]를 사용해 중요성과 긴급한 정도에 따라 작업의 우선 순위를 정하세요.
    > 3. 규칙적인 휴식을 통해 마음을 재충전하고 하루 종일 집중력을 유지하세요.

- **역할 프롬프트와 예시, 출력 패턴 결합하기**

    작업: 뉴스 채널을 위한 간결한 날씨 보고서를 작성하세요.

---

[8] 미국의 제34대 대통령 드와이트 아이젠하워(Dwight D. Eisenhower)가 1954년에 행했던 연설에서 비롯된 시간 관리 방법으로 할 일을 중요하고 급한 것, 중요하지만 급하지 않은 것, 중요하지 않지만 급한 것, 중요하지 않으며 급하지 않은 것으로 나누어 실행하거나 제거하는 시간 관리 방법입니다.

> **프롬프트**
>
> 전문 기상 캐스터로서 오늘 서울의 기온, 강수 확률, 기상 특보를 포함한 간결하면서도 유익한 날씨 보고서를 제공해 주세요. 예시: 서울에서 즐거운 아침 인사를 드립니다! 오늘은 최고 기온은 22°C이며, 오후에는 40% 확률로 소나기가 예상됩니다. 오후 6시까지 강풍주의보가 발효 중입니다.

> **출력**
>
> 서울에서 즐거운 아침 인사를 드립니다! 여러분의 현지 기상 캐스터로서, 오늘의 날씨 예보를 전해드리겠습니다. 부분적으로 흐린 하늘 아래, 최고 기온은 20°C로 예상됩니다. 저녁에는 가벼운 비가 내릴 확률이 30%이므로 우산을 준비해 두세요. 낮 12시부터 밤 8시까지 강풍주의보가 발효 중이며, 최대 11m/s의 돌풍이 예상됩니다. 저녁에 약간의 비가 올 가능성을 제외하면, 오늘의 서울은 산뜻한 4월의 하루가 될 것으로 보입니다. 오늘 하루를 즐겁게 보내시고, 날씨 변동을 확인하려면 수시로 저희 정보를 확인해 주세요!

프롬프트에서 제공한 출력 예시는 응답이 어떻게 나와야 하는지에 대한 패턴 역할도 합니다.

- **역할 프롬프트, 예시, 출력 패턴 결합하기**

    작업: 가족 지향 블로그에 올릴 간략한 영화 리뷰를 작성하세요.

> **프롬프트**
>
> 가족 친화적인 영화 평론가로서 애니메이션 영화 인사이드 아웃의 메시지, 오락적 가치, 연령 적합성에 초점을 맞춘 짧은 리뷰를 작성하세요. 예시: 인사이드 아웃은 어린이와 어른 모두에게 소중한 삶의 교훈을 가르쳐주는 따뜻하고 재미있는 영화입니다. 애니메이션은 최고 수준이며 성우들의 목소리 연기도 훌륭합니다. 6세 이상이 시청하기에 적합합니다.

> **출력**
>
> 부모이자 영화 평론가로서 저는 가족 관람을 위해 인사이드 아웃을 강력히 추천합니다. 이 영리한 애니메이션 영화는 기쁨, 슬픔, 분노, 혐오, 두려움을 나타내는 다채로운 캐릭터를 통해 감성 지능과 인간의 심리를 창의적으로 탐구합니다. 아이들은 재미있는 유머와 모험을 즐기면서 우리 모두가 경험하는 복잡한 감정에 대해 배울 수 있습니다. 최고 수준의 애니메이션은 시각적으로 매력적이며 재능 있는 목소리 출연진이 빛을 발합니다. 인사이드 아웃은 모든 연령대의 시청자, 특히 6세 이상의 어린이에게 진심 어린 재미를 제공합니다. 이 영화는 긍정적이든 부정적이든 우리의 감정을 포용하는 것에 대한 중요한 메시지를 전달하여 온 가족이 함께 즐길 수 있는 사려 깊은 영화입니다.

프롬프트에서 제공한 출력 예시는 응답이 어떻게 나와야 하는지에 대한 패턴 역할도 합니다.

- **역할 프롬프트와 출력 패턴, 예시 결합하기**

    작업: 젊은 기업가들에게 영감을 주는 동기 부여 인용구를 만드세요.

    > **프롬프트**
    >
    > 성공한 기업가로서 젊은 기업가들이 꿈을 추구하고 절대 포기하지 않도록 영감을 주는 동기 부여 인용구를 제시해 주세요. 예시: 성공이 마지막은 아니며, 실패가 치명적인 것도 아닙니다. 정말 중요한 것은 계속 나아가려는 용기입니다. 꿈꾸는 젊은이 여러분, 계속 밀어붙이세요!

    > **출력**
    >
    > 포기하지 않고 계속 믿는 마음을 가진다면, 모든 좌절은 당신을 성공에 더 가깝게 만듭니다. 결단력을 유지하고 회복력을 유지하세요. 당신의 꿈은 항상 도달 가능한 곳에 있습니다.

- **역할 프롬프트, 예시, 출력 패턴 결합하기**

    작업: 채식 파스타를 만들 수 있는 간단한 레시피를 설명하세요.

    > **프롬프트**
    >
    > 채식주의 요리 서적의 저자로서 주요 재료와 준비 방법을 포함하여 간단하고 맛있는 채식 파스타 레시피를 설명하세요. 예시: 부드러운 아보카도 페스토[9] 파스타는 완벽하게 조리된 파스타와 부드럽고 풍부한 아보카도 베이스 소스를 결합한 매력적인 채식 요리입니다. 잘 익은 아보카도, 신선한 바질, 마늘, 레몬즙, 잣을 섞어 모두가 더 갈망하게 될 환상적인 페스토를 만드세요.

    > **출력**
    >
    > 빠르고 간편하게 채식 파스타를 조리하는 방법은 다음과 같습니다. 다진 마늘을 올리브 오일에 넣고 중간 불에 볶다가 다진 애호박을 넣고 3~4분간 더 볶습니다. 마리나라[10] 또는 토마토 파스타 소스를 넣고 2~3분간 끓입니다. 그 사이에 설명서대로 파스타를 삶습니다. 뜨거운 파스타 위에 야채 소스를 섞어 얹습니다. 구운 잣, 신선한 바질, 비건 파마산 가니쉬로 마무리하면 풍미 가득한 채식 파스타 요리가 완성됩니다. 고소한 채소, 향긋한 마늘과 바질, 감칠맛 나는 파마산이 어우러져 간단하면서도 맛있는 채식 파스타를 몇 분 만에 완성할 수 있습니다.

- **역할 프롬프트, 예시, 출력 패턴 결합하기**

    작업: 재택 근무자를 위한 간단한 운동 팁을 작성하세요.

---

9 페스토(pesto)는 이탈리아 제노바(Gènova)의 소스로, 빻은 마늘, 잣, 굵은 소금, 바질 잎 등을 올리브유에 섞은 후 갈아 만듭니다.
10 마리나라(marinara) 소스는 이탈리아의 소스로 토마토, 마늘, 허브, 양파로 만드는 소스입니다.

> **프롬프트**
>
> 피트니스 전문가로서 재택 근무 시에도 활동적인 상태를 유지하고자 하는 사람들을 위해 짧고 유용한 피트니스 팁을 제공하세요. 예시: 휴식을 취하는 것을 잊지 마세요! 매 시간마다 알림을 설정하고 일어나서 스트레칭을 하고 5분 정도 가볍게 산책을 하면 에너지와 생산성을 높일 수 있습니다.

> **출력**
>
> 업무 휴식 시간에 맨몸 운동을 해 보세요. 팔굽혀펴기, 스쿼트, 런지, 플랭크는 기구 없이 어디서나 할 수 있는 운동입니다. 한 시간마다 몇 분만 투자하면 혈액 순환과 근육 활성화에 도움이 됩니다. 재택 근무 시에는 하루 종일 신체 활동을 유지하는 것이 에너지, 집중력, 건강 유지의 핵심입니다.

지금까지 효과적인 프롬프트를 만들기 위한 다양한 기법을 살펴보았습니다. 지금부터는 초점을 바꿔서 LLM의 출력을 제어하고 개선하기 위해 조정할 수 있는 주요 매개 변수를 살펴보겠습니다.

1.10 LLM 매개 변수 탐색하기

OpenAI의 GPT-4 같은 LLM은 동작과 성능을 제어하고 미세 조정할 때 사용할 수 있는 여러 가지 매개 변수를 가지고 있습니다. 매개 변수를 이해하고 조정하면 더 정확하고 관련성 높고 상황에 적합한 출력을 얻을 수 있습니다. 다음은 LLM의 매개 변수 중 고려해야 할 중요한 매개 변수들입니다.

- **모델 크기**: LLM의 크기는 일반적으로 신경망이나 매개 변수의 수를 나타냅니다. 모델이 크면 클수록 더 강력하며 정확하고 일관된 응답을 생성할 수 있지만, 더 많은 계산 자원과 처리 시간이 필요합니다. 따라서 특정 요구 사항에 따라 모델 크기와 계산 효율성 간의 균형을 맞춰야 합니다.
- **온도**: 온도(temperature) 매개 변수는 LLM에서 생성되는 출력의 무작위성을 제어합니다. 온도 값이 높을수록(예: 0.8) 좀 더 다양하고 창의적인 반응이 생성되며, 온도 값이 낮을수록(예: 0.2) 좀 더 집중적이고 결정론적인 결과가 생성됩니다. 온도를 조정하면 모델 응답의 창의성과 일관성 사이의 균형을 미세하게 조정할 수 있습니다.

- **top-k**: top-k 매개 변수는 LLM 출력의 무작위성과 다양성을 제어하는 또 다른 방법입니다. 이 매개 변수는 모델이 응답을 생성하는 각각의 단계마다 가장 가능성이 높은 'k'개의 토큰만 고려하도록 제한합니다. 예를 들어 top-k 값을 5로 설정하면 모델은 가장 가능성이 높은 5개의 선택 사항 내에서 다음 토큰을 선택합니다. top-k 값을 조정하여 응답의 다양성과 일관성 사이의 균형을 관리할 수 있습니다. 일반적으로 top-k 값이 작을수록 더 집중적이고 결정론적 결과가 도출되는 반면, top-k 값이 클수록 더 다양하고 창의적인 응답이 가능합니다.
- **최대 토큰 수**: 최대 토큰 수 매개 변수는 생성된 출력에 허용되는 단어나 하위 단어(subword) 단위의 최대 토큰 수를 설정합니다. 이 매개 변수를 조정하여 LLM이 제공하는 응답의 길이를 제어할 수 있습니다. 최대 토큰 수 값을 낮게 설정하면 간결한 답변을 얻을 수 있고, 값을 높게 설정하면 더 상세하고 정교한 답변을 얻을 수 있습니다.
- **프롬프트 길이**: LLM의 직접적인 매개 변수는 아니지만 입력 프롬프트의 길이가 모델의 성능에 영향을 미칠 수 있습니다. 프롬프트가 길고 상세할수록 LLM에 더 많은 상황 정보와 지침을 제공하여 더 정확하고 관련성 높은 응답을 얻을 수 있습니다. 하지만 프롬프트가 너무 길면 토큰 한도의 상당 부분을 먼저 소모해 버리기 때문에 모델의 출력이 줄어들 수 있다는 점에 유의해야 합니다.

LLM의 매개 변수를 이해하고 특정한 필요와 요구 사항에 따라 조정함으로써 모델과의 상호 작용을 최적화하고 더 정확하고 관련성이 높으며 상황에 적합한 결과를 얻을 수 있습니다. 매개 변수의 균형을 맞추고 수행해야 할 작업에 맞게 조정하는 것은 프롬프트 엔지니어링의 중요한 측면이며, 이를 통해 LLM의 전반적인 효율성을 크게 향상시킬 수 있습니다.

최적의 결과를 얻기 위해 작업마다 매개 변수를 서로 다르게 설정해야 할 수도 있다는 점에 유의하세요. 다양한 매개 변수 조합을 실험하고 창의성, 일관성, 응답 길이, 계산 요구 사항과 같은 요소 간의 장단점을 고려해야 합니다. 매개 변수 설정을 시험하고 개선하는 과정을 반복하면서 GPT-4, 클로드, Google 제미나이 같은 LLM의 잠재력을 최대한 활용할 수 있습니다.

다양한 매개 변수와 기법을 실험해 보는 것은 모든 사례에 가장 적합한 것이 무엇인지 이해하는 데 도움이 됩니다. 다음 절에서는 프롬프트로 작업할 때 이러한 실험적 사고방식에 접근하는 방법을 자세히 살펴보겠습니다.

1.11 프롬프트 엔지니어링(실험)에 접근하는 방법

프롬프트 엔지니어링에 접근하려면 원하는 출력을 얻기 위해 체계적이고 반복적인 실험 과정을 거쳐야 합니다. 모델의 반응에 따라 프롬프트를 세밀하게 조정하고 적응시키는 것이 핵심이며, 지속적으로 그 효과를 개선해 나가야 합니다. 실험을 통해 프롬프트 엔지니어링에 접근하는 단계는 다음과 같습니다.

1. **목표 정의**: LLM과 상호 작용하는 목표를 명확히 정의합니다. 원하는 출력을 위해 필요한 구체적인 정보, 형식, 상황 정보를 결정합니다.
2. **초기 프롬프트 작성**: 상황 정보, 지시 사항, 역할 제시, 예시, 출력 패턴과 같은 프롬프트 구성 요소를 사용하여, LLM에 기대하는 바와 요구 사항을 명확하고 간결하게 전달하는 프롬프트를 만듭니다.
3. **LLM 매개 변수 조정**: 창의성, 결정론, 응답 길이 같은 사용자의 출력 선호도에 기반하여, 온도, top-k, 최대 토큰 수와 같은 LLM 매개 변수의 초기 값을 설정합니다.
4. **시험과 평가**: 프롬프트를 LLM에 제출하고 생성된 출력을 분석합니다. 응답이 사용자의 기대에 얼마나 부합하는지, 관련성, 일관성, 형식, 어조 등의 요소를 고려하여 평가합니다.
5. **프롬프트 개선**: 출력 평가를 바탕으로 개선할 부분을 식별하고 프롬프트를 그에 맞게 수정합니다. 수정 사항에는 지시 사항 명확히 하기, 예시 추가, 출력 패턴 조정, 역할 변경 등이 포함됩니다. 필요하다면 LLM 매개 변수도 다듬어서 창의성이나 결정론에 영향을 주는 온도나 top-k와 같은 값을 조정하는 것을 고려하세요.
6. **반복**: 만족스러운 출력이 나올 때까지 시험, 평가, 개선 과정을 반복합니다. 반복적 접근 방식은 프롬프트 엔지니어링 과정을 미세 조정하고 다양한 작업과 요구에 맞게 조정하는 데 도움이 됩니다.
7. **성공/실패 문서화**: 성공한 프롬프트 엔지니어링 기법과 매개 변수 설정을 문서화하고, 기대와 달리 동작하지 않은 것들도 마찬가지로 문서화합니다. 이 문서는 향후 실험에서 귀중한 참고 자료가 되어, 이전 경험을 바탕으로 프롬프트 엔지니어링 과정을 간소화할 수 있게 해 줍니다.
8. **결과 공유와 협력**: 더 넓은 LLM 사용자 모임에 참여하여 분석 결과를 공유하고, 다른 사람들의 경험에서 배우며, 프롬프트 엔지니어링에 대한 모범 사례를 공동으로 개발하세요. 지식과 아이디어를 교환하면 프롬프트 엔지니어링 과정의 전반적인 효과와 효율성을 개선할 수 있습니다.
9. **전이 가능한 기술 적용**: 프롬프트 엔지니어링에 대한 경험이 쌓이면 다양한 작업과 영역에 적용할 수 있는 기술과 전략을 파악하세요. 전이 가능한 접근 방식은 새로운 도전에 프롬프트 엔지니어링 기술을 빠르게 적용하고 LLM 상호 작용의 효과를 극대화하는 데 도움이 됩니다.

10. **LLM의 최신 발전 상황 확인**: 큰 규모의 LLM이 지속적으로 발전함에 따라 새로운 개발 정보, 기능, 모범 사례에 대한 정보를 계속 파악하는 것이 중요합니다. OpenAI 등의 LLM 개발자로부터의 업데이트, 연구, 자료를 정기적으로 검토하여 프롬프트 엔지니어링 기술이 효과적이면서도 시의성을 유지하도록 합니다.
11. **창의적인 사례 탐구**: 프롬프트 엔지니어링은 기존의 전통적인 작업과 출력에만 국한되지 않습니다. LLM의 창의적이고 혁신적인 사례를 실험하여 이 모델들이 달성할 수 있는 한계를 넓히는 것이 중요합니다. 이러한 탐색적 접근은 큰 규모의 LLM의 진정한 잠재력을 보여 주는 새로운 해결책, 분석 결과, 처리 결과를 이끌어낼 수 있습니다. 체계적인 실험을 통해 프롬프트 엔지니어링에 접근하면 점진적으로 프롬프트와 LLM 간의 상호 작용을 개선할 수 있으며, 더 정확하고 관련성이 높으며 상황에 적합한 출력을 보장할 수 있습니다. 이 과정은 빠르게 학습하고 적응할 뿐만 아니라 GPT-4와 같은 큰 규모의 LLM의 전체 잠재력을 활용하기 위한 전략을 효과적으로 개발할 수 있습니다.

프롬프트 엔지니어링은 매우 강력하지만 잘못된 결과를 초래할 수 있습니다. 다음 절에서는 몇 가지 한계와 이를 완화할 수 있는 방법을 살펴보겠습니다.

1.12 LLM 프롬프트 사용의 과제와 한계

GPT-4와 같은 LLM이 인간과 유사한 응답을 생성하는 놀라운 능력을 보여 주었음에도 불구하고, 효과적인 프롬프트를 작성하는 데 있어서는 나름의 과제와 한계가 있습니다. 그중 일부를 살펴봅시다.

- **장황함**: LLM은 종종 필요 이상의 정보를 제공하거나 아이디어를 반복하는 등 장황한 출력을 생성하는 경향이 있습니다. 간결한 응답을 이끌어내는 프롬프트를 작성하는 것이 어려울 수 있으며, 적절한 제약 조건을 설정하고 프롬프트를 반복해야 할 수 있습니다.
- **모호성**: LLM은 모호하거나 정의가 불분명한 프롬프트로 인해 어려움을 겪을 수 있으며, 그 결과 기대에 부응하지 못할 수 있습니다. 따라서 모호함을 최소화하기 위해 명확하고 구체적인 프롬프트를 만드는 데 시간과 노력을 투자해야 합니다.
- **일관성 부족**: LLM은 때때로 서로 모순되는 정보를 가진 응답을 생성하거나 실행에 따라 품질이 달라질 수 있습니다. 출력의 일관성을 보장하기 위해 매개 변수를 미세 조정하고 프롬프트 엔지니어링 기술을 사용해야 합니다.

- **상식 부족**: LLM은 방대한 지식 기반을 가지고 있지만, 가끔 상식이 결여되거나 잘못된 가정을 하는 출력을 생성할 수 있습니다. 사용자는 더 정확하고 합리적인 응답을 얻기 위해 다양한 프롬프트 기술을 실험해 봐야 합니다.
- **편향성**: LLM은 학습 데이터에 존재하는 편향성에 부주의하게 노출될 수 있습니다. 따라서 의도치 않게 편향과 차별적인 신념을 학습하고 전파할 수 있으며, 이는 편향된 관점과 불공정한 결과로 이어질 수 있습니다. 특히 채용, 교육, 의사 결정과 같은 분야에서 LLM을 사용할 때 심각한 영향을 미칠 수 있습니다. 이러한 강력한 도구를 책임감 있고 윤리적으로 사용하기 위해 LLM의 편향성을 인식하고 해결하는 것이 중요합니다.
- **환각**: LLM의 환각(hallucination)은 LLM이 사실과 다르거나 말이 안 되거나 입력 상황과 관련 없는 문장을 생성하는 것을 말합니다. 환각 현상은 LLM이 방대한 양의 학습 데이터에서 패턴과 연관성을 학습하지만, 세계에 대한 본질적인 이해나 인간과 같은 추론 능력이 없기 때문에 발생합니다. 그 결과, 때때로 겉으로는 타당해 보이지만 실제로는 부정확하거나 비논리적인 출력을 생성할 수 있습니다. 환각은 사실적인 정보, 의사 결정, 콘텐츠 생성을 위해 LLM에 의존할 때 그 문제점이 더욱 두드러집니다. 환각의 영향을 완화하려면 모델을 세밀하게 조정하고 더 나은 평가 지표를 생성하며 피드백을 수시로 반영하여 LLM의 성능과 신뢰성을 향상시키는 데 투자해야 합니다.

우리는 1장에서 AI 프롬프트의 구성 요소, 유형, 실용적인 적용에 대해 자세히 살펴보며 포괄적 탐구를 시작했습니다. 이 기본 지식을 바탕으로, 이제 프롬프트 엔지니어링의 세계로 더 깊이 뛰어들어 고급 기술을 발견할 준비가 되었습니다.

1.13 요약

입문에 해당하는 이번 장에서는 AI 프롬프트의 세계를 탐험하는 여정을 시작했습니다. 구성 요소, 유형, 동작 원리 등 LLM의 프롬프트에 대한 포괄적인 개요를 살펴봤습니다. 실제 예와 사용 사례를 통해 제품 설명을 생성하거나 문장을 번역하는 등 LLM 프롬프트의 강력한 기능과 다양한 용도를 확인했습니다.

다양한 유형의 프롬프트와 LLM을 안내하는 역할을 살펴보면서 프롬프트 엔지니어링에 대한 탄탄한 기초를 다졌습니다. 입력 프롬프트, 상황 정보, 응답과 같은 프롬프트의 주요 구성 요소에 익숙해지고 언어 모델의 출력을 형성하는 방법을 이해하게 되었습니다.

매력적이고 효과적인 콘텐츠를 만드는 데 있어 목소리 정의와 패턴의 중요성을 강조했습니다. 이러한 요소들이 어떻게 글에 독특한 개성을 부여하고 매끄러운 흐름을 유지하여 영향력 있고 기억에 남는 메시지를 만드는지 알게 되었습니다.

LLM 프롬프트의 잠재력을 탐구하는 한편, 모델의 사용에 관련된 문제점과 한계에 대해서도 다루었습니다. 장애물을 이해함으로써 프롬프트 엔지니어링 작업에서 이러한 장애물을 탐색하고 정보에 입각한 결정을 내리는 방법에 대해 이해했습니다.

이 장의 내용을 모두 이해했다면 이 책의 나머지 부분에 대한 포괄적인 기초를 갖춘 것입니다. LLM 프롬프트에 대한 확실한 이해를 바탕으로 고급 기술을 탐색하고, 다양한 프롬프트 엔지니어링 접근 방식을 결합하고, 다양한 매개 변수로 실험하고, 새로운 가능성을 열어 주는 과제를 극복할 준비가 되었습니다. 여정 내내 LLM 프롬프트의 힘을 활용하여 놀라운 경험을 만들고 원하는 결과를 달성할 수 있을 것입니다.

지금까지 프롬프트 엔지니어링의 기반을 탄탄하게 다졌으므로, 지금부터는 이러한 기술을 적용하여 자동화된 콘텐츠 제작을 위해 AI의 힘을 활용하는 데 초점을 맞출 것입니다. 이에 대해서 다음 장에서 자세히 살펴보겠습니다.

CHAPTER 2

AI로 문장을 생성하여 콘텐츠 제작하기

SECTION 1	AI를 활용하여 광고 문구 작성하기
SECTION 2	소셜 미디어 게시물 작성하기
SECTION 3	동영상 대본 작성하기
SECTION 4	블로그 게시물, 기사, 뉴스 생성하기
SECTION 5	AI를 활용해 흥미로운 콘텐츠 만들기
SECTION 6	AI를 활용해 메시지 개인화하기
SECTION 7	AI를 활용해 맞춤형 콘텐츠 만들기
SECTION 8	요약

AI의 부상과 함께 자동으로 콘텐츠를 제작하고 개선할 수 있는 새로운 가능성이 열렸습니다. 이 장에서는 소셜 미디어 게시물부터 긴 형식의 기사까지 다양한 매체와 사용 사례를 들어 AI를 사용해 매력적인 문구를 작성하는 방법을 살펴봅니다.

먼저 AI를 활용한 문구 작성의 기본부터 살펴볼 것입니다. 이제 생성형 언어 모델을 통해 브랜드의 목소리와 목표에 맞게 인간이 쓴 듯한 문장을 만들 수 있습니다. AI를 지도하고 높은 품질의 콘텐츠 초안을 작성할 수 있는 효과적인 프롬프트를 작성하는 모범 사례에 대해 알아보겠습니다. AI는 올바른 프롬프트와 입력을 통해 블로그 게시물, 소셜 미디어 설명 글, 랜딩 페이지 광고 문구, 전자 메일 등을 생성할 수 있습니다.

그리고 나서 AI가 대규모로 콘텐츠를 개인화하는 방법을 살펴볼 것입니다. 프롬프트를 개인화하고 AI에 사용자 데이터를 제공함으로써 각각의 대상에 맞는 메시지를 제공할 수 있고, 브랜드는 강력한 마케팅 애플리케이션을 통해 더욱 개인화된 경험을 제공할 수 있습니다. AI를 이용한 개인화를 가능하게 하는 다양한 기술을 살펴볼 것입니다.

다음 절에서는 특정 콘텐츠 유형과 사용 사례에 AI를 사용하는 방법에 대한 팁을 소개합니다. 바이럴 소셜 미디어 게시물 제작, 시청자의 전환을 유도하는 매력적인 동영상 대본 작성, 참여를 유도하는 기사와 보도 자료 같은 긴 형식의 콘텐츠 최적화에 대해 살펴볼 것입니다. 여기서 문구 작성 도구로서 AI를 최대한 활용할 때 실행 가능한 전략과 사례를 공유합니다.

이 장을 읽고 나면 AI를 문구 작성의 보조 도구로 활용하여 높은 품질의 개인화된 콘텐츠를 빠르면서도 대규모로 제작하는 방법을 확실히 이해할 수 있을 것입니다. 작가, 마케터, 기업가 모두가 이 흥미로운 새로운 기술로 콘텐츠를 강화하는 데 도움이 될 만한 전략을 다루겠습니다.

글쓰기에 가장 많이 사용되는 생성형 AI 도구는 다음과 같습니다.

- **ChatGPT와 ChatGPT Plus**(https://chatgpt.com): 유료 플랜인 ChatGPT Plus를 이용한다면 GPT-3.5 Turbo뿐만 아니라 GPT-4도 사용할 수 있으며, 플러그인도 사용할 수 있습니다. 플러그인은 이 책의 뒷부분에서 다룹니다.
- **Google 제미나이**(https://gemini.google.com): 인터넷에 접근할 수 있으며, 그림 파일을 업로드할 수 있습니다. 따라서 그림 속의 장면을 묘사해 달라고 요청할 수도 있습니다.[1]
- **Anthropic 클로드**(https://claude.ai/new): 이 도구 역시 인터넷에 접근할 수 있으며, 컨텍스트 창이 토큰 100,000개라 대용량 문서뿐만 아니라 최대 75,000 단어의 PDF도 처리할 수 있습니다.
- **Microsoft Bing Copilot**(https://www.bing.com/chat): 이 도구는 ChatGPT의 마이크로소프트 버전으로 인터넷에 접근할 수 있습니다.

1　2024년 3월 기준, ChatGPT에서도 GPT-4 한정으로 그림 파일의 업로드 및 분석 요청이 가능합니다.

- **OpenAI Playground**(https://platform.openai.com/playground): 이 도구를 사용하면 GPT-3.5 Turbo와 GPT-4의 다양한 버전을 사용해 볼 수 있습니다. 버전을 보면 해당 도구의 출시 날짜와 컨텍스트 창을 확인할 수 있습니다. 예를 들어 gpt-3.5-turbo-16k-0613은 컨텍스트 창이 토큰 16,000개 크기이며, 2023년 6월 13일에 출시된 도구입니다.

이 장에서 다루는 주제는 다음과 같습니다.

- AI를 활용하여 광고 문구 작성하기
- 소셜 미디어 게시물 생성하기
- 동영상 대본 작성하기
- 블로그 게시물, 기사, 뉴스 생성하기
- AI로 매력적인 콘텐츠 만들기
- AI를 사용하여 개인화된 메시지 작성하기
- AI로 맞춤형 콘텐츠 만들기

2.1 SECTION / AI를 활용하여 광고 문구 작성하기

콘텐츠 제작자는 ChatGPT와 같은 강력한 콘텐츠 생성 도구를 활용하여 도구의 다양한 기능, 지식, 언어 능력을 활용하여 창작 과정을 간소화하고 혁신적인 아이디어를 도출할 수 있으며 글의 품질을 높이고 새롭고 흥미로운 방식으로 대중과 소통할 수 있습니다.

콘텐츠 제작자가 콘텐츠 제작 과정을 개선할 때 ChatGPT와 같은 도구를 활용해야 하는 강력한 이유가 몇 가지 있습니다.

- **다재다능함과 유연성**: ChatGPT는 기사, 대본, 소셜 미디어 게시물 등 다양한 콘텐츠 형식에 활용될 수 있습니다. 이처럼 다재다능하고 다양한 기능을 통해 콘텐츠 제작자는 대화 방식으로 모델과 상호 작용하며 아이디어를 꺼내거나 제안을 요청하고 반응을 확인할 수 있어 콘텐츠의 잠재적인 가능성을 확장할 수 있습니다.

- **생각 창출과 영감**: ChatGPT의 방대한 지식 기반과 언어 능력은 새로운 아이디어를 생성하고 영감을 찾는 뛰어난 도구입니다. 콘텐츠 제작자는 모델이 가지고 있는 다양한 주제와 흐름에 대한 광범위한 이해를 활용하여 독특한 콘셉트를 개발하고 다양한 관점을 탐색하거나 혁신적인 협업을 이끌어낼 수 있습니다.
- **글쓰기 보조와 편집 지원**: 높은 품질의 콘텐츠를 생성하려면 신중하게 작성하고 편집해야 합니다. ChatGPT는 가상의 글쓰기 도우미로서 실시간 제안, 문장 구조 개선, 문법과 철자 수정, 전반적인 명확성 향상 등을 제공합니다. 이를 통해 콘텐츠 제작자는 작업을 다듬는 시간과 노력을 절약할 수 있습니다.
- **조사와 사실 확인**: 콘텐츠 제작자에게 정확한 정보는 매우 중요합니다. ChatGPT는 주제를 조사하고 사실을 확인하며 신뢰할 수 있는 출처를 얻는 데 도움을 줄 수 있습니다. 모델의 지식 획득 시기와 방대한 양의 문장 분석 능력을 활용함으로써, 콘텐츠 제작자는 신뢰할 수 있는 정보에 접근하고 작업의 정확성과 신뢰성을 보장할 수 있습니다. 물론 이때 ChatGPT가 환각을 일으키지 않았는지 주의 깊게 확인해야 합니다.
- **고객 참여 및 상호 작용**: 대화에 적합한 ChatGPT의 성격 덕분에 콘텐츠 제작자는 모델을 통해 대화, 인터뷰, 질의응답 세션을 가상으로 시연(simulation)해 볼 수 있습니다. 그래서 고객 참여를 독려하는 동적이고 매력적인 콘텐츠 형식을 만들 기회를 열어 줍니다. 제작자는 자신의 고객을 대신하여 모델에게 질문하고 가상 시나리오나 상황을 제시하고 다양한 관점을 탐색함으로써 몰입감이 느껴지는 상호적인 경험을 조성할 수 있습니다.
- **콘텐츠 최적화**: 온라인에는 엄청난 양의 콘텐츠가 존재하기 때문에, 콘텐츠 제작자는 자신의 작업을 검색 엔진과 소셜 미디어 플랫폼에 맞게 최적화해야 합니다. ChatGPT를 통해 검색 엔진 최적화(Search Engine Optimization, SEO)에 친화적인 핵심 단어, 표제어, 요약 설명(meta description), 소셜 미디어 설명 글에 대해 깊이 이해할 수 있습니다. 이를 통해 콘텐츠를 개인화하여 인지도를 극대화하여 더 많은 잠재적인 고객에게 노출할 수 있습니다.
- **시간 절약과 효율성**: ChatGPT는 문장을 빠르게 생성하고 즉각적인 응답을 제공하여 콘텐츠 제작자의 생산성을 크게 향상시킬 수 있습니다. 연구나 초안 작성에 너무 많은 시간을 소비하는 대신, 모델의 도움을 통해 전략, 창의성, 고객과의 소통과 같은 다른 일에 집중할 수 있습니다.
- **다국어 지원**: 다양한 고객을 대상으로 하는 콘텐츠 제작자는 ChatGPT의 다국어 기능을 활용할 수 있습니다. 모델은 다양한 언어로 콘텐츠를 생성하여 제작자가 전 세계 고객에게 다가가고 콘텐츠가 국제적으로 더 넓은 범위에 도달하는 기회를 열어 줍니다.

매력적인 콘텐츠를 위해서는 강력한 프롬프트를 만드는 것이 필수입니다. 이를 위해 다음 다섯 가지 공식을 사용할 수 있습니다.

- **AIDA 공식**: 주의(attention), 관심(interest), 욕구(desire), 행동(action).

  이 고전적인 문구 작성 공식은 주의 끌기, 관심 유발, 욕구 생성을 통해 궁극적으로 행동을 유도함으로써 고객이 설득력 있는 과정을 거치도록 설계되었습니다. AIDA 공식은 다음 단계를 따릅니다.

  1. **주의**: 고객의 주의를 끌 수 있는 강력한 표제어나 시작 문구를 이용해 고객의 고충과 욕구를 해결하거나 호기심을 불러일으키세요.
  2. **관심**: 목표 고객의 요구와 선호도에 맞는 흥미롭고 유익한 콘텐츠를 제공하세요. 실제 사실, 이야기, 사례를 사용하여 고객의 마음을 사로잡고 참여를 유도하세요.
  3. **욕구**: 제품이나 서비스의 혜택을 보여 주어 고객의 감정과 열망에 호소하세요. 목표 달성이나 문제 해결에 반드시 필요하다고 느끼게 하세요.
  4. **행동**: 행동을 촉구하는 명확하고 매력적인 문구로 마무리하여 고객이 다음 단계, 즉 제품 구매, 서비스 가입, 추가 정보 요청 등으로 행동하도록 유도하세요.

- **PAS 공식**: 문제(problem), 동요(agitate), 해결(solve).

  PAS 공식은 먼저 고객이 직면한 특정한 문제를 식별하고, 그로 인한 고통을 강조해 고객의 동요를 유발합니다. 그리고 광고하는 제품이나 서비스를 이상적인 해결책으로 제시합니다. 이 공식은 다음 단계를 따릅니다.

  1. **문제**: 고객이 겪고 있는 문제나 고통스러운 점을 파악하세요. 제시하려는 제품이나 서비스가 효과적으로 해결할 수 있는 문제여야 합니다. 고객의 고민을 이해하고 상황에 공감할 수 있음을 보여 주세요.
  2. **동요**: 문제를 더 깊이 파고들어 이를 해결하지 않을 경우 발생할 수 있는 부정적인 영향과 결과를 설명하세요. 좌절, 두려움, 상실감 등의 감정을 자극하여 문제를 더 절박하고 긴급하게 느끼도록 하세요.
  3. **해결**: 제품이나 서비스를 문제의 해결책으로 제시하세요. 혜택과 장점을 강조하고, 특정 문제를 어떻게 해결하는지 구체적으로 보여 주세요. 사례 연구, 통계, 추천사와 같은 증거를 제공하여 신뢰와 신용을 구축하세요. 마지막으로 고객이 제품을 활용하고 문제를 해결하기 위해 다음에 무엇을 해야 하는지 명확하게 안내하는 문구를 포함하세요.

- **FOMO 공식**: 놓치는 것에 대한 두려움(fear of missing out).

  놓치는 것을 두려워하는 심리(FOMO)를 활용하여 긴급하고 설득력 있는 강렬한 메시지를 만드세요. FOMO 공식은 남들보다 뒤처지거나 가치 있는 무언가를 놓치고 싶지 않다는 사람의 본능적인 욕구를 활용합니다. 이 공식은 다음 단계를 따릅니다.

  1. **독점 요소**: 특정 그룹에게만 제공되거나 수량이 한정된 것과 같이 독점적이거나 한정적인 특성을 강조하세요.

2. **시간 요소**: 기간 한정, 초읽기 시계, 등록 마감일과 같이 시간에 민감한 요소를 추가하여 긴박감을 조성하세요.
3. **사회적 증거**: 추천, 리뷰, 이미 혜택을 받은 사람들의 수를 공유하여 제품이나 서비스에 대한 인기와 높은 수요를 보여 주세요.
4. **행동**: 지금 구매, 가입, 대기자 명단 가입 등 고객이 놓치지 않기 위해 해야 할 일을 앞의 요소들을 결합하여 명시함으로써 즉각적인 행동을 유도합니다.

- **SMILE 공식**: 서사(storytelling), 은유(metaphor), 영감(inspirational), 언어(language), 감정(emotion).

    SMILE 공식은 서사와 설득력 있는 언어의 다양한 요소를 통합하여 고객과 강한 정서적 유대감을 형성하는 데 중점을 둡니다.

    1. **서사**: 고객과 공감할 수 있는 매력적인 이야기로 시작하세요. 개인적인 이야기, 사례 연구, 제품이나 서비스에 대한 다른 사람의 경험담 등 어느 것이건 상관없습니다.
    2. **은유**: 복잡한 개념이 친근하고 기억에 남도록 은유, 비유, 생생한 그림을 사용하세요.
    3. **영감**: 이 제품을 사용하면 삶이 어떻게 달라질 수 있는지 영감을 주는 비전을 제시하여 고객의 사기를 높이고 행동하도록 동기를 부여하세요.
    4. **언어**: 고객의 감정과 포부에 호소하는 강력하고 설득력 있는 단어를 선택해 설명하세요. 이해하기 어려운 전문 용어나 기술적 언어는 피하세요.
    5. **감정**: 고객의 주의를 끌고 유대감을 생성하여 궁극적으로 행동을 취하도록 동기를 부여하는 강한 감정을 유도하세요. 흥분, 열정, 기쁨, 안도, 자부심과 같은 감정에 초점을 맞추세요.

- **POWER 공식**: 약속(promise), 이의(objection), 이유(why), 증거(evidence), 보상(reward).

    POWER 공식은 제품이나 서비스의 가치를 설명하면서 콜드 전자 메일[2]에 담긴 제안에 대한 잠재 고객의 잠재적 반대에 대처하는 방법입니다. 다음 단계를 적용하여 효과적인 프롬프트를 작성하세요.

    1. **약속**: 먼저 제품이나 서비스가 대상 고객에게 어떤 혜택을 줄 수 있는지 명확하고 강력하게 약속합니다. 고객이 무엇을 얻거나 성취할 수 있는지 알려주세요.
    2. **이의**: 제품에 대해 고객이 가질 수 있는 일반적인 이의나 우려를 해결하세요. 잠재적인 단점에 대해 솔직하게 밝히고 이 해결책으로 어떻게 한계를 극복하는지 설명합니다.
    3. **이유**: 경쟁사와 비교했을 때 제품이나 서비스가 시장에서 돋보이는 독특한 이유를 설명하세요. 제품을 차별화하고 선택할 가치가 있는 요소를 보여 주세요.
    4. **증거**: 회원 평가, 추천, 사례 연구, 데이터, 전문가 추천과 같은 주장을 뒷받침할 수 있는 증거를 보여 주세요. 제품이나 서비스에 대한 신뢰, 믿음, 확신을 쌓을 수 있습니다.

---

2 cold email. 이전에 연락하지 않았던 대상에게 발송하는 마케팅이나 판매 목적의 전자 메일을 뜻합니다.

5. 보상: 잠재 고객이 행동을 취했을 때 경험하게 될 보상이나 긍정적인 결과를 강조하며 마무리합니다. 혜택을 요약하고 기대할 수 있는 개선 사항을 강조하고, 개인적 또는 직업적 목표를 보상과 연결하여 행동하도록 동기를 부여하세요.

문구를 생성하는 프롬프트를 작성할 때 ChatGPT, 제미나이와 같은 모델에 이러한 공식 중 하나를 사용하거나 여러 공식을 조합하여 고객의 관심을 사로잡고 감정에 공감하며 제품과 서비스의 가치를 효과적으로 전달하는 매력적인 콘텐츠를 만들도록 지시하세요.

다음과 같은 정보를 가능한 한 많이 제공하면 더 나은 문구를 작성하는 데 도움이 될 것입니다.

- **대상 고객**: 연령, 성별, 소득, 교육 등 인구통계학적 정보와 취미, 가치관, 생활 방식 등 심리통계학적 정보, 알려진 문제점이나 욕구에 대한 상세한 정보를 알려줍니다.
- **제품이나 서비스**: 기능, 혜택, 가격, 경쟁자와의 차별점을 포함한 제품이나 서비스에 대해 철저히 이해하도록 합니다.
- **브랜드 정체성**: 브랜드의 정체성, 가치, 목소리에 대한 정보를 제공하여 생성되는 문구가 일관적이고 브랜드의 개성을 반영하도록 합니다.
- **광고 목표**: 매출 증대, 잠재 고객 창출, 시장을 이끄는 제품 만들기, 인지도 향상, 브랜드 인식 개선과 같은 구체적인 광고 목표와 목적을 명확하게 합니다.
- **어조와 스타일**: 전문적인 어조, 대화형 어조, 유쾌한 어조, 유익한 어조, 영감을 주는 어조 등 광고 문구에 원하는 어조와 스타일을 지정합니다.
- **핵심 내용**: 문구에서 강조하고 싶은 핵심 문구나 독특한 판매 내용입니다.
- **제한 사항**: 단어 수, 형식 요구 사항, 플랫폼에 따른 지침과 같은 제한 사항입니다.
- **행동 유도**: 제품 구매, 뉴스레터 가입, 추가 정보 요청, 웹사이트 방문 등 원하는 행동을 유도합니다.
- **경쟁자**: 주요 경쟁사와 그들의 광고 전략에 대한 분석 결과를 제공하면 브랜드의 기회와 차별화 영역을 식별하는 데 도움이 됩니다.
- **채널과 형식**: 웹사이트 내용, 블로그 게시물, 소셜 미디어, 전자 메일 홍보, 인쇄물과 같이 문구가 적용될 채널과 형식을 지정합니다. 각 매체의 요구 사항과 사용자 경험에 맞게 문구를 다듬는 데 도움이 됩니다.
- **핵심 단어**: 검색 엔진 최적화에 중점을 두고 있다면, 문구 안에 최적화 대상이나 포함하고 싶은 핵심 단어와 문장을 제공합니다.
- **사용자의 평가와 사회적 증거**: 고객 리뷰, 추천, 사례 연구, 문구 등 주장을 뒷받침하고 고객과의 신뢰를 구축하는 데 도움이 되는 여러 형태의 사회적 증거를 제공합니다.

- **시각적 요소**: 그림, 그래프, 동영상, 인포그래픽과 같은 시각적 요소의 상세 정보를 제공하면 문구를 지원하고 더 매력적인 경험을 만드는 데 도움이 됩니다.

위 정보를 제공함으로써 대상 고객과 공감하고 브랜드의 독특한 가치를 효과적으로 전달하며, 광고 목표에 부합하면서 원하는 행동을 유도하는 높은 품질의 맞춤형 광고 문구를 만들어낼 수 있습니다. 제공된 정보가 상세하고 포괄적일수록 문구는 특정 요구 사항과 목표에 더 잘 부합할 것입니다.

ChatGPT를 활용해 대화할 수 있다는 점을 기억하세요. 필요에 따라 문구의 일부를 다듬거나 다시 작성하도록 요청할 수 있습니다.

다음 절부터는 생성형 AI를 활용하여 다양한 유형의 콘텐츠를 만드는 방법을 살펴보겠습니다.

2.2 소셜 미디어 게시물 작성하기

ChatGPT의 GPT-4를 이용하여 소셜 미디어 X의 글타래(thread)를 작성하는 방법을 살펴봅시다. 일반적으로 GPT-4는 GPT-3.5 Turbo보다 우수하지만 비용도 더 많이 듭니다. GPT-4뿐만 아니라 무료로 제공되는 Microsoft Copilot, Google 제미나이, Anthropic 클로드와 같은 다양한 모델에서 실험해 보는 것을 권장합니다.

GPT-4는 여러 면에서 GPT-3.5보다 큰 발전을 이루었습니다.

- **멀티 모달 처리 능력**: GPT-4는 문장을 이해하고 생성할 수 있을 뿐만 아니라 그림과 그래픽도 이해할 수 있습니다. 이로 인해 더 다양한 용도로 활용할 수 있는 범용 도구가 되었습니다.
- **문맥 이해력 향상**: GPT-4는 이전 대화로부터 더 많은 정보를 유지하고 이를 바탕으로 이전보다 더 관련성 높고 일관된 응답을 생성합니다.
- **복잡한 작업에서 더 나은 성능**: GPT-4는 코드 생성, 언어 번역, 다양한 종류의 창의적 콘텐츠 작성과 같은 복잡한 문제를 더 잘 해결합니다.
- **유해하거나 공격적인 콘텐츠 생성 가능성 감소**: GPT-4는 유해하거나 공격적인 콘텐츠를 생성하라고 일부러 유도하는 경우에도 생성할 가능성이 낮습니다.

ChatGPT에서 일반적인 형태로 GPT-4를 사용하려면 ChatGPT Plus 유료 플랜에 가입해야 합니다. 물론 OpenAI API 사용 권한을 획득할 수도 있으며, 이 경우에는 OpenAI 플레이그라운드[3]를 사용하거나 API를 호출하는 코드를 작성하여 GPT-4를 사용할 수 있습니다. API를 호출하는 경우에는 ChatGPT Plus와 다르게 사용량에 따라 요금이 부과됩니다.

ChatGPT, 제미나이, Copilot, 클로드에서는 프롬프트를 입력해 그에 대한 응답을 받고, 다시 프롬프트를 입력해 그에 대한 응답을 받는 식으로 진행합니다.

여기서는 대부분의 경우, 플레이그라운드에서 GPT-4를 사용할 것입니다.

이제 AI가 일관된 문장을 생성할 수 있게 되면서, 이러한 모델을 사용해 X의 글타래와 같은 소셜 미디어 게시물의 초안을 작성하는 것이 유망한 활용 사례로 떠오르고 있습니다.

2.2.1 X 글타래 작성하기

X와 같은 소셜 미디어 플랫폼은 생각을 공유하고 고객을 참여시키는 인기 있는 매체입니다. 그러나 활발하게 토론이 이루어지는 매력적인 글타래를 작성하는 것은 쉽지 않습니다. AI 문장 생성 모델은 X 글타래의 초안 내용을 작성할 수 있으며, 이를 콘텐츠 제작자이자 창작자가 다듬어 완성할 수 있습니다. 글타래 주제와 내용을 구성하는 것은 탐구해 볼 만한 새로운 사용 사례입니다.

제로샷 프롬프트로 시작해 봅시다.

> **프롬프트**
>
> 1인 기업가가 되는 것에 대한 X 게시물을 작성해 주세요.

> **응답**
>
> 🚀 1인 기업가의 삶을 받아들이다! ✨ 모든 역할을 조율하고 결정을 내리며 매일 배워 나가고 있어요. 험난한 여정이지만 자유와 성장이 주는 이 즐거움이 좋습니다. 👩‍💻✅ 동료 1인 기업가들에게 환호를 보냅니다! 함께 우리의 진가를 보여 줍시다! 💪
> #창업정신 #자기주도적으로일하기 🌍

이제 이것을 글타래로 만들어 봅시다.

---

[3] https://platform.openai.com/playground

> **프롬프트**
>
> 이것을 글타래로 만들어 주세요.

> **응답**
>
> 🚀 1인 기업가의 삶을 받아들이다! 🌟 모든 역할을 조율하고 결정을 내리며 매일 배워 나가고 있어요. 험난한 여정이지만 자유와 성장이 주는 이 즐거움이 좋습니다. 👩‍💻 ✅ 동료 1인 기업가들에게 환호를 보냅니다! 함께 우리의 진가를 보여 줍시다! 👊
> #창업정신 #자기주도적으로일하기 🌐
> 🧵1/4: 1인 기업가로서 가장 보람 있는 점은 무엇일까요? 💡 크든 작든 모든 성취가 내 노력과 결단력의 직접적인 결과라는 것을 아는 것입니다. 🏆 한계는 없습니다! 🌈 #목표추구자 #결단력은성공으로이끈다
> 🧵2/4: 물론 어려움도 있습니다. 😅 혼자서 모든 것을 관리하려면 시간 관리와 동기 부여를 유지하기 어려울 수 있어요. ⏰ 하지만 그동안 배운 교훈과 얻은 기술들은 정말로 소중합니다. 💎 #성장마음가짐 #항상향상중
> 🧵3/4: 인맥은 핵심! 💗 1인 기업가지만 같은 생각을 가진 사람과 연결하는 것의 중요성을 깨닫게 되었습니다. 동료 1인 기업가들과 창업자들로부터 받은 지원, 조언, 우정은 제 여정에 있어 무엇보다 값진 것이었습니다. 🌐 서로 힘을 합치면 우리는 더욱 높이 상승할 수 있습니다! 🤝 #경쟁보다공동체 #함께하면강하다
> 🧵4/4: 그러니 꿈을 추구하며 1인 기업가로서 성공을 자축합시다! 🎉 혼자서 시작하는 것을 고려하고 있다면 자신을 믿고 도전해 보세요. 그 여정은 힘들 수 있지만 결과는 그만한 가치가 있습니다. 🌟 #큰꿈을꾸자 #나자신이사장 #1인기업가생활

나쁘지 않지만 좀 더 나아질 수 있을 것 같습니다. 원하는 것에 대해 더 많은 상황 정보를 전달해 줍시다. 프롬프트를 향상시킬 수 있는 방법을 봅시다.

> **프롬프트**
>
> 다음 입력 사항을 고려하여 팁을 제공하는 X 게시물을 작성해 주세요.
> 대상 고객: 개인 사업 운영의 어려움과 보상에 대해 자세히 알고 싶은 예비 또는 현재 1인 기업가, 프리랜서, 중소기업 소유자.
> 제품 또는 서비스: 온라인 플랫폼, 컨설팅 서비스, 멘토링 프로그램으로, 개인 사업을 성장시키고 관리할 수 있도록 자원과 지원을 제공합니다.
> 브랜드 정체성: 믿을 수 있고, 자원이 풍부하며 영감을 주는 브랜드로서 1인 기업가들이 사업 여정에서 성공할 수 있도록 지원합니다.
> 광고 목표: 브랜드 인지도를 높이고 대상 고객과 소통하며 궁극적으로 웹사이트 또는 1인 기업가를 위한 온라인 이벤트(예: 웨비나, 워크숍)로 트래픽을 유도합니다.
> 어조와 스타일: 개인적 경험, 깊은 이해, 1인 기업가를 위한 실용적인 팁을 잘 섞은 내용을 동기를 부여하는 대화체 어조로 이야기합니다.
> 핵심 내용: 자기 훈련, 시간 관리, 인맥, 변화에 적응하는 능력의 중요성 등 1인 기업가의 여정에 대해 공유하고 싶은 주요 요점과 깊은 이해를 갖춘 내용을 전달합니다.
> 제한 사항: 플랫폼의 글자 수 제한이나 형식 요건(예: X의 280자 또는 인스타그램의 최적 설명글 길이인 125-150자)에 맞춘 짧고 간결한 소셜 미디어 게시물입니다.
> 클릭 유도 문구: 고객이 웹사이트를 방문하여 1인 기업가를 위한 서비스에 대해 자세히 알아

보고 뉴스레터, 온라인 이벤트에 등록하거나 댓글에서 1인 기업가 경험을 공유하도록 요청하여 참여를 유도합니다.
경쟁 업체: 경쟁 브랜드에서 1인 기업가를 대상으로 사용하는 콘텐츠, 메시지, 참여 전략을 파악하여 소셜 미디어 게시물에 대한 기회 또는 차별화 영역을 파악하세요.
해시태그와 언급: 도달 범위와 참여도를 높이려면 대상 고객이 따르거나 사용하는 관련 해시태그를 조사하여 포함시키고, 해당되는 경우 유명인을 언급하거나 태그하세요.

응답

🚀 1인 기업가와 프리랜서 여러분 안녕하세요! 개인 사업 능력을 한 단계 업그레이드하고 싶나요? 💼 성공할 수 있는 세 가지 팁을 알려드리겠습니다.
1. 시간 관리 = 🔑
2. 관계 맺기, 또 관계 맺기! 🤝
3. 적응력은 필수 🌱
자신의 잠재력을 펼칠 준비가 되셨나요? 곧 진행될 예정인 저희 웨비나📅에 참여하셔서 여러분의 여정에 맞는 깊이 있는 지원과 콘텐츠를 받아 보세요!
👉 [웹사이트 링크] 🔗
여러분의 #1인기업가로서 최고의 팁은 무엇인가요? 댓글로 공유해 주세요! 💬 서로를 응원하고 서로에게서 배웁시다. 💪 #프리랜서생활 #소규모사업자들

이제 다시 글타래를 만들어 봅시다.

프롬프트

글타래로 만들어 주세요.

아래는 요청하신 내용을 한국어로 우아하게 번역하되, 외래어 단어를 쉬운 한국어로 대체한 버전입니다.

응답

🚀 1인 기업가와 프리랜서 여러분, 안녕하세요! 개인 사업 능력을 한 단계 업그레이드하고 싶나요? 💼 성공할 수 있는 세 가지 팁을 알려드리겠습니다.
1. 시간 관리 = 🔑
2. 관계 맺기, 또 관계 맺기! 🤝
3. 적응력은 필수 🌱
자신의 잠재력을 펼칠 준비가 되셨나요? 곧 진행될 예정인 저희 웨비나📅에 참여하셔서 여러분의 여정에 맞는 깊이 있는 지원과 콘텐츠를 받아 보세요!
👉 [웹사이트 링크] 🔗
여러분의 #1인기업가로서 최고의 팁은 무엇인가요? 댓글로 공유해 주세요! 💬 서로를 응원하고 서로에게서 배웁시다. 💪 #프리랜서생활 #1인기업가들
🧵1/3: 이 조언들에 대해 더 자세히 알아봅시다! ⏱️ 시간 관리는 1인 기업가에게 매우 중요

> 합니다. 밤낮 없이 일하는 것에 끌릴 수도 있지만, 자신을 돌보고 휴식하는 것을 잊지 마세요. 개운함이 생산성을 높여 줍니다! 🧘‍♀️💡⏰ 조언: 한계를 정하고, 업무를 우선 순위에 따라 정리하며, 생산성 도구를 사용하세요. 🛠️
> 🧑‍💼2/3: 인맥의 힘은 절대 과소평가할 수 없습니다! 🌸 같은 생각을 가진 사람들과 연결하고 협력하세요. 전문성을 나누고 다른 이로부터 배우면서 사업을 앞당길 수 있습니다! 🚀 행사에 참여하고 사회 연결망에서 활동하며 공동체에 가입하세요. 혼자가 아닙니다. – 당신의 커뮤니티를 찾아보세요! 🌐 #인맥이중요 #협력은핵심
> 🧑‍💼3/3: 1인 기업가의 여정은 예상치 못한 일들로 가득하므로 적응력은 필수입니다. 📈 민첩하게 행동하고 변화에 열려 있어야 합니다. – 이것이 당신의 비밀 무기입니다! 💥 필요할 때 방향을 틀고 계속 배우며 도전을 성장의 기회로 받아들이세요. 💯 #민첩함을유지 #변화는좋다
> 🎯 곧 있을 웨비나에서 더 많은 분석 결과와 실천적 전략을 제공할 예정이니, 당신의 개인 사업 여정을 강화하세요! 💡 지금 자리를 확보하세요! 👇
> [웨비나 등록 링크] 💻
> P.S. 여러분의 이야기를 듣고 싶어요! 😊 최고의 1인 기업가로서의 팁이나 경험을 댓글로 공유하세요. 우리의 성공을 축하하고 서로서로 배웁시다! ❤️ #우리가함께해요

세 항목으로 이루어진 글타래를 만들었습니다. 필요하다면 더 많은 항목을 요청하세요. 이것이 이 작업 방식의 장점이죠. LLM과의 대화를 통해 필요에 따라 개선하고 변경할 수 있습니다.

이제 인스타그램 게시물을 작성해 보겠습니다.

2.2.2 인스타그램 게시물 작성하기

X의 짧은 게시물은 완전히 자동화된 AI가 초안을 작성하는 데 적합하지만, 인스타그램과 같이 시각적인 플랫폼에 사용되는 긴 형식의 설명 글은 초안 내용을 구상하고 개요를 작성할 때 AI의 도움을 받는 것이 더 효과적일 수 있습니다.

인스타그램 게시물에 대한 첫 번째 프롬프트를 봅시다.

> **프롬프트**
>
> 1인 기업가를 위한 체력 단련과 정신 건강에 관한 인스타그램 내용을 작성하겠습니다. 예를 들어 그림 세 개와 그에 따른 설명 글로 구성할 수 있습니다.
> 그림에 사용할 설명 글과 그림에 대한 제안을 작성해 주세요.

> **응답**
>
> 그림 1 (〈프롬프트〉 노트북을 옆에 두고 눈을 감은 채 책상에 앉아 마음 챙김을 연습하는 1인 기업가):
> 설명 글: "분주함 속에 균형을 잡으세요! 1인 기업가로서 우리의 하루는 빡빡하지만, 정신 건강을 우선시하는 것을 잊지 마세요. 🧘‍♂️ 짧은 휴식을 통해 마음을 챙기고 집중력을 유지하세요! 💡 #정신건강중요 #1인기업가생활"
> 그림 2 (〈프롬프트〉 집에서 요가 자세를 취하거나 아령을 들며 운동하는 1인 기업가):
> 설명 글: "더 이상 변명하지 마세요! 🏋️‍♂️ 일상 생활에 운동 요법을 도입하면 에너지를 늘려 줄 뿐만 아니라 생산성도 향상됩니다. 좋아하는 홈 트레이닝 루틴을 공유해 주세요! 🏃‍♂️💡 #활동성유지 #1인기업가운동"
> 그림 3 (〈프롬프트〉 산책을 통해 신선한 공기를 마시며 야외에서 휴식을 즐기는 1인 기업가):
> 설명 글: "자연이 곧 치료 요법입니다! 공원을 산책하면 정신 건강에 도움이 되고 새로운 아이디어를 얻을 수 있으니 야외에서 휴식을 취하세요. 🌈 바쁜 하루 일과를 마치고 어떻게 긴장을 푸나요? 🌿 #자연을사랑하는사람들 #1인기업가휴식"

결과를 보니 설명 글이 너무 길고 그림에 대한 프롬프트가 충분히 상세하지 않은 것 같습니다. 다음 프롬프트를 통해 이 문제를 개선해 보겠습니다.

> **프롬프트**
>
> 그림에 대한 프롬프트를 좀 더 자세히 쓰고, 설명 글을 좀 더 짧게 줄여 주세요.

> **응답**
>
> 그림 1 (〈프롬프트〉 눈을 감고 심호흡 하며 책상에 앉아 명상하는 1인 기업가):
> 설명 글: "명상을 곁에 두세요 🧘‍♂️ 바쁜 일상 속에서도 정신 건강을 우선시하세요. 명상은 집중력을 불어넣어 줍니다! 🎯 #안정찾기 #1인기업가생활"
> 그림 2 (〈프롬프트〉 집에서 요가 동작을 하거나 운동 기구와 물병을 가지고 웨이트 트레이닝을 하는 1인 기업가):
> 설명 글: "움직이세요! 🏋️ 집에서 하는 운동은 에너지와 생산성을 증가시킵니다. 💪 좋아하는 루틴을 공유하세요! 🏠 #운동하는기업가 #일과삶의균형"
> 그림 3 (〈프롬프트〉 공원을 산책하며 신선한 공기를 즐기는 캐주얼한 복장의 1인 기업가, 재사용 가능한 커피잔을 들고 있음):
> 설명 글: "자연의 치유 🌲 야외에서 산책하며 마음을 풀고 새로운 아이디어를 얻고 재충전하세요. 🚶‍♀️💡🌿 #자연을사랑하는사람들 #1인기업가휴식"

그림을 생성할 때는 프롬프트와 함께 Midjourney, Stable Diffusion, Adobe Firefly 또는 문장을 그림으로 변환해 주는 여타 생성형 AI 도구를 사용할 수 있습니다.

여기서 첫 번째 그림에 지정된 프롬프트를 Adobe Firefly에 적용하면 다음과 같은 결과를 얻을 수 있습니다.

▼ **그림 2-1** Adobe Firefly가 생성한 그림

더 사실적인 그림이 필요할 때도 문제없습니다. 프롬프트에 '사실적으로(photorealistic)'라는 단어를 추가하거나 콘텐츠 형식(Content type) 선택 항목에서 사진(Photo)을 선택하면 다음과 같은 결과를 얻을 수 있습니다.

▼ **그림 2.2** 프롬프트에 '사실적으로' 추가하기

여기서 프롬프트를 수정하여 좀 더 원하는 결과에 가까운 그림을 생성하거나 '생성(Generate)' 버튼을 클릭하여 다른 그림을 생성할 수 있습니다. 마음에 드는 그림이 나오면 바로 다운로드합니다. 링크드인에서 게시물이나 그림 연속 보기를 만들 때도 비슷한 방법을 사용하면 됩니다.

다음 절에서는 이러한 기술을 사용하여 전환율이 높은 판매 문구를 작성하는 방법을 살펴보겠습니다.

2.2.3 전환율을 높이는 판매 문구 작성하기

효과적인 영업이나 광고 문구를 작성하는 일은 심리학에 대한 이해, 글쓰기 능력, 전략적 메시지가 결합된 예술입니다. 양질의 문구는 전환율, 매출, 브랜드 인지도에 큰 영향을 미치기 때문에 기업 입장에서 매우 중요합니다.

기업들은 이제 인간과 유사한 문장을 생성할 수 있는 AI 자연어 모델을 통해 이러한 시스템을 실험하여 아이디어를 구상하고 개요를 작성할 뿐만 아니라, 심지어 전체 판매 문구의 초안까지 작성하고 있습니다. 목표는 AI를 보조 도구로 활용해 매력적인 이야기와 가치를 제안하는 문구를 브레인스토밍하는 것입니다. 물론 문구를 작성하는 데 있어 인간 카피라이터의 역할이 여전히 가장 중요하지만, AI를 통해 작업 흐름과 창의력을 보강할 수 있습니다.

전환율이 높은 기초 초안이나 고객에 따라 맞춤형 문구를 생성할 수 있다는 가능성은 탐구할 가치가 있는 흥미로운 기회를 제공합니다.

이번 예에서는 또 다른 틈새 시장인 피트니스와 체중 감량에 초점을 맞춰 보겠습니다. 먼저 프롬프트를 살펴봅시다.

프롬프트

당신은 전문 카피라이터로 문구를 작성하는 사람입니다.
높은 전환율을 달성할 수 있는 판매 문구를 작성하는 임무를 맡았습니다. 문구 작성 시 주의해야 할 사항은 다음과 같습니다.
틈새 시장: 피트니스와 체중 감량
대상: 나이가 25~45세인 바쁜 전문직 종사자
목표: 체중 감소와 더 건강한 생활 습관을 선택하도록 돕기
제안: 3개월 종합 온라인 피트니스 프로그램
행동: 프로그램에 등록하기
어조: 동기 부여가 되며, 긴급함을 느낄 수 있는 어조
위의 사항을 기반으로 판매 문구를 작성하세요.

응답

잘못된 방향으로 넘어가는 체중계에 지치셨나요? 빠른 결과가 필요한 바쁜 직장인들을 위한 궁극의 피트니스 솔루션을 빠르게 만나 보세요!
"매 순간이 중요한" 전문직 종사자 여러분,
헬스장에 갈 시간을 내기 위해 고군분투하는 데 지치지 않으셨나요? 커리어를 위해 개인 건강을 끊임없이 희생하고 있지는 않나요? 어떻게 운동하고 건강하게 먹고 결과를 만날지 고민하다 또 한 주를 보내셨나요?
이제 '바쁘게 살다 보니 건강을 해칠 수 밖에 없다'는 생각은 그만두고 자신에게 투자를 시작할 때입니다! 3개월 피트니스 혁명을 소개합니다.

여러분처럼 바쁜 직장인만을 위해 특별히 고안된 모든 것이 포함된 온라인 피트니스 프로그램입니다!

상상해 보세요. 단 12주 만에, 다음과 같이 될 수 있습니다.
- ✔ 원치 않는 체중과 허리 둘레 감량
- ✔ 에너지 레벨 향상
- ✔ 체력과 지구력 향상
- ✔ 그 어느 때보다 더 자신감 있고 힘찬 느낌

클릭 몇 번만으로도 전문가가 설계한 운동, 개인 맞춤형 영양 계획, 지속적인 지원을 결합한 검증된 시스템으로 바쁜 업무 일정의 균형을 유지하면서 피트니스 목표를 달성할 수 있습니다.

바쁜 생활에 맞춘 맞춤형 프로그램:
3개월 피트니스 혁명 프로그램은 그저 결과만 제공하는 것이 아닙니다. 유연성도 제공합니다.
- 🖐 일정에 맞춘 맞춤형 운동 루틴
- 🍎 식이 요법과 선호도에 맞춘 맞춤형 식사 계획
- ⏰ 자유 시간이 거의 없는 사람들을 위한 시간 절약형 운동 요법
- 📊 책임감과 동기 부여를 유지하는 데 도움이 되는 진행 상황 추적

언제 시작하든 일정이 얼마나 빡빡하든 간에 3개월 피트니스 혁명 프로그램은 모두를 위한 것입니다!

놓칠 수 없는 기간 한정 혜택!
이 놀라운 프로그램은 70만 원에 판매되고 있습니다. 하지만 한시적으로 지금은 40만 원에 가입할 수 있습니다! 30만 원을 절약할 수 있는 기회입니다! 이 혜택은 오래 지속되지 않으니 지금 바로 신청하세요.

잠깐, 더 좋은 소식이 있습니다! 저희는 프로그램에 대한 자신감으로 100% 환불을 보장합니다. 첫 30일 이내에 완전히 만족하지 못하신다면, 저희에게 알려주시는 즉시 묻지도 따지지도 않고 전액 환불해드립니다!

더 건강하고 행복한 나를 위한 첫걸음을 내딛으세요.

이제 자신을 챙길 때입니다. 놀라운 3개월 피트니스 혁명을 경험하고 이미 삶을 변화시킨 수백 명의 바쁜 직장인들과 함께하세요.

드디어 건강을 관리하고 삶을 변화시킬 준비가 되셨나요? 더 이상 하루를 허비하지 마세요.

참여 방법은 다음과 같습니다.
1. 아래의 '지금 가입하기' 버튼을 클릭합니다.
2. 간단한 등록 절차를 완료합니다.
3. 전문가의 안내와 지원으로 피트니스 여정을 시작하세요.

자리가 한정되어 있으며 이 파격적인 혜택은 오래 지속되지 않는다는 점을 기억하세요. 무엇을 망설이고 있나요? 지금 바로 3개월 피트니스 혁명 프로그램으로 피트니스 목표를 달성하세요. 더 이상 바쁜 일정에 얽매이지 말고 오늘 더 나은 나를 위해 결심하세요.

아래 버튼을 클릭해 지금 가입하고 피트니스의 미래를 열어 보세요! 💧

추신: 가입 시 받을 수 있는 놀라운 보너스 콘텐츠에 대해 말씀드렸나요? 종합적인 운동 및 식사 계획 외에도 다음을 이용할 수 있습니다:
- 🎁 회원 전용 온라인 커뮤니티에서 여러분과 같은 바쁜 전문직 종사자들과 네트워크를 형성하고 동기를 부여할 수 있습니다.
- 🎁 피트니스 전문가 팀이 모든 질문에 답변하고 개인 맞춤형 가이드를 제공하는 월간 라이브 Q&A 세션이 제공됩니다.

> 🎁 영상 지침서, 운동 차트, 건강한 식단 계획을 위한 추가 레시피를 포함한 광범위한 피트니스 리소스 라이브러리를 사용할 수 있습니다.
> 더 건강하고 강인한 나를 위한 여정이 지금 시작됩니다. 지금 바로 가입 버튼을 누르고 변화를 시작하세요!
> 특별 혜택과 100% 환불 보장은 한시적으로만 제공된다는 점을 잊지 마세요. 이 기회를 놓치지 마세요.
> 3개월 피트니스 혁명을 통해 건강을 관리하고 자신감을 높이며 새로운 에너지와 동기 부여, 행복을 찾은 만족스러운 전문직 종사자 대열에 합류하세요.
> 흥미진진한 피트니스 여정을 시작하세요. 🏋️.
> ➡️ 지금 가입하려면 여기를 클릭하세요. ⬅️

유사한 프로그램에 대한 실제 혜택과 매우 유사해 보입니다. 효과가 있을까요? 그럴 수도 있고 아닐 수도 있습니다. 좋은 소식은 일부 변수를 빠르게 변경하고 다른 버전의 사본을 만든 다음 A/B 테스트를 실행할 수 있다는 것입니다. 또한 LLM이 작성한 문구를 그대로 사용하지 않고 필요에 따라 수정할 수 있는 기초 초안으로도 사용할 수 있습니다.

마음에 드는 카피라이터의 스타일이 있나요? 해당 카피라이터가 작성한 문구 몇 개를 예시로 추가하고 '이 스타일을 사용하여 문구를 작성하세요…'라고 프롬프트에 추가해 보세요. 이에 대해서는 이 장의 뒷부분에서 다시 살펴볼 것입니다.

다음 절에서는 매력적인 동영상 대본을 원활하게 작성하는 데 도움이 되는 효과적인 프롬프트 작성 방법에 대해 자세히 알아보겠습니다.

2.3 동영상 대본 작성하기

최근 몇 년간 동영상 콘텐츠가 소셜 플랫폼, 웹사이트, 광고 등에서 폭발적인 인기를 얻고 있습니다. 그러나 시청자와 소통할 수 있는 매력적인 동영상을 만드는 것은 쉽지 않습니다. AI 문장 생성 도구는 기초 초안을 신속하게 작성할 수 있는 기회입니다.

대본 작가가 이야기, 캐릭터, 대화를 만들어내는 동안, AI는 광범위한 주제와 내용을 구상하거나, 작성된 개요를 완전한 형태의 대본으로 전환해 볼 수 있습니다. 이는 콘텐츠 제작자가 더욱 신속하게 반복 작업을 하고 더 많은 시간을 세밀한 수정에 집중할 수 있게 해 줍니다. 판매 문구 작성과 마찬가지로 AI의 보조 대본 작성은 완전한 자동화보다는 효율성과 창의성을 증진시키는 것을 목표로 합니다. 사람들이 보고 공유하고 싶어하는 매력적인 동영상을 제작하려면 이 도구들을 사용하는 데 있어 적절한 균형을 찾는 것이 중요합니다.

여기에서도 공식은 비슷합니다. 주제, 상황, 목표, 대상 등을 제공하고 GPT-4에게 동영상 대본을 생성하도록 요청합니다.

프롬프트 작성부터 시작해 봅시다. 첫 번째 프롬프트는 다음과 같습니다.

프롬프트

당신은 동영상 대본을 작성하는 문구 작성 전문가입니다.
인기 주제: 지속 가능한 생활과 환경 발자국을 줄이기 위한 팁
목표
1. 고객에게 지속 가능한 라이프 스타일의 중요성에 대해 교육합니다.
2. 개인이 환경 발자국을 줄이는 데 도움이 되는 실용적인 팁을 제공합니다.
3. 친환경적인 라이프 스타일을 장려하기 위해 행동 변화를 유도합니다.
대상: 환경을 생각하는 개인, 지속 가능한 라이프 스타일 애호가, 환경에 미치는 영향을 줄일 방법을 찾는 일반 대중
어조: 유익하고 가벼우며 친근하고 흥미를 끌 수 있어야 합니다.
1분 분량의 동영상 대본을 작성해 주세요.

응답

** 1분 동영상 대본: **
[시작: 00:00-00:05]
[미소를 짓고 있는 발표자 화면 또는 긍정적이고 매력적인 애니메이션]
발표자 "안녕하세요! 오늘은 우리 모두에게 영향을 미치는 주제이자 많은 사람이 관심을 가지고 있는 주제인 지속 가능한 삶에 대해 이야기해 보겠습니다! 잠시 후 환경 발자국을 줄이기 위한 몇 가지 방안을 공유해 드리겠습니다. 시작해 보겠습니다!"
[슬라이드 전환: 00:06-00:08]
["더욱 지속 가능한 라이프 스타일을 위한 5가지 방안"과 각 방안을 나타내는 애니메이션 아이콘이 이어집니다.]
[주제 1: 00:09-00:16]
발표자: "첫 번째 방안: 일회용품은 이제 그만! 비닐봉지, 빨대, 종이컵 대신 에코백, 대나무 빨대, 세라믹 텀블러 등 재사용 가능한 대체재로 바꾸세요. 지구가 고마워할 것입니다!"
[슬라이드 전환: 00:17-00:18]
[방안 2 그림: 전구 교체 또는 에너지 효율이 높은 집]
[주제 2: 00:19-00:25]
발표자: "두 번째 방안: 에너지를 절약하여 자원과 비용을 절약하세요! 사용하지 않을 때는 조명을 끄고 LED 전구로 바꾸고 사용하지 않는 기기의 플러그를 뽑아 두세요."
[슬라이드 전환: 00:26-00:27]

> [방안 3 그림: 자전거를 타거나 대중교통을 이용하는 사람]
> [주제 3: 00:28-00:34]
> 발표자: "세 번째 방안: 교통수단을 다시 생각해 보세요! 가능하면 자전거를 타거나 걷거나 대중교통을 이용하세요 - 지구와 건강에 좋습니다!"
> [슬라이드 전환: 00:35-00:36]
> [방안 4 그림: 재사용 가능한 가방을 들고 지역 농산물을 구입하는 사람]
> [주제 4: 00:37-00:44]
> 발표자: "네 번째 방안: 지역 사업을 지원해 주세요! 현지에서 생산된 제품을 구매하면 탄소 발자국을 줄이는 동시에 지역 사회에 환원할 수 있습니다."
> [슬라이드 전환: 00:45-00:46]
> [방안 5 그림: 나무를 심거나 정원을 가꾸는 손]
> 발표자: "마지막 방안: 직접 채소를 키워 보세요! 발코니에 작은 텃밭을 가꾸거나 나무를 한 그루 심어 보세요. 자연과 다시 연결되고 쓰레기를 줄일 수 있는 보람 있는 방법입니다."
> [결론: 00:55-01:00]
> [화면 속 발표자, 재사용 가능한 봉투를 들고 있거나 식물 앞에 서 있음]
> 발표자: "이상입니다! 이 방안을 일상 생활에 적용하여 더욱 지속 가능한 삶을 살고 지구를 위한 영웅이 되어 보세요. 시청해 주셔서 감사드리며 좋아요와 공유도 잊지 마세요!"
> [마무리: 01:01]
> [친환경 아이콘과 애니메이션으로 "동영상을 더 보려면 구독하세요" 또는 "더 지속 가능한 세상을 만들기 위해 공유하세요"].

앞에서 설명한 대로 문장을 그림으로 생성하는 도구를 이용하여 다양한 장면의 그림을 생성할 수 있습니다. 이 외에도 Pixabay[4], Pexels[5] 같은 사이트에서 사용료가 없는 동영상 클립을 찾을 수 있습니다.

해설 음성의 경우, 동영상에 직접 음성을 녹음해 삽입하거나 Murf[6], Lovo[7], Listnr[8], Synthesys[9], Deep Brain[10] 등과 같은 음성 변환 기술을 사용할 수 있습니다. 이 중에서 Synthesys와 Deep Brain은 대본을 바탕으로 직접 동영상을 생성할 수도 있습니다. 마법처럼 대본을 입력하고 요청하기만 하면 됩니다.

지금까지 AI가 동영상 대본과 판매 문구를 만드는 능력을 살펴보았습니다. 지금부터는 이 문장 생성 모델이 잠재력을 보이는 또 다른 분야인 블로그 게시물, 기사, 뉴스와 같은 장문의 글을 생성하는 분야를 살펴보겠습니다. 그럼 시작해 볼까요?

---

[4] https://pixabay.com
[5] https://www.pexels.com
[6] https://murf.ai
[7] https://lovo.ai
[8] https://listnr.ai
[9] https://synthesys.io
[10] https://www.deepbrain.io

2.4 블로그 게시물, 기사, 뉴스 생성하기

오늘날 브랜드와 퍼블리셔에게 있어 높은 품질의 글을 대규모로 게시하는 것은 매우 중요합니다. 하지만 그만큼 어려운 과제이기도 합니다. AI 문장 생성은 연구, 아이디어 구상, 초안 작성 등 사람의 작업 흐름을 보완할 수 있는 기회를 제공합니다. 블로그 게시물의 경우, AI 도구가 검색량과 사용자의 관심사 같은 데이터를 분석하여 매력적인 주제를 제안할 수 있습니다. 그런 다음 AI가 대략적인 초안을 작성하고 작가가 수정하여 마무리할 수 있습니다. 뉴스의 경우, AI 프로그램이 대량의 데이터 집합과 사건의 세부 정보에서 정보를 종합하여 기본적인 초안을 작성하면, 기자가 개인화하고 사실을 확인하여 기사를 작성할 수 있습니다.

AI가 생성한 문장은 여전히 완전히 이해하거나 글의 의도를 완전히 파악하는 수준에는 도달하지 못했지만, 그 능력이 빠르게 향상되고 있습니다. 인간의 적절한 지도를 받는다면 AI 글쓰기 보조 도구는 콘텐츠 제작을 연구하고 개인화하고 확장할 때 엄청난 가치를 창출할 것입니다.

가장 먼저 결정해야 할 것은 게시물이나 기사의 전반적인 주제입니다. 만약 블로그를 운영하고 있다면 특정 주제에 관한 글일 가능성이 큽니다. 정신 건강, 재정, 자기 관리, 경력, 기술 등 정말로 어떤 것이든 가능합니다.

어떤 경우든 ChatGPT를 사용하여 블로그 게시물에 대한 아이디어와 개요를 작성할 수 있습니다. AI에게 향후 몇 주 또는 몇 달 동안 블로그에 어울리는 잠재적인 주제나 제목을 제안해 달라고 요청하세요. AI의 제안을 검토하고 가장 적합한 것을 선택하여 콘텐츠 달력으로 발전시키세요. 이렇게 AI가 제공한 개요를 출발점으로 삼아 자신의 목소리와 전문 지식, 연구로 확장해 나가세요.

예를 들어 돈 관리에 대해 블로그를 운영하고 있고, 앞으로 몇 달 동안 블로그에 게시할 참신한 아이디어가 필요하다고 가정해 보겠습니다. 이제 무엇을 할 수 있는지 살펴봅시다. 프롬프트는 다음과 같습니다.

> **프롬프트**
>
> 당신은 돈 관리에 관한 글을 쓰는 블로거입니다.
> 게시 일정에 맞출 수 있도록 블로그 게시물에 대한 아이디어를 작성해 주세요.

> **응답**
>
> 1. 모든 초보자가 알아야 할 10가지 개인 금융 팁
> 2. 개인 예산 작성을 위한 단계별 지침서
> 3. 일상적인 지출을 절약하는 팁과 요령
> 4. 비상금의 중요성과 비상금을 만드는 방법
> 5. 신용 점수를 이해하고 개선하기 위한 종합 지침서
> 6. 은퇴를 위한 저축인 401(k)[11], 개인형 퇴직 연금(IRA, Individual Retirement Account)[12], 로스 개인형 퇴직 연금(Roth IRA)[13] 비교하기
> 7. 돈이 돈을 부르는 복리의 힘
> 8. 초보자를 위한 주식 시장 투자 시작 방법
> 9. 부채를 이해하고 줄이기 위한 지침서
> 10. 돈 관리를 돕는 최고의 금융 앱과 도구
> 11. 흔한 금융 실수 5가지와 이를 피하는 방법
> 12. 세금 계획 전략: 환급을 극대화하고 책임을 최소화하는 방법
> 13. 자녀에게 돈에 대해 가르치기: 좋은 돈 관리 습관을 조기에 심어 주기 위한 팁
> 14. 검소한 생활: 예산 범위 내에서 잘 사는 방법
> 15. 직장에서 급여 인상 또는 승진을 성공적으로 협상하는 방법
> 16. 부업 경제: 정규 근무 시간 외에 추가 수익 창출하기
> 17. 금융 심리학: 태도가 재정적 성공에 미치는 영향
> 18. 20대, 30대, 그 이후를 위한 현명한 재테크 방법
> 19. 재정적 독립과 조기 은퇴(FIRE)[14]를 위한 가이드
> 20. 저예산 여행: 큰돈 들이지 않고 세계를 탐험하는 방법
> 21. 비용 절감: 월간 구독 및 서비스 비용을 절약하는 방법
> 22. 주택 구입을 위한 실용 지침서: 계약금부터 마감 비용까지 절약하는 방법
> 23. 재정적 탄력성 구축하기: 경제적 불확실성의 시대에 적응하고 성공하는 방법
> 24. 부동산 투자의 장단점
> 25. 주택 임대 구입 비용 비교
> 26. 대학 저축 플랜 지침서 529 플랜[15], 커버델 ESA[16] 등 다양한 플랜 알아보기
> 27. 부모가 되기 위한 재정적 준비 방법
> 28. 주의해야 할 매우 흔한 금융 사기와 그로부터 자신을 보호하는 방법
> 29. 금융 상담사에 대한 이해와 활용 지침서
> 30. 마음 챙김 비용: 돈 관리와 건강한 관계를 형성하는 방법
> 31. 친환경 투자: 환경을 위해 돈을 투자하는 방법
> 32. 자선 기부를 돈 관리 계획의 일부로 만드는 방법
> 33. 학자금 대출 탐색하기: 상환 방식과 탕감 프로그램에 대한 종합 지침서
> 34. 역사에서 배우기: 가장 주목할 만한 주식 시장 붕괴와 그 교훈
> 35. 예상치 못한 상황에 대비하기: 생명 보험과 부동산 계획 지침서

---

[11] 미국의 퇴직연금 방식으로 주식 기반으로 운영되며, 관리 책임이 회사가 아닌 종업원 자신에게 있는 연금입니다.
[12] 저축 시 소득 공제를 받는 대신, 인출 시에 일반 소득으로 간주되어 과세되는 퇴직 연금으로, 401(k)에 저축하고 있더라도 추가로 저축이 가능합니다.
[13] 저축 시 소득 공제를 받지 못하는 대신, 인출 시에는 비과세되는 퇴직 연금으로, 401(k)에 저축하고 있더라도 추가로 저축이 가능합니다.
[14] 흔히 말하는 '파이어족'의 어원으로서 Financial Independence and Retiring Early의 약자입니다.
[15] 자녀나 손주 등의 대학 자금 마련을 위한 교육비 계좌를 의미하며, 투자 소득에 비과세 혜택이 있습니다.
[16] 초등학교부터 학자금으로 이용이 가능한 대신 제약이 많은 플랜입니다. 대학 학자금으로 사용할 경우에는 비과세 혜택이 있습니다.

36. 암호화폐의 이해와 사용 지침서
37. 금융 이해력을 높여 주는 최고의 개인 금융 서적
38. 사회적 책임 투자 지침서: 가치관과 돈 관리를 일치시키는 방법
39. 성별 임금 격차: 경력에서 이를 해결하고 극복하는 방법
40. 건강한 습관: 신체 건강과 재정적 건강의 연관성
41. 프리랜서와 일용직 근로자를 위한 돈 관리 계획: 필수 지식 지침서
42. 현명한 신용카드 사용: 장단점 및 보상 극대화하기
43. 꿈의 사업 자금 조달 지침서: 창업 비용부터 현금 흐름 관리까지
44. 지역 지원: 지역에서 돈을 쓰는 것이 미치는 영향과 이를 효과적으로 수행하는 방법
45. 불황에 대비하는 방법 앞서 나가기 위한 재정적 팁
46. 혼전 계약서 가이드: 결혼 생활에서 재정적 미래 보호하기
47. 장기 간병 계획: 선택 사항과 비용에 대한 이해

훌륭한 목록입니다. 블로그의 게시물을 작성할 수 있는 훌륭한 아이디어 목록이 완성되었습니다. 만약 10가지 정도로 충분하다면 프롬프트에 '추후 블로그에 작성할 게시물을 위한 10가지 아이디어를 써 주세요.'와 같이 요청할 수 있습니다. 이 경우에는 가장 와 닿는 10가지를 선택하거나 더 많은 아이디어를 요청할 수도 있습니다.

아이디어를 하나 선택했다면 이제 프롬프트에 글의 일부를 작성하고 내용을 확장하도록 요청합니다.

> **프롬프트**
>
> 제공된 내용을 확장하여 자세하게 설명해 주세요. 문장을 다시 표현하면서 내용을 좀 더 자세하고 철저하게 전달해야 할 수도 있습니다. 초안 내용: {내용}

아니면 아예 프롬프트를 사용하여 ChatGPT가 직접 게시물이나 글의 초안을 작성하도록 요청할 수도 있습니다.

> **프롬프트**
>
> "{블로그글주제}"를 주제로 "{어조}"한 어조의 블로그 글을 작성해 주세요. 글 전반에 걸쳐 전환어를 사용하되 능동태를 우선적으로 사용해 주세요. 글은 최소한 1000 단어를 넘어야 합니다. 블로그 게시물 제목은 매우 창의적이어야 하며, 내용은 적어도 여섯 개 이상의 절로 구성되어야 합니다. 이때 각각의 절은 최소한 두 개 이상의 단락을 포함해야 합니다. "{핵심단어}" 핵심 단어를 내용에 자연스럽게 녹여 주세요. 매력적인 포스트의 단축 이름(slug)을 작성하고, 요약 설명(meta description)을 최대 100 단어로 요약해 주세요. 마지막으로 블로그 글의 결론 부분에 요약 설명을 배치해 주세요.

글의 스타일을 좀 더 가볍게 읽을 수 있도록 바꿀 수도 있습니다. 이번에는 태국 여행 경험에 대해 글을 쓰고 싶다고 가정해 보겠습니다.

프롬프트

자신의 경험에 대한 블로그 게시물을 작성하기를 좋아하는 세계 여행자 역할을 해 보세요. 당신은 방금 태국에 다녀왔으며 모험과 먹었던 음식 등을 공유하고 싶습니다. 흥미롭고 생동감 있는 블로그 게시물을 작성하되, 자신과 같은 젊은 여행자들이 공감할 수 있는 가벼운 어조를 사용해 주세요.
당신은 그곳에서 한 달을 보냈습니다. 방문한 관광 명소나 장소 중에 가장 마음에 들었던 곳을 언급하세요.
또한 좋아했던 요리와 음식이 무엇이고 가격이 어떠했는지도 언급해 주세요.
다른 여행자를 만나는 방법, 밤 문화, 피해야 할 것들에 대해서도 이야기해 주세요.

응답

제목: 나의 태국 이야기: 천국의 섬에서 잃어버린 한 달
안녕하세요, 방랑자와 태국 음식 애호가 여러분! 저는 방금 가장 길었던 한 달 간의 태국 여행에서 돌아왔습니다. 이 멋진 블로그 글을 올리게 되어 흥분을 감출 수가 없습니다. 다채로운 모험과 맛있는 요리의 즐거움을 갈망하는 여행자 여러분, 계속 읽어 보세요. - 이 글은 여러분을 위한 글입니다!
저는 어디를 다녀왔고 무엇을 좋아했을까요? 여러분, 안전 벨트를 매세요. 뱃머리를 감싸는 모래사장, 고대 사원, 정글을 탈출하는 모험 사이를 여행할 것입니다. 🐘
먼저 고대와 현대가 공존하는 도시 치앙마이(Chiang Mai)는 지친 제 발걸음을 멈추게 했습니다. 코끼리 보호구역🐘부터 왓 프라 탓 도이 수텝(Wat Phra That Doi Suthep)[17]과 왓 쩨디 루앙(Wat Chedi Luang)[18]처럼 경외감을 불러일으키는 고대 사원까지, 지루할 틈이 없었습니다. 시간 여행을 원하신다면 버킷 리스트에 추가할 수 있는 놀라운 인생 경험입니다.
이제 제가 가장 좋아하는 다이빙 명소인 타오섬(Koh Tao)의 바닷속 세계로 깊이 들어가보겠습니다! 🐟 수정처럼 맑은 바다 속에 들어가 이국적인 해양 생물의 지느러미를 느낄 준비를 하세요. 타이만(Gulf of Thailand)의[19] 보석으로 환상적인 스노클링과 스쿠버 다이빙의 본고장인 타오섬은 저에게 놓칠 수 없는 수중 놀이터였습니다. 사이리 비치(Sairee Beach)의 여유로운 섬 분위기와 엽서에서나 볼 법한 일몰을 감상하다 보면 어느새 더 오래 머물고 싶다는 생각이 들 거예요. *한숨*
하지만 물론 커다란 망고(방콕)의 번잡함 속에서 길을 잃었다가 다시 찾는 경험 없이는 태국 여행이 완성되지 않을 것입니다. 맞아요. 방콕이 바로 그런 곳입니다! 눈부신 왕궁과 왓 포(Wat Pho)[20]의 와불상부터 마음을 사로잡는 메끌렁 철도 시장(Maeklong Railway Market)[21]까지, 이 활기찬 도시에는 입을 다물지 못하게 하는 볼거리가 가득합니다.

---

17 치앙마이 북부에 위치한 사원으로 치앙마이를 대표하는 사원으로 유명합니다.
18 치앙마이 구시가지에 위치한 사원으로 60m 높이의 쩨디(chedi, 불탑)로 유명합니다.
19 태국만 또는 시암만으로도 불리며, 말레이시아, 태국, 캄보디아, 베트남으로 둘러싸인 만입니다.
20 아유타야 양식의 방콕에서 제일 오래된 사원으로, 타이 마사지가 탄생한 곳으로도 알려져 있습니다.
21 철길 바로 옆에 매대가 펼쳐지는 시장으로, 하루에 대여섯 번 열차가 지나갈 때마다 천막과 매대가 접혔다 펼쳐지는 모습으로 유명합니다.

잠시만요. 태국 음식에 대해 이야기 좀 할까요? 군침이 절로 도는 맛있는 음식이라는 건 다들 아시겠지만, 제 미각을 숭고하고 행복하게 만든 음식은 무엇일까요? 어디 보자...

1. 똠 얌 꿍(Tom yum goong): 매운맛이 가득한 이 톡 쏘는 새우 수프는 한 모금 마시고 싶을 정도로 맛있습니다!
2. 팟 타이(Pad thai): 팟 타이는 지금도 그 맛이 생생하게 떠오를 정도로 맛있는 전통 국수 요리입니다. 아침, 점심, 저녁으로 팟 타이를 먹을 수만 있다면... (꿈 같은 인생이죠?)
3. 카오 니아오 마무앙(Khao niao mamuang):[22] 단 것을 좋아하시는 분들에게 이 호화로운 디저트는 꿈의 디저트입니다. 두 번째, 세 번째, 어쩌면 네 번째에도 다시 찾게 될 겁니다. 절 믿으세요. 😊

이 천상의 즐거움을 위해 많은 돈이 들까 걱정되시겠지만 괜찮습니다! 태국의 길거리 음식은 매우 저렴하기 때문에 큰돈을 들이지 않고도 태국 인기 음식을 맛볼 수 있어요. 짤랑짤랑!

새로운 장소를 탐험하는 것도 여행의 큰 부분이지만, 같은 생각을 가진 다른 배낭 여행자들과 관계를 맺는 것 또한 중요하죠. 태국에서 다른 여행자를 어떻게 만날 수 있을지 궁금하신가요? 호스텔에서 시작한다면 환상적일 겁니다. 태국 전역에 수많은 호스텔이 있기 때문에 여행자의 분위기와 예산에 맞는 호스텔을 찾는 데 어려움이 없을 거예요.

호스텔 외에도 태국의 밤 문화는 다른 모험가들과 함께 흥을 돋우고 유대감을 쌓을 수 있는 확실한 방법입니다. 방콕의 카오산 로드(Khaosan Road)는 파티의 핫스팟이며, 팡안섬의 풀문 파티와 푸켓의 파라다이스 비치 클럽, 일루전 등 멋진 비치 클럽은 의심할 여지없이 재미를 사랑하는 사람들을 끌어 모으는 곳입니다. 하지만 항상 책임감 있게 파티를 즐기고 정신을 바짝 차려야 한다는 점을 잊지 마세요!

안전에 대해 말하자면, 기발한 태국 모험에서 원치 않는 사고를 피하기 위해 주의해야 할 몇 가지 사항이 있습니다. 야생 원숭이가 물건을 훔쳐갈 수도 있고, 승객을 가득 태우고서 '분노의 질주' 마냥 달리는 '송타우(현지 버스)'까지, 제가 알려드리는 최고의 팁을 소개해드릴게요.

1. 문화를 존중하세요: 태국은 미소의 나라로 알려져 있지만 현지 관습과 규칙을 존중하고 사원을 방문할 때 단정한 옷차림을 유지하면 문제를 일으키지 않고 미소를 지을 수 있습니다.
2. 사기를 조심하세요: 다른 곳과 마찬가지로 흔한 사기의 희생양이 되지 않으려면 경계를 늦추지 말고 직감을 믿는 것이 중요합니다.
3. 신뢰할 수 있는 교통편을 선택하세요: 길에서 오토바이 택시를 잡아 타는 것이 재미있어 보일 수 있지만 안전한 방법은 아닙니다. 면허를 소지한 택시 서비스나 Grab과 같은 차량 공유 서비스를 이용하세요.

세계 여행자 여러분! 태국의 문화가 가득한 도시, 깨끗한 해변, 군침 도는 음식에 대한 저의 떠들썩한 같은 이야기는 여기서 마칩니다. 다음 모험을 어디로 향할지 기대가 되지만, 그동안 이 글이 여러분 모두가 태국 여행의 꿈을 꾸는 데 영감을 주기를 바랍니다. 궁금한 점이 있거나 팁이 필요하시면 아래에 댓글을 남겨 주세요. 언제든지 상담해드리겠습니다!

다음 모험이 있을 때까지 계속 탐험하고 호기심을 잃지 마세요, 여행 부족 여러분! 🌍✋

#태국탐험 #세계탐험 #나의태국이야기 #음식으로하나되기 #여행하는부족

정말 제대로 작성한 것 같지 않습니까? 여러분이 실제로 경험한 실제 모험에 맞게 내용을 조정해야겠지만, 어조와 분위기가 매우 친근하고 재미있습니다.

---

22 망고 찹쌀밥으로 번역되는 태국의 후식으로, 달고 짠 코코넛밀크를 부은 찹쌀밥에 망고를 곁들인 음식입니다.

검색 엔진 최적화를 위해 단축 이름과 요약 설명을 부탁할 수도 있습니다.

> **프롬프트**
>
> 이 게시물에 적합한 단축 이름과 짧은 주소를 작성하고, 요약 설명도 최대 100 단어 이내로 작성해 주세요.

> **응답**
>
> 단축 이름: thailand-monthly-escapade-food-adventures-nightlife[23]
> 요약 설명: 태국으로 한 달 간 떠나는 저의 모험에 동참하세요! 치앙마이의 고대의 아름다움, 타오섬의 수중 낙원, 활기찬 방콕 거리로 뛰어들어 보세요. 호스텔과 멋진 밤 문화 명소에서 동료 여행자들과 어울리면서 맛있는 태국 음식으로 입맛을 돋우세요. 꼭 가 봐야 할 명소, 안전 수칙, 군침 도는 음식에 대한 팁도 확인하세요. 예산을 낭비하지 않고도 맛있는 음식을 즐길 수 있는 팁을 알아보세요! #태국탐험 #세계탐험 #나의태국이야기 #음식으로하나되기 #여행하는부족

적절한 프롬프트를 사용하면 블로그 글에 대한 아이디어를 얻을 수 있을 뿐만 아니라, 글 자체를 작성하는 데도 도움이 됩니다. 여기에는 핵심 단어, 요약 설명, 단축 이름도 포함됩니다.

다음 절에서는 콘텐츠를 더욱 흥미롭게 만들어 주는 몇 가지 기법을 살펴보겠습니다.

2.5 SECTION AI를 활용해 흥미로운 콘텐츠 만들기

오늘날과 같이 복잡한 디지털 환경에서는 고객을 진정으로 사로잡는 콘텐츠를 만드는 것이 그 어느 때보다 중요하고 어려운 과제입니다. AI는 고객의 관심사와 글쓰기 패턴을 분석하여 더욱 매력적인 스토리를 만들 수 있는 기회를 제공합니다.

독자들의 흥미를 자극하는 프롬프트를 만들기 위해 다음 요소를 조합하고, 위대한 작가들의 스타일과 목소리를 참고해서 영감을 받는 것을 고려해 보세요.

- **공감**: 대상 독자의 감정, 경험, 도전 과제에 공감할 수 있는 프롬프트를 작성하세요. 훌륭한 작가는 독자와 정서적 유대감을 형성하여 더욱 매력적인 작품을 만듭니다.

---

[23] 대부분의 단축 이름 체계는 영문 소문자와 하이픈(-)만 허용하는 것이 일반적이기에 따로 번역하지 않습니다.

- **참고 대상**: J. K. 롤링(J. K. Rowling)[24], 마야 앤절로(Maya Angelou)[25], 치마만다 응고지 아디치에(Chimamanda Ngozi Adichie)[26].
- **열린 결말**: 다양한 해석과 반응을 유도하여 독자가 제약을 느끼지 않고 자유롭게 창의력과 아이디어를 펼칠 수 있도록 프롬프트를 구성하세요.
- **참고 대상**: 어니스트 헤밍웨이(Ernest Hemingway)[27], 무라카미 하루키(村上春樹)[28], 버지니아 울프(Virginia Woolf)[29].
- **강렬한 언어**: 생생하고 묘사적인 언어를 사용하여 독자의 상상력을 자극하고 주제나 상황에 대한 강한 정신적 이미지를 만들어 보세요.
- **참고 대상**: F. 스콧 피츠제럴드(Francis Scott Key Fitzgerald)[30], 토니 모리슨(Toni Morrison)[31], 가브리엘 가르시아 마르케스(Gabriel García Márquez)[32].
- **강력한 관심 끌기**: 독자의 관심을 즉시 사로잡고 더 자세히 알아보고 싶게 만드는 눈에 띄는 문구나 흥미로운 질문으로 프롬프트를 시작하세요.
- **참고 대상**: 조지 오웰(George Orwell)[33], 제인 오스틴(Jane Austen)[34], 레이 브래드버리(Ray Bradbury)[35].
- **호기심**: 독자의 호기심을 자극하고 흥미를 유발하여 새로운 것을 배우고 낯선 주제를 탐구하며 특정 주제에 대해 더 깊이 파고들도록 독자에게 영감을 줍니다.
- **참고 대상**: 아이작 아시모프(Isaac Asimov)[36], 아서 C. 클라크(Arthur C. Clarke)[37], 메리 로치(Mary Roach)[38].
- **개인적인 성찰**: 독자가 자신의 경험, 생각, 감정을 돌아보도록 유도하고 성찰을 장려하세요. 더욱 진정성 있고 매력적인 콘텐츠를 만들 수 있습니다.

---

24 대표작으로 너무나도 유명한 『해리 포터』 시리즈가 있습니다.
25 대표작으로 자서전인 『새장에 갇힌 새가 왜 노래하는지 나는 아네』가 있습니다.
26 대표작으로 『보랏빛 히비스커스』, 『태양은 노랗게 타오른다』, 『아메리카나』 등이 있습니다.
27 대표작으로 『누구를 위하여 종은 울리나』, 『무기여 잘 있거라』, 『노인과 바다』 등이 있습니다.
28 대표작으로 『노르웨이의 숲』, 『해변의 카프카』, 『1Q84』 등이 있습니다.
29 대표작으로 『댈러웨이 부인』, 『자기만의 방』, 『3기니』 등이 있습니다.
30 대표작으로 『위대한 개츠비』가 있습니다.
31 대표작으로 『가장 푸른 눈』, 『솔로몬의 노래』, 『내 사랑하는 자』 등이 있습니다.
32 대표작으로 『백 년 동안의 고독』, 『사랑과 다른 악마들』, 『예고된 죽음의 연대기』 등이 있습니다.
33 대표작으로 『동물농장』, 『1984년』 등이 있습니다.
34 대표작으로 『이성과 감성』, 『오만과 편견』 등이 있습니다.
35 대표작으로 『화성 연대기』, 『화씨 451』 등이 있습니다.
36 대표작으로 『로봇 시리즈』, 『파운데이션 시리즈』, 『최후의 질문』 등이 있으며, 600편이 넘는 작품을 집필함. 과학 소설계의 삼대 거물(Big Three)로 여겨지고 있습니다.
37 대표작으로 『스페이스 오디세이 시리즈』, 『유년기의 끝』 등이 있으며, 과학 소설계의 삼대 거물로 여겨지고 있습니다.
38 통속 과학(Popular Science) 전문 작가로, 사후 세계와 성 등을 주제로 여러 권의 책을 집필했습니다.

- **참고 대상**: 실비아 플래스(Sylvia Plath)[39], 앤 라모트(Anne Lamott)[40], 조앤 디디온(Joan Didion)[41].

- **일탈**: 환상적이거나 낯선 세계를 탐험하거나 일상적인 경험에서 접할 수 없는 시나리오를 탐색함으로써 독자가 일상에서 벗어날 수 있는 프롬프트를 제공하세요.

  참고 대상: J.R.R. 톨킨(J.R.R. Tolkien)[42], 루이스 캐럴(Lewis Carroll)[43], 닐 게이먼(Neil Gaiman)[44].

- **문화적 시의성**: 시사 뉴스, 인기 트렌드, 사회적 이슈를 활용하여 시대상을 나타내고 시의성이 높으며 독자의 상황을 반영하는 콘텐츠를 제작하세요.

  참고 대상: 마거릿 애트우드(Margaret Atwood)[45], 타네히시 코츠(Ta-Nehisi Coates)[46], 제이디 스미스(Zadie Smith)[47].

- **도발적인 발언이나 질문**: 논쟁의 여지가 있거나 생각을 자극하는 주제를 프롬프트에 사용하여 토론을 자극하고 독자의 신념에 도전하거나 주제에 대한 관점을 다시 평가하도록 유도하세요.

  참고 대상: 올더스 헉슬리(Aldous Huxley)[48], 조지 버나드 쇼(George Bernard Shaw)[49], 시몬 드 보부아르(Simone de Beauvoir)[50].

- **해학과 재치**: 프롬프트에 장난기, 풍자, 유머를 포함하여 편안한 분위기를 조성하고 독자가 즐겁고 가벼운 마음으로 콘텐츠에 접근할 수 있도록 하세요.

  참고 대상: 오스카 와일드(Oscar Wilde)[51], 도로시 파커(Dorothy Parker)[52], 데이비드 세다리스(David Sedaris)[53].

이러한 요소를 프롬프트에 통합하고 유명 작가의 스타일과 목소리를 모방하여 독자를 사로잡고 도전하고 즐겁게 하는 동시에 의미 있는 토론과 창의적인 반응을 유도하는 매력적인 콘텐츠를 만들 수 있습니다.

---

39 대표작으로 『거대한 조각상』, 『아리엘』 등의 시집과 소설인 『벨 자』 등이 있습니다.
40 '대중의 작가'로 불리는 『뉴욕 타임스』 베스트셀러 작가로, 『나쁜 날들에 필요한 말들』, 『플랜 B』 등을 집필했습니다.
41 대표작으로 『베들레헴을 향해 웅크리다』, 『있는 그대로 대처하라』, 『푸른 밤』, 『상실』 등이 있습니다.
42 대표작인 『반지의 제왕』, 『호빗』 외에도 아이들을 위한 단편을 여러 권 집필했습니다.
43 대표작으로 『이상한 나라의 앨리스』, 『거울 나라의 앨리스』 등이 있습니다.
44 대표작으로 『멋진 징조들』, 『스타더스트』, 『샌드맨』, 『신들의 전쟁』 등이 있습니다.
45 대표작으로 『시녀 이야기』, 『고양이의 눈』, 『도둑 신부』, 『눈먼 암살자』 등이 있습니다.
46 『타임』 등에서 아프리카계 미국인의 정치문화적 이슈를 다루었고, 2016년부터 『블랙 팬서』의 작가를 맡고 있습니다.
47 대표작으로 『하얀 이빨』, 『사인 파는 남자』, 『온 뷰티』, 『런던, NW』 등이 있습니다.
48 대표작으로 『멋진 신세계』, 『원숭이의 본질』 등이 있으며, 존 F. 케네디(John F. Kennedy)가 암살당한 날 사망했습니다.
49 사회주의적 극작가로 유명하며, 대표작으로 『하트브레이크 하우스』, 『피그말리온』, 『성녀 조앤』 등이 있습니다.
50 실존주의적 작가로서, 대표작으로 『초대받은 여자』, 『레 망다랭』, 『제2의 성』 등이 있습니다.
51 대표작으로 소설인 『도리언 그레이의 초상』과 희곡인 『살로메』, 『진지함의 중요성』 등이 있습니다.
52 작가이자 영화 각본가로서, 대표작으로 『스타 탄생』, 『더 팬』, 『작은 여우들』 등이 있습니다.
53 세상에서 제일 재미있는 글쟁이로 일컬어지며, 『나도 말 잘하는 남자가 되고 싶었다』 등의 작품을 썼습니다.

이제 ChatGPT를 사용하여 이러한 스타일 중 하나로 몇 가지 주제 아이디어를 제안해 보겠습니다.

> **프롬프트**
>
> 어니스트 헤밍웨이, 무라카미 하루키, 버지니아 울프에게 영감을 얻어 다양한 해석과 반응을 유도할 수 있는 개방형 주제 아이디어를 제시해 주세요.

> **응답**
>
> 1. 주제: 분실물 상자 - 그리운 추억
> 〈프롬프트〉 "오래된 '분실물 상자'에서 우연히 발견한 물건을 선택하세요. 그 물건이 불러일으키는 추억을 떠올리거나, 물건의 불확실한 과거로 뛰어들거나, 여러분의 손을 떠난 후의 여정을 상상해 보세요."
> 2. 주제: 카페 - 삶의 교차로
> 〈프롬프트〉 "북적이는 카페에서 시선을 사로잡는 낯선 사람을 선택하세요. 그 사람의 삶에 대해 가상의 배경을 만들고, 그 순간의 생각을 이야기하거나, 낯선 사람과의 만남이 당신의 삶을 바꿀 수 있는 가능성을 탐색하세요."
> 3. 주제: 타임캡슐 - 과거의 메시지
> 〈프롬프트〉 "모르는 사람이 수십 년 전에 남긴 타임캡슐을 발견했다고 상상해 보세요. 그 내용을 살펴보고 어떤 감정을 불러일으키는지 묘사하거나 현재의 관점에서 이 사람에게 답장을 써 보세요."
> 4. 주제: 읽지 않은 편지 - 밝혀진 비밀
> 〈프롬프트〉 "새 집 다락방에 숨겨져 있는 읽지 않은 편지를 발견합니다. 편지에 담긴 감정과 계시를 탐구하거나 발신자와 수신자의 삶을 탐구해 보세요."
> 5. 주제: 평행한 삶 - 선택과 결과
> 〈프롬프트〉 "과거에 내린 중요한 결정을 생각해 보세요. 다른 선택을 했을 때 대체 현실을 설정하고 그에 따른 경험과 그 선택이 여러분의 삶에 미친 영향에 대해 이야기하세요."
> 6. 주제: 설명할 수 없는 현상 - 음모의 순간
> 〈프롬프트〉 "목격했거나 들어 보았지만 설명할 수 없는 현상이나 기괴한 사건에 대해 이야기하고 그 기원에 대해 깊이 생각해 보세요. 그리고 그 사건이 내면에서 불러일으킨 감정을 탐구하거나 그러한 일이 흔히 일어나는 가상의 세계를 만들어 보세요."
> 7. 주제: 우연한 만남 - 운명의 길
> 〈프롬프트〉 "여러분의 삶에서 오래도록 영향을 남긴 우연한 만남을 자세히 묘사하세요. 우연과 운명 사이의 연관성을 생각해 보거나 그 사람과 마주치지 않은 상황을 이야기해 보세요."
> 8. 주제: 위로가 되는 물건 - 정서적 애착
> 〈프롬프트〉 "어린 시절의 장난감, 기념품, 소중한 가보처럼 소중하게 간직하고 있는 물건에 대해 생각해 보세요. 그 물건에 담긴 추억, 감정, 상징적인 의미와 그 물건과의 유대감을 살펴보세요."
>
> 이러한 개방형 주제는 헤밍웨이, 무라카미, 울프와 같이 저명한 작가들의 글쓰기 스타일에서 영감을 받아 다양한 해석과 관점, 창의적인 이야기를 가능하게 합니다. 독자들이 각 프롬프트에 접근하는 방식에 유연성을 제공함으로써 독자들이 창의력을 탐구하고 감정을 활용하며 각자의 독특한 관점에 공감할 수 있는 매력적인 이야기를 만들도록 장려할 수 있습니다.

이제 ChatGPT에게 '비밀의 문 – 동네 속에 숨겨진 세계'라는 주제로 글을 작성해 달라고 요청해 보겠습니다.

> **프롬프트**
>
> 비밀의 문 – 동네 속에 숨겨진 세계에 대한 글을 최대 1000자 이내로 J. K. 롤링 스타일로 작성해 주세요.

> **응답**
>
> 아침 이슬이 나뭇잎에 반짝이고 갓 구운 빵의 향기가 공기 중에 퍼지는 고풍스럽고 별 볼일 없어 보이는 윌로셔(Willowshire) 마을에는 수수께끼 같은 비밀이 숨겨져 있습니다.
> 마을 한가운데에 자리 잡은, 사람들의 눈에 띄지 않게 숨겨놓은 듯한 문이 하나 있는데, 이 문은 전설만큼이나 독특합니다. 이 문을 찾아 모험을 떠난 사람은 극소수이며, 문을 통해 상상할 수 없는 세계를 발견했다고 주장하는 사람은 더욱 적습니다.
> 운명적인 어느 날 저녁, 저는 (마지못해) 이 전설의 문 너머에 숨겨진 신비를 파헤치려는 모험가들의 대열에 합류했습니다. 윌로셔는 언제나 조용하고 평화로운 피난처였고, 자갈길을 거닐며 길가에 늘어선 집들의 따뜻한 파스텔 톤에 몸을 담고 세상의 혼란스러운 불협화음에서 위안을 얻을 수 있는 곳이었죠.
> 하지만 그날 저녁 패트리스(Patrice)의 빵집에서 얼그레이 티를 마시던 중 섬세한 도자기 아래 놓인 손으로 쓴 쪽지가 눈에 들어왔습니다. "마법에 걸린 문은 생각보다 가까이 있습니다. 달이 정점에 달할 때 울퉁불퉁한 참나무를 찾아보세요. 미지의 세계를 받아들이세요." 당혹감과 불신으로 뒤덮인 제 마음속에서 호기심이 일어났고, 탐험에 대한 유혹을 거부할 수 없다는 것을 알았습니다. 여러 세대에 걸쳐 마을을 떠돌던 속삭임과 조용한 이야기가 마침내 제 호기심의 불씨를 지폈습니다.
> 해가 지고 하늘이 쪽빛과 별빛으로 몽환적인 자수를 드리울 무렵, 저는 윌로셔 공원의 축축한 잔디밭에서 축축한 흙냄새를 맡으며 걸음을 옮겼습니다. 힘과 지혜의 상징인 고대의 울퉁불퉁한 참나무에 다다랐을 때, 저는 그 나무가 항상 그 자리에 있었다는 사실을 깨달았습니다. 뒤틀린 나뭇가지가 섬뜩한 그림자를 드리웠지만 저를 감싸는 평온한 기운이 느껴졌어요.
> 운명이든 제 선택이든 담쟁이와 이끼로 부분적으로 가려진 숨겨진 아치 모양의 통로에 도착했을 때 달이 정점에 도달하여 웅장한 참나무 위로 미묘한 빛을 쏟아내고 있었습니다. 은빛이 희미하게 반짝이는 것이 제 눈에 들어왔고 마을의 이야기 속에서 불멸의 존재로 여겨졌던 신비로운 문의 윤곽이 드러났습니다. 문을 만지려고 손을 뻗으며 기억을 더듬어 이 문턱을 통과했다고 주장하는 용감한 소수의 사람들이 속삭였던 말을 떠올리자 가슴이 설렘과 두려움이 뒤섞여 뛰기 시작했습니다. 저는 평범해 보이는 나무에 손을 댄 채로 눈을 감고 주문을 외쳤습니다: "비밀의 문이여, 그 모습을 드러내라(Arcane Porta Revelare)[54]."
> 갑자기 문이 삐걱거리며 신음하는 소리가 났고 따끔거리는 손가락에 천상의 온기가 밀려오는 것을 느꼈습니다. 마치 은밀한 마법에 응답이라도 하듯 문이 활짝 열리면서 윌로셔의 평범한 겉모습 아래에 숨겨진 비밀스러운 세계를 엿볼 수 있었습니다.
> 숨을 참으며 마법에 걸린 문턱을 넘어 경이로움의 세계로 들어섰습니다.
> 선명하고 빛나는 색채가 저를 반기며 떠다니는 숲, 빛나는 식물, 별만큼이나 다양한 생물로 이루어진 생생한 꿈의 풍경을 그려냈습니다. 에메랄드 장식 목걸이로 장식된 지혜롭고 말하는 고양이와 오팔(opal) 빛을 내는 물 속을 질주하는 신비로운 생물들이 경이로웠습니다. 보이지 않

---

[54] 라틴어에서 온 구문으로서, 'Arcane'은 '비밀의', 'Porta'는 '문', 'Revelare'는 '드러내다'라는 뜻을 가진 단어입니다.

> 는 곳에서 들려오는 천상의 화음과 속삭임의 아득한 교향곡이 공중에 떠다니며 이 경이로운 세상이 우리가 살고 있는 곳 바로 아래에서 번성하고 있음을 부드럽게 상기시켜 주었습니다. 그곳은 고대의 힘에 의해 만들어진 고요한 안식처였고, 저와 같은 사람들이 그 비밀을 알아내기를 참을성 있게 기다리고 있었습니다.

다시 한번 이야기하지만, ChatGPT가 원하는 대로 결과를 편집하여 더 단순하고 재치 있으며 읽기 쉽게 만들도록 요청할 수도 있습니다.

다음 절에서는 개인이나 조직에 맞게 콘텐츠를 더욱 개인화하는 방법을 다루겠습니다.

2.6 AI를 활용해 메시지 개인화하기

조직에서 많은 사람에게 개인화된 메시지를 보내는 것은 매우 흔한 일입니다. 콜드 전자 메일(cold e-mail), 링크드인 메시지, 이벤트 참석 후 감사 카드를 보낼 수도 있지요.

이 경우 이 장의 서두에서 다룬 AIDA, FOMO, SMILE 등의 공식을 사용할 수 있으니, 공식을 사용하여 콜드 전자 메일을 작성하고 여러 가지 실험을 통해 자신에게 가장 효과적인 방법을 찾아보기 바랍니다.

여기서는 이 목적을 달성하기 위해 변수를 전달하는 새로운 방법을 소개하겠습니다. 콜드 메시지를 보낼 때 흔히 발생하는 문제 중 하나는 대부분의 메시지가 너무 영업적이라는 것입니다. 일반적으로 사람들은 직접 구매하기를 좋아하지만, 사달라고 요청받으면 거부감을 느낀다는 사실을 기억하세요. 따라서 ChatGPT의 목표는 잠재 고객과 관계를 구축하는 데 도움이 되는 실질적인 가치를 제공하는 매력적인 콜드 메시지를 작성하는 데 도움을 주는 것입니다.

이를 위한 맞춤형 프롬프트는 다음과 같습니다.

> **프롬프트**
> 당신은 숙련된 외부 광고(outbound) 담당자입니다.
> 여러분은 [특정 역할]의 [사람들]에게 [일반적인 문제]를 설명하고 [몇 가지 솔루션]을 제안하는 개인화된 전자 메일을 작성하라는 임무를 받았습니다.
> 최종 목표는 [회사의 솔루션]을 판매하는 것이지만, 당신은 먼저 신뢰를 얻기 위해 가치를 제공하려고 노력하고 있는 상황입니다.

자료:
[틈새 시장]: 도매 유통업계의 B2B 기업
[사람]: 모 아무개 님, 운영 이사
[회사명]: (주)최고
[일반적인 문제]: 1. 엑셀에서 대량의 데이터 집합을 처리하는 데 어려움이 있어 성능이 느려지고 오류 및 데이터 손상 가능성이 증가합니다.
2. 수작업으로 보고서를 생성하고 데이터에서 분석 결과를 도출하는 데 시간이 많이 걸립니다.
[제안된 솔루션]: 1. 대량의 데이터 집합을 관리하기 쉬운 작은 파일로 분할하여 오류 발생 가능성을 줄이고 엑셀의 성능을 개선합니다.
2. 엑셀 매크로를 개발하여 일상적인 데이터 분석 작업을 자동화하고 보고서 생성의 효율성을 높입니다.
[행동]: 솔루션을 구현하는 자세한 방법은 문서(링크 제공)를 참조하세요.
같은 [틈새 시장]에서 [회사]와 유사한 많은 회사가 이러한 [문제]에 직면하고 있으며, 이들이 스스로 구현할 수 있는 몇 가지 [솔루션]을 제공하는 데 도움을 주고 싶다는 내용의 개인 맞춤형 콜드 전자 메일을 우호적인 어조로 작성하세요. [링크]에서 [솔루션]에 대한 자세한 설명을 제공하세요.

이제 어떤 식으로 응답하는지 살펴보겠습니다.

응답

제목: 보내 드리는 엑셀 수정 팁을 통해 도매 유통의 효율성을 높이세요
안녕하십니까, 아무개 님.
이 전자 메일이 잘 전달되기를 바랍니다. 제 이름은 [이름]이며, 최고 주식회사와 같은 B2B 기업이 데이터 관리 과정과 전반적인 운영 효율성을 개선할 수 있게 도와 드리는 전문가입니다.
제 경험에 따르면, 도매 유통업계의 많은 기업들이 데이터를 관리하면서 특히 엑셀 사용과 관련하여 다음과 같은 문제들을 흔하게 겪고 있습니다.
1. 대량의 데이터 집합을 다루기 어려워 성능이 느려지고 오류 발생 및 데이터 손상 가능성이 높아집니다.
2. 수작업으로 보고서를 생성하고 데이터에서 분석 결과를 도출하는 데 많은 시간이 걸립니다.
이러한 문제는 매우 흔한 문제인데요. 최고 주식회사에서 이 문제를 해결하실 수 있도록 몇 가지 솔루션을 알려드리고자 합니다.
1. 대량의 데이터 집합을 작고 관리하기 쉬운 파일로 나누어 오류 가능성을 줄이고 엑셀의 성능을 향상시킵니다.
2. 일상적인 데이터 분석 작업을 자동화하기 위한 엑셀 매크로를 개발하여 보고서 생성 효율을 높입니다.
이러한 솔루션을 귀사의 사업에 도입하는 방법에 대한 자세한 정보를 담은 기사를 준비했으며, 다음 링크에서 확인하실 수 있습니다. [링크]
엑셀 데이터를 적절히 관리함으로써 귀하의 팀은 시간을 절약하고 오류를 줄이며, 결국 최고 주식회사의 의사 결정을 개선할 수 있습니다.
이와 관련하여 궁금하신 점이 있으시거나 더 자세히 논의하고 싶으시다면 언제든지 연락 주시기 바랍니다. 기꺼이 도와드리겠습니다.

> 또한 귀하께서 엑셀의 한계를 극복하고 사업 과정을 더욱 효율적으로 만들 수 있는 더 높은 수준의 데이터 관리와 분석 도구에 관심이 있으시다면, 저희 회사에서 '데이터 인사이트'라는 종합적인 플랫폼을 제공하고 있다는 것도 말씀드리고 싶습니다. 이 제품은 귀사와 같은 기업들이 보고서 생성을 자동화하고 귀중한 유의미한 정보를 발견할 수 있도록 특별히 설계되었습니다. '데이터 인사이트'에 대해 더 알아보고 싶으시다면 알려주시기 바랍니다. 시연을 위한 일정을 잡아 드리겠습니다.
> 그때까지 기사에서 제공된 솔루션이 귀하의 팀의 일상 업무에 가치를 더할 것이라고 생각합니다. 귀하의 생각과 이러한 개선이 최고 주식회사에 가져올 긍정적인 영향에 대해 듣고 싶습니다.
> 앞으로도 지속적인 성공을 기원합니다.
> 감사합니다.
> [이름]
> [직위]
> [회사명]
> [전자메일]
> [전화번호]

변수가 도입된 방식에 주목하세요. 이러한 방식을 통해 동일한 대화를 사용하여 다른 문제와 솔루션을 강조하거나 대상 인물이나 회사를 변경하는 등 유사한 콘텐츠를 쉽게 제작할 수 있습니다.

하지만 여기에도 몇 가지 개선할 점이 있습니다. 첫째, 첫 문단인 '이 전자 메일이 잘 전달되기를 바랍니다. 제 이름은 [이름]이며…' 문구를 포함하는 것이 일반적인 관행이기는 하지만, 이는 인위적으로 보이며, 실제로 사람들이 크게 신경 쓰지 않습니다. 둘째, 너무 격식을 차리고 있습니다. 마지막으로, 이 메일의 목적은 판매가 아니므로 '데이터 인사이트'라는 우리의 제품에 대한 문단이 있어서는 안 됩니다. [행동]에서 독자를 솔루션이 자세히 설명된 기사로 유도하기 때문에, 일단 링크로 상대방의 신뢰를 얻고 거기에서 우리 제품에 대해 이야기할 기회를 갖게 됩니다.

첫 번째 문제와 두 번째 문제를 해결하기 위해 대화를 계속 이어 나가 보겠습니다. 마지막 문제의 해결은 여러분의 몫입니다.

> **프롬프트**
> 첫 문단을 잘라내고 나머지 부분에 우스갯소리를 추가하여 분위기를 전환해 주세요.

> **응답**
>
> 제목: 엑셀의 숨은 비밀을 발견하고 데이터 정복에 도전하세요!
> 안녕하십니까. 아무개 님.
> 데이터 전문가로서 도매 유통업계의 많은 기업들이 엑셀 문제로 어려움을 겪는 것을 많이 보아 왔습니다. 마치 영화 '사랑의 블랙홀'처럼 엑셀 문제가 반복되는 것 같죠? ☺
> 최고 주식회사와 같은 기업들이 흔히 겪는 문제로는 다음과 같은 것들이 있습니다.
> 1. 대용량 데이터 처리에 어려움을 겪어 성능이 저하되고, 그로 인해 오류와 데이터 손상의 위험이 증가하는 경우
> 2. 데이터를 통한 분석 결과 도출과 보고서 생성에 시간이 많이 소요되는 수작업 프로세스
> 이러한 엑셀 문제를 해결하기 위해 다음과 같은 몇 가지 방법을 공유해 드리고자 합니다.
> 1. 대용량 데이터를 더 작은 파일로 나누어 오류의 가능성을 줄이고 엑셀의 성능을 높이세요.
> 2. 엑셀 매크로를 개발하여 보고서 생성과 같은 반복적인 데이터 분석 작업을 자동화하세요.
> 이러한 솔루션을 사업에 적용할 수 있도록 자세한 정보를 담은 기사를 작성했습니다. 디지털 보물 지도의 끝에서 이 내용을 발견하실 수 있을 겁니다. [링크]
> 이 솔루션을 최고 주식회사의 여러분께 드리는 선물로 생각하시고, 앞으로는 오류 없는 스프레드시트로 더욱 빠르게 보고서를 작성할 수 있길 바랍니다!
> 궁금한 점이나 더 자세한 논의를 원하신다면 언제든 연락주세요. 저는 언제나 데이터 문제를 해결하는 분들께 도움을 드릴 준비가 되어 있습니다!
> 좀 더 진지한 이야기를 드리자면, 엑셀의 한계를 뛰어넘고 보고서 작성 및 데이터에서 의미 있는 정보를 찾아 내는 작업을 쉽게 자동화할 수 있는 강력한 데이터 관리 및 분석 도구를 찾고 계신가요? 그렇다면 저희 회사에서 제공하는 종합 플랫폼인 '데이터 인사이트'를 추천해 드리고 싶습니다. 최고 주식회사 같은 기업들이 엑셀의 한계를 넘어 더 효과적으로 업무를 진행할 수 있도록 돕는 플랫폼입니다.
> 데이터 인사이트에 관심이 있으시면 언제든 알려주세요. 기꺼이 시연을 준비하겠습니다.
> 그동안 기사에 소개된 솔루션을 적용해 보시면서 즐거운 시간을 보내시기 바랍니다. 이 솔루션들이 최고 주식회사의 업무에 긍정적인 변화를 가져올 것이라 확신합니다. 여러분의 생각과 엑셀을 사용하며 겪은 재미있는 경험들을 듣고 싶습니다.
> 최고 주식회사의 성공을 기원합니다.
> [이름]
> [직함]
> [회사명]
> [전자메일]
> [전화번호]

훨씬 나아졌죠, 그렇지 않나요?

하지만 제목이 충분히 눈길을 끌지 못하고 있습니다. 받는 사람이 전자 메일을 읽고 싶은 마음이 들지 않으면, 우리가 그들에게 실질적인 가치를 제공하는지 여부는 중요하지 않습니다.

그렇다면 어떻게 더 좋은 제목을 작성할 수 있을지 함께 알아봅시다.

> **프롬프트**
>
> 제목을 더 짧고 흥미롭게, 개인화된 형태로 변경하되 8 단어 내로 작성해 주세요.
> 몇 가지 선택지를 제시해 주세요.

> **응답**
>
> 선택 1. 엑셀의 악몽은 이제 그만!
> 선택 2. 최고 주식회사를 위한 엑셀 비밀 대공개!
> 선택 3. 엑셀로 효율성을 높이는 꿀팁!
> 선택 4. 최고 주식회사의 엑셀 초능력을 깨워 보세요!
> 선택 5. 데이터를 정복하는 팁을 공개합니다!
> 선택 6. 최고 주식회사를 위한 엑셀의 잠재력을 활용하세요!

필요하다면 더 많은 선택지를 받아볼 수 있습니다. 다음과 같은 프롬프트를 사용하세요.

> **프롬프트**
>
> 조금 더 제시해 주세요.

> **응답**
>
> 선택 7. 오늘 당장 최고 주식회사의 데이터 관리 능력을 높여 보세요!
> 선택 8. 최고 주식회사를 위한 엑셀 활용 비법!
> 선택 9. 최고 주식회사의 데이터 강화 비결을 발견하세요!
> 선택 10. 최고 주식회사의 엑셀 활용 능력을 높여 보세요!
> 선택 11. 최고 주식회사의 데이터 세계를 완전히 장악하세요!
> 선택 12. 최고 주식회사를 위한 엑셀 혁신!

훨씬 낫네요.

마지막으로 LLM을 활용해 맞춤형 콘텐츠를 만드는 방법을 알아보고 이 장을 마무리하겠습니다.

2.7 AI를 활용해 맞춤형 콘텐츠 만들기

앞에서 유명 작가의 스타일을 모방하는 방법을 배웠습니다. 그러나 자신만의 스타일이나 마음에 드는 다른 사람의 스타일로 콘텐츠를 만들고 싶다면 어떨까요? 만약 그 사람이 ChatGPT가 그들의 스타일을 알 만큼 유명하지 않다면 어떻게 해야 할까요? 이럴 때는 직접 예시를 통해 ChatGPT에게 스타일을 제공하면 됩니다.

이번 예시에서는 세스 고딘(Seth Godin)의 목소리를 따라해 보겠습니다. 그는 마케팅에 관한 글을 쓰는 저명한 미국 작가지만, 이 예시에서는 유명하지 않다고 가정해 보겠습니다.[55] 그의 블로그인 Seth's Blog[56]에서 짧은 글을 몇 개 가져오겠습니다.

> **프롬프트**
>
> 귀하는 숙련된 광고 담당자로서 세스 고딘의 목소리를 따라 마케팅에 관한 짧은 게시물을 작성합니다.
> 다음은 그의 스타일에 대한 몇 가지 예시입니다.
> 제목: 불편합니다!
> 좋은 소식이네요.
> 필요한 것, 앞으로의 길, 프로젝트를 변화시킬 요소가 불편해 보이네요.
> 대부분의 다른 사람들이 귀찮아 하지 않는다는 뜻이니 대단한 일이죠. 바로 그 불편함 때문에 희소해져서 가치가 있는 것입니다.
> 중요한 것은 거의 항상 불편합니다. 그렇지 않다면 무엇이 중요한지 착각하고 있는 것일 수 있습니다.
> 제목: 브레이크와 가속
> 모든 운전자는 좋은 브레이크의 혜택을 누립니다. 더 안전하게 운전할 수 있습니다. 소수의 숙련된 운전자만이 더 나은 가속의 혜택을 누릴 수 있습니다.
> 우리는 최고 속도, 힘, 단기 수익률 및 상태를 비교하는 습관이 있습니다. 자동차뿐만 아니라 모든 분야에서 마찬가지입니다.
> 하지만 브레이크도 좋은지 확인하는 것이 좋습니다.
> 제목: 지나친 경쟁
> 두 가지 접근 방식이 있습니다: 더 많이 주고, 더 쉽고, 더 저렴하고, 더 많이 이용할 수 있도록 하세요. 그들을 멍청하게 만들고 바닥까지 경쟁하세요.
> 아니면...
> 여러분의 독특하고 특별한 제안에 충분히 관심이 있는 고객들에게 집중하여 이들이 덜 좋은 대안들을 기꺼이 외면할 뿐만 아니라 다른 사람들에게도 그 사실을 알릴 수 있도록 하세요.
> 세스의 콘텐츠를 기반으로 새 문서의 제목을 제안해 주세요. 단, 세스의 콘텐츠를 그대로 베끼지 말고 그의 콘텐츠에서 영감을 얻은 제목을 작성해 주세요. 본문은 작성하지 말고 제목만 작성하세요.

---

[55] 실제로 일본어 위키백과에는 그의 문서가 있지만, 한국어 위키백과에는 그의 문서가 없네요. 😭
[56] https://seths.blog

> **응답**
>
> 1. 제목: 우연의 행운
> 2. 제목: 모호한 길 받아들이기
> 3. 제목: 보이지 않는 기회
> 4. 제목: 촉매로 기능하는 회복 탄력성
> 5. 제목: 불확실성과 함께 춤추기
> 6. 제목: 변화의 바다를 헤쳐 나가기
> 7. 제목: 현상 유지 파괴하기
> 8. 제목: 협업의 연금술
> 9. 제목: 단순함의 우아함
> 10. 제목: 불협화음의 교향곡

제목이 몇 가지 준비되었으니 이제 LLM에게 해당 주제와 관련된 글을 작성하되 스타일을 모방하려는 대상(여기서는 세스 고딘)과 같은 느낌으로 작성하도록 요청하는 프롬프트를 작성해 봅시다.

> **프롬프트**
>
> 이제 세스의 스타일로 첫 번째 제목에 대한 짧은 글을 작성해 주세요. 짧게 작성해야 합니다. 세스의 콘텐츠는 일반적으로 150 단어 미만입니다.

> **응답**
>
> 제목: 우연의 행운
> 삶과 비즈니스에서 예상치 못한 순간을 받아들이세요. 세상에서 가장 위대한 성공 중 일부는 우연한 순간에서 탄생했습니다. 예상치 못한 우회로가 가장 기억에 남는 보상을 가져오는 경우가 종종 있습니다.
> 통제와 확실성에 대한 욕구를 버리세요. 인생의 놀라움에 열린 자세로 임하면 혁신과 성장에 불을 붙일 수 있습니다. 꼼꼼한 계획과 함께 일탈을 즐길 수 있는 자유를 누리고, 그 뒤의 발견에 놀라워하세요.
> 잘 작성된 아이디어가 우연한 기회와 조화를 이루도록 허용한다면 우연은 가장 놀라운 조력자가 될 수 있다는 사실을 기억하세요.

지금까지 살펴본 것처럼, AI 텍스트 생성 모델은 모든 종류의 마케팅, 언론, 참여 중심의 콘텐츠를 생산하는 데 있어 인간의 창의성과 작업 과정을 향상시키는 새로운 가능성을 열어 줍니다.

2.8 요약

이 장에서는 ChatGPT 그리고 그와 유사한 도구들을 통해 브레인스토밍하고 제작할 수 있는 다양한 콘텐츠의 전형적인 사례를 살펴보았습니다. 소셜 미디어 게시물 작성, 매력적인 광고 문구 작성, 영상 대본 작성, 다른 유형의 콘텐츠를 더 매력적이고 설득력 있게 만드는 강력한 기술을 배웠습니다. 이제 연습을 통해 실력을 향상시키고 효과적인 프롬프트를 작성하는 것은 여러분에게 달렸습니다. 실험하는 것을 두려워하지 마세요. 결국 훌륭한 프롬프트의 핵심은 거기에 있습니다.

이 장에서 배운 주요 교훈은 다음과 같습니다.

- AI는 콘텐츠의 아이디어를 내고 개요를 작성하며 초안을 작성할 수 있지만, 그럼에도 불구하고 인간의 정교함은 여전히 필수적입니다. 목표는 인간의 창의성을 대체하는 것이 아니라 보완하는 것입니다.
- 각 매체에 따라 AI에 대한 의존도가 서로 다릅니다. 짧은 형식의 게시물은 긴 형식의 글보다 자동화를 더 많이 활용할 수 있습니다.
- AI의 도움, 인간의 의도·편집 사이에서 적절한 균형을 찾는 것은 높은 품질의 진정성 있는 고객 참여를 위해 매우 중요합니다.
- 기술은 빠르게 발전하고 있지만, 오늘날의 AI는 완전히 이해하고 의도를 완전히 파악하기에는 여전히 부족합니다. 전략적인 이야기를 만들려면 인간의 현명한 안내가 필요합니다.
- AI는 데이터와 정보를 종합하여 대략적인 초안을 작성하는 데 탁월한 능력을 발휘하며, 이를 바탕으로 인간이 브랜드의 목소리와 목표에 맞게 최적화할 수 있습니다.
- 기업에서는 전면적인 도입에 앞서 초기 실험 단계에서 AI 콘텐츠 생성을 실험하여 이상적인 작업 흐름을 파악하는 것이 좋습니다.
- AI 글쓰기 도구는 전반적으로 매력적이고 높은 품질의 콘텐츠를 개발하는 데 있어 인간의 창의성, 생산성, 분석 결과를 보완할 수 있는 엄청난 잠재력을 보여 줍니다.

아래 내용을 꼭 기억하세요.

> … 프롬프트 엔지니어링에 대한 우리의 능력은 여전히 개발되고 있는 과정에 있습니다. … 우리는 트위터[57]에서 많은 것을 배웁니다. 프롬프트 엔지니어링은 과소 평가되어서는 안 됩니다. … 복잡하게 여겨지는 고객의 문제 중 대부분은 LLM의 미세조정이 이루어지지 않아도 충분히 해결할 수 있습니다. …
>
> - 안젤라 지앙(Angela Jiang), OpenAI 제품 관리자

심지어 OpenAI조차도 거대 커뮤니티를 통해 프롬프트 엔지니어링 기술을 배우고 있습니다.

이에 대해 차분히 생각해 보세요.

다음 장에서는 팟캐스트를 시작 단계부터 마무리 단계까지 만들고 홍보하는 완전한 예시를 살펴보는 등 LLM을 사용하는 몇 가지 실용적인 실제 활용 사례를 알아볼 것입니다. 유명 게스트와 일반인 게스트 모두를 대상으로 한 맞춤형 인터뷰 질문을 준비하기 위한 리서치 조사 같은 실용적인 기술도 배워 봅니다. AI 도구를 활용하여 팟캐스트를 효율적으로 홍보하는 자료를 만들어 보고, 면접자와 지원자 모두가 면접을 잘 보기 위해 유사한 질문을 준비하는 기술도 적용해 봅니다.

---

[57] 현재의 X.

2부

기본적인 프롬프트 엔지니어링 기술

2부에서는 실질적인 활용이 가능한 프롬프트 엔지니어링 기술의 다양한 핵심 도구를 선보입니다. 3장에서는 매력적인 팟캐스트 에피소드를 제작하고, 면접에서 뛰어난 성과를 내기 위해 AI를 활용해 리서치 연구를 수행하고 맞춤형 질문을 준비하는 방법을 설명합니다. 또한 요약과 음성 추출 기능을 사용하여 팟캐스트 콘텐츠 홍보 전략을 배우게 됩니다.

4장에서는 LLM을 활용하여 소설과 시를 쓰는, 상상력의 새로운 지평을 여는 방법을 안내합니다. 캐릭터, 설정, 줄거리를 개발하고 AI가 생성한 초안을 다듬는 검증된 기술에 대해 다룹니다. 5장에서는 텍스트의 감정을 이해하기 위한 감성 분석, 정보 구성을 위한 데이터 분류, 데이터 품질 개선을 위한 데이터 정리, 비정형의 원본 데이터에서 정형 데이터를 추출하기 위한 패턴 매칭 등 좀 더 기능적인 활용 방법을 살펴봅니다.

세 개의 장을 다 읽으면 감정에 따른 텍스트 분류, 정보 분류, 데이터 집합 문제 해결, 패턴 매칭, 분석 결과 도출과 같은 기본적인 프롬프트 엔지니어링 기술을 이전보다 훨씬 더 효율적으로 사용할 수 있을 것입니다. 2부에서 다루는 기술을 통해 다양한 영역에서 AI의 힘을 활용할 수 있으며, 이후 장에서 더 높은 수준의 활용 방법으로 나아가는 기반을 마련할 수 있습니다.

2부는 다음과 같이 세 개의 장으로 구성되어 있습니다.

- **3장** ChatGPT와 실용적인 예제를 통해 팟캐스트 만들고 홍보하기
- **4장** 창의적인 글쓰기를 위한 LLM
- **5장** 비정형 텍스트에서 통찰력 얻기: 텍스트 분석을 위한 AI 기술

CHAPTER 3

ChatGPT와 실용적인 예제를 통해 팟캐스트 만들고 홍보하기

SECTION 1	유명 게스트를 위한 팟캐스트 질문 작성하기
SECTION 2	일반인 게스트를 위한 팟캐스트 질문 작성하기
SECTION 3	팟캐스트의 주제, 아이디어, 잠재적 게스트 연사 파악하기
SECTION 4	AI로 팟캐스트 홍보하기
SECTION 5	통찰력 있는 면접 질문 파악하기
SECTION 6	AI가 생성한 답변으로 면접 기술 훈련하기
SECTION 7	AI를 통해 고객과의 상담을 위한 전략적 질문 생성하기
SECTION 8	요약

팟캐스트 진행자는 유명 게스트뿐만 아니라 상대적으로 잘 알려지지 않은 게스트에 이르기까지 그들의 배경, 관심사, 전문 분야에 맞춘 흥미로운 인터뷰 질문을 생성하는 데 생성형 AI의 도움을 받을 수 있습니다. 또한 팟캐스트 대본을 요약하여 효율적으로 홍보 자료를 만들 수도 있습니다. 채용 면접에서는 AI가 역할에 따른 요구 사항과 지원자의 프로필에 맞는 기술, 상황, 행동에 대한 질문을 제안할 수 있습니다. 또한 지원자가 연습하고 준비할 수 있도록 모범 답안을 제공할 수도 있습니다.

AI의 주요 강점 중 하나는 상황, 데이터, 이전의 상호 작용 등을 분석하여 지능적인 질문을 빠르게, 대량으로 생성할 수 있다는 점입니다. 하지만 실시간 대화에서 가장 전략적인 질문을 선택하고 효과적인 후속 질문을 만들 때에는 여전히 인간의 전문성이 필요합니다.

질문 준비에 AI를 사용하면 많은 양의 질문과 답변을 일관성 있게 개인에 맞춰서 생성할 수 있으며, 팟캐스트 진행자, 면접관, 컨설턴트, 영업 사원 등 전략적인 질문이 필요한 역할의 준비 시간을 절약할 수 있습니다.

이 장에서는 다음 주제를 다룹니다.

- 유명 게스트를 위한 팟캐스트 질문 작성하기
- 일반인 게스트를 위한 팟캐스트 질문 준비하기
- 팟캐스트 주제, 아이디어, 잠재적 게스트 발굴하기
- AI를 활용해 팟캐스트 홍보하기
- 통찰력 있는 면접 질문 파악하기
- AI가 생성한 답변으로 면접 기술 향상시키기
- 고객 참여를 위한 전략적 질문 생성하기

3.1 / 유명 게스트를 위한 팟캐스트 질문 작성하기
SECTION

이 절에서는 AI를 활용하여 인터뷰 질문을 만드는 방법을 살펴보겠습니다. 유명 게스트가 출연하는 팟캐스트 에피소드에 들어갈 흥미로운 질문입니다. 질문을 만드는 과정을 AI가 어떻게 더 쉽게 만들고 더 의미 있는 대화를 이끌어내는 데 도움이 되는지 알아보겠습니다.

예를 들어 팟캐스트의 잠재적인 인터뷰 후보를 파악하고 싶다고 가정해 봅시다. ChatGPT 같은 도구가 필요하지 않을 수도 있지만, 이 책의 예시를 위해 잠재적인 인터뷰 대상자 목록을 요청해 봅시다.

> **프롬프트**
>
> 현대의 유명한 경영 서적 저자 10명의 목록을 작성하고, 그들의 가장 인기 있는 책 제목을 알려주세요. 생존 여부도 알려주세요.

> **응답**
>
> 1. 에릭 브리뇰프슨(Erik Brynjolfsson) - 『제2의 기계 시대: 인간과 기계의 공생이 시작된다』[1] (생존)
> 2. 아담 그랜트(Adam Grant) - 『기브앤테이크: 주는 사람이 성공한다』[2] (생존)
> 3. 셰릴 샌드버그(Sheryl Sandberg) - 『린인』[3] (생존)
> 4. 대니얼 카너먼(Daniel Kahneman) - 『생각에 관한 생각』[4] (생존)
> 5. 패트릭 렌시오니(Patrick Lencioni) - 『탁월한 조직이 빠지기 쉬운 5가지 함정』[5] (생존)
> 6. 유발 노아 하라리(Yuval Noah Harari) - 『호모 데우스: 미래의 역사』[6] (생존)
> 7. 크리스 앤더슨(Chris Anderson) - 『롱테일 법칙: 왜 미래 비즈니스는 중요한 소수가 아닌 하찮은 다수에 주목하는가』[7] (생존)
> 8. 톰 피터스(Tom Peters) - 『초우량 기업의 조건』[8] (생존)
> 9. 에릭 리스(Eric Ries) - 『린 스타트업: 지속적 혁신을 실현하는 창업의 과학』[9] (생존)
> 10. 나심 니콜라스 탈레브(Nassim Nicholas Taleb) - 『블랙 스완: 위험 가득한 세상에서 안전하게 살아남기』[10] (생존)

멋집니다. 어쨌든 당신의 팟캐스트에 에릭 리스를 초대할 수도 있습니다. 그에게 물어볼 잠재적인 질문들을 생각해 봅시다.

> **프롬프트**
>
> 에릭 리스에게 기업가 정신과 스타트업에 대해 물어볼 수 있는 흥미로운 질문 10가지를 알려주세요.

---

[1] 청림출판, 2014년 10월, 『The Second Machine Age: Work, Progress, and Prosperity in a Time of Brilliant Technologies』
[2] 생각연구소, 2013년 6월, 『Give and Take: Why Helping Others Drives Our Success』
[3] 와이즈베리, 2013년 6월, 『Lean In: Women, Work, and the Will to Lead』
[4] 김영사, 2018년 3월, 『Thinking, Fast and Slow』
[5] 위즈덤하우스, 2002년 11월, 『The Five Dysfunctions of a Team: A Leadership Fable』
[6] 김영사, 2023년 8월, 『Homo Deus: A Brief History of Tomorrow』
[7] 더숲, 2012년 7월, 『The Long Tail: Why the Future of Business Is Selling Less of More』
[8] 더난출판사, 2005년 7월, 『In Search of Excellence: Lessons from America's Best-Run Companies』
[9] 인사이트, 2012년 11월, 『The Lean Startup: How Today's Entrepreneurs Use Continuous Innovation to Create Radically Successful Businesses』
[10] 동녘사이언스, 2018년 4월, 『The Black Swan: The Impact of the Highly Improbable』

> **응답**
>
> 1. 귀하의 경험에 비추어 볼 때 장기적으로 성공하는 스타트업과 실패하거나 사라지는 스타트업을 구분 짓는 독특한 특성이나 상황은 무엇이라고 생각하십니까?
> 2. 크라우드 펀딩, 소셜 미디어 같은 글로벌 플랫폼과 네트워크의 부상이 기업가 정신과 스타트업의 제품 개발 및 시장 진입 방식에 어떤 영향을 미치고 있다고 생각하십니까?
> 3. '최소 기능 제품(Minimum Viable Product, MVP)' 개념이 스타트업 세계에서 인기를 얻고 있습니다. MVP에 지나치게 집중하는 것의 잠재적 문제점에 대해 말씀해 주시고, 속도와 제품 품질 사이에서 균형을 맞추기 위한 전략을 공유해 주시겠습니까?
> 4. 스타트업 생태계가 점점 더 혼잡하고 경쟁이 치열해지는 가운데, 동종 업계에 있거나 목표가 겹치는 스타트업 간의 협력 또는 경쟁 협력(co-opetition)에 대해 어떻게 생각하십니까?
> 5. 기업가 생태계의 건강과 번영에 기여하는 요소는 무엇이며 신흥 스타트업 허브가 실리콘밸리와 같은 기존의 중심지로부터 배울 수 있는 점은 무엇일까요?
> 6. 디지털 혁신 시대에 기업가 정신에서 '소프트 스킬'이나 감성 지능이 가지는 중요성에 대해 어떻게 생각하십니까? 특히 창업자가 비즈니스를 확장하고 팀을 효과적으로 이끌기 위해 필요한 요소는 무엇일까요?
> 7. 정부와 규제 기관이 기업가 정신과 혁신을 지원하고 장려하는 역할에 대해 어떻게 생각하십니까? 동시에 공정한 경쟁 환경을 유지하고 파괴적인 기술로 인한 부정적인 사회적 영향을 해결하기 위해 어떤 노력이 필요할까요?
> 8. '연쇄 창업가' 현상과 여러 스타트업을 경험하는 것이 개인의 성장과 전문성에 미치는 영향에 대해 어떻게 생각하십니까? 성공적인 연쇄 창업가들 사이의 공통점이 있습니까?
> 9. 린 스타트업 방법론의 관점에서 창업자들이 인수, 합병, 상장을 통해 명확하고 유연한 출구 전략을 가지는 것의 중요성에 대해 말씀해 주시겠습니까?
> 10. 비즈니스 세계의 빠른 변화 속에서 창업자가 스타트업의 회복 탄력성을 기르고 팀이 민첩하고 유연하며 미래의 도전이나 예상치 못한 변화에 대비할 수 있도록 하는 방법은 무엇일까요?

이러한 심도 있는 질문들은 기업가 정신과 스타트업에 대해 에릭 리스와 흥미로운 대화를 나눌 수 있게 해 줄 것입니다. 창업에서 지속 가능한 성장에 이르기까지의 여정과 오늘날 창업자들이 직면한 다양한 도전과 기회를 탐구할 수 있는 기회가 될 것입니다.

이 질문들도 상당히 좋지만, 더 많은 아이디어가 필요하다면 10개든 20개든 언제든지 질문을 추가로 요청하고, 그 안에서 더 적합한 질문을 고를 수 있습니다.

또한 이 질문들을 출발점으로 사용할 수도 있습니다. 다시 말해 질문에 대한 답변을 기반으로 이어지는 후속 질문을 할 수 있습니다.

더 흥미로운 대화를 이끌어 내기 위해, 조금 더 독특한 질문을 넣고 싶을 수도 있습니다.

> **프롬프트**
>
> 에릭 리스에게 이전에 물어보지 않았던 10가지 독특한 질문이 궁금합니다. 특히 기업가 정신과 비즈니스에 관한 것들로 부탁합니다.

> **응답**
>
> 1. 우주 탐사의 가속화와 우주 관련 산업의 성장이 기업가 정신에 어떤 영향을 미칠 것이며, 이 분야의 스타트업에는 어떤 기회가 생길 수 있다고 생각하시나요?
> 2. 스타트업 세계는 경쟁이 치열합니다. 기업가들이 끊임없는 전략의 전환과 변화 속에서 어떻게 목적 의식을 유지하고 사명을 잃지 않을 수 있을까요?
> 3. 신경기술과 뇌-컴퓨터 간 인터페이스의 발전으로 기술과 인지 기능의 교차점에서 발생하는 윤리적 도전과 기회에 기업가들은 어떻게 대비할 수 있을까요?
> 4. 공유 경제가 계속 성장함에 따라 지금까지 기업가들이 간과했거나 활용하지 못했던 독특한 틈새 시장이나 비즈니스 모델이 있을 것으로 예상하십니까?
> 5. 소득 불평등과 사회 정의에 대한 사회적 관심이 높아지는 가운데 기업가들이 사업이나 제품을 통해 이러한 문제를 해결하는 데 어떤 역할을 할 수 있다고 보십니까?
> 6. 현재 트렌드를 보면 짧은 형식의 콘텐츠가 대세이고, 집중력은 점점 짧아집니다. 기업가들이 복잡한 아이디어나 제품을 고객에게 성공적으로 전달하고 참여를 유도할 수 있는 방법은 무엇인가요?
> 7. 특히 급격히 변하고 있는 규제 환경을 고려할 때 공식 통화, 디지털 자산, 암호화폐가 기업가 정신과 스타트업 자금 조달에 어떤 영향을 미칠 거라고 예상하시나요?
> 8. 지속 가능하고 책임감 있는 소비를 지향하는 움직임이 커지고 있는데, 수익성이나 경쟁력을 훼손하지 않으면서 지속 가능성과 윤리적 관행을 비즈니스 모델에 투명하게 통합하고자 하는 기업가들에게 조언을 해 주시겠습니까?
> 9. 전 세계가 서로 더욱 연결되고 기술 중심의 글로벌 경제로 나아가고 있는 가운데 기업가들이 스마트 도시나 사물 인터넷과 같은 기존 인프라를 사업 아이디어에 활용하여 가치를 창출할 수 있는 방법은 무엇인가요?
> 10. 원격 근무와 분산된 팀의 증가를 고려할 때, 특히 린 스타트업 방법론의 맥락에서 기업가들이 지리적, 문화적 경계를 넘어 기업 문화를 효과적으로 관리하고 육성할 수 있는 방법은 무엇인가요?

다양성을 위해 개인적인 질문도 포함하는 것이 좋습니다.

> **프롬프트**
>
> 에릭에게 물어볼 개인적인 질문 10가지를 추가로 알려주세요.

> **응답**
>
> 1. 사상가이자 작가로서 세계 여러 곳을 여행하셨는데 창업과 삶에 대한 관점을 크게 변화시킨 독특한 경험이나 만남이 있습니까?
> 2. 아버지가 된 경험이 창업에 대한 당신의 시각에 어떤 영향을 미쳤나요? 그리고 자녀들에게 꼭 전하고 싶은, 당신의 경험에서 얻은 교훈이 있나요?
> 3. 사업과 관련이 없는 주제나 분야 중 특별히 열정을 가지고 옹호하거나 기여하고 싶은 것이 있습니까?
> 4. 유명한 경력과 그에 따른 기대 속에서 개인의 행복과 균형을 어떻게 유지하시나요? 재충전하고 중심을 잡기 위해 하시는 활동이나 습관이 있습니까?
> 5. 교육 과정과 초기 경력을 돌아보았을 때 린 스타트업 방법론을 개발하게 된 결정적인 순간이나 전환점이 있었나요?

> 6. 창업자, 작가, 사상가로 자리 잡는 동안 직면한 가장 큰 개인적 도전이나 장애물은 무엇이었나요? 어떻게 극복하셨으며 그 경험에서 무엇을 배우셨습니까?
> 7. 업무 바깥의 삶에서 당신의 의사 결정 과정이나 직업적 도전을 대하는 방식에 지속적인 영향을 준 이야기를 공유해 주실 수 있습니까?
> 8. 여정 내내 당신의 개인적 성장에 영향을 미치고 리더십, 창업, 삶 전반에 대한 이해를 형성해 준 뜻밖의 멘토나 롤 모델이 있었나요?
> 9. 경력이나 다른 삶의 측면에서 여전히 이루고 싶은 개인적인 목표, 꿈, 중요 이정표가 있습니까?
> 10. 창업자로서 당신의 개인적인 리더십 스타일을 어떻게 설명하시겠습니까? 더 많은 경험을 쌓고 다양한 도전에 직면하면서 그것이 어떻게 발전했나요?

이러한 개인적인 질문은 에릭 리스의 경험, 가치관, 성장에 대한 깊은 이해를 제공하여, 그의 전문적 성취 뒤에 있는 개인의 면모를 드러내고 청취자들이 그와 더 깊이 소통할 수 있는 기회를 제공합니다.

이러한 상황에서 이와 같이 ChatGPT가 매우 유용하게 활용될 수 있습니다. 시간을 거의 들이지 않고도 팟캐스트 인터뷰 준비를 도울 수 있습니다.

한 가지 알아 두어야 할 점으로, ChatGPT의 모델에 따라 마지막 정보 기준 날짜가 다를 수 있으며, 이에 따라 중요한 정보가 일부 누락될 수 있습니다. 현재 GPT-3.5 Turbo의 마지막 정보 기준 날짜는 2021년 9월이지만, 이를 대체하기 위한 모델인 GPT-4o mini를 비롯한 대부분의 최신 모델은 2023년 10월까지의 정보를 학습하고 있으며, GPT-4 Turbo는 2023년 12월까지의 정보를 학습하고 있습니다.

다시 팟캐스트 이야기로 돌아와서, 대부분의 경우 인터뷰 대상자는 유명인이나 유명 작가 등이 아닌 경우가 훨씬 더 많습니다. 이러한 경우에 사용할 수 있는 잠재적 질문을 얻는 방법을 다음 절에서 살펴보겠습니다.

3.2 일반인 게스트를 위한 팟캐스트 질문 작성하기

1인 기업가 정신에 관한 팟캐스트를 진행하면서 성공한 기업가를 인터뷰한다고 가정해 보겠습니다. 인터뷰 질문에 대한 아이디어를 얻는 데 도움이 되는 프롬프트를 예를 통해 살펴봅시다. 이 경우 팟캐스트에 대한 배경 지식과 인터뷰 대상자의 간단한 약력을 제공해야 합니다.

프롬프트

> 저는 '1인 기업가의 교향곡'이라는 팟캐스트를 운영하고 있습니다. 성공한 1인 기업가를 인터뷰하고 그들이 어떻게 1인 기업을 구축했는지에 대해 이야기합니다.
> 이번에는 사라 톰슨(Sarah Thompson)을 인터뷰하려고 합니다. 그녀의 약력은 이렇습니다.
> 사라 톰슨은 성공한 1인 기업가이자 비즈니스 코치로서, 1인 기업가 지망생과 기존의 1인 기업이 목표를 달성하고 잠재력을 최대한 발휘할 수 있도록 돕는 전문가입니다. 사라는 10년 이상 자신의 온라인 비즈니스를 성공적으로 운영하면서 방대한 지식과 통찰력을 쌓아 왔으며, 이를 열정적으로 다른 사람들과 공유하고 있습니다.
> 사라는 1인 기업가로서 혼자서 사업을 구축하고 관리할 때 발생하는 독특한 도전과 기회를 잘 이해하고 있습니다. 그녀는 여러 역할을 소화하며 일과 생활의 균형을 유지하고, 불확실성 속에서도 동기를 잃지 않아야 한다는 어려움에 공감하고 있습니다.
> 이외에도 심리학에 대한 배경 지식과 자기 계발에 대한 깊은 열정을 바탕으로 1인 기업가 정신에 대한 독특한 시각을 제공합니다. 그녀는 사업에서의 성공은 내면에서부터 시작되며, 성장 마인드와 강한 자기 신념을 키우는 것이 1인 기업가의 성공에 필수적이라고 굳게 믿고 있습니다.
> 그녀의 가치관:
> 받기보다 베풀고 돕는 것을 우선시하도록 다른 사람들을 격려합니다.
> 가족과의 시간, 특히 새로운 영역을 탐험하고 다양한 문화를 경험하며 함께 성장하는 시간을 소중히 여깁니다.
> 다양한 요소를 실험하고 독창적인 개념이나 해결책을 만드는 데 열정을 가지고 있습니다.
> 포용 의식을 함양하고 사람들에게 자기 집처럼 편하게 느끼는 공간을 제공합니다.
> 다양한 관점을 촉진하는 문화적인 차이를 소중히 여깁니다. 누군가의 삶에 긍정적인 영향을 미칠 수 있을 때 성취감을 느낍니다.
> 축구, 하이킹, 스키, 자연을 감상하며 산책하는 것과 같은 야외 활동을 즐깁니다.
> 팟캐스트에서 그녀에게 물어볼 흥미로운 질문 10가지를 제시해 주세요.

응답

1. 성공한 1인 기업가가 되기까지의 여정과 그 과정에서 어떻게 균형을 유지할 수 있었는지 공유해 주시겠어요?
2. 코칭에서 받기보다 베풀고 돕는 것을 우선시하라고 권장하시는데, 이러한 철학을 정립하게 된 계기와 그것이 사업 접근 방식에 어떤 영향을 미쳤는지 말씀해 주세요.
3. 가족과의 시간이 당신의 삶에서 중요한 역할을 하는 것 같습니다. 1인 사업을 운영하면서 일과 삶의 균형을 어떻게 유지하시나요?
4. 창의성에 대한 열정이 독특한 해결책이나 개념으로 이어진 사례를 공유해 주시겠어요?
5. 당신의 소개에서 포용 의식을 함양하는 데 헌신하고 있다고 언급하셨습니다. 이것이 사업 모델과 고객과의 관계에서 어떻게 반영되는지 말씀해 주세요.
6. 다양성을 중요하게 여기는 1인 기업가로서, 다양한 관점을 수용하고 포용하기 위해 어떤 노력을 기울이고 계신가요?
7. 누군가의 삶에 긍정적인 영향을 미쳤을 때 성취감을 느낀다고 하셨는데, 그러한 성취감을 느꼈던 기억에 남는 사례를 공유해 주시겠어요?
8. 야외 활동이 당신의 삶에서 어떤 역할을 하며, 1인 기업가로서의 생산성이나 창의성에 어떻게 긍정적인 영향을 미친다고 생각하시나요?
9. 심리학 기반의 배경 지식이 1인 기업가로서 겪는 어려움과 이점을 다루는 데 어떻게 도움이 되는지 말씀해 주세요.
10. 불확실성이나 실패에 대한 두려움 때문에 1인 기업가 환경에 뛰어드는 것을 망설이는 사람들에게 자주 제시하는 실용적인 조언이나 단계가 있다면 공유해 주시겠어요?

이 역시 인터뷰를 시작하는 좋은 질문임에 틀림없지만, 개인 브랜딩과 같은 특정 사항과 이것이 모든 1인 사업가의 성공에 어떤 식으로 필수적인지에 대해 이야기하고 싶습니다.

프롬프트

개인 브랜딩이 1인 기업의 성공에 미치는 영향과 관련된 질문을 몇 가지 해 주세요.

응답

1. 성공한 1인 기업가로서 개인 브랜딩이 1인 기업 환경에서 얼마나 중요하다고 생각하며, 자신의 개인 브랜드가 성공에 어떻게 기여했다고 생각하시나요?
2. 개인 브랜딩과 전문 브랜딩의 경계가 모호해지면 1인 기업가에게 잠재적인 위험이 있다고 생각하십니까? 어떻게 균형을 유지하시나요?
3. 개인 브랜딩은 경쟁에서 돋보일 수 있는 강력한 도구인 것 같습니다. 개인 브랜드가 고객에게 고유한 가치 제안을 반영하도록 하려면 어떻게 해야 하나요?
4. 이제 막 시작하는 1인 기업가에게 강력하고 신뢰할 수 있는 개인 브랜드를 구축하기 위한 조언이 있다면 무엇인가요?

인터뷰에서 특정 측면에 더 집중하고 싶다면 동일한 과정을 반복할 수 있습니다. 다시 말하지만, 이 작업은 인터뷰를 시작하는 데 필요한 출발점일 뿐입니다. 인터뷰 대상자의 답변을 기반으로 후속 질문을 스스로 결정해야 하며, 이때 ChatGPT가 제공하는 제안을 참고하여 질문을 만들 수도 있습니다.

여기서 주의할 점은, 인터뷰 대상자가 잘 알려지지 않은 인물일수록 모델이 그에 대해 잘못된 사실을 생성할 위험이 높다는 것입니다. 따라서 인터뷰 질문을 작성하기 전에 상대의 약력을 반드시 검증해야 합니다.

한 걸음 뒤로 물러서서 팟캐스트를 위한 주제, 아이디어, 잠재적인 게스트 연사를 파악하려 한다고 가정해 보겠습니다. 다음 절에서는 이러한 작업을 수행할 때 ChatGPT를 활용하는 방법을 살펴보겠습니다.

3.3 / 팟캐스트의 주제, 아이디어, 잠재적 게스트 연사 파악하기

주제와 아이디어를 얻고, 팟캐스트의 잠재적 게스트 연사를 파악하고 싶나요? 팟캐스트와 고객에 대한 몇 가지 정보를 ChatGPT에 입력하여 상황을 제공합시다.

프롬프트

> 저는 '1인 기업가의 교향곡'이라는 팟캐스트를 운영하고 있습니다. 야심 찬 1인 기업가, 독립적인 경영자, 주도적인 셀프 스타터를 위해 특별히 고안된 매우 매력적이고 아이디어를 자극하는 팟캐스트입니다. 매주 진행되는 인터뷰에서 우리는 아이디어를 성공적이고 번창하는 사업으로 전환하는 과정을 자세히 살펴보면서 1인 기업가 정신의 세계를 깊이 파헤칩니다.
> '1인 기업가의 교향곡'은 비즈니스 제국을 건설하는 비결을 찾은 성공적인 1인 기업가들의 감동적인 이야기, 귀중한 통찰력, 실행 가능한 조언을 한데 모아 제공합니다. 다양한 업계의 전문가들이 게스트로 출연하는 이 팟캐스트는 사고 리더십, 혁신, 창의성을 절묘하게 조합합니다.
> '1인 기업가의 교향곡'의 청취자는 혼자서 사업을 운영하는 1인 기업가 환경에 공통적으로 관심이 있는 다양하면서도 역동적인 개인으로 구성되어 있습니다. 이제 막 아이디어를 구체화하기 시작했거나 꿈의 사업을 위한 기반을 다지는 단계에 있는 사람부터 새로운 통찰력과 성장 기회를 찾고 있는 노련한 1인 기업가까지 창업 여정의 다양한 단계에 있을 수 있습니다.
> 이 팟캐스트에는 다양한 배경, 산업, 기술을 가진 개인이 참여하여 1인 기업가 정신의 광활한 지형을 반영합니다. 이들은 강한 기업가 정신과 개인적, 직업적 성장에 대한 열망을 가지고 있으며, 1인 기업가로서 성공하려면 지속적인 교육과 자기 계발이 필요하다는 것을 이해하고 있습니다.

> '1인 기업가의 교향곡' 청취자들은 1인 기업 운영이 가지는 독특한 어려움을 극복하기 위한 영감과 동기 부여, 실용적인 조언을 얻기 위해 팟캐스트를 듣습니다.
> 팟캐스트에서 다루면 좋을 팟캐스트 주제와 아이디어 10가지는 무엇인가요?

응답

1. 처음부터 성공적인 사업 구축하기: 아이디어를 검증하고, 사업 계획을 세우고, 달성 가능한 목표를 설정하는 방법 등 성공적인 1인 기업 벤처를 만들기 위한 통찰력 있는 팁과 단계를 공유하세요.
2. 틈새 시장 찾기: 목표 시장을 파악하고 이해하는 것, 고유한 틈새 시장을 개척하는 것, 해당 분야의 전문가로 자리매김하는 것의 중요성에 대해 논의합니다.
3. 1인 기업가를 위한 필수 마케팅 전략: 소셜 미디어, 전자 메일 마케팅, 콘텐츠 마케팅, 검색 엔진 최적화 등 1인 기업가를 위한 다양한 마케팅 채널과 기법을 살펴보세요.
4. 강력한 개인 브랜드 육성: 잠재 고객과 고객에게 가치, 제품, 차별화 요소를 효과적으로 전달하는 강력한 개인 브랜드를 만들고 유지하는 방법을 공유합니다.
5. 생산성과 시간 관리 비결: 생산성 극대화, 우선 순위 설정, 1인 기업가로서 시간과 에너지를 효과적으로 관리하는 방법에 대한 실용적인 조언을 제공합니다.
6. 1인 기업가로서 일과 삶의 균형 맞추기: 개인과 업무 사이의 건강한 균형을 유지하고, 번아웃을 방지하며, 정신적, 육체적 건강을 유지하기 위한 전략에 대해 논의합니다.
7. 전문 네트워크 구축과 유지: 고객, 공동 작업자, 멘토, 동료 1인 기업가와 교류하고 강력한 관계를 구축할 때 얻을 수 있는 이점을 공유하세요.
8. 1인 기업가가 흔히 겪는 어려움 극복하기: 고립에 대처하고, 자금을 확보하고, 거절을 처리하는 등 1인 기업 정신과 관련된 일반적인 장애물과 함정, 그리고 이를 극복하는 방법에 대해 논의합니다.
9. 1인 기업가 성공 사례: 처음부터 성공적으로 비즈니스를 구축한 성공적인 1인 기업가와의 자세한 인터뷰를 통해 그들의 도전, 승리, 교훈을 살펴보세요.
10. 디지털 입지 최적화하기: 웹사이트, 소셜 미디어 프로필, 온라인 평판 및 권위 구축의 역할 등 온라인에서 강력한 존재감을 갖는 것의 중요성에 대해 논의합니다.

이제 주제가 정해졌으니, 각 주제에 맞는 게스트 연사를 찾을 차례입니다. 항상 그렇듯이 아이디어가 더 필요하면 10개든 20개든 주제를 더 요청하면 됩니다. 팟캐스트에 가장 적합하다고 생각되는 주제만 선택해야 한다는 점을 기억하세요.

> **프롬프트**
> 각각의 아이디어나 주제를 논의할 수 있는 잠재적 게스트를 몇 명 알려주세요.

> **응답**
>
> 1. 처음부터 성공적인 사업 구축하기: *게스트 - 팀 페리스(Tim Ferriss)*, 『나는 4시간만 일한다』[11]의 저자, 성공적인 기업가
> 2. 틈새 시장 찾기: *게스트 - 팻 플린*, 스마트 패시브 인컴(Smart Passive Income, SPI)[12]의 제작 진행자, 틈새 시장 발굴 전문가
> 3. 1인 기업가를 위한 필수 마케팅 전략: *게스트 - 게리 베이너척(Gary Vaynerchuk*, 기업가, 디지털 마케팅 전문가, 베이너미디어(VaynerMedia) 설립자
> 4. 강력한 개인 브랜드 육성: *게스트 - 크리스 더커(Chris Ducker)*, 연쇄 창업가, 개인 브랜딩 전문가, 유프레너(Youpreneur)[13] 제작자
> 5. 생산성과 시간 관리 비결: *게스트 - 로라 밴더캠(Laura Vanderkam)*, 『성공하는 여자는 시계를 보지 않는다』[14]를 비롯한 여러 시간 관리와 생산성 서적 저자
> 6. 1인 기업가로서 일과 삶의 균형 맞추기: *게스트 - 마리 폴레오(Marie Forleo)*, 기업가, 『믿음의 마법』저자, 마리 폴레오 B-School[15] 제작자
> 7. 전문 네트워크 구축과 유지: *게스트 - 조던 하빈저(Jordan Harbinger)*, 다양한 분야의 고성과자와 전문가를 인터뷰하는 조던 하빈저 쇼(The Jordan Harbinger Show)[16]의 진행자이자 네트워킹 전문가
> 8. 1인 기업가가 흔히 겪는 어려움 극복하기: *게스트 - 존 리 뒤마(John Lee Dumas)*, 성공한 기업가이자 창업자, 다양한 도전에 직면한 기업가들과의 인터뷰가 담긴 Entrepreneurs On Fire 팟캐스트[17] 진행자
> 9. 1인 기업가 성공 사례: *게스트 - 라밋 세티(Ramit Sethi)*, 개인 금융 전문가이자 기업가, 1인 기업가 정신에 대한 독특한 여정을 담은 베스트셀러 『부자 되는 법을 가르쳐 드립니다』[18]의 저자
> 10. 디지털 입지 최적화하기: *게스트 - 닐 파텔(Neil Patel)*, 디지털 마케팅 전문가, NP Digital과 Crazy Egg의 공동 설립자, Ubersuggest와 같은 마케팅 도구 제작자

팟캐스트 주제를 정하고 그에 따른 참신한 아이디어를 구상한 다음, 팟캐스트에 출연할 흥미로운 게스트까지 선정했다면 이제 이 팟캐스트를 세상에 알릴 차례입니다. 다음 절에서는 AI를 사용하여 팟캐스트가 주목받도록 가치 있는 홍보 자료를 만드는 방법을 살펴보겠습니다.

---

[11] 다른상상, 2017년 10월, 『The 4-Hour Workweek』
[12] 500만 다운로드를 기록한 비즈니스 분야 1위 팟캐스트. (https://www.smartpassiveincome.com)
[13] https://youpreneur.com
[14] 국일미디어, 2017년 12월, 『168 Hours and Off the Clock』
[15] https://www.marieforleobschool.com
[16] https://www.jordanharbinger.com
[17] https://www.eofire.com
[18] 안드로메디안, 2019년 12월, 『I Will Teach You to Be Rich』

AI로 팟캐스트 홍보하기

보통 팟캐스트 에피소드를 제작한 뒤에 홍보를 시작합니다. 따라서 ChatGPT를 사용해 팟캐스트에서 정보를 추출하여 홍보할 수 있습니다.

가장 먼저 해야 할 일은 팟캐스트의 음성을 텍스트로 변환하는 것입니다. 다른 생성형 AI 도구로 이 작업을 수행할 수 있습니다.

- Descript 도구[19]를 사용하면 음성을 끌어와 놓는 것만으로 자동으로 대본을 생성할 수 있습니다.
- ChatGPT Plus와 ChatGPT Speech to Text 플러그인을 활성화합니다. 이 플러그인은 ChatGPT Plus 앱 스토어에서 찾을 수 있습니다. 이 플러그인을 통해 ChatGPT에 음성 파일을 업로드하면 텍스트로 변환할 수 있습니다. 변환 결과가 완벽한 것은 아니지만, 대부분의 목적에 사용하기에는 충분한 수준의 정확도를 보여 줍니다.
- 이외에도 많은 도구가 변환을 수행하는 API를 제공합니다. 이 경우에는 프로그램을 작성해야 합니다. API를 호출하여 음성 파일을 전송한 다음, 변환된 텍스트를 반환하는 간단한 프로그램입니다.

    이 작업에 가장 적합한 도구는 다음과 같습니다.
    - OpenAI Whisper: https://openai.com/research/whisper
    - Deepgram: https://deepgram.com

팟캐스트의 음성 변환이 끝났다면, ChatGPT에 요약본을 작성해 달라고 요청합니다.

3.4.1 팟캐스트 에피소드 요약 작성하기

이 예시에서는 '아담 그랜트와 함께하는 직장 생활(WorkLife with Adam Grant)'이라는 팟캐스트의 '직장에서 편견을 깨는 방법(How to Bust Bias at Work)' 에피소드 대본을 사용하겠습니다.

- 원본: https://www.ted.com/podcasts/worklife/how-to-bust-bias-at-work-transcript

---

19 https://www.descript.com

제가 OpenAI 플레이그라운드에서 사용하고 있는 GPT-4가 지원하는 8,000개의 토큰으로도 처리할 수 없을 만큼, 대본의 길이가 길기 때문에 gpt-3.5-turbo-16k 모델을 사용해야 합니다.[20]

▼ **그림 3-1** OpenAI 플레이그라운드에서 모델 전환하기

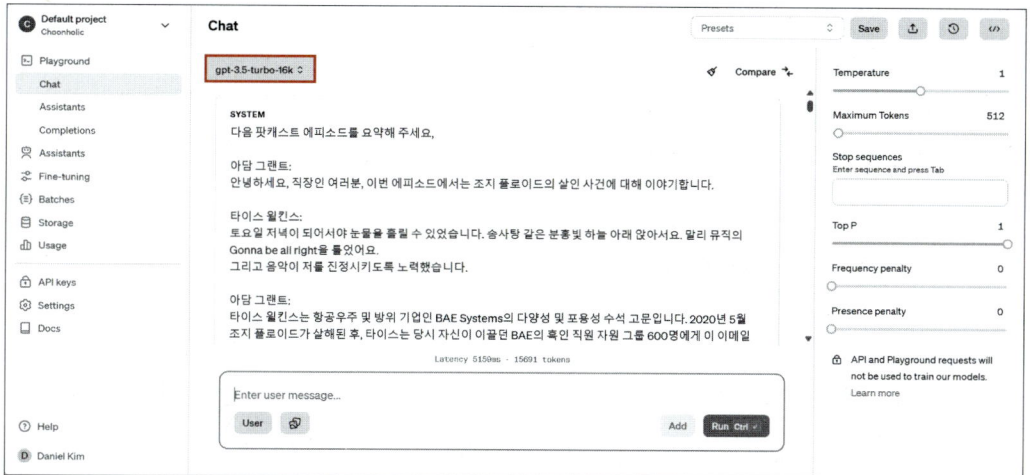

요약을 위한 프롬프트는 다음과 같습니다.

> **프롬프트**
>
> 다음 팟캐스트 에피소드를 요약해 주세요.
> 아담 그랜트:
> 안녕하세요, 직장인 여러분, 이번 에피소드에서는 조지 플로이드의 살해 사건에 대해 이야기합니다.
> 타이스 윌킨스:
> 토요일 저녁이 되어서야 눈물을 흘릴 수 있었습니다. 솜사탕 같은 분홍빛 하늘 아래 앉아서요. 말리 뮤직의 Gonna be all right을 틀었어요.
> 그리고 음악이 저를 진정시키도록 노력했습니다.
> 아담 그랜트:
> 타이스 윌킨스는 항공우주 및 방위 기업인 BAE Systems의 다양성 및 포용성 수석 고문입니다. 2020년 5월 조지 플로이드가 살해된 후, 타이스는 당시 자신이 이끌던 BAE의 흑인 직원 인력 그룹 600명에게 이 전자 메일을 정성스럽게 작성하여 보냈습니다.
> (이하 생략)

---

[20] 한국어로 번역해서 전달할 경우에는 훨씬 더 많은 토큰이 필요합니다. gpt-3.5-turbo-16k 모델에서는 프롬프트와 응답을 합쳐 16,385개의 토큰을 사용할 수 있는데, 한국어 대본의 경우, 프롬프트만으로도 무려 17,969개의 토큰을 사용합니다.

> **응답**
>
> 이번 '아담 그랜트와 함께하는 직장 생활' 에피소드에서 그랜트는 편견과 차별에 맞서 싸우는 과정에서 조직이 실질적이고 의미 있는 진전을 이룰 수 있는 방법을 모색합니다. 그는 BAE Systems의 다양성 및 포용성 수석 고문인 타이스 윌킨스와 함께 조지 플로이드의 살해 사건이 그녀와 동료들에게 미친 영향에 대해 이야기합니다. 윌킨스는 살인 사건 이후 BAE의 흑인 직원 인력 그룹 600명에게 보낸 전자 메일을 공유하고 고위 경영진의 대응에 대해 논의합니다.
> 또한 그랜트는 직장 내 다양성과 포용성을 주제로 전문가인 퀴네타 로버슨과 애슐리 셀비 로제트와 이야기를 나눕니다.
> 로버슨은 조직 내 다양성을 관리하기 위해 자원을 투입하고 공식적인 역할을 만드는 것이 중요하다고 강조합니다.
> 로제트는 리더에 대한 기대치를 다룬 자신의 연구에 대해 이야기하며 사람들이 리더십의 기준에 대해 무의식적으로 백인을 전제로 한 기준을 가지고 있고 그에 따라 리더를 판단한다는 사실을 밝힙니다. 그녀는 소외된 직원들을 위한 일관된 지원과 멘토링의 중요성을 강조합니다.
> 그랜트는 체계적인 편견과 차별에 맞서기 위해 조직 구조, 습관, 문화를 변화시켜야 한다는 점을 강조하며 에피소드를 마무리합니다. 그는 편견 교육 및 타운홀 이벤트와 같은 지속적인 계획을 통해 추진력을 유지하고 다양성과 포용성을 조직 가치의 최전선에 두는 것이 중요하다고 강조합니다.

잘 읽히기는 하지만 웹사이트의 독자가 재생 버튼을 더 많이 클릭하도록 유도하려면 더 매력적으로 요약해야 합니다. 따라서 프롬프트를 추가하여 개선해 보겠습니다.

더 세련되게 다듬은 프롬프트는 다음과 같습니다.

> **프롬프트**
>
> 다시 한번 요약을 작성하되, 더 설득력 있게 작성하여 TED 웹사이트에서 이 글을 읽는 사람들이 재생을 클릭하여 에피소드를 듣도록 유도하세요.

> **응답**
>
> 직장에서의 편견에 대해 알고 있다고 생각했던 모든 것에 도전하는 '아담 그랜트와 함께하는 직장 생활'의 놀라운 에피소드를 시청할 준비를 하세요. 그랜트는 조지 플로이드의 살해 사건과 이후 BAE Systems의 다양성 및 포용성 선임 고문인 타이스 윌킨스가 동료들에게 보낸 전자 메일에 대해 이야기합니다. 이 생생하고 진솔한 전자 메일은 조직이 편견과 차별에 진정으로 대처할 수 있는 방법을 조명하면서 회사에서 강력한 변화를 촉발시켰습니다.
> 기존의 편견 교육이 부족한 이유와 BAE Systems가 어떻게 획기적인 접근 방식으로 표준에 도전했는지 알아보세요. 행동에 초점을 맞춘 프로그램과 책임 조치를 통해 BAE는 다양한 인재를 채용하고 포용적인 리더를 육성하는 데 괄목할 만한 성과를 거두었습니다.
> 그랜트는 편향된 습관을 깨고 새롭고 건강한 습관으로 대체하는 과학적 근거를 밝힙니다. 습관 변화와 그것이 대표성을 높이고 차별을 줄이는 데 미치는 영향에 대한 연구 결과를 공유하면서 흥미진진한 이야기를 들려 줍니다.
> 에피소드가 진행되면서 그랜트는 조직 내 구조적, 문화적 변화의 중요성에 대해 자세히 설명합니다. 그는 다양성과 포용이 부수적인 일이 아니라 핵심적인 책임이 되어야 한다고 강조하는 퀴네타 로버슨과 이야기를 나눕니다. 애슐리 셀비 로제트와 함께 리더십의 백인 편향적 기준과

그로 인해 소외된 개인에게 미치는 심오한 영향에 대해 조명합니다.

직장 내 편견을 경험한 사람들의 독특한 이야기와 포용적인 환경을 조성하기 위한 그들의 용기 있는 노력에 매료될 준비를 하세요. 가상 타운홀부터 멘토링 프로그램까지, BAE Systems가 어떻게 지속적이고 의미 있는 변화를 주도하고 있는지 들어 볼 수 있습니다.

하지만 이 에피소드는 단순히 성공 사례만 강조하는 것이 아닙니다. 그랜트는 조직이 소수자 직원을 지원할 때 직면하는 어려움과 적절한 인정이나 자원 없이 다양성 업무를 위임할 때 발생할 수 있는 잠재적 함정에 대해 이야기합니다.

지속적인 변화를 창출하기 위한 로드맵을 제시하는 로버슨과 로제트가 공유하는 전략과 분석을 통해 활력을 얻으세요.

공평하게 업무를 할당하고, 리더십의 백인 편향적 기준에 도전하며, 다양한 배경을 가진 개인을 지원하고 멘토링하는 방법을 알아보세요.

생각을 자극하는 이 에피소드가 끝나갈 무렵, 그랜트는 편견과 싸우려면 마라톤과 같은 노력이 필요하다는 점을 상기시켜 줍니다. 다양성과 포용성을 조직의 구조에 내재화하고, 안전지대를 넘어서고, 비판을 통해 진로를 유지하는 것입니다.

현상 유지에 도전하고 조직 내에서 변화의 여정을 시작할 준비가 되셨다면, "아담 그랜트와 함께하는 직장 생활"의 이 강력한 에피소드를 놓치지 마세요. 이제 규범을 다시 쓰고 다양성과 포용이 단순한 유행어가 아닌 생생한 경험이 되는 직장을 만들어야 할 때입니다. 재생을 클릭하여 가능성과 변화의 세계로 들어가 보세요.

확실히 더 매력적이지만 길이가 너무 깁니다. 따라서 더 짧게 만들어 달라고 요청하겠습니다.

프롬프트

길이를 절반으로 줄여 주세요.

응답

"아담 그랜트와 함께하는 직장 생활"의 놀라운 에피소드에서 직장 내 편견에 대해 알고 있다고 생각했던 모든 것에 의문을 제기할 준비를 하세요. 그랜트와 함께 조지 플로이드의 살해 사건 이후 BAE Systems의 다양성 및 포용성 수석 고문인 타이스 윌킨스가 작성한 전자 메일이 미친 변화의 영향에 대해 알아보세요.

기존의 편견 교육이 실패한 이유와 BAE Systems가 행동 중심 프로그램과 책임 측정으로 어떻게 접근 방식을 혁신했는지 알아보세요. 그 결과 다양한 인재를 채용하고 포용적인 리더를 육성하는 등 놀라운 성과를 거두었습니다.

편견의 습관을 깨는 과학적 근거를 알아보고 직장 내 편견을 직접 경험한 사람들의 흥미로운 이야기를 들어 보세요. 전문가인 퀴네타 로버슨과 애슐리 셸비 로제트가 지속적인 변화를 만들기 위한 전략을 설명하는 인사이트를 얻으세요.

이 에피소드에서는 리더십의 백인 편향적 기준에 도전하고 조직이 공평과 포용의 길로 나아갈 수 있도록 안내합니다. 공평하게 업무를 할당하고, 의미 있는 지원과 멘토링을 제공하며, 그 과정에서 발생하는 어려움을 극복하는 방법에 대해 알아보세요.

조직 내에서 변화를 일으킬 준비가 되셨다면 "아담 그랜트와 함께하는 직장 생활"의 이 강력한 에피소드를 놓치지 마세요. 재생을 클릭하여 가능성과 변화의 여정을 시작하고 다양성과 포용이 단순한 유행어가 아닌 생생한 경험이 되는 직장을 만들어 보세요.

> **참고**
> 예시와 같이 GPT-3.5 Turbo와 GPT-4는 상황 정보를 단기 메모리에 유지하므로 절반으로 줄일 문장을 따로 지정할 필요가 없습니다.

훨씬 나아졌습니다. 수정 사항을 계속 추가로 요청할 수 있습니다. 응답을 출발점으로 삼아 더 나은 내용을 만들기 위해 수정할 수 있고, 사실 계속 수정을 해야 합니다.

팟캐스트 사이트에 포함할 요약이 완성되었다면 이제 에피소드를 홍보하기 위해 소셜 미디어에 게시할 콘텐츠를 만들 차례입니다.

3.4.2 소셜 미디어 홍보를 위한 매력적인 인용문 작성하기

에피소드 요약만큼이나 팟캐스트 콘텐츠를 홍보하고 관심을 불러일으킬 수 있는 효과적인 방법은 소셜 미디어 인용문입니다. 생성형 AI로 팟캐스트 대본을 분석해 기억에 남는 명언을 식별하고 X나 페이스북 같은 플랫폼에 게시할 문구를 얻을 수 있습니다.

> **프롬프트**
> 이 에피소드의 매력적인 인용문 5개를 작성하여 소셜 미디어에 게시해 주세요.

> **응답**
> 1. "우리의 말에는 힘이 있습니다. 우리의 이야기에는 힘이 있습니다. 그리고 우리의 침묵은 절대 우리에게 도움이 되지 않습니다." - 타이스 윌킨스
> 2. "편견을 바꾸려면 나쁜 습관을 고치듯 지속적인 연습과 반복이 필요합니다. 이는 지속적이고 의도적인 과정입니다." - 아담 그랜트
> 3. "타인에 대한 지원은 나와 다른 사람들을 지지하고, 후원하고, 멘토링하는 것과 같습니다. 관계를 맺고 주변 네트워크를 변화시키는 것입니다." - 애슐리 셸비 로제트
> 4. "편견과 싸우기 위해 조직은 업무를 공평하게 배분하고, 리더십의 백인 편향적 기준에 도전하며, 비판에 직면하더라도 헌신을 유지해야 합니다." - 아담 그랜트
> 5. "이제는 규범을 다시 쓰고 다양성과 포용이 단순한 유행어가 아닌 실제 경험이 되는 직장을 만들어야 할 때입니다. 현상 유지에 도전할 준비가 되셨나요?" - 아담 그랜트

모두 훌륭한 것 같습니다. 이제 각각의 인용문을 Canva에 멋진 배경 그림과 함께 넣어 봅시다. 그림 3-2와 비슷한 결과를 볼 수 있습니다.

▼ 그림 3-2 인용문 중 하나를 이용해 Canva가 생성한 그림

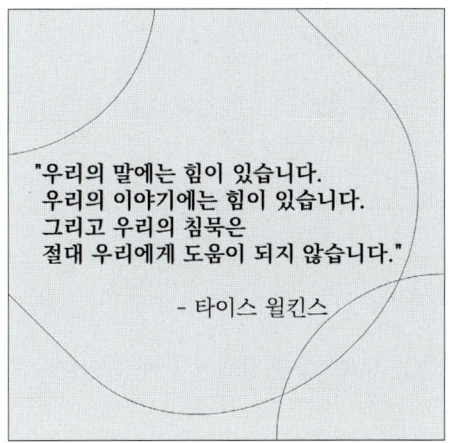

팟캐스트 에피소드를 홍보하기 위해 더 많은 콘텐츠가 필요하다면, LLM에게 짧은 동영상(short-form video) 제작을 위한 아이디어를 요청할 수 있습니다.

3.4.3 팟캐스트 하이라이트 영상 조각 만들기

틱톡(TikTok)이나 유튜브 쇼츠(YouTube Shorts)와 같은 플랫폼의 짧은 동영상 콘텐츠는 팟캐스트를 홍보하는 주요한 기회가 됩니다. 생성형 AI는 팟캐스트 에피소드 내용을 추출하고, 세로형 동영상 플랫폼에 최적화된 형태의, 눈길을 사로잡는 영상 조각을 만드는 매력적인 동영상 아이디어를 빠르게 개발할 수 있습니다.

프롬프트

틱톡, 인스타그램, 유튜브 쇼츠의 시청자를 위해 참여도가 높은 짧은 동영상 아이디어 3가지를 생각해 주세요.

응답

동영상 1 (틱톡/인스타그램/유튜브 쇼츠):
제목: "60초 만에 편견 깨기"
설명: 시선을 사로잡는 이 짧은 동영상에서 단 60초 만에 편견의 습관을 깨고 포용성을 키우는 과학에 대해 알아보세요. #포용성중요성 #편견타파 #다양성혁명
동영상 2 (틱톡/인스타그램/유튜브 쇼츠):
제목: "직장 내 편견을 극복한 힘 있는 이야기들"
설명: 직장 내 편견에 정면으로 맞서서 승리한 사람들의 힘 있는 이야기를 만나보세요. 이 짧은 동영상에서 그들의 감동적인 여정을 들으며 다른 생각을 하게 될 것입니다. #편견추방 #임

> 파워드보이스 #포용성챔피언들
> 동영상 3 (틱톡/인스타그램/유튜브 쇼츠):
> 제목: "지속적인 변화 만들기: 조직 혁신"
> 설명: 변화에 동참할 준비가 되셨나요? 이 매력적인 동영상에서 조직이 다양성과 포용성을 증진하기 위해 조직 구조, 문화, 습관을 어떻게 변화시키고 있는지 알아보세요. 더 나은 미래를 함께 만들어 갑시다! #변화의시작 #다양성의승리 #포용적인조직

이와 같이 대본을 기반으로 수많은 콘텐츠를 만들어 팟캐스트 에피소드를 홍보하거나 또는 콘텐츠를 바꾸어 브랜드를 강화하고 홍보할 수 있습니다.

이어서 팟캐스트 에피소드에서 논의된 개념에 대한 블로그 게시물을 작성해 달라고 요청해 보겠습니다.

3.4.4 팟캐스트의 내용을 공유 가능한 블로그 콘텐츠로 바꾸기

팟캐스트에는 블로그 게시물처럼 글로 작성된 콘텐츠로 다시 가공할 수 있는 풍부한 통찰력과 아이디어가 담겨 있습니다. 생성형 AI를 사용해 음성 대화를 더 많은 수의 독자가 읽을 수 있는 기사로 효율적으로 바꿀 수 있습니다.

블로그 게시물의 경우 대상 독자와 분량을 정의해야 합니다.

프롬프트

> 이 에피소드에서 제시된 주제와 아이디어를 중심으로 블로그 게시물을 작성하세요. 전문가, 리더, 다양성과 포용성 옹호자, 사회 정의에 관심이 있는 개인, 개인적인 성장과 자기 성찰을 추구하는 사람을 대상으로 하는 글을 1000 단어 내외로 작성하세요.

응답

> 제목: 직장에서 편견을 없애는 방법: 포용과 평등을 위한 로드맵 소개
> 생각을 자극하는 팟캐스트 에피소드 '직장에서 편견을 없애는 방법'에서 진행자 아담 그랜트는 포용적인 직장을 만들고 편견에 맞서기 위한 혁신적 여정을 살펴봅니다. 이 블로그 게시물에서는 이번 에피소드에서 논의한 주요 주제와 아이디어를 자세히 살펴보고, 전문가, 리더, 다양성과 포용성 옹호자, 사회 정의에 관심이 있는 개인, 개인적인 성장과 자기 성찰을 추구하는 사람들을 위한 실질적인 분석과 전략을 제공합니다.
>
> 전문가와 리더 내부로부터의 변화 추진
> 전문가와 리더를 위한 에피소드에서는 조직 내에서 변화를 주도하는 데 적극적인 역할을 하는 것이 중요하다는 점과 기존의 편견 교육에서 벗어나 행동 변화와 책임에 초점을 맞춰야 한다는 점을 강조합니다. 리더는 개인별 실행 계획을 수립함으로써 다양한 팀을 구성하고, 포용력을

갖춘 리더가 되며, 소속감 있는 문화를 조성하기 위해 적극적으로 노력할 수 있습니다. 이 에피소드는 전문가와 리더가 자신의 편견에 도전하고 용기 있는 대화에 참여하며 다양한 관점을 적극적으로 모색하여 지속적인 변화를 만들어낼 수 있도록 독려합니다.

다양성과 포용성 옹호자: 목소리 확대, 변화의 힘 실어 주기
다양성과 포용성 옹호자들은 소외된 목소리를 증폭시키고 변화에 힘을 실어 주는 중요한 역할을 합니다. 이 에피소드는 개인적인 이야기의 힘과 열린 대화를 위한 안전한 공간을 만드는 것의 중요성을 강조합니다. 옹호자들은 자신의 경험을 공유하고 다른 사람들의 이야기에 귀를 기울이며 공감과 이해를 증진하도록 장려됩니다. 현 상황에 도전하고 포용적인 정책과 관행을 옹호하며 다음을 위해 적극적으로 노력합니다. 옹호자들은 편견 해소를 위해 적극적으로 노력함으로써 조직과 커뮤니티 내에서 의미 있는 변화를 이끌어낼 수 있습니다.

사회 정의에 관심이 있는 개인: 행동 촉구
사회 정의에 관심이 있는 개인에게는 이 에피소드가 행동을 촉구하는 역할을 합니다. 이 에피소드에서는 사회 내에 존재하는 구조적 편견을 조명하고 이를 해결하기 위한 집단적 책임의 필요성을 강조합니다. 청취자들은 자신의 편견을 점검하고 사회적 규범에 의문을 제기하며 더 공평하고 포용적인 세상을 만들기 위해 적극적으로 노력하도록 권장됩니다. 이 에피소드는 사회 정의와 평등을 증진하는 데 있어 연대 관계, 집단 간 상호 작용, 지속적인 교육의 중요성에 대한 통찰력을 제공합니다.

개인의 성장과 자기 성찰을 추구하는 모든 사람: 변화의 길
이 에피소드는 자신의 편견에 도전하고 포용성을 키우고자 하는 사람에게 개인적인 성장과 자기 성찰을 위한 길을 제시합니다. 청취자들은 자기 성찰에 참여하고, 자신의 가정과 행동을 검토하며, 개인의 변화를 위해 적극적으로 노력하도록 권장됩니다. 개인은 취약성을 포용하고 공감을 실천하며 지속적인 학습에 전념함으로써 더 포용적이고 공평한 사회를 만드는 데 기여할 수 있습니다.

결론
팟캐스트 에피소드 '직장에서 편견을 깨는 방법'은 전문가, 리더, 다양성 옹호자, 사회 정의 옹호자, 개인적 성장을 추구하는 개인에게 유용한 자료가 될 것입니다. 포용적인 직장을 만들고 평등을 촉진하는 길로 안내할 수 있는 실용적인 전략, 생각을 자극하는 통찰력, 영감을 주는 이야기를 제공합니다.
편견에 도전하고 스스로 책임을 지고 행동 변화를 위해 적극적으로 노력함으로써 조직 내에서 의미 있는 변화를 이끌어낼 수 있습니다. 용기 있는 대화, 소외된 목소리의 확대, 포용적인 정책 옹호를 통해 지속적인 변화를 만들어낼 수 있습니다.
평등을 향한 여정에는 집단적 책임과 지속적인 학습과 성장에 대한 헌신이 필요합니다. 이는 개인이 자신의 편견을 살펴보고, 사회적 규범에 의문을 제기하며, 보다 평등하고 포용적인 세상을 만들기 위해 적극적으로 노력해야 한다는 행동의 요구입니다.
이번 에피소드에서 얻은 교훈을 받아들이고 자기 성찰과 공감, 행동의 여정을 시작합시다. 우리는 함께 직장 내 편견을 없애고 모두가 가치 있고 존중받으며 소속감을 느낄 수 있는 환경을 조성할 수 있습니다.

기대했던 결과와 좀 다릅니까? 문제없습니다. 프롬프트를 다시 작성하고 원하는 내용을 시스템에 지시한 다음 조금씩 개선해 나가면 됩니다. 다시 말하지만 이 과정의 핵심은 실험입니다.

다음 절에서는 ChatGPT나 그와 유사한 애플리케이션을 사용하여 면접관과 지원자 양쪽 입장에서 면접을 준비하는 방법, 지원자 입장에서 답변을 준비하는 방법을 살펴보겠습니다.

팟캐스트와 면접은 질문을 준비하는 데 있어 다른 사용 사례처럼 보일 수 있지만 몇 가지 기반이 되는 부분을 공유하고 있습니다. 배경 조사를 수행하고, 질문을 최적화하고, 답변에 따라 전략적인 후속 조치를 개발하면 어떤 환경에서도 생산적인 토론을 보장하는 데 도움이 됩니다.

3.5 통찰력 있는 면접 질문 파악하기

대부분의 회사에서는 다양한 경력의 전문가들이 정기적으로 입사 지원자를 대상으로 면접을 진행합니다. 면접 질문을 준비하는 것은 일반적으로 많은 시간이 필요하며, 지원자는 지적인 질문을 하기 위해 상당한 시간을 생각해야 합니다.

이럴 때 ChatGPT가 도움이 될 수 있습니다. 프롬프트에 면접관인 본인을 간단히 소개하고, 면접 대상자의 정보도 설명합니다.

> **프롬프트**
>
> 당신은 삼성의 커뮤니티 마케팅 상급 관리자입니다. 당신은 사내와 대행사 양쪽에서 15년 이상의 프로젝트 관리 경력을 보유한 커뮤니케이션 및 마케팅 전문가로서 브랜드 노출을 늘리고, 긍정적인 언론 보도와 고객 관계를 촉진하며, 성공적인 인플루언서 캠페인과 유료 미디어 프로그램을 구축하고, 고객 관계와 직원 참여를 향상시키는 프로그램을 개발해 실행하고 있습니다. 소셜 미디어 매니저 직책을 위해 최근 커뮤니케이션학과를 졸업한 지원자를 면접하는 일을 맡게 되었습니다.
> 지원자에게 어떤 10가지 질문을 하시겠습니까?

> **응답**
>
> 1. 개인 또는 소속된 조직에서 소셜 미디어 계정을 관리해 본 경험에 대해 말씀해 주시겠어요?
> 2. 사용해 본 소셜 미디어 플랫폼에는 어떤 것이 있으며, 가장 능숙하다고 생각하는 소셜 미디어 플랫폼은 무엇인가요?
> 3. 다양한 소셜 미디어 플랫폼의 최신 트렌드와 업데이트 현황을 어떻게 파악하나요?

> 4. 과거에 만들었거나 관리했던 성공적인 소셜 미디어 캠페인이나 콘텐츠의 예를 들어 설명해 주시겠어요?
> 5. 우리 브랜드의 소셜 미디어 계정에서 부정적인 피드백이나 댓글을 받는다면 어떻게 처리할 것인가요?
> 6. 소셜 미디어 캠페인이나 게시물의 성공 여부를 어떻게 측정해야 할까요? 어떤 지표를 가장 중요하게 생각하시나요?
> 7. 우리 브랜드의 소셜 미디어 팔로잉과 참여도를 높이기 위해 어떤 전략을 사용하시겠습니까?
> 8. 소셜 미디어 위기를 관리해야 했던 시기의 예를 들고, 어떻게 대처했는지도 말씀해 주세요.
> 9. 여러 소셜 미디어 계정과 작업을 동시에 처리할 때 어떻게 체계적으로 시간을 관리하시나요?
> 10. 다양한 소셜 미디어 플랫폼에 맞는 콘텐츠 제작에 어떻게 접근하시나요? 각 플랫폼마다 사용하는 구체적인 전략이나 전술이 있나요?

이어서 더 개인적인 질문을 할 수도 있습니다.

프롬프트

> 지원자에게 물어보고 싶은 개인적인 질문 10개를 작성해 주세요.

응답

> 1. 본인 소개와 소셜 미디어 관리 및 커뮤니케이션 분야에서 경력을 쌓게 된 계기를 말씀해 주시겠어요?
> 2. 업무에서 여러 작업과 마감일을 관리할 때 어떻게 동기를 부여하고 집중력을 유지하나요?
> 3. 소셜 미디어 관리의 어떤 측면을 가장 좋아하며 그 이유는 무엇인가요?
> 4. 특히 지속적인 모니터링과 업데이트가 필요한 소셜 미디어 계정을 관리할 때 어떻게 스트레스를 처리하고 건강한 일과 삶의 균형을 유지하나요?
> 5. 직업적으로 어려움에 직면했던 구체적인 사례와 이를 극복한 방법을 공유해 주시겠습니까?
> 6. 끊임없이 변화하는 소셜 미디어와 디지털 광고 운영 세계에서 어떻게 지속적으로 기술을 개발하고 최신 정보를 얻나요?
> 7. 소셜 미디어 매니저 인턴직에 지원하는 다른 지원자와 본인이 차별화되는 점은 무엇이라고 생각하나요?
> 8. 동료나 이전 상사는 귀하의 업무 스타일과 커뮤니케이션 기술에 대해 어떻게 이야기했나요?
> 9. 특별히 자랑스럽게 생각하는 개인적 또는 직업적 성취를 공유할 수 있나요?
> 10. 장기적인 경력 목표는 무엇이며, 이 인턴십 기회가 전반적인 경력 개발 계획에 어떻게 부합한다고 생각하나요?

이제 업무적인 질문과 개인적인 질문 중 면접에 가장 적합하다고 생각하는 질문을 선택하면 됩니다. 물론 필요하다면 더 많은 아이디어를 요청하거나 일부 아이디어에 집중해 구체화할 수 있습니다.

입사 지원자는 똑같은 프롬프트를 사용하여 잠재적인 질문을 파악하고 이에 대한 답변을 더 잘 준비할 수 있습니다.

3.6 SECTION / AI가 생성한 답변으로 면접 기술 훈련하기

지원자는 면접 전에 ChatGPT에게 예상 질문을 더 많이 생성해 달라고 요청하는 것이 좋습니다. 면접 중에 당황하지 않게 미리 생각해 볼 수 있으니까요. 또한 질문에 답하는 방법에 대한 제안을 받을 수도 있습니다.

이전 대화에 이어서 각각의 질문에 대해 세 가지 잠재적 답변을 요청해 봅니다.

프롬프트

첫 번째 질문들에 대해, 각각의 질문마다 세 가지 잠재적 답변을 제공해 주세요.

응답

질문 1: 개인 또는 소속된 조직에서 소셜 미디어 계정을 관리해 본 경험에 대해 말씀해 주시겠어요?
답변 1: 이전에 대학교 학생회의 소셜 미디어 계정을 관리하면서 콘텐츠 제작, 팔로워와 소통, 캠퍼스 행사 홍보를 담당한 적이 있습니다. 이때의 경험은 콘텐츠 제작 및 커뮤니티 관리 기술을 개발하는 데 도움이 되었습니다.
답변 2: 지역 비영리 단체의 소셜 미디어 계정을 관리하면서 매력적인 콘텐츠와 타기팅 캠페인을 통해 단체의 대의를 널리 알리고 기부를 유도하는 데 주력했습니다. 소셜 미디어 전략을 개발하고 분석을 통해 성공을 측정하는 귀중한 경험을 쌓았습니다.
답변 3: 프리랜서 소셜 미디어 매니저로서 다양한 업종의 중소기업과 함께 일하면서 온라인 인지도를 높이고 고객 참여를 높이며 리드[21]를 창출하는 데 도움을 주었습니다. 저는 다양한 소셜 미디어 플랫폼에 대한 이해도가 높으며 고객에게 결과를 제공한 입증된 실적을 보유하고 있습니다.
질문 2: 사용해 본 소셜 미디어 플랫폼에는 어떤 것이 있으며, 가장 능숙하다고 생각하는 소셜 미디어 플랫폼은 무엇인가요?
답변 1: 페이스북, 인스타그램, 트위터, 링크드인, 핀터레스트를 경험했습니다. 저는 인스타그램 스토리와 짧은 동영상을 통해 시각적으로 매력적인 콘텐츠를 제작하고 참여를 유도하는 데 가장 큰 성공을 거두었기 때문에 인스타그램에 가장 능숙하다고 생각합니다.

---

21 역주 리드(lead)란 기업이 판매하는 제품에 관심이 있어 구매할 가능성이 있는 잠재 고객을 말합니다.

답변 2: 페이스북, 인스타그램, X, 링크드인, 틱톡, 스냅챗 등 모든 주요 소셜 미디어 플랫폼에 대한 경험이 있습니다. 저는 X용 콘텐츠를 만드는 데 뛰어나며, 고객의 공감을 불러일으키고 대화를 유도하는 간결하고 매력적인 X 게시물을 작성하는 데 능숙합니다.

답변 3: 저는 페이스북, 인스타그램, 링크드인, 유튜브에서 다양한 경험을 쌓았습니다. 특히 링크드인에서 전문적인 콘텐츠를 만들고 다양한 브랜드의 의미 있는 인맥을 구축하여 네트워크를 확장하고 리드를 창출하는 데 도움을 주는 데 능숙합니다.

질문 3: 다양한 소셜 미디어 플랫폼의 최신 트렌드와 업데이트 현황을 어떻게 파악하나요?

답변 1: 업계를 선도하는 블로그, 팟캐스트, 소셜 미디어 투데이[22], 소셜 미디어 익스플로러[23]와 같은 소셜 미디어 뉴스 사이트를 팔로우하여 최신 트렌드와 플랫폼 업데이트 현황에 대한 최신 정보를 얻습니다. 또한 온라인 커뮤니티와 포럼에 참여하여 다른 소셜 미디어 전문가들과 지식과 아이디어를 교환합니다.

답변 2: 소셜 미디어 마케팅의 최신 트렌드, 도구 및 모범 사례에 대해 배우기 위해 정기적으로 웨비나와 업계 컨퍼런스에 참석합니다. 또한 링크드인과 X 같은 플랫폼에서 영향력 있는 소셜 미디어 마케터와 생각을 이끄는 사람들을 팔로우하여 최신 뉴스와 업데이트 현황에 대한 정보를 얻습니다.

답변 3: 소셜 미디어 트렌드를 최신 상태로 유지하기 위해 평판이 좋은 마케팅 소스의 뉴스레터를 구독하고 새로운 트렌드와 플랫폼 업데이트 현황을 소개하는 인기 소셜 미디어 계정을 팔로우합니다. 또한 소셜 미디어 마케팅과 관련된 키워드에 대해 구글 알리미를 설정하고 전문가 네트워크에 참여하여 새로운 개발 사항을 논의하고 공유합니다.

질문 4: 과거에 만들었거나 관리했던 성공적인 소셜 미디어 캠페인이나 콘텐츠의 예를 들어 설명해 주시겠어요?

답변 1: 제가 관리했던 성공적인 캠페인 중 하나는 중소기업의 제품 출시를 홍보하기 위해 지역 인플루언서들과 파트너십을 맺은 것이었습니다. 이 캠페인의 타기팅된 인플루언서 게시물과 사용자 제작 콘텐츠 덕분에 매출과 소셜 미디어 참여도가 크게 증가했습니다.

답변 2: 저는 한 비영리 단체의 연례 기금 모금 행사를 널리 알리기 위한 소셜 미디어 캠페인을 담당했습니다. 단체의 활동에 대한 영향력을 강조하는 일련의 매력적인 비주얼 콘텐츠와 스토리를 제작하여 전년도에 비해 행사 참석률과 기부금이 크게 증가했습니다.

답변 3: 저는 지역 레스토랑을 위한 소셜 미디어 캠페인을 관리하면서 고객들이 식사 사진을 공유하고 레스토랑을 태그하도록 장려하는 콘테스트를 진행했습니다. 이 캠페인 덕분에 사용자 제작 콘텐츠가 늘어났을 뿐만 아니라 레스토랑의 온라인 가시성이 높아져 유동 인구가 눈에 띄게 증가했습니다.

질문 5: 우리 브랜드의 소셜 미디어 계정에서 부정적인 피드백이나 댓글을 받는다면 어떻게 처리할 것인가요?

답변 1: 먼저 댓글을 평가하여 진정한 우려나 불만인지 확인합니다. 그렇다면 신속하고 전문적으로 대응하여 문제를 해결하고 해결책을 제시하거나 적절한 지원 채널로 안내합니다. 이는 브랜드가 고객을 소중히 여기고 고객의 우려를 해결하기 위해 최선을 다하고 있음을 보여 줍니다.

답변 2: 부정적인 댓글이 진정한 우려가 아니라 트롤링이거나 브랜드 평판을 훼손하려는 시도인 경우, 팀과 상의하여 댓글을 삭제할지 무시할지 차분하고 전문적으로 처리할지 결정합니다. 중요한 것은 브랜드 평판을 손상시키지 않고 상황을 더 이상 키우지 않는 것입니다.

답변 3: 어떤 경우라도 부정적인 피드백을 받으면 이를 교훈으로 삼아 브랜드가 피드백을 바탕으로 개선하거나 변경할 수 있는 사항이 있는지 살펴봅니다. 이를 통해 고객의 요구와 기대에 지속적으로 적응하고 충족할 수 있습니다.

---

[22] https://www.socialmediatoday.com
[23] https://www.socialmediaexplorer.com

질문 6: 소셜 미디어 캠페인이나 게시물의 성공 여부를 어떻게 측정해야 할까요? 어떤 지표를 가장 중요하게 생각하시나요?

답변 1: 저는 참여율, 도달 범위, 노출 수, 클릭 비율과 같은 핵심 성과 지표(Key Performance Indicator, KPI)를 추적하여 소셜 미디어 캠페인의 성공 여부를 측정합니다. 이 중에서 참여율이 콘텐츠가 목표 고객에게 얼마나 공감을 불러일으키고 상호 작용을 유도하는지를 나타내는 가장 중요한 지표라고 생각합니다.

답변 2: 우선 순위를 두는 지표는 캠페인의 구체적인 목표에 따라 다릅니다. 예를 들어 웹사이트 트래픽을 유도하는 것이 목표라면 클릭 비율과 전환에 중점을 둡니다. 브랜드 인지도를 높이는 것이 목표라면 도달 범위, 노출 수, 점유율에 우선 순위를 둡니다.

답변 3: 소셜 미디어 게시물이나 캠페인의 성공 여부를 측정하기 위해 좋아요, 댓글, 공유, 멘션 및 감성 분석과 같은 정량적 지표와 정성적 지표를 함께 사용합니다. 저는 소셜 미디어 전략의 효과를 결정하는 데 있어 고객의 감정과 반응을 이해하는 것이 중요하다고 생각합니다.

질문 7: 우리 브랜드의 소셜 미디어 팔로잉과 참여도를 높이기 위해 어떤 전략을 사용하시겠습니까?

답변 1: 팔로잉과 참여도를 높이기 위해 저는 목표 고객의 공감을 얻을 수 있는 높은 품질의 공유 가능한 콘텐츠를 만드는 데 집중하는 동시에 일관된 게시 일정을 유지합니다. 또한 관련 인플루언서와 교류하고 업계 관련 대화에 참여하고 사용자 제작 콘텐츠를 활용하여 브랜드에 대한 공동체 의식을 형성할 것입니다.

답변 2: 브랜드의 소셜 미디어 팔로잉과 참여도를 높이기 위해 오가닉(organic)[24] 전략과 유료 전략을 함께 실행할 것입니다. 브랜드의 소셜 미디어 프로필 최적화, 더 많은 잠재 고객에게 도달하기 위한 타깃 광고 캠페인 실행, 잠재 고객의 상호 작용과 공유를 장려하기 위한 콘테스트 또는 경품 행사 개최 등도 포함됩니다.

답변 3: 브랜드의 소셜 미디어 팔로워와 참여도를 높이기 위해 대상 고객의 선호도를 파악하고 그에 따라 콘텐츠를 최적화하는 데 주력할 것입니다. 또한 상호 보완적인 브랜드 또는 인플루언서와 협업하고 관련 해시태그를 활용하며 댓글과 메시지에 즉각적으로 응답하여 고객과 적극적으로 소통할 것입니다.

질문 8: 소셜 미디어 위기를 관리해야 했던 시기의 예를 들고, 어떻게 대처했는지도 말씀해 주세요.

답변 1: 고객사의 소셜 미디어 계정을 관리하던 중 회사에 대한 부정적인 뉴스 기사가 퍼지면서 소셜 미디어 채널에 부정적인 댓글이 급증했습니다. 저는 신속하게 상황에 대한 정보를 수집하고 홍보팀과 협력하여 기사에서 제기된 우려를 해소하는 신중한 대응책을 마련했습니다. 또한 투명하고 공감할 수 있는 방식으로 고객과 소통하여 상황을 확산시키고 브랜드 평판을 보호하는 데 도움이 되었습니다.

답변 2: 고객사를 위한 제품 출시 중에 기술적 결함으로 인해 제품 출시가 지연되어 소셜 미디어에서 고객 불만이 제기되었습니다. 저는 고객 지원팀 및 기술팀과 긴밀히 협력하여 문제에 대한 정확한 정보를 수집하고 고객들에게 실시간으로 업데이트 현황을 제공했습니다. 또한 지연으로 인해 피해를 입은 고객에게 할인 코드를 제공하여 잠재적인 위기를 고객 중심의 대응으로 전환하여 브랜드 인식을 개선했습니다.

답변 3: 한 직원이 실수로 회사 공식 계정에 논란이 될 수 있는 개인적인 의견을 게시하여 소셜 미디어 위기가 발생했습니다. 저는 즉시 해당 게시물을 삭제하고 공개 사과문을 발표하여 해당 의견이 회사의 가치를 대표하지 않는다는 점을 명확히 했습니다. 내부적으로는 향후 이러한 사건이 발생하지 않도록 소셜 미디어 가이드라인과 프로세스를 검토하고 강화했습니다.

---

[24] 오가닉 전략은 비용을 들이지 않고 자연스럽게 이루어지는 마케팅 방식으로, 주로 유기적인 콘텐츠 생성, 소셜 미디어 상호 작용, 검색 엔진 최적화, 입소문 마케팅이 이에 해당합니다.

질문 9: 여러 소셜 미디어 계정과 작업을 동시에 처리할 때 어떻게 체계적으로 시간을 관리하시나요?
답변 1: 저는 콘텐츠 달력을 만들고 프로젝트 관리 소프트웨어를 활용하며 각 작업의 우선 순위와 마감일을 설정하는 등 여러 가지 도구와 전략을 조합하여 체계적으로 관리합니다. 진행 상황을 추적하고 할 일 목록을 지속적으로 갱신함으로써 업무량을 효율적으로 관리하고 모든 소셜 미디어 계정을 정기적으로 갱신하고 상태를 확인할 수 있습니다.
답변 2: 저는 시간 구획화(time-blocking)[25]와 포모도로 기법(Pomodoro technique)[26]을 사용하여 시간을 효과적으로 관리합니다. 각 작업에 특정 시간대를 할당하고 짧은 휴식을 취함으로써 여러 소셜 미디어 계정과 작업을 처리하는 동안 집중력과 생산성을 유지할 수 있습니다.
답변 3: 저는 소셜 미디어 예약 플랫폼과 작업 관리 앱과 같은 디지털 도구와 펜과 종이로 쓰는 할 일 목록과 같은 전통적인 방법을 함께 사용합니다. 이를 통해 여러 소셜 미디어 계정에서 체계적으로 정리하고, 작업의 우선 순위를 정하고, 시간을 효과적으로 배분할 수 있습니다.
질문 10: 다양한 소셜 미디어 플랫폼에 맞는 콘텐츠 제작에 어떻게 접근하시나요? 각 플랫폼마다 사용하는 구체적인 전략이나 전술이 있나요?
답변 1: 저는 각 플랫폼의 고유한 기능, 고객 선호도, 모범 사례에 따라 콘텐츠를 맞춤 제작합니다. 예를 들어 인스타그램에는 시각적으로 매력적인 이미지와 스토리를, X에는 간결하고 매력적인 텍스트를, 링크드인에는 더 심층적인 기사나 긴 형식의 동영상을 만들 수 있습니다. 또한 콘텐츠 가시성과 참여도를 극대화하기 위해 각 플랫폼의 알고리즘과 트렌드를 최신 상태로 유지합니다.
답변 2: 콘텐츠를 만들 때 각 플랫폼의 주요 목적과 대상 고객층을 고려합니다. 예를 들어 틱톡에서는 재미있고 유익한 동영상을, 링크드인에서는 전문적이고 업계 관련 콘텐츠를, 인스타그램에서는 더 가볍고 생활 지향적인 콘텐츠를 만드는 데 중점을 둡니다. 이러한 접근 방식을 통해 각 플랫폼 고객의 기대와 선호도에 맞는 콘텐츠를 제작할 수 있습니다.
답변 3: 콘텐츠 제작 전략에는 최적의 게시 빈도, 게시 시점, 콘텐츠 형식 등 각 소셜 미디어 플랫폼의 모범 사례를 조사하고 이해하는 것도 포함됩니다. 또한 플랫폼별 분석에 주의를 기울여 어떤 유형의 콘텐츠가 가장 실적이 좋은지 파악하고 그에 따라 전략을 조정합니다. 이를 통해 각 플랫폼에 맞는 효과적인 맞춤형 콘텐츠를 제작하여 참여도와 도달 범위를 극대화할 수 있습니다.

생성된 나머지 질문에 대해서도 이 과정을 반복할 수 있습니다. 이 답변을 그대로 사용하는 것이 아니라 예상 질문과 답변에 대한 아이디어를 얻고 자신의 경험에 비추어 자신의 답변을 생각해 보는 것입니다.

또 다른 이점은 이 연습을 통해 업무 방식을 개선할 수 있는 아이디어를 얻을 수 있다는 것입니다. 질문에 대한 답변을 확인하세요. 커뮤니케이터나 소셜 미디어 관리자라면 이미 업무 개선 방법에 대한 유용한 팁을 얻고 있을 것입니다.

---

[25] 일정한 시간 단위로 하루를 나누어 각 시간 단위에 특정 작업을 할당하는 시간 관리 기법입니다.
[26] 프란체스코 치릴로(Francesco Cirillo)가 개발한 시간 관리 기법으로, 짧은 시간 동안 집중해서 작업하고 휴식을 취하는 방식으로 생산성을 높이는 방법입니다.

3.7 AI를 통해 고객과의 상담을 위한 전략적 질문 생성하기

생성형 AI는 영업 전화[27]나 컨설팅 계약과 같은 다른 분야에서도 질문을 준비하는 데 중요한 역할을 할 수 있습니다. 활용 방법은 다음과 같습니다.

- **영업 전화 질문 생성**: 생성형 AI는 고객 데이터, 이전 영업과의 상호 작용, 업계 동향을 분석하여 영업 전문가에게 효과적인 맞춤형 질문을 제안할 수 있습니다. 생성형 AI는 고객의 구체적인 요구 사항과 고충을 고려하여 관련 질문 목록을 생성함으로써 첫 단계에서 유용한 정보를 찾는 데 도움을 줍니다.
- **영업 후속 질문**: 초기 영업 전화 후, 생성형 AI는 대화를 분석하여 특정 우려 사항을 해결하거나 잠재적인 해결책을 모색하는 후속 질문을 생성할 수 있습니다. 이를 통해 영업 전문가는 사전 예방적인 접근 방식을 유지하고 고객과 효과적이고 지속적으로 소통할 수 있습니다.
- **상담 참여 질문 생성**: 생성형 AI는 고객 데이터, 업계 분석, 프로젝트 요구 사항을 분석하여 컨설팅 참여에 대한 통찰력 있고 최적화된 질문을 생성해 컨설턴트를 지원합니다. 이러한 질문들은 비즈니스 과정, 과제, 원하는 결과 등 다양한 측면을 다룰 수 있어 컨설턴트가 포괄적인 정보를 수집하고 가치 있는 권장 사항을 제공하도록 도와줍니다.
- **컨설팅 후속 질문**: 초기 컨설팅 계약 후, 생성형 AI는 컨설팅 내용을 분석하여 관련 후속 질문을 생성할 수 있습니다. 이러한 질문을 통해 컨설턴트는 모호한 부분을 명확히 하고, 추가로 세부 정보를 얻거나 피드백을 받아 권장 사항을 개선하고 고객 만족도를 높일 수 있습니다.

전문가는 영업 전화와 컨설팅 계약 과정에서 질문을 만들 때 생성형 AI를 활용하면 관련성 높은 맞춤형 질문을 풍부하게 생성할 수 있습니다. 이를 통해 시간을 절약하고 전략적이고 포괄적이며 고객의 특정 요구사항에 부합하는 질문을 할 수 있습니다.

이외에도 생성형 AI의 알고리즘은 업계 트렌드, 고객 선호도, 과거 판매 이력, 상담 이력 등 방대한 양의 데이터를 분석하여 특정 상황에 맞는 질문을 생성할 수 있습니다. 이는 영업 전문가와 컨설턴트가 준비하는 데 도움이 될 뿐만 아니라 고객에게 좀 더 초점을 맞추어 의미 있는 대화를 나눌 수 있게 해 줍니다.

---

27 세일즈 콜(sales call)을 말하며, 잠재 고객이 회사의 제품이나 서비스를 구매하도록 혹은 구매를 고려할 수 있도록 권장하는 전화입니다.

또한 생성형 AI는 개별 고객의 프로필과 선호도를 고려하여 개인화를 지원할 수 있습니다. 고객마다 고유한 어려움, 목표, 과제를 해결하는 질문을 생성하여 더 깊은 이해를 돕고 제안된 해결책의 가치를 강조할 수 있습니다.

더군다나 질문 준비에 생성형 AI를 사용하면 확장성과 일관성을 확보할 수 있습니다. 관련성 높은 질문을 대량으로 생성하여 저장했다가 후속 대화 때 다시 사용하거나 팀원들 간에 공유할 수 있습니다. 이를 통해 영업팀이나 컨설팅 그룹이 일관되게 올바른 질문을 하여 표준화된 접근 방식을 보장하고 중요한 문의를 놓치는 것을 방지할 수 있습니다.

하지만 생성형 AI가 질문을 준비하는 데에는 큰 도움을 줄 수는 있지만 후속 질문을 만들고, 역동적인 대화에 적응하여 미묘한 응답을 해석하는 데는 여전히 인간의 전문성과 판단력이 필수적이라는 점을 명심하세요. 생성형 AI는 다양한 선택 사항과 분석 결과를 제공하는 귀중한 보조 역할을 하지만, 최종적인 의사 결정과 분석에는 관련 전문가의 기술과 경험이 반드시 필요합니다.

3.8 요약

질문을 준비하는 기술은 다양한 인터뷰 상황에서 매우 중요합니다. 팟캐스트의 경우, 유명 인사와 잘 알려지지 않은 인물 모두에게 흥미롭고 통찰력 있는 질문을 하기 위해 철저한 조사가 필요합니다. AI 기술은 준비 과정을 간소화하고 콘텐츠를 효과적으로 홍보하여 팟캐스트 경험을 더욱 향상시킵니다. 취업 면접에서는 후보자의 직무 적합성을 평가하기 위해 면접관이 기술과 관련한 질문, 상황을 가정한 질문, 어떻게 행동할지에 대한 질문을 조합하여 신중하게 질문을 구성해야 합니다. 반면 구직자는 회사와 역할을 이해하고 예상 질문을 준비하며 자신의 자질을 강조하고 조직의 가치와 일치하는 응답을 준비하는 데 시간을 투자해야 합니다. 전략적인 질문 준비는 매력적인 대화, 가치 있는 분석과 통찰, 기억에 남는 팟캐스트 에피소드, 원하는 직책을 얻을 가능성을 높여 줍니다. 질문 준비 기술을 계속 훈련하여 의미 있는 관계를 맺고 고객을 사로잡아 경력 목표를 달성할 수 있습니다.

다음 장에서는 LLM의 창의적인 활용 사례를 탐구하고 다양한 유형의 창의적인 글쓰기에 AI를 활용하는 방법을 배웁니다. 프롬프트를 작성하고 줄거리와 캐릭터를 개발하고, 콘텐츠를 다듬는 기법과 함께 AI를 활용하여 소설을 창작하는 방법을 다룹니다. 또한 모델에 문학적인 제약을 더해 운율이 있는 시부터 자유시에 이르기까지 AI와 함께 독창적인 시를 작문하는 방법도 살펴봅니다. 다음 장 전반에 걸쳐, AI가 생성한 텍스트에 의존하면서도 독창성과 진정성을 유지하는 전략에 중점을 둘 것입니다.

CHAPTER

4

창의적인 글쓰기를 위한 LLM

SECTION 1	AI를 활용한 창의적인 글쓰기
SECTION 2	AI를 활용한 소설 쓰기
SECTION 3	AI를 활용한 시 쓰기
SECTION 4	요약

빈 원고지는 오랫동안 많은 작가 지망생들을 괴롭혀 왔습니다. 만약 AI가 새로운 아이디어를 촉발하고 그 찰나의 불꽃을 매혹적인 이야기로 구체화하는 데 도움을 줄 수 있다면 어떨까요? 이 장에서는 GPT-3, GPT-4와 같은 LLM의 부상이 창의적인 글쓰기를 어떻게 변화시키고 있는지 살펴봅니다.

줄거리와 캐릭터를 제안하고, 글을 단단하게 구축하며, 초고를 다듬는 등 AI 도구가 어떻게 상상력의 짝이 될 수 있는지 알아보세요. 하이쿠부터 소네트(sonnet)[1], 가사, 시나리오에 이르기까지 모든 글쓰기의 과정을 창의적인 AI를 통해 살펴보세요.

이 장에서는 AI 모델이 신속한 프롬프트 엔지니어링을 통해 장르, 스타일, 작품에 대한 창의적인 비전을 이해하는 데 어떻게 도움이 되는지 예를 들어 설명합니다. 이어서 AI의 초안을 자신만의 감각이 담긴 세련된 작품으로 만들어 내기 위해 활용할 수 있는 전략에 대해 알아보겠습니다. 또한 AI가 생성한 콘텐츠와 인간의 독창적인 창의성 사이에서 적절한 균형을 유지하는 것의 중요성에 대해서도 논의할 것입니다.

이 장이 끝나면 매력적인 도구들을 활용하여 새로운 서사 가능성을 탐구하고 신선한 영감을 얻으며 창작 과정에서 시간을 절약하는 방법을 알게 될 것입니다. 이 모든 과정에서 여러분의 예술적 자유와 창의적인 정신을 유지할 수 있습니다. 이제 AI와 함께 새로운 글쓰기 모험을 시작할 준비를 하기 바랍니다!

이 장에서는 다음 주제를 다룹니다.

- AI를 활용한 창의적인 글쓰기
- AI를 활용한 소설 쓰기
- AI를 활용한 시 쓰기

---

1 '작은 노래'라는 뜻을 가진 유럽 정형시의 한 종류로, 14줄로 구성된 엄격한 형태의 시를 의미합니다. 가장 잘 알려진 소네트 작가는 윌리엄 셰익스피어로, 154개의 소네트를 남겼습니다.

AI를 활용한 창의적인 글쓰기

초디지털 시대의 문학 환경에서 기술과 전통적인 창작 과정이 통합되어 미지의 예술적 탐구와 표현의 영역이 열렸습니다. LLM은 창작 글쓰기 분야의 판도를 바꾸는 존재로 떠오르고 있습니다.

LLM은 다양한 장르에서 사람과 유사한 글을 생성할 수 있어 작가에게 무한한 가능성을 열어 줍니다. 공상 과학 소설에서 복잡한 줄거리를 생성하고, 로맨스 소설에서 깊은 감정을 불러일으키고, 공포 소설에서 등골이 오싹해지는 서사를 만드는 등 AI 모델의 능력은 창의적인 상상력만큼이나 방대하고 다양합니다.

앞으로 우리는 LLM을 단순한 텍스트 생성 도구로서가 아니라 다양한 글쓰기 스타일과 요구 사항을 충족시키는 프롬프트 제작 수단으로 보고 그 가능성을 탐구할 것입니다. 혁신적인 아이디어의 원천을 자극하거나 줄거리를 구체화하고 언어적 유창성을 개선하고 초고를 편집하고 다듬는 등 LLM의 활용은 막대한 잠재력을 지니고 있습니다.

ChatGPT와 같은 LLM은 다양한 창작 글쓰기 작업에서 매우 유용하게 활용될 수 있습니다.

- **장르**: 복잡한 판타지 소설을 쓰거나 흥미진진한 범죄 스릴러를 작성하거나 가슴 아픈 드라마를 쓰거나 과학 소설의 깊이를 탐구하는 등 어떤 글을 쓰더라도 소중한 도우미가 될 수 있습니다. 아이디어를 생성하고 줄거리의 반전을 제안하고 캐릭터를 개발하고 장르에 맞춰 세계관을 구축하는 데 도움을 줄 수 있습니다.
- **목소리와 어조**: 작품 전반에 걸쳐 일관된 서술자의 목소리와 어조를 유지하는 데도 도움이 됩니다. 사색적인 1인칭 화자나 전지적인 3인칭 시점, 해학적인 어조나 더 진지하고 우울한 어조 등 어떤 형태라도 모델은 적절한 학습이나 프롬프트를 통해 필요한 스타일을 효과적으로 모방할 수 있습니다.
- **글쓰기 스타일**: 장황하고 묘사적인 스타일이든 간결하고 직설적인 스타일이든 고유한 스타일을 유지하는 데 도움을 줍니다. 글쓰기 스타일 예시를 제공하면 모델이 이를 모방하여 텍스트를 생성합니다.
- **시와 작사**: 시인과 작곡가는 운문, 절, 전체 시와 노래를 생성하는 데 LLM을 사용할 수 있습니다. 운율, 리듬 패턴, 일반적인 노래 구조를 파악하여 감성을 울리는 발라드, 경쾌한 팝송, 심오한 서사시 등을 만드는 데 도움을 줄 수 있습니다.
- **대화**: 대화 작성에도 유용합니다. 일상적인 대화부터 캐릭터 간의 복잡한 감정 교류까지, 필요한 대화 유형의 예를 제공하면 모델이 유사한 상호 작용을 생성할 수 있습니다.

- **연구와 역사적 정확성**: 작품이 특정 시대를 배경으로 하거나 전문 지식이 필요한 경우, 역사적 정확성이나 주제의 정확성을 확보하는 데 도움이 될 수 있습니다. 상세한 연구를 대신할 수는 없지만 빠른 정보나 배경 제공을 통해 사용자의 노력을 보완할 수 있습니다.
- **대본 작성**: 영화, 텔레비전, 비디오 게임의 대본을 작성하는 경우 장면을 구성하고, 대사를 작성하고, 대본의 요구 사항에 따른 올바른 형식과 스타일을 유지하는 데 도움을 줄 수 있습니다.
- **편집자와 교정자**: ChatGPT와 같은 LLM은 창의적인 텍스트를 생성하는 것 외에 초고를 다듬을 때도 훌륭한 도구입니다. 문법 오류를 찾아내고 더 나은 표현을 선택할 수 있게 제안하고 전체적인 가독성과 일관성을 보장하여 편집자와 교정자의 역할을 수행할 수 있습니다. 이렇게 하면 전문 서비스를 이용하지 않아도 원고를 높은 수준으로 다듬을 수 있습니다.
- **아이디어 구상과 개요 작성**: 초기 아이디어를 종합적이고 매력적인 줄거리로 변환하는 것은 어렵습니다. 이때 LLM이 다양한 줄거리 가능성, 하위 줄거리(subplot), 캐릭터의 성장 여정(character arc)을 구상하는 데 도움을 주며, 서사의 기본 개요를 작성하여 글쓰기 여정에 대한 명확한 로드맵을 제공할 수 있습니다.
- **논픽션**: 전기, 여행기, 자기 계발서와 같은 논픽션 장르의 창작도 훌륭하게 지원합니다. 매력적이고 읽기 쉬운 스타일로 정보를 제시하여 독자들이 새로운 것을 배우면서도 흥미를 잃지 않도록 도와줍니다.

더욱이 GPT-4와 같은 LLM이 가지는 강점 중 하나는 글을 다듬고 정교하게 만드는 데 도움을 줄 수 있다는 점입니다. 다음은 LLM이 도울 수 있는 대표적인 항목입니다.

- **문법 검사**: 이야기 속에서 문법적 오류를 식별할 수 있습니다. 영어의 경우 잘못된 동사 시제, 부적절한 전치사 사용, 누락되거나 잘못된 구두점 등 일반적인 문법적 실수를 찾아낼 수 있습니다.
- **맞춤법 교정**: 철자 오류를 감지하고 수정하여, 오탈자나 잘못된 맞춤법으로 인해 이야기의 흐름이 어지러워지는 것을 방지합니다.
- **가독성 향상**: 문장의 구조나 어휘를 개선하여 이야기를 더 읽기 쉽고 흥미롭게 만들 수 있습니다. 문장이 너무 복잡하거나 길면 더 간단하고 명확하게 같은 아이디어를 전달하는 방법을 추천해 줍니다.
- **일관성 검사**: 이야기 속 인물 묘사, 줄거리 전개 등의 요소가 일관성을 가지고 유지되도록 도와줍니다. 예를 들어 설명 없이 인물의 외모가 바뀌거나 시간대가 일치하지 않거나, 줄거리 내의 연속성 문제 등을 경고할 수 있습니다.
- **어조와 스타일**: 이야기에 대해 특정 어조나 스타일을 선택했다면 이를 작품 전체에 걸쳐 유지되도록 도와줍니다. 예를 들어 이야기의 어조를 비공식적이고 대화체로 유지하거나, 공식적이고 학문적인 어조로 유지하도록 편집하라고 제안할 수 있습니다.

- **흐름과 전환**: 좋은 이야기의 핵심 요소 중 하나는 매끄러운 흐름입니다. 즉, 장면이나 아이디어가 자연스럽게 이어지도록 하는 것입니다. LLM은 이야기의 이러한 전환을 완벽하게 만들어 줍니다.
- **줄거리 구조**: 이야기 구조에 대해 의견을 줄 수 있습니다. 예를 들어 이야기의 시작, 중간, 끝이 명확하고, 도입, 갈등, 절정, 결말 등의 필수 요소가 모두 포함되어 있는지 확인할 수 있습니다.
- **스타일 가이드 준수**: 특정 스타일 가이드를 준수해야 한다면 해당 가이드에 맞춰 자료를 검토하고 필요한 수정을 제안할 수 있습니다.
- **인물의 성장과 발전**: 이야기의 인물은 성장하고 변화해야 하는데, LLM은 이를 보장하는 데 도움이 될 수 있습니다. 정확한 입력을 통해 인물의 변화를 추적하고 그들의 성격과 이야기의 상황에 따라 자연스러운 발전을 제안할 수 있습니다.
- **서사의 속도**: 독자의 흥미를 유지하기 위해서는 적절한 속도를 유지하는 것이 중요합니다. 너무 느리면 지루하고 너무 빠르면 중요한 세부 사항을 놓칠 수 있습니다. LLM은 서사의 속도를 높이기 위해 긴장감이나 갈등을 추가할 곳이나 속도를 늦추기 위해 더 자세한 설명이나 휴식을 추가할 곳을 제안할 수 있습니다.
- **시점의 일관성**: 1인칭, 2인칭, 3인칭 시점 중 어느 시점으로 글을 쓰더라도 이러한 시점을 이야기 전반에 걸쳐 일관되게 유지하도록 도와줍니다. 이는 전체 요소가 하나로 잘 결합된 서사를 보장하는 데 중요한 요소입니다.

다음 절에서는 지금까지 설명한 글쓰기 아이디어를 시작하고 발전시키는 몇 가지 예를 살펴보겠습니다.

4.2 AI를 활용한 소설 쓰기

소설을 쓰려고 할 때 빈 원고지나 커서만 깜박이고 있는 빈 페이지에서 시작한다면 막막하게 느껴질 수 있습니다. 하지만 LLM의 도움이 있다면 조금 수월해질 수 있습니다. 이 절에서는 그 방법을 살펴보겠습니다.

다음은 ChatGPT와 같은 도구를 사용하여 빈 페이지에서 완성된 이야기를 만들어 가는 단계별 지침입니다.

1. **아이디어 생성**: 브레인스토밍부터 시작하세요. 희미하고 작은 아이디어라도 LLM에 입력하면 다양한 시나리오, 등장인물, 가능성 있는 줄거리를 생성해 줍니다. 예를 들어 '시간 여행을 하는 역사가에 대한 이야기'라고 입력하면 여러 종류의 이야기 개요를 받아볼 수 있습니다.

2. **캐릭터 디자인**: 기본 아이디어가 준비되었다면 다음 단계는 캐릭터를 창조하는 것입니다. LLM에게 캐릭터를 간단하게 설명해 주면 그들의 성격, 배경 이야기, 외모 등을 구체화하는 데 도움을 받을 수 있습니다. 예를 들어 '비밀스러운 과거를 가진 내성적인 도서관 사서'를 입력하면 더욱 상세한 캐릭터 프로필을 생성할 수 있습니다.

3. **줄거리 개요 작성**: 이제 전제와 캐릭터가 준비되었으니, 줄거리를 대략적으로 그려 볼 차례입니다. 이야기의 시작과 결말을 LLM에 제공하고 중간에 중요한 줄거리나 장면을 채워 달라고 요청해 보세요. 예를 들어 주인공이 일상적인 세계에서 시작해 영웅이 되어 세상을 구하는 것으로 끝나는 이야기라면, LLM이 두 꼭지점을 연결하는 연속된 사건들을 생성해 줄 것입니다.

4. **장면 쓰기**: 줄거리 개요가 정해지고 일련의 흐름과 특정 사건이 정해지면, LLM에게 각각의 장면을 자세히 설명하여 서술문, 대화, 행동을 생성할 수 있습니다. 예를 들어 '사서 피터가 도서관에서 고대 유물을 발견하고 15세기로 이동한다'를 입력하면, 모델이 이를 기반으로 자세하고 생생한 장면을 만들 것입니다.

5. **대화 강화**: 이야기의 대화 부분에서는 LLM을 통해 캐릭터 사이의 흥미롭고 의미 있는 대화를 생성할 수 있습니다. 원하는 주제나 감정을 입력하면 모델이 캐릭터의 행동과 서술이 섞인 대화를 생성해 줍니다.

6. **문장 다듬기**: 이야기를 모두 작성했다면 LLM을 편집과 교정 도우미로 활용할 차례입니다. 모델은 빠진 단어, 문법 오류, 어색한 문장 구조를 찾아내고 문장을 개선하는 방법을 제안해 줄 것입니다.

7. **검토 및 수정**: 문장을 한 번 다듬었다면 이야기를 꼼꼼히 읽어 보고 일관성이 없거나 세부 사항이 부족한 부분을 찾습니다. LLM을 사용해 일부분을 다시 쓰거나, 설명이나 대화를 추가하거나, 속도를 조절하여 이야기 진행이 자연스럽고 흥미롭게 느껴지도록 합니다.

8. **제목 제안**: LLM은 이야기의 분위기와 주제를 잘 담은 매력적인 제목을 만들 수도 있습니다. 이야기의 주요 내용을 제공하고 모델이 제안하는 제목을 받아 보세요.

9. **형식화**: LLM은 창작에 대한 것들 외에도 이야기가 구조적으로 올바른 형식인지 지정된 글쓰기 스타일을 따르고 있는지 등을 확인하여 글의 가독성을 높이는 데 도움을 줄 수 있습니다.

10. **최종 편집**: 이야기를 마지막으로 한 번 더 검토하고, LLM을 사용해 문법과 맞춤법을 철저하게 검사합니다. 처음에는 비어 있던 페이지가 어느 사이에 잘 다듬어진 이야기로 환골탈태한 모습을 확인할 수 있을 것입니다.

이 지침에 따라 첫 번째 단편 소설을 써 보세요. 여러 번 반복하면서 여러분이 선택한 LLM의 능력을 체험해 보세요. ChatGPT, 제미나이, 클로드로 같은 과정을 시도하여 어느 것이 더 적합한지 알아보세요.

더 긴 이야기를 써야 한다면 더 많은 토큰을 지원하는 모델이 필요합니다. 2023년 6월 13일에 출시된 GPT-3.5 Turbo 16k-0613 모델은 최대 16,000개 토큰을 지원하며, 클로드는 최대 100,000개 토큰을 지원하기 때문에 이 작업에 더 알맞을 수 있습니다. 2023년 11월 6일에는 OpenAI에서 GPT-4 Turbo 128k를 발표했으므로 이것도 활용해 볼 수 있습니다.

이제 글을 써 봅시다. 주제나 장르에 대한 아이디어가 없다면, LLM에 제안해 달라고 요청할 수 있습니다. 이 예시에서는 OpenAI의 플레이그라운드에서 Chat 기능과 GPT-4 0613 모델을 사용하고 있습니다.

> **프롬프트**
>
> 창의적인 글쓰기를 시작하기 위한 훌륭한 프롬프트 예시를 작성해 주세요.
> 다양한 장르(different genres), 주요 인물(main characters), 줄거리(plot), 제안하는 온도(temperature)에 대한 프롬프트를 제안해 주세요.

> **응답**
>
> 1. 장르: 공상 과학
> 주요 인물: 시간 여행을 하는 외계인 졸론
> 줄거리: 졸론은 인간이 진화하기 전의 지구에 착륙합니다. 그는 지구의 화산 폭발 전에 우주선을 수리하고 탈출해야 합니다.
> 제안 온도: 긴장감 넘치고 예측 불가능한 분위기
> 〈프롬프트〉 한시가 급한 긴박한 상황 속에서 졸론이 원시 세계를 탐험하며 우주선을 수리하는 과정을 묘사하세요.
> 2. 장르: 로맨스
> 주요 인물: 서점 주인 사라
> 줄거리: 우연히 오래된 책에서 연애 편지를 발견한 사라는 편지의 주인을 찾기로 결심합니다.
> 제안 온도: 따뜻하고 희망찬 분위기
> 〈프롬프트〉 사라가 연애 편지의 주인을 찾아가는 여정을 쓰세요. 그녀가 그 과정에서 사랑을 찾게 될지도 모릅니다.
> 3. 장르: 미스터리
> 주요 인물: 은퇴한 형사 마이클
> 줄거리: 마이클은 과거에 미해결된 바이올린 도난 사건을 우연히 발견하고 이를 해결하기 위해 과거의 기억을 떠올리며 수사를 시작합니다.
> 제안 온도: 긴장감 넘치고 몰입감 있는 분위기
> 〈프롬프트〉 마이클이 사건을 조사하며 과거의 조각들을 맞추는 이야기를 써 보세요.
> 4. 장르: 공포
> 주요 인물: 초자연적 현상을 조사하는 비트리스

줄거리: 비트리스는 그녀의 도시에서 저주받은 것으로 알려진 유령 저택에 매료됩니다.
제안 온도: 오싹하고 긴장감 넘치는 분위기
〈프롬프트〉 비트리스가 저주받은 저택에 발을 들여놓고 도시 전설의 진실을 밝히려는 무서우면서도 흥미로운 탐험을 쓰세요.

5. 장르: 판타지
주요 인물: 날개 없는 요정 레노어
줄거리: 레노어는 날개를 얻기 위해 마법의 숲에서 비행의 묘약을 찾아 떠납니다.
제안 온도: 모험적이고 마법 같은 분위기
〈프롬프트〉 레노어가 마법의 숲을 탐험하며 신화 속 생명체들을 만나고 다양한 도전을 극복하는 이야기를 써 보세요.

6. 장르: 모험
주요 인물: 젊은 탐험가 디에고
줄거리: 디에고는 잃어버린 황금 도시를 찾기 위해 위험천만한 미지의 땅으로 모험을 떠납니다.
제안 온도: 신나고 짜릿한 분위기
〈프롬프트〉 디에고가 야생 생물과 위험한 지형을 탐험하며 잃어버린 황금 도시의 경이로움을 발견하는 이야기를 써 보세요.

7. 장르: 드라마
주요 인물: 고군분투하는 배우 에바
줄거리: 대도시에서 꿈을 쫓는 에바는 다가오는 연극에서 드디어 자신을 증명할 기회를 얻게 됩니다.
제안 온도: 강렬하고 영감을 주는 분위기
〈프롬프트〉 에바의 창작 고난과 성공의 기쁨, 연극 세계의 현실을 생생하게 그려 보세요.

8. 장르: 코미디
주요 인물: 불운한 남자 레너드
줄거리: 신분을 오해 받아 여러 기관에서 레너드를 비밀 요원으로 오인합니다.
제안 온도: 가벼우면서도 웃긴 분위기
〈프롬프트〉 레너드가 자신이 비밀 요원이 아님을 증명하려 하다가 여러 웃긴 상황에 휘말리는 이야기를 쓰세요.

9. 장르: 역사 소설
주요 인물: 작가 지망생 아멜리아
줄거리: 시간 여행 현상으로 18세기에 도착한 아멜리아는 그곳에서의 경험을 기록하기로 결심합니다.
제안 온도: 흥미롭고 매혹적인 분위기
〈프롬프트〉 아멜리아의 시각에서 과거의 모험과 역사적 인물과의 만남, 그리고 이 여정이 그녀의 글쓰기에 미치는 영향을 자세히 써 보세요.

10. 장르: 성장 소설
주요 인물: 어린 소년 올리버
줄거리: 어머니의 죽음 후 올리버는 서먹했던 할아버지가 사는 시골 마을로 이사하게 됩니다.
제안 온도: 감동적이고 따뜻한 분위기
〈프롬프트〉 올리버가 새로운 환경에 적응하고, 슬픔을 극복하며, 할아버지와 마을 사람들과 깊은 유대감을 형성하는 과정을 쓰세요.

11. 장르: 초자연적 현상
주요 인물: 영혼을 볼 수 있는 고등학생 제시카

> 줄거리: 제시카는 불안한 영혼들을 도와주면서 자신의 일상적인 학교 생활을 병행합니다.
> 제안 온도: 오싹하지만 감동적인 분위기
> 〈프롬프트〉 제시카가 영혼 세계와 매일 마주하며, 이 특별한 능력을 가진 이유를 이해하려고 노력하는 이야기를 쓰세요.
> 12. 장르: 스릴러
> 주요 인물: 법의학자 로버트
> 줄거리: 로버트는 중대한 범죄자가 자신을 노리고 있음을 알게 되면서 고도의 추격전에 휘말리게 됩니다.
> 제안 온도: 긴박하고 빠른 전개
> 〈프롬프트〉 로버트가 법의학 기술을 이용해 한 발 앞서 나가며 범인의 동기를 밝혀내는 고도의 추격전을 쓰세요.

몇 가지 좋은 아이디어가 눈에 띄지만 아직 갈 길이 멉니다.

또한 한 가지 예상치 못한 일이 발생했는데, 제가 LLM에게 물어본 제안 온도는 모델의 온도(temperature) 매개 변수를 생각한 것이지, LLM이 생성해 준 글의 온도(분위기)를 생각한 것이 아니었습니다. 하지만 이 제안이 글의 어조를 설정하는 데 매우 유용했다고 생각합니다.

그럼 제안 중에 공상 과학 장르의 이야기를 선택해 다음 개발 단계로 넘어가 봅시다.

프롬프트

> 장르: 공상 과학
> 주요 인물: 시간 여행을 하는 외계인 졸론
> 줄거리: 졸론은 인간이 진화하기 전의 지구에 착륙합니다. 그는 지구의 화산 폭발 전에 우주선을 수리하고 탈출해야 합니다.
> 제안 온도: 긴장감 넘치고 예측 불가능한 분위기
> 한시가 급한 긴박한 상황 속에서 졸론이 원시 세계를 탐험하며 우주선을 수리하는 과정을 묘사하세요.
> 졸론에 대한 단편 소설을 쓰세요. 이야기는 5개의 장면으로 구성되어야 합니다. 시작과 끝이 명확해야 합니다. 졸론은 이야기 도중 여러 문제를 겪지만, 마지막에는 영웅이 되어야 합니다. 다른 몇몇 인물도 등장시킬 수 있습니다. 그들 간의 대화도 포함시키세요. 이야기를 재미있게 만들어 주세요.

응답

> 장면 1:
> 키가 크고 은빛 피부를 가진 외계인 졸론이 기계 공방에서 우주선 부품에 둘러싸여 있는 모습으로 시작합니다. 그는 고장난 우주선을 살피며 공기 중에 연기가 피어 오르는 모습을 바라봅니다. 우주선에는 끈적끈적한 타르처럼 검은 용암이 튀어 있습니다. "한 번만 더 화산이 폭발하면 끝장이야. 이걸 고쳐야 해." 졸론은 근처에서 짙고 검은 연기를 뿜어내는 산을 바라보며 중얼거립니다.
> 장면 2:

우주선의 마지막 부품을 찾기 위해 돌아다니던 졸론은 두려운 울음소리로 검치호랑이[2] 몇 마리를 쫓아 내고 있는 거대한 털북숭이 매머드와 마주칩니다. "나는 안드로메다 은하에서 온 졸론이다. 반짝이는 푸른색 오라이트 돌을 찾는 것을 도와줄 수 있겠니?" 뜻밖에도 매머드는 긴 코를 흔들며 화산 쪽을 가리켰습니다.

장면 3:
화산에 도착한 졸론은 다음 도전 과제와 마주하게 됩니다. 오라이트 돌을 지키는 거대한 갈색 곰이 있었습니다. 졸론은 더듬거리며 말했습니다. "위대한 수호자여, 화산 폭발 전에 떠나기 위해 우주선에 필요한 돌을 가져갈 수 있을까요?" 곰이 위협적으로 으르렁거리자 졸론은 은빛 의료 지팡이와 교환하자고 제안합니다. 흥미를 느낀 곰은 이에 동의합니다.

장면 4:
오라이트 돌을 손에 쥐고 우주선으로 돌아가는 길에 갑자기 땅이 흔들리기 시작합니다. 화산이 곧 폭발할 것입니다. "졸론!" 매머드가 소리치며 그에게 달려옵니다. "어서 올라타! 걸어서 가다간 살아남지 못해!" 졸론은 오라이트 돌을 꽉 쥐고 매머드의 등에 올라탑니다. 그들이 용암 흐름에서 도망치는 동안 곰도 함께 도망치기 시작합니다.

장면 5:
피곤하고 검댕에 뒤덮인 졸론은 오라이트 돌을 제자리에 고정하고 우주선을 다시 가동합니다. 떠날 준비를 하던 중 매머드가 그에게 다가옵니다. "졸론, 너는 진정한 은하의 영웅이야. 너의 여행이 안전하길 바라." 곰도 동의하듯 으르렁거립니다. 졸론은 감사의 표시로 고개를 끄덕이며 용암이 착륙지를 덮치는 순간 우주선을 대기권으로 발사합니다.

결말:
지구가 점점 멀어지자 졸론은 새로운 친구들과의 모험을 되돌아봅니다. 이제 잘 작동하고 있는 우주선에 앉아, 그는 더 이상 혼자 고립된 외계인이 아니라 원시 세계에서 영웅으로 거듭난 자신을 느낍니다. "다음 모험을 위하여." 그는 안드로메다 은하를 향해 코스를 설정하며 중얼거립니다.

졸론은 우주를 가로지르며 지구에서 쌓은 독특한 우정을 떠올리고 웃음을 터뜨립니다. 그토록 원시적인 시대의 두 생명체가 깊은 우정과 도움을 보여줄 수 있다니. 그는 지구를 마지막으로 바라보며 영원히 기억 속에 남을 선사 시대의 친구들에게 조용히 약속을 합니다.

이 따뜻한 회상은 그의 귀향 여정을 만족감과 흥분으로 가득 채웁니다. 조종석에 안드로메다의 신호가 빛나며 그를 환영합니다. 그러나 졸론은 우주의 어디를 가든 그의 일부는 항상 선사 시대의 지구에 속해 있음을 알고 있습니다. 그의 모험은 그를 풍요롭게 만들었고 스릴 넘치는 만남은 그를 진정한 은하 영웅으로 만들어 주었습니다.

그의 우주선은 마침내 빛의 속도로 도약하여 반짝이는 우주의 먼지를 남기며 잊을 수 없는 여정을 마무리합니다. "우주가 다음에는 무엇을 준비하고 있을까?" 졸론은 조용한 우주의 광활함 속에서 우주선의 웅웅거림을 들으며 생각에 잠깁니다.

이렇게 우리는 시간 여행을 하는 외계인 졸론을 배웅합니다. 조금 더 현명해지고 조금 더 용감해졌으며 훨씬 더 모험심이 강해진 그는 우주의 광대함 속을 날아갑니다. 은하계의 은하수 사이 어딘가에서 졸론은 진정한 소명을 발견했습니다. 탐험하고 항해하고 각 도전이 주는 아드레날린을 즐기며 살아가는 것입니다.

화산의 위협 속에서 우주선을 복구하거나 거대한 매머드와 소통하거나 거대한 곰과 물건을 교환하는 등 그는 모든 만남에서 기쁨을 찾고 모든 도전에서 교훈을 얻으며 가장 예상치 못한 곳에서 우정을 발견합니다.

그를 스쳐 지나가는 모든 별은 새로운 탐험의 약속을 담고 있습니다. 우주의 메아리치는 소리

---

[2] 4000만 년 전부터 만 년 전까지 살았던 고양이과의 생물로, 이빨의 길이가 20cm나 되었다고 합니다.

> 는 발견을 기다리는 초자연적인 경이로움의 이야기를 속삭입니다. 졸론은 여행을 계속하면서 단순한 시간 여행 외계인이 아니라 모든 시대의 영웅이자 모든 영역의 모험가이며 모든 존재의 친구가 됩니다.
>
> 안드로메다 은하가 그의 앞에 펼쳐지며 과거의 모험은 그의 기억 속에 밝게 빛나는 별이 됩니다. 다가올 모험에 대한 흥분으로 가득 찬 마음으로 졸론은 우주를 가로질러 미래를 향해 나아가며 그의 끝없는 탐험을 향한 또 다른 흥미진진한 항해를 시작합니다.

아직까지는 그다지 좋은 소설처럼 보이지는 않습니다. 하지만 이제 시작일 뿐이니 계속 요청해서 더 나아지게 해 봅시다.

프롬프트

> 이 이야기는 너무 단순하고 지루한 것 같아요. 이 줄거리를 편집하거나 다듬을 때 제안할 것이 있나요?

응답

> 이야기를 더 흥미롭고 복잡하게 만들기 위해 다음과 같은 제안을 고려해 보세요.
> 1. 인물 강화: 졸론의 캐릭터를 더 확장하여 깊이감을 부여하고 독자들이 더 공감할 수 있도록 특징이나 약점을 추가하세요. 감정적 몰입을 높이기 위해 배경 이야기를 넣는 것도 좋습니다.
> 2. 갈등 증가: 졸론이 마주하는 장애물을 더 많이 소개하거나 갈등을 심화시키세요. 예를 들어 오라이트 돌이 화산의 중심에 위치해 있다거나 졸론을 방해하려는 다른 종족이 존재할 수 있습니다.
> 3. 미스터리와 서스펜스 추가: 독자가 졸론과 같은 속도로 정보를 하나씩 발견하도록 하세요. 이렇게 하면 독자의 호기심을 유지하고 몰입도를 높일 수 있습니다.
> 4. 도덕적 딜레마 도입: 졸론이 생명체들과 상호 작용할 때 어려운 결정을 내리게 하여 긴장감을 조성하세요. 예를 들어 졸론이 자신의 탈출이 화산 폭발을 가속화하여 생명체들의 생명을 위협할 수 있다는 사실을 알게 되는 상황을 만들 수 있습니다.
> 5. 부차적인 줄거리 도입: 주요 줄거리 외에도 작은 이야기들이 동시에 진행되면 이야기가 더 흥미로워집니다. 예를 들어 졸론을 돕기 위해 매머드와 곰이 공동의 노력을 통해 의외의 우정을 쌓는 모습을 그려 보세요.
> 6. 문학적 기법 사용: 서술 전략과 구조적 요소를 활용하세요. 다가올 사건을 암시하는 복선, 상황이나 배경을 제공하는 회상, 독자를 놀라게 하는 반전 등을 적용해 보세요.
> 7. 말하지 말고 보여 주기: 졸론이 두렵거나 용감하다는 것을 직접적으로 말하기보다는 그의 행동, 대화, 생각을 통해 보여 주세요. 이렇게 하면 독자들이 이야기 속에 더 깊이 빠져들어 졸론과 더 강하게 연결될 수 있습니다.
> 8. 포괄적인 묘사: 묘사를 강화하여 독자가 각 장면에 존재하는 것처럼 느끼게 하세요. 화산의 불길한 모습, 선사 시대의 분위기, 주변의 지글거리는 소리 등을 생생하게 묘사하세요.
> 9. 미래적 기술: 졸론의 우주선과 그의 도구들, 그가 문제를 해결하는 방법을 더 상세히 설명하세요. 이를 통해 이야기의 공상과학적 매력이 더해집니다.
> 10. 정교한 대화: 각 인물의 대사에 그들의 성격, 목표, 감정 상태를 반영하세요. 복잡하고 층이 있는 대화는 인물들을 입체적이고 흥미롭게 만듭니다. 예를 들어 곰이 단순히 으르렁거리는 대신 자신의 지혜와 용기를 암시하는 방식으로 소통할 수 있습니다.

> 11. 관계 강화: 인물 간의 관계를 더 발전시키세요. 졸론이 선사 시대 생명체들과 상호 작용하면서 두려움과 의심에서 벗어나 상호 존중과 우정으로 발전하는 모습을 그려 보세요.

비록 처음 이야기는 완벽하지 않았지만 LLM의 제안은 매우 유용합니다. 또한 LLM에게 아이작 아시모프, 아서 C. 클라크, 로버트 A. 하인라인과 같은 유명 공상 과학 작가의 스타일로 글을 써 달라고 요청하거나, 아니면 공상 과학 장르 작가의 목록을 요청할 수도 있습니다. 만약 본인이 전에 작품을 출판한 경험이 있다면 자신의 글을 예시로 제공하고 그 스타일로 이야기를 써 달라고 요청할 수도 있습니다.

제안에 따라 이야기를 개선해 달라고 LLM에게 요청할 때, 모든 제안을 한꺼번에 고려하도록 요청하지 마세요. 대신 하나씩 순차적으로 요청하세요. 너무 많은 지시를 한 번에 처리하려고 하다가 오히려 놓치는 부분이 생길 수 있습니다.

이야기를 편집하고 다듬는 과정은 수많은 시행 착오를 수반합니다. 목표하는 효과와 흥미를 창출하기 위해 이야기의 서사와 인물들은 여러 차례 수정해야 할 것입니다. 다양한 독자로부터 의견을 받아 이야기가 폭넓은 취향을 만족시킬 수 있도록 하세요. 다양한 접근 방식을 시도하고 위험을 감수하는 것을 두려워하지 마세요. 위대한 이야기는 종종 대담한 결정과 독창적인 서술 방식에서 비롯됩니다.

다음 절에서는 좋은 시를 생성하는 프롬프트 작성 방법을 알아보겠습니다. 물론 노래 가사를 쓸 때도 같은 개념을 도입할 수 있습니다.

4.3 AI를 활용한 시 쓰기

OpenAI의 GPT-4와 같은 대규모 언어 모델(LLM)을 사용하여 시를 쓰려면, 시와 언어 모델의 능력에 대해 기본적인 것 정도는 이해하고 있어야 합니다. 다음은 일반적인 가이드입니다.

- **시에 대한 기본적인 이해**: LLM을 이용해 시를 쓰기 전에 시를 구성하는 기본 요소를 이해하고 있어야 합니다. 소네트, 하이쿠 같은 구조적인 시부터 자유시까지 다양한 시의 스타일을 공부하세요. 리듬, 운율, 은유, 직유, 두운 등과 같은 시의 중요한 요소뿐만 아니라 깊은 감정을 불러일으키는 능력을 이해하는 것이 무엇보다 중요합니다.

- **올바른 분위기 설정**: 프롬프트에서 원하는 시의 분위기나 기분을 설정하세요. 예를 들어 기운차고 희망찬 시를 원한다면 이를 언급하세요. 좋은 언어 모델은 프롬프트에 설정된 어조나 분위기에 맞출 수 있습니다.
- **구조 제공**: 특정 스타일의 시나 특정한 운율 패턴을 원한다면 언어 모델에 이를 지시해야 합니다. 예를 들어 ABAB 운율 체계의 소네트를 원한다면 이를 명시해야 합니다.
- **절차적 프롬프트 사용**: 언어 모델이 선호하는 시 스타일을 따르도록 하려면 프롬프트에 절차적 프롬프트를 사용하세요. 예를 들어 하이쿠를 쓰려면 '하이쿠를 써 줘…'와 같은 절차적 프롬프트를 사용할 수 있습니다.
- **구체적인 주제 제시**: 예를 들어 단순히 자연에 대한 시를 요청하는 대신 '고요한 호수에 비치는 저녁 해의 반사'에 대한 시를 요청하세요.
- **창의적 제약 사용**: 창의적 제약은 더 흥미로운 결과를 낳는 경우가 많습니다. 언어 모델이 이러한 제약 내에서 콘텐츠를 생성할 수 있도록 구체적인 지시를 내리는 것을 두려워하지 마세요.

올해 여름에 이탈리아와 유럽의 다른 지역을 여행한 제 딸 안드레아에 대한 시를 써 보겠습니다.

> **프롬프트**
>
> 유럽을 여행하는 22세 소녀 안드레아에 대한 시를 써보세요. 리듬, 운율, 은유, 직유, 직유, 운율, 깊은 감정을 불러일으키는 능력과 같은 요소를 포함해야 합니다.

> **응답**
>
> 태양빛 가득한 땅의 중심에서 태어난 스물 두 살의 소녀 안드레아는 용감히 일어섰습니다.
> 그녀의 눈이 볼 수 있는 것 이상을 갈망했고 그녀를 자유롭게 해 줄 세상을 원했습니다.
> 마음 속의 용기와 손에 쥔 티켓과 함께 그녀는 먼 나라로의 모험을 시작했습니다.
> 중세의 신비와 옛날 이야기로 찬양 받던 유럽을 꿈꾸며,
> 매력적이고 고풍스러운 베네치아의 구불구불한 거리를 탐험했습니다.
> "달콤한 인생이여!" 안드레아는 기쁘게 외치며, 시적인 삶의 달콤함을 느꼈습니다.
> 수많은 세월의 여정을 기리며, 로마의 장엄함을 즐기고,
> 파리 하늘 아래에서, 부드러운 색조의 발레가 펼쳐졌습니다.
> 부드러운 센 강만이 아는 리듬으로 그녀의 심장은 격렬한 춤을 추었습니다.
> 산들바람은 고풍스러운 매력과 로맨스의 멜로디를 흥얼거리고,
> 안드레아는 에펠탑의 빛나는 춤을 경이롭게 바라보았습니다.
> 스위스 알프스 산등성이에 배낭을 메고,
> 세상의 경계에 서서, 하늘이 호수를 만나는 곳에서 그녀의 야망을 반영하였습니다.
> 안드레아는 자신의 반영이 물결치는 것을 보았고, 만들어지는 모습을 보았습니다.
> 불타는 스페인의 일몰에서부터 튤립이 가득한 암스테르담의 땅까지,
> 모든 광경과 소리는 마치 시적인 악단처럼 느껴졌습니다.
> 새벽부터 밤까지 그녀의 여정의 왈츠는,
> 모험의 연속으로, 영원한 비행을 만들어냈습니다.

> 새로운 기후 속에서 여행하면서,
> 안드레아는 바다보다 깊은 깊은 유대를 형성했습니다.
> 유럽의 거울 속에서 안드레아는 자신의 반영을 발견했습니다.
> 탐험의 스릴을 통해 태어난 용감한 영혼,
> 그녀가 받아들인 이야기와 선택한 길은
> 그녀의 마음속에 시와 산문으로 엮였습니다.
> 안드레아의 영혼 속에 이 구절들은 영원히 남을 것입니다,
> 세계를 안내자로 한 여정의 구절들로.
> 오, 스물 두 살의 소녀 안드레아, 어디로 향할 것인가?
> 당신이 내딛는 모든 걸음마다 새로운 이야기가 피어납니다.
> 젊음의 약속에서 펼쳐진 삶까지,
> 모든 구석구석에서 당신의 세상이 기다리고 있습니다.

꽤 괜찮은 것 같은데요. 하지만 저는 시에 대해서는 잘 모르니 GPT-4에게 피드백과 개선할 몇 가지 권장 사항을 알려 달라고 요청하겠습니다.

프롬프트

> 이 시에 대해 어떻게 생각하시나요? 어떻게 개선할 수 있을까요?

응답

> 이 시는 유럽의 매력을 탐험하는 젊은 여행자의 정신을 아름답게 담아내고 있습니다. 앞서 논의된 다양한 시적 요소를 잘 활용하고 있습니다. 예를 들어 두운법("베네치아의 구불구불한 거리"), 직유("부드러운 센 강만이 아는 리듬으로 그녀의 심장은 격렬한 춤을 추었습니다."), 은유("유럽의 거울") 등을 통해 깊은 감정을 효과적으로 불러일으키며, 혼자 하는 여행에서 오는 경이로움, 기쁨, 자기 발견의 감정을 포착하고 있습니다.
> 몇 가지 개선 사항은 다음과 같습니다:
> 1. 운율의 일관성: 시는 대체로 일관된 리듬을 가지고 있지만, 독자가 읽을 때 더 예측 가능한 박자를 만들어 시의 흐름을 향상시킬 수 있는 부분이 있습니다.
> 2. 감각적 세부 묘사 강화: 감각적 세부 묘사를 더 풍부하게 할 수 있습니다. "파리 하늘 아래, 색조의 팔레트"라고 하는 대신 구체적인 색상과 그에 따른 감정을 표현하는 것이 더 생동감 있을 것입니다.
> 3. 언어의 대담한 사용: 아름다운 언어가 사용되었지만 때로는 전통적인 표현에 머무르고 있습니다. 구조를 다르게 하거나 예상치 못한 단어 선택을 실험해 보면 더 흥미롭고 독특하게 묘사할 수 있습니다.
> 4. 개인적인 연결 더하기: 소녀의 유럽 여행을 따라가지만 그녀에 대해 많이 알지 못합니다. 그녀의 생각, 감정, 경험에 대한 반응을 더 깊이 탐구하면 공감대가 형성되고 감정적으로 울림이 더 커질 것입니다.
> 5. 말하지 말고 보여 주기: 몇 가지 내용을 직접적으로 말하는 대신 생동감 있는 이미지와 은유를 통해 보여 주는 것이 더 매력적이고 흥미로울 것입니다. 예를 들어 "탐험을 위해 태어난 용감한 정신"이라고 말하는 대신 그녀의 용감한 정신을 보여 주는 이미지와 상황을 창출하세요.
> 본질적으로 이 시는 이미 훌륭하지만 이러한 제안을 염두에 두고 수정하면 더 깊이 있고 혁신적인 매력을 더할 수 있을 것입니다.

결과에 만족할 때까지 다양한 비틀기와 장면을 반복해서 제안할 수 있습니다.

개념을 결합할 수도 있습니다. 예를 들어 제품 설명을 재미있고 기발한 시로 작성할 수 있습니다. 실험, 실험, 실험이 중요합니다.

이번에는 실제 제품의 특징과 장점을 재미있고 서정적인 시 형식으로 묘사하는 것이 목표입니다.

- 창의적인 묘사를 유도하기 위해 흥미롭거나 독특하거나 이상한 제품을 선택하세요. 평범한 제품은 피하세요.
- 제품의 주요 사양과 뛰어난 특성을 개요로 작성하세요.
- 시를 통해 제품에 인격과 개성을 부여하는 작은 이야기를 전달하세요.
- 생생한 이미지, 감각적 세부 묘사, 재치 있는 운율, 언어 유희, 은유 등 다양한 시적 기법을 사용하세요.
- 짧은 시나 발라드 같은 다양한 시 형식을 시도해 보세요. 리듬과 운율 패턴을 다양하게 변주하세요.
- 재치 있는 대화나 극적인 독백을 추가하여 제품에 생명력을 불어넣으세요.
- 독자를 놀라게 할 만한 독창적인 반전이나 재치 있는 결말을 추가하세요.

재미있고 매력적인 시를 통해 제품을 소개하세요. 상상력을 발휘하면 어떤 제품도 서정적인 작은 모험으로 탈바꿈할 수 있습니다.

이제 매너티 티 인퓨저(manatea tea infuser)[3]에 어떻게 적용할 수 있는지 살펴봅시다.

> **프롬프트**
>
> 프레드와 친구들이 만든 매너티 티 인퓨저의 제품 특징과 장점을 재치 있고 재미있게 묘사한 시를 써 주세요. 매너티 티 인퓨저는 유쾌하고 매력적인 플라스틱 바다소로, 차를 우리는 역할을 합니다. 등 부분에 작은 구멍이 있어 부드러운 찻잎이 잘 우러나게 해 줍니다. 바다소를 하나의 인물로 여기고 그의 시각에서 시를 써 주세요. 상상력 넘치고 과장된 언어와 많은 언어 유희를 사용하여 바다소에게 생명을 불어넣어 주세요. 기발한 은유를 문자 그대로 받아들이고, 특징을 유머 있게 의인화하세요. 차와 바다소와 관련된 언어 유희와 말장난을 포함시키세요. 4개의 짧은 연으로 구성되며, AABB 운율 구조를 따르도록 하세요. 감각적인 묘사, 생생한 형용사, 활기찬 리듬, 반복과 두운 같은 구조적 요소를 사용하세요. 어조는 재미있고 발랄하며 약간 엉뚱한 느낌으로, 제품과 잘 어울리게 해 주세요. 마지막에는 장점을 강조하고 바다소를 완벽한 차 우리기의 동반자로 추천하세요. 엉뚱하고 터무니없는 상상을 최대한 발휘하여 밝고 가벼운 재미를 추구하세요. 기발하고 이상하며 사람들에게 웃음을 주는 독특한 찬가를 기대하고 있습니다. 당신과 이 매력적인 매너티 티 인퓨저의 창의적인 잠재력을 최대한 발휘해 주세요.

---

[3] 해우 또는 바다소(manatee, 바다에 사는 초식동물) 모양의 차를 우려내는 제품입니다. manatee의 일부를 차를 의미하는 tea라는 단어로 대체한 재미있는 제품입니다. (https://www.genuinefred.com/products/manatea)

> **응답**
>
> 제공된 프롬프트를 바탕으로 재미있고 기발한 매너티 티 인퓨저를 묘사한 시를 써 보았습니다.
> 안녕하세요, 저는 매너티예요!
> 차 한 잔 우려 드릴게요!
> 찻잎 속에 누워 있는 저는,
> 차를 마시는 기쁨을 가져다 주는 감미로운 존재랍니다.
> 저를 당신이 좋아하는 부드러운 찻잎으로 채우고,
> 제가 우려내는 신비를 지켜보세요.
> 제 등에는 물이 스며드는 구멍이 있어,
> 맛있는 차의 향을 끌어낼 수 있지요.
> 저를 찻잔에 퐁당 넣으면, 우려지기 시작합니다.
> 구멍이 나 있는 제 등뼈는 우리기에 완벽해요.
> 위아래로 춤추며, 즐거운 춤을 추면서,
> 이 차에 최고의 맛을 선사합니다.
> 매력적이고 기분 좋은 제 매너티 미소와 함께,
> 우리는 과정은 순조롭게 진행돼요.
> 편안히 쉬면서 떠오르는 향을 즐기세요.
> 귀여운 이 매너티가 당신의 차를 우려내며
> 놀라움을 선사할 테니까요.
> 차를 우리는 가장 기분 좋은 발명품!
> 매너티는 차에 있어 새로운 전환점이에요!
> 찻잎을 사랑하는 바다 친구와 함께 하세요.
> 티타임의 새로운 친구로 맛과 즐거움을 꾸준히 가져다 줄 것입니다.

이제 프롬프트에 어떤 개념을 결합하여 지시할 수 있는지 그리고 어떤 응답을 기대할 수 있는지 확실히 이해했을 것입니다.

요약

이 장에서는 GPT-3나 GPT-4와 같은 LLM이 다양한 장르와 스타일의 창작 과정에 어떻게 변화를 가져오는지 살펴보았습니다. 여기서 우리는 소설 프로젝트를 개선하기 위해 AI 글쓰기 보조 도구를 활용하는 주요 기술을 다루었습니다. 이러한 기술에는 이야기의 요구 사항을 전달하기 위해 효과적인 제안을 작성하는 것, 인물, 배경, 줄거리에 대한 AI의 생성 능력을 활용하는 것, 반복적인 편집을 통해 출력을 개선하는 것, AI 콘텐츠에 의존하는 것과 인간의 비전을 균형

있게 맞추는 것, AI를 편집 보조 도구로 사용하는 것 등이 있습니다. 여기서 AI의 능력을 자신의 창의성과 목소리에 결합하는 법을 배움으로써 생성한 글이 내 것이 되어야 한다는 점이 중요합니다. 올바른 기술을 통해 AI는 아이디어를 불러일으키고 초안을 개선하며 창의적인 가능성을 열어 주어 소설을 새로운 차원으로 끌어올릴 수 있습니다. 그러나 인간의 상상력과 작가로서의 비전은 이야기 창작 과정에서 여전히 필수적입니다. 이 장에서 나온 지침을 따르면 AI의 힘을 활용하면서도 자신만의 고유한 스타일과 서술 목적을 유지할 수 있습니다. 연습을 통해 AI와 인간의 창의력이 결합되어 소설 창작을 새로운 수준으로 끌어올릴 수 있습니다.

이러한 기술에 숙달되면 GPT-4와 같은 AI 도구를 최대한 활용할 수 있습니다. 신선한 영감을 얻고, 아이디어 생성 속도를 높이고, AI와 협력하여 매력적인 이야기, 시, 노랫말 등을 창작할 수 있습니다. 시간을 절약하고 창의력을 증진시키며 작가가 잠재력을 최대한 발휘할 수 있도록 도와줍니다. 궁극적으로 인간의 창의력을 AI의 강점과 결합하여 작가로서 새로운 상상의 영역을 탐구하고 글쓰기 과정을 더욱 풍요롭고 생산적으로 만들 수 있습니다.

이 장에서는 소설과 시의 창의성에 초점을 맞추었지만, 다음 장에서는 텍스트를 처리하는 더 실용적인 AI 활용 방법에 대해 탐구할 것입니다. LLM을 활용하여 감정별로 텍스트를 자동으로 분류하고, 미리 정의된 주제로 범주를 나누고, 불일치하는 부분을 정리하고, 주요 데이터를 추출하는 방법을 배우게 될 것입니다.

CHAPTER 5

비정형 텍스트에서 통찰력 얻기: 텍스트 분석을 위한 AI 기술

SECTION 1	감성 분석: 텍스트에서 감정을 감지하는 AI 기술
SECTION 2	비정형 데이터 정리: AI 기반의 텍스트와 데이터 자동 분류
SECTION 3	엉망인 데이터 정리: AI가 데이터 집합의 문제를 식별하고 해결하는 방법
SECTION 4	비정형 데이터 이해하기: 정보 추출을 위한 패턴 매칭
SECTION 5	요약

비정형 텍스트 데이터에는 매우 귀중한 통찰력이 담겨 있지만, 정성적 정보를 대규모로 이해하는 것은 엄청난 도전 과제입니다. 이 장에서는 생성형 AI 체계가 자유 형식의 텍스트를 자동으로 분석하고 조직으로 구성하는 기술을 탐구합니다.

여기서는 감성 분석을 통해 단어 뒤에 숨겨진 감정의 톤을 분류하여 내용이 긍정적인지 중립적인지 부정적인지를 결정하는 방법을 배울 것입니다. 데이터 분류가 기계 학습을 사용하여 텍스트를 미리 정의된 주제와 레이블로 분류하는 방법도 살펴볼 것입니다. 패턴 매칭 기법이 비정형 데이터에서 주요 정보를 추출하고 이를 구조화된 결과물로 변환하는 방법도 알아보겠습니다.

AI의 이러한 기능들은 기업과 조직이 방대한 양의 비정형 데이터를 효율적으로 처리하여 실행 가능한 통찰력을 발견하도록 도와줍니다. 감성 분석은 소비자들이 제품이나 브랜드에 대해 어떻게 느끼는지를 알려줍니다. 데이터 분류는 고객 지원 티켓과 같은 콘텐츠를 자동으로 주제별로 정리해 줍니다. 패턴 매칭은 청구서, 송장 등의 문서에서 데이터를 추출하여 깔끔하고 구조화된 기록으로 변환해 줍니다.

이와 같이 실용적인 도구를 사용하면 매일 생성되는 방대한 텍스트 데이터 속에 숨겨진 지식을 누구나 활용할 수 있습니다. 대규모 언어를 이해하는 데 생성형 AI가 어떻게 도움을 줄 수 있는지 탐구해 봅시다.

이 장에서 다룰 주제는 다음과 같습니다.

- 감성 분석: 텍스트에서 감정을 감지하는 AI 기술
- 비정형 데이터의 조직화: AI가 텍스트 분류를 자동화하는 방법
- 지저분한 데이터 정리: AI가 데이터 집합의 문제를 식별하고 해결하는 방법
- 비정형 데이터 이해: 정보 추출을 위한 패턴 매칭

5.1 SECTION 감성 분석: 텍스트에서 감정을 감지하는 AI 기술

감성 분석은 프롬프트 엔지니어링 분야에서 AI 기술을 활용하는 주요 분야입니다. 이 장에서 다룰 여러 AI 활용 분야 중 첫 번째인 감성 분석은 자연어 처리를 사용하여 텍스트 데이터에서 감

정 신호를 식별하고 추출합니다. 분석의 목적은 글 속에 담긴 전반적인 태도나 감정을 평가하는 것으로, 예를 들어 제품 리뷰가 긍정적인지 부정적인지를 판단하는 것입니다.

감성 분석이 많이 사용되는 분야는 다음과 같습니다.

- **브랜드 평판 확인**: 온라인에서 일어나는 대화를 추적하여 브랜드 평판을 확인할 수 있습니다. 감성 분석은 홍보 문제를 조기에 감지하고 마케팅 활동의 효과를 측정하는 데 도움을 줍니다.
- **고객 서비스**: CX팀(customer experience team)은 설문 조사, 리뷰, 소셜 미디어 언급을 분석하여 대규모로 피드백을 수집합니다. 이를 통해 제품과 서비스에 대한 만족도가 어느 정도인지 불만을 느끼는 부분은 어디인지를 데이터 기반으로 이해할 수 있습니다.
- **시장 조사**: 기업은 고객 감정을 이해함으로써 서비스나 제품의 부족한 점을 발견하고 이를 보완할 수 있습니다.
- **정치 분석**: 정치 단체는 후보자와 문제에 대한 토론을 모니터링하여 유권자의 태도를 파악할 수 있습니다. 이 기술은 메시지를 시험하고 더 많은 홍보가 필요한 영역을 구분하는 데 도움을 줍니다.
- **소셜 미디어 확인**: 기업은 소셜 미디어 게시물의 감정을 분석하여 소비자 행동과 트렌드를 이해할 수 있습니다.
- **투자 분석**: 투자자는 감성 분석을 통해 시장 움직임을 예측할 수 있습니다. 관련 뉴스, 포럼, 블로그를 확인하여 투자자들이 특정 주식이나 영역에 대해 긍정적 또는 부정적으로 느끼는지를 판단할 수 있습니다.
- **공중 보건**: 보건 당국은 감성 분석을 적용하여 전염병과 같은 위기 상황이 발생했을 때 대중의 우려, 잘못된 정보, 감정 상태를 이해할 수 있어, 의사 소통 전략과 자원 배분에 도움이 됩니다.

감성 분석의 예시를 살펴봅시다.

첫 번째 프롬프트는 다음과 같습니다.

> **프롬프트**
>
> [내용]에 표현된 감정(긍정, 중립, 부정)을 식별하고 분류해 주세요.
> 내용 = "이 제품은 놀랍습니다! 제 삶을 정말로 개선시켜 주었어요."

> **응답**
>
> 감정: 긍정적

두 번째 프롬프트는 다음과 같습니다.

프롬프트

내용 = "이 제품을 사용하기 시작한 이후로 아무런 변화를 느끼지 못했습니다."

응답

감정: 중립적

ChatGPT, 제미나이, 클로드에게 한 번에 많은 텍스트를 전달하고 결과를 표 형식으로 제공하도록 요청할 수 있습니다.

프롬프트

[내용]에 표현된 감정(긍정, 중립, 부정)을 식별하고 분류해 주세요.
한 번에 많은 내용을 추가할 겁니다. 각각의 감성을 표 형식으로 반환합니다. 응답에 감정이라는 단어를 포함하지 말고 긍정, 부정 또는 중립만 입력하세요.
내용: "제가 받은 끔찍한 고객 서비스에 매우 실망했습니다. 그들은 전혀 도움이 되지 않았고 무례했습니다."
"이 레스토랑의 음식은 정말 맛있어요. 꼭 다시 올 거예요."
"최근에 이 노트북을 구입했는데 몇 년 동안 구입한 제품 중 최고입니다. 정말 빠르고 안정적이죠."
"오늘 오후부터 비가 올 것 같네요. 만약을 대비해 우산을 가져와야겠어요."
"프로젝트 제안서 제출 마감일은 다음 주 금요일 오후 5시입니다."
"방금 새 마블 시리즈를 봤는데 제 기대를 완전히 뛰어넘는 영화였어요. 처음부터 끝까지 정말 재미있었어요."
"요즘 뉴스를 읽다 보면 세상 돌아가는 상황이 너무 불안하고 우울합니다."
"지금까지 식당에서 먹어 본 음식 중 최악의 맛이었어요. 스테이크는 너무 익었고 야채는 물컹거려요."
"새 휴대폰으로 업그레이드한 것을 후회하고 있습니다. 배터리 수명이 끔찍하고 버그가 가득합니다. 예전 휴대폰을 계속 사용할 걸 그랬어요."
"몇 주 동안 공부했는데 시험에 떨어지다니 믿을 수가 없습니다. 모든 준비가 헛수고였어요."
"오늘 오후에 식료품점에 들러 우유와 계란을 사야겠어요."
"전원 버튼을 5초간 길게 눌러 기기를 재설정하라는 지침이 있습니다."
"어머니가 이 병원에서 훌륭한 치료를 받아 정말 감사하고 있습니다. 의사와 간호사들은 자상하고 세심했어요."
"이 제품에 시간과 돈을 낭비하지 마세요. 한 달 만에 작동이 멈췄고 보증 지원도 무응답이었어요."

다음은 클로드의 응답입니다.

▼ 그림 5-1 표 형태의 응답

내용	분류
제가 받은 끔찍한 고객 서비스에 매우 실망했습니다. 그들은 전혀 도움이 되지 않았고 무례했습니다.	부정
이 레스토랑의 음식은 정말 맛있어요. 꼭 다시 올 거예요.	긍정
최근에 이 노트북을 구입했는데 몇 년 동안 구입한 제품 중 최고입니다. 정말 빠르고 안정적이죠.	긍정
오늘 오후부터 비가 올 것 같네요. 만약을 대비해 우산을 가져와야겠어요.	중립
프로젝트 제안서 제출 마감일은 다음 주 금요일 오후 5시입니다.	중립
방금 새 마블 영화를 봤는데 제 기대를 완전히 뛰어넘는 영화였어요. 처음부터 끝까지 정말 재미있었어요.	긍정
요즘 뉴스를 읽다 보면 세상 돌아가는 상황이 너무 불안하고 우울합니다.	부정
지금까지 식당에서 먹어 본 음식 중 최악의 맛이었어요. 스테이크는 너무 익었고 야채는 물컹거려요.	부정
새 휴대폰으로 업그레이드한 것을 후회하고 있습니다. 배터리 수명이 끔찍하고 버그가 가득합니다. 예전 휴대폰을 계속 사용할 걸 그랬어요.	부정
몇 주 동안 공부했는데 시험에 떨어지다니 믿을 수가 없습니다. 모든 준비가 헛수고였어요.	부정
오늘 오후에 식료품점에 들러 우유와 계란을 사야겠어요.	중립
전원 버튼을 5초간 길게 눌러 기기를 재설정하라는 지침이 있습니다.	중립
어머니가 이 병원에서 훌륭한 치료를 받아 정말 감사하고 있습니다. 의사와 간호사들은 자상하고 세심했어요.	긍정
이 제품에 시간과 돈을 낭비하지 마세요. 한 달 만에 작동이 멈췄고 보증 지원도 무응답이었어요.	부정

평가 결과는 독단적일 수 있습니다. 앞의 예에서 감성을 긍정, 부정, 중립의 세 가지만 허용했지만, LLM에 임의의 척도로 값을 지정하도록 지시할 수 있습니다. 예를 들어 −1(매우 부정적)에서 1(매우 긍정적) 사이의 값으로 평가하도록 할 수 있습니다.

요약하면 감성 분석은 대량의 정성적 데이터에서 가치를 찾아냅니다. 이를 통해 조직은 직감이 아닌 대중의 정서를 기반으로 의사 결정을 내릴 수 있습니다. 자연어 처리가 지속적으로 발전함에 따라 이 기술은 앞으로 더욱 폭넓게 활용될 수 있는 잠재력이 있습니다.

이 절에서는 LLM에 표와 같은 특정 형식의 결과물을 생성하도록 요청할 수 있다는 점도 배웠습니다. 표만 가능한 것이 아니라 마크다운(markdown), HTML, HTML 표, XML, JSON 또는 고유한 패턴으로 출력하도록 요청할 수도 있습니다. 이에 대해서는 이 장의 뒷부분에서 설명합니다.

다음 절에서는 이 절과 유사한 주제인, 데이터 분류에 대해 살펴보겠습니다.

5.2 비정형 데이터 정리: AI 기반의 텍스트와 데이터 자동 분류

데이터 분류에 대해 잘 학습된 LLM은 데이터 집합의 다양한 특징을 분석하고 데이터를 정확하게 분류할 수 있습니다. 예를 들어 고객 불만을 청구 문제, 기술 문제, 고객 서비스 문제 등 미리 정의된 범주에 따라 나누는 작업이 있다면, LLM은 고객 불만 내용을 분석하고 문맥과 사용된 언어를 이해하여 각 범주로 정확하게 분류할 수 있습니다.

대부분의 경우 LLM은 별도의 추가 학습 없이도 정확하게 분류할 수 있지만, 경우에 따라 원하는 패턴을 이해하기 위해서는 몇 가지 예시가 필요할 수도 있습니다.

데이터 분류가 가장 많이 사용되는 분야는 다음과 같습니다.

- 서로 다른 데이터 범주를 구분하고 각각의 데이터를 적합한 범주로 분류합니다. 다음은 예시입니다.
    - 발신자 주소나 전자 메일 내용과 같은 특징을 기준으로 수신한 전자 메일을 광고와 광고가 아닌 것으로 분류
    - 기사에 사용된 주요 단어와 문구를 기준으로 신문 기사를 스포츠, 정치, 연예 등의 주제로 분류
- 특정 분류 알고리즘이나 기준에 따라 데이터 집합을 분석하고 데이터를 다양한 그룹으로 분류합니다.
    - 기계 학습 알고리즘을 사용하여 구매 이력을 기반으로 고객을 다양한 영역으로 분류
    - 논리 회귀(logistic regression) 알고리즘이나 의사 결정 트리(decision tree) 알고리즘을 사용하여 은행 대출 신청자를 위험군에 따라 분류
- 주어진 데이터 집합을 별도의 클래스나 범주로 분류하고 정리하여 각 클래스가 공통된 특성을 갖도록 합니다.
    - 동물 데이터 집합을 포유류, 파충류, 조류, 어류와 같은 범주로 분류하고 각각이 고유한 특성을 가지도록 구성
    - 자동차 데이터 집합을 세단, SUV, 트럭과 같은 범주로 분류하고 각각이 고유한 특성을 가지도록 구성
- 주어진 데이터의 특성을 이해하여 각 데이터를 적절한 범주에 할당합니다.
    - 과일 목록을 특성에 따라 감귤류, 베리(berry)류[1], 열대 과일 등의 범주에 할당
    - 학생을 과목별 학습 숙련도에 따라 다른 모둠에 배정

---

[1] 우리나라의 딸기나 산딸기가 장미과 산딸기속 식물의 열매라는 비교적 좁은 범주를 뜻하는데 반해, 영어에서 베리(berry)는 숲속에서 자라는 식용 식물의 알록달록하고 작은 열매를 모두 통칭합니다. 따라서 장미속이 아닌 진달래속인 블루베리가 베리라고 불리는 것입니다.

- 수집된 데이터를 미리 정의된 클래스로 분류합니다.
  - 고객 불만을 청구 문제, 기술 문제, 고객 서비스 문제와 같은 사전 정의된 클래스로 분류
  - 도서 목록을 내용과 주제에 따라 미스터리, 로맨스, 공상 과학과 같은 사전 정의된 장르로 분류

다음은 수신된 전자 메일을 광고와 광고가 아닌 전자 메일로 분류하는 방법과, 광고가 아닌 것으로 분류된 전자 메일을 다시 중요도에 따라 분류하는 예입니다.

> **프롬프트**
>
> 다음 [전자 메일]을 광고와 광고가 아닌 것으로 분류하세요. 광고가 아닌 전자 메일은 중요도를 1에서 5까지의 척도로 분류하세요. 여기서 5는 매우 중요함을 의미합니다. 결과를 표 형태로 제공해 주세요.
>
> 전자 메일:
> "제목: 무료 휴가 바우처를 받는 방법!
> 발신자: unknownsender@freedeals.com
> 전자 메일 내용:
> 클릭하여 호화로운 휴가를 무료로 즐기세요! 서두르세요! 이런 제안은 오래 가지 않습니다!"
>
> "제목: 2023년 1분기 성과 평가
> 발신자: HR_dept@yourcompany.com
> 전자 메일 내용:
> 아무개 님께,
> 1분기 성과 평가는 다음 주에 진행될 예정입니다.
> 직원 포털에 귀하의 업무와 성과를 화요일까지 갱신해 주세요.
> 감사합니다, 인사팀"
>
> "제목: 신제품 소개
> 발신자: newsletter@electronicsstore.com
> 전자 메일 내용:
> 아무개 님께,
> 기다리시던 스마트 TV가 드디어 출시되었습니다. 최고의 할인 및 혜택을 확인해 보세요. 즐거운 쇼핑 되세요!
> 감사합니다,
> 전자제품 매장"
>
> "제목: 내일 오후 3시 프로젝트 회의
> 발신자: gerente@tuempresa.com
> 전자 메일 내용:
> 팀원 여러분,

> 프로젝트 회의가 내일 오후 3시에 5층 회의실에서 예정되어 있습니다. 각자 업무에 대해 갱신해 주세요.
> 감사합니다,
> 프로젝트 관리자"[2]

여기서는 ChatGPT를 사용했습니다. 응답은 다음과 같습니다.

▼ 그림 5-2 전자 메일을 두 개의 범주로 분류

제목	발신자	내용	광고 여부	중요도
무료 휴가 바우처를 받는 방법!	unknownsender@freedeals.com	클릭하여 호화로운 휴가를 무료로 즐기세요! 서두르세요! 이런 제안은 오래 가지 않습니다!	광고	N/A
2023년 1분기 성과 평가	HR_dept@yourcompany.com	아무개 님께, 1분기 성과 평가는 다음 주에 진행될 예정입니다. 직원 포털에 귀하의 업무와 성과를 화요일까지 갱신해 주세요. 감사합니다, 인사팀	광고 아님	5
신제품 소개	newsletter@electronicsstore.com	아무개 님께, 기다리던 스마트 TV가 드디어 출시되었습니다. 최고의 할인 및 혜택을 확인해 보세요! 즐거운 쇼핑 되세요! 감사합니다, 전자제품 매장	광고 아님	2
내일 오후 3시 프로젝트 회의	gerente@tuempresa.com	팀원 여러분, 프로젝트 회의가 내일 오후 3시에 5층 회의실에서 예정되어 있습니다. 각자 업무에 대해 갱신해 주세요. 감사합니다, 프로젝트 관리자	광고 아님	4

물론 설명도 있었지만 여기서는 생략했습니다.

이와 같이 한 번에 여러 기준에 따라 분류할 수 있으며, 일부 내용을 다른 언어로 처리할 수도 있습니다. GPT-3.5와 GPT-4는 여러 언어를 처리할 수 있지만, 다른 LLM은 그렇지 않을 수도 있다는 점에 유의하세요. 특정 상황에 LLM을 사용하기 전에 먼저 사전 조사를 하는 것이 좋습니다.

데이터를 성공적으로 분류한 뒤 신속하게 최적화하기 위한 다음 단계는 불일치와 부정확성을 제거하여 데이터를 정리하는 것입니다. 이에 대해서는 다음 절에서 다루겠습니다.

---

[2] 원문에서 마지막 메일은 스페인어로 작성되어 있으나, 여기서는 한국어로 통일하여 번역하였습니다.

5.3 엉망인 데이터 정리: AI가 데이터 집합의 문제를 식별하고 해결하는 방법

데이터 정제(data cleansing)는 데이터 정리(data cleaning) 또는 데이터 청소(data scrubbing)라고도 하며, 데이터 집합에서 오류, 불일치, 부정확성을 식별하고 수정하거나 제거하는 과정입니다. 이 작업은 중복된 기록을 탐지하고, 누락되거나 불완전한 데이터를 처리하며, 값을 검증하고 다시 수정하며, 데이터의 형식을 맞추고 표준화하거나 정규화하는 작업, 그리고 이상값(outlier)을 다루는 것을 포함합니다.

데이터 정리의 주요 목적은 데이터의 품질과 신뢰성을 향상시키는 데 있으며, 이를 통해 데이터를 정확하고 일관되며 목적에 맞는 형식으로 준비하는 것입니다. 엉망이거나 정리되지 않은 데이터는 분석에 방해가 될 수 있으며 부정확한 통찰과 결론을 초래하고 의사 결정에 부정적인 영향을 미칠 수 있으므로, 이 과정은 매우 중요합니다.

데이터 정리는 일회성 작업이 아니라 정기적인 데이터 관리의 일부분이어야 합니다. 새로운 데이터가 추가되거나 기존 데이터가 수정될 때 새로운 오류가 발생할 수 있기 때문입니다.

지금까지 데이터 정리는 복잡하고 비용이 많이 드는 과정이었지만, 생성형 AI를 통해 효율적이면서도 효과적으로 수행할 수 있습니다.

예를 들어 링크드인에서 데이터를 가져왔다고 가정해 봅시다. 잠재 고객의 이름을 얻었고 다양한 출처에서 전자 메일을 확보했지만 형식이 잘못되어 있을 수 있습니다. 어떤 이름에는 이모티콘이나 Dr., PhD, MBA와 같은 추가 속성이 들어 있을 수 있습니다. 따라서 전자 메일을 보낼 수 있도록 데이터를 정리해야 합니다. 목표는 직함, 이모티콘, 추가 문자 등이 제거된 데이터를 다시 얻는 것입니다.

> **프롬프트**
>
> 당신은 데이터 정리 전문가입니다.
> [이름과 전자 메일 목록]을 정리해 주세요. 이름에서 이모티콘과 'doctor', 'PhD' 등의 직함을 제거해 주세요. 또한 전자 메일이 올바른 형식인지 확인해 주세요.
> 수정된 목록을 표 형식으로 반환해 주세요.
> 이름과 전자 메일:[3]
> Dr. John Appleseed👋, john.applecom

---

[3] 링크드인의 특성에 따라 영문 이름과 직함을 그대로 처리하도록 하였습니다.

```
Mrs. Emma Doe 😺, emma@doe.com
Prof. William Smith 🖥, will.smith@uni.
Peter Parker 🌸, PhD, peteparker#gmail
Capt. Steve America 💪, @america.com
Dr. Jane Light 💡, MB, jane.light.mailcom
Miss Sophie Turner 🌸, sophie@.com
Prof. Chris Evans 🍀, PhD, chris#uni.edu
```

여기서는 클로드의 응답을 확인해 보겠습니다.

▼ **그림 5-3** 이름과 전자 메일이 정리된 목록의 결과 표

Here is the cleaned up list of names and emails in a table:

Name	Email
John Appleseed	john.appleseed@gmail.com
Emma Doe	emma@doe.com
William Smith	will.smith@uni.edu
Peter Parker	peteparker@gmail.com
Steve America	steve.america@gmail.com
Jane Light	jane.light@mail.com
Sophie Turner	sophie@turner.com
Chris Evans	chris@uni.edu

이와 같이 수백 또는 수천 건의 데이터를 정리해야 할 때 많은 시간을 절약할 수 있습니다. 하지만 중요한 정보가 누락되어 있다면 LLM이 이 문제를 완전히 해결하지 못하는 경우가 있으므로 항상 결과를 확인해야 합니다.

다음은 AI를 사용하여 데이터를 정리할 수 있는 몇 가지 다른 사용 사례입니다.

- **중복 제거**: 데이터 집합에서 중복되는 항목을 식별하고 제거합니다.
- **누락된 값 처리**: 누락된 값을 대체하거나 삭제하는 방법을 결정합니다.
- **데이터 형식 표준화**: 날짜, 전화번호, 주소와 같은 데이터 항목에 일관된 형식을 적용합니다.
- **특수 문자 제거**: 데이터 품질에 영향을 줄 수 있는 불필요한 특수 문자나 기호를 제거합니다.
- **데이터 유형 변환**: 문자열을 숫자로 변환하는 등 데이터 항목을 적절한 데이터 유형으로 변환합니다.
- **이상값 처리**: 분석이나 모델링 결과를 왜곡할 수 있는 이상값을 식별하고 처리합니다.
- **일관성 없는 철자 수정**: 동일한 항목의 일관성 없는 철자나 변형을 표준화하고 수정합니다.

- **전자 메일 주소 검증**: 전자 메일 주소의 유효성을 확인하고 형식 오류를 수정합니다.
- **텍스트 데이터 정규화**: 불필요한 공백을 제거하고 소문자로 변환하며 텍스트 필드의 구두점을 처리합니다.
- **데이터 무결성 확인**: 항목 사이의 관계를 검증하고 상호 참조하여 데이터의 일관성과 무결성을 보장합니다.

데이터가 깨끗하고 신뢰할 수 있게 정리되면 일관되고 문맥에 맞는 응답을 생성하기 위해 패턴 매칭 기술을 활용하는 데 초점을 맞출 차례입니다.

비정형 데이터 이해하기: 정보 추출을 위한 패턴 매칭

응답의 패턴 매칭은 비정형 텍스트를 입력으로 받아서 관련 패턴이나 정보를 식별하고 추출하여 구조화된 출력을 생성하는 과정입니다.

패턴 매칭이 이와 같은 상황에서 어떻게 사용될 수 있는지 예를 들어 설명해 보겠습니다.

비정형 텍스트에 이름, 나이, 직업에 대한 정보가 포함된 경우를 생각해 봅시다. 우리가 원하는 것은 정보를 추출하여 더욱 체계적인 형식으로 만드는 것입니다.

다음과 같은 비정형 텍스트 입력이 있다고 가정해 봅시다.

> **입력**
>
> 아무개는 35세의 소프트웨어 엔지니어입니다.

이때 패턴 매칭을 사용하여 원하는 정보에 해당하는 특정 패턴이나 중점 단어를 식별할 수 있습니다. 예를 들어 '[이름]은 [나이]세의 [직업]입니다'라는 패턴을 정의하여 관련 세부 정보를 캡처할 수 있습니다.

입력 텍스트에 패턴 매칭을 적용하면 시스템은 패턴이 제공된 정보와 일치함을 인식하고 다음과 같이 해당 값을 추출할 수 있습니다.

> **입력**
>
> 패턴: "[이름]은 [나이]세의 [직업]입니다"
> 입력: "아무개는 35세의 소프트웨어 엔지니어입니다."
> 추출된 값:
> 이름: 아무개
> 나이: 35
> 직업: 소프트웨어 엔지니어

구조화된 값을 추출하면 이를 활용하여 더 체계적인 출력을 생성하거나 추가 처리를 수행합니다. 예를 들어 추출된 정보를 구조화된 데이터베이스에 저장하거나 미리 정의된 템플릿을 채워서 체계적인 응답을 생성할 수 있습니다.

이렇게 구조화된 출력은 여러 용도로 사용될 수 있습니다. 정보를 체계적인 형식으로 표시하거나, 계산 또는 비교를 하거나, 다른 시스템과 통합하거나, 추출된 데이터를 기반으로 개인화된 응답을 생성할 수 있지요.

응답에서 패턴 매칭을 통해 비정형 텍스트를 구조화된 정보로 변환하면 추출된 데이터를 더 잘 조직하고 분석하고 활용할 수 있습니다.

흥미로운 사용 사례를 하나 더 살펴보겠습니다. 광학 문자 인식(Optical Character Recognition, OCR)을 통해 사진에서 추출한 비정형 텍스트를 AI를 사용해 구조화하는 것입니다.

지출을 추적하기 위해 청구서 데이터를 캡처하려고 한다고 가정해 봅시다. 이때 다음 중 한 가지 방법을 선택할 수 있습니다.

- 스프레드시트를 열고 새로운 지출 항목마다 수작업으로 기록을 생성합니다.
- 문서 사진을 업로드하여 광학 문자 인식을 통해 사진을 텍스트로 변환한 다음, LLM을 사용해 데이터를 구조화하고 이를 자동으로 스프레드시트에 저장합니다.

청구서나 문서마다 일일이 데이터를 캡처하는 과정이 번잡하고 오히려 작업량이 많게 느껴질 수도 있지만, 자동화된 과정은 다음과 같은 상황에서 매우 유용합니다. 예를 들어 회사 A는 배송 기사 팀을 운영하면서 여러 도시의 다양한 고객에게 배달을 합니다. 배송 기사들은 연료비, 통행료, 차량 정비 비용, 식비, 숙박비 등 발생하는 모든 비용을 보고해야 합니다. 현재 상황에서는 매일 일과를 마무리할 때마다 각각의 비용을 상세히 기록한 전자 메일을 발송해야 하며, 청구서와 영수증 사진을 함께 첨부해야 합니다. 이 과정은 시간도 많이 들고 오류가 발생하기 쉽습니다.

게다가 사무실에서는 모든 전자 메일을 읽고 데이터를 스프레드시트나 다른 시스템에 복사한 다음 사진을 드라이브 디렉터리 같은 곳에 저장해야 합니다. 이 과정 역시 오류가 발생하기 쉽고 시간이 많이 걸리며 데이터끼리 연결하려면 더 복잡해집니다.

예를 들어 전자 메일의 사진은 드라이브 폴더에 저장하고 다른 항목은 스프레드시트에 복사할 경우, 특정 사진이 스프레드시트의 어느 기록이나 행과 연결되는지 파악하기 어렵습니다. 분리된 데이터 사이를 자동으로 이어주는 연결 기능이 없기 때문입니다.

하지만 AI의 도움을 받아 이 과정을 크게 간소화할 수 있습니다.

배송 기사는 Twnel, Manychat, UChat, Landbot과 같은 대화형 자동화 도구를 사용할 수 있습니다. 이 도구들은 트리 기반 작업 흐름(workflow)을 생성하고, 사진을 촬영하고, API를 호출합니다.

챗봇 흐름은 다음 그림과 같은 형태로 구성됩니다.

▼ **그림 5-4** 비용 청구 흐름

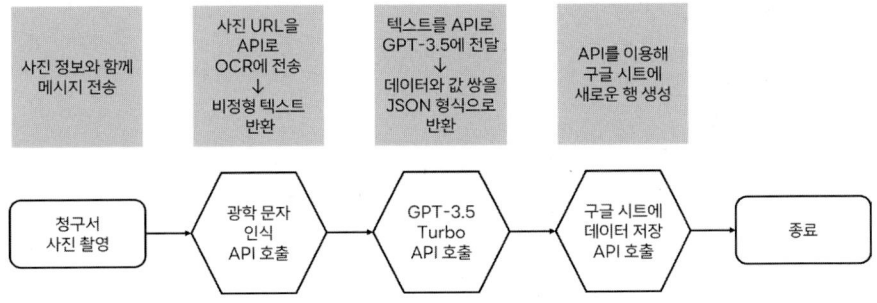

사용자는 대화형 자동화 도구에서 '비용 청구'를 엽니다. 여기서 영수증 사진을 촬영할 수 있습니다. 해당 사진은 광학 문자 인식을 통해 비정형 텍스트 형태로 변환된 후, GPT-3.5 Turbo에 전달되어 처리됩니다. 처리 결과는 JSON 형식으로 반환되며, 마지막으로 JSON에서 일부 값을 가져와 구글 시트(Google Sheets) 또는 다른 스프레드시트에 새로운 행을 생성합니다.

제미나이나 클로드를 사용해 일반적인 청구서의 JSON 모델을 만들어 보겠습니다. 일반적인 청구서 사진을 제미나이에 업로드하고 다음과 같이 프롬프트를 입력합니다.

> **프롬프트**
>
> 첨부된 청구서 사진에서 모든 데이터를 추출하여 JSON 객체로 구조화합니다. 가능한 한 청구서의 항목을 모두 포함하세요.

이 방법이 어느 정도 동작하기는 하지만, 이 책의 집필 시점에서는 결과의 정확도가 매우 높은 편은 아니었습니다. 사진을 업로드하는 대신 사진의 URL을 제공할 수도 있는데, 이 책이 출간될 즈음에는 더 개선될 것이라고 확신합니다.

더 나은 방법은 GPT-3.5 Turbo, GPT-4, 제미나이, 클로드와 같은 LLM을 사용하여 일반적인 청구서의 JSON 모델을 만들고, API를 통해 호출한 광학 문자 인식 도구가 생성한 텍스트를 입력으로 제공하는 것입니다.

이외에도 https://ocr.space 서비스처럼 인터넷에서 사용할 수 있는 다양한 도구를 사용하여 광학 문자 인식 작업을 할 수도 있습니다.

청구서가 다음과 같은 형태라고 가정해 보겠습니다.

▼ **그림 5-5** 청구서 예제

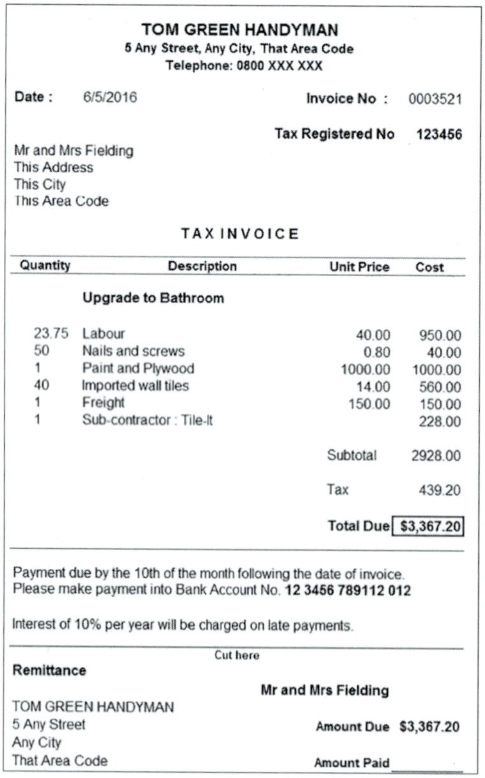

광학 문자 인식을 통해 청구서에서 추출된 텍스트는 다음과 같습니다.

출력

"||TOM GREEN HANDYMAN||5 Any Street. Any City, That Area Code||Telephone: 0800 XXX XXX||Date:||6/5/2016||Invoice No||0003521||Tax Registered No||123466||Mr and Mrs Fielding||This Address||This City||This Area Code||TAX INVOICE||Quantity||Description||Upgrade to Bathroom||23.75 Labour||Nails and screws||Paint and Plywood||Imported wall tiles||Freight||Sub-contractor Tie-t||Unit Price||Cost||40.00||950.00||080||40.00||1000 00||1000 00||14 00||560 00||150 00||228.00||Subtotal||2928 00||Total Due $3.367.20||Payment due by the 10th of the month following the date of invoice Please make payment into Bank Account No. 12 3456 789112 012||Interest of 10% per year will be charged on te paNDIS||Remittance||Mr and Mrs Fielding||TOM GREEN HANDYMAN||qS||Amount Que $3.367.20||Amount Paid||Learn More||"

이제 다음과 같은 프롬프트를 입력합니다. 이 과정은 클로드나 제미나이에서 가장 잘 동작합니다.

프롬프트

[OCR 텍스트]는 청구서를 대상으로 광학 문자 인식을 수행해 얻은 텍스트입니다. 해당 종류의 문서에 대한 JSON 모델을 생성하세요. JSON 구조에는 예상되는 데이터 유형을 위해 'string', 'number'와 같은 위치 표시자를 포함하세요.
OCR 텍스트 = "||TOM GREEN HANDYMAN||5 Any Street. Any City, That Area Code||Telephone: 0800 XXX XXX||Date:||6/5/2016||Invoice No||0003521||Tax Registered No||123466||Mr and Mrs Fielding||This Address||This City||This Area Code||TAX INVOICE||Quantity||Description||Upgrade to Bathroom||23.75 Labour||Nails and screws||Paint and Plywood||Imported wall tiles||Freight||Sub-contractor Tie-t||Unit Price||Cost||40.00||950.00||080||40.00||1000 00||1000 00||14 00||560 00||150 00||228.00||Subtotal||2928 00||Total Due $3.367.20||Payment due by the 10th of the month following the date of invoice Please make payment into Bank Account No. 12 3456 789112 012||Interest of 10% per year will be charged on te paNDIS||Remittance||Mr and Mrs Fielding||TOM GREEN HANDYMAN||qS||Amount Que $3.367.20||Amount Paid||Learn More||"

응답

```
{
  "invoice_number": "0003521",
  "invoice_date": "6/5/2016",
  "tax_number": "123466",
  "customer": {
    "name": "Mr and Mrs Fielding",
```

CHAPTER 5 비정형 텍스트에서 통찰력 얻기: 텍스트 분석을 위한 AI 기술

```json
      "address": "This Address",
      "city": "This City",
      "postcode": "This Area Code"
    },
    "items": [
      {
        "description": "Upgrade to Bathroom",
        "quantity": 23.75,
        "unit_price": 40,
        "cost": 950
      },
      {
        "description": "Labour",
        "quantity": "string",
        "unit_price": "number",
        "cost": "number"
      },
      {
        "description": "Nails and screws",
        "quantity": 0.8,
        "unit_price": 40,
        "cost": 1000
      },
      {
        "description": "Paint and Plywood",
        "quantity": "number",
        "unit_price": "number",
        "cost": 1000
      },
      {
        "description": "Imported wall tiles",
        "quantity": 14,
        "unit_price": "number",
        "cost": 560
      },
      {
        "description": "Freight",
        "quantity": "number",
        "unit_price": "number",
        "cost": 150
      },
      {
        "description": "Sub-contractor Tie-t",
        "quantity": "number",
```

```
      "unit_price": 228,
      "cost": "number"
    }
  ],
  "subtotal": 2928,
  "total_due": 3367.20,
  "payment_info": {
    "account_number": "12 3456 789112 012",
    "due_date": "10th of the month following the date of invoice",
    "interest_rate": 10
  }
}
```

클로드와 제미나이 모두 지시를 제대로 이해하지 못하고 있네요. 이 문제를 해결하기 위해 추가 지침을 제공합니다.

> **프롬프트**
>
> 아니오. 각각의 직접적인 값 대신 데이터 유형을 입력해 주세요. 예를 들어 숫자가 들어갈 자리에는 "number", 문자열이 들어갈 자리에는 "string"을 입력합니다.

> **응답**
>
> ```
> {
>   "invoice_number": "string",
>   "invoice_date": "string",
>   "tax_number": "string",
>   "customer": {
>     "name": "string",
>     "address": "string",
>     "city": "string",
>     "postcode": "string"
>   },
>   "items": [
>     {
>       "description": "string",
>       "quantity": number,
>       "unit_price": number,
>       "cost": number
>     },
>     ... [more items here]
>   ],
>   "subtotal": number,
>   "total_due": number,
> ```

```
    "payment_info": {
      "account_number": "string",
      "due_date": "string",
      "interest_rate": number
    }
  }
```

이제 괜찮아졌네요. 여기서 수동으로 직접 형식을 약간 수정하여 items 배열은 항목을 하나만 남기고 작업 이름과 세금을 추가하도록 조정합니다. LLM은 items 요소가 배열이므로 이 청구서 모델에 포함된 유형 기반의 객체를 여러 개 가질 수 있다고 추론할 수 있습니다. 이외에도 number는 "number"와 같이 따옴표로 감싸야 하는데, "number"가 해당 유형의 변수를 나타내는 문자열일 뿐, 실제로는 변수가 아니기 때문입니다. 수정된 JSON 모델은 다음과 같습니다.

응답

```
{
  "invoice_number": "string",
  "invoice_date": "string",
  "tax_number": "string",
  "customer": {
    "name": "string",
    "address": "string",
    "city": "string",
    "postcode": "string"
  },
  "job_name": "string",
  "items": [
    {
      "description": "string",
      "quantity": "number",
      "unit_price": "number",
      "cost": "number"
    }
  ],
  "subtotal": "number",
  "tax": "number",
  "total_due": "number",
  "payment_info": {
    "account_number": "string",
    "due_date": "string",
    "interest_rate": "number"
  }
}
```

이제 다른 청구서를 처리하려면 다음과 같이 프롬프트를 작성합니다.

> **프롬프트**
>
> 청구서에서 추출한 텍스트인 [OCR 텍스트]를 아래에 주어진 형식에 맞춰 JSON 객체로 구조화해 주세요.
> [여기에 JSON 형식을 넣습니다.]
> OCR 텍스트 = "||TOM GREEN HANDYMAN||5 Any Street. Any City, That Area Code||Telephone: 0800 XXX XXX||Date:||6/5/2016||Invoice No||0003521||Tax Registered No||123466||Mr and Mrs Fielding||This Address||This City||This Area Code||TAX INVOICE||Quantity||Description||Upgrade to Bathroom||23.75 Labour||Nails and screws||Paint and Plywood||Imported wall tiles||Freight||Sub-contractor Tie-t||Unit Price||Cost||40.00||950.00||080||40.00||1000 00||1000 00||14 00||560 00||150 00||228.00||Subtotal||2928 00||Total Due $3.367.20||Payment due by the 10th of the month following the date of invoice Please make payment into Bank Account No. 12 3456 789112 012||Interest of 10% per year will be charged on te paNDIS||Remittance||Mr and Mrs Fielding||TOM GREEN HANDYMAN||qs||Amount Que $3.367.20||Amount Paid||Learn More||"

▼ **그림 5-6** 일부 오류를 표시한 응답 화면

```
{
  "invoice_number": "0003521",
  "invoice_date": "6/5/2016",
  "tax_number": "123466",
  "customer": {
    "name": "Mr and Mrs Fielding",
    "address": "This Address",
    "city": "This City",
    "postcode": "This Area Code"
  },
  "job_name": "Upgrade to Bathroom",
  "items": [
    {
      "description": "23.75 Labour",
      "quantity": 40.00,
      "unit_price": 40.00,
      "cost": 950.00
    },
    {
      "description": "Nails and screws",
      "quantity": 080,
      "unit_price": 1000,
      "cost": 1000.00
    },
    {
      "description": "Paint and Plywood",
      "quantity": 1000,
      "unit_price": 1000,
      "cost": 1000.00
    },
    {
      "description": "Imported wall tiles",
      "quantity": 14,
      "unit_price": 00,
      "cost": 560.00
```

끝이 거의 보이기 시작하지만, 응답 화면의 붉은 사각형 안에서 볼 수 있듯이 몇 가지 오류가 남아 있습니다. 다행히도 이 오류는 쉽게 수정할 수 있는데, 이를 위해 프롬프트에 JSON 모델과 함께 또는 그 대신에 LLM이 어디에 무엇을 넣어야 하는지 보여 주는 몇 가지 예제를 제공해야 합니다.

새로운 프롬프트는 다음과 같습니다.

> **프롬프트**
>
> 청구서에서 추출한 텍스트인 [OCR 텍스트]를 아래에 주어진 형식에 맞춰 JSON 객체로 구조화해 주세요.
> [여기에 JSON 형식을 넣습니다.]
> 다음은 OCR 텍스트와 이 텍스트가 처리되어야 하는 결과에 대한 예제입니다.
> OCR 텍스트 = "||TOM GREEN HANDYMAN||5 Any Street. Any City, That Area Code||Telephone: 0800 XXX XXX||Date:||6/5/2016||Invoice No||0003521||Tax Registered No||123466||Mr and Mrs Fielding||This Address||This City||This Area Code||TAX INVOICE||Quantity||Description||Upgrade to Bathroom||23.75 Labour||Nails and screws||Paint and Plywood||Imported wall tiles||Freight||Sub-contractor Tie-t||Unit Price||Cost||40.00||950.00||080||40.00||1000 00||1000 00||14 00||560 00||150 00||228.00||Subtotal||2928 00||Total Due $3.367.20||Payment due by the 10th of the month following the date of invoice Please make payment into Bank Account No. 12 3456 789112 012||Interest of 10% per year will be charged on te paNDIS||Remittance||Mr and Mrs Fielding||TOM GREEN HANDYMAN||qs||Amount Que $3.367.20||Amount Paid||Learn More||"

응답은 다음과 같아야 합니다.

> **응답**
>
> ```
> {
>   "invoice_number": "0003521",
>   "invoice_date": "6/5/2016",
>   "tax_number": "123466",
>   "customer": {
>     "name": "Mr and Mrs Fielding",
>     "address": "This Address",
>     "city": "This City",
>     "postcode": "This Area Code"
>   },
>   "job_name": "Upgrade to Bathroom",
>   "items": [
>     {
>       "description": "23.75 Labour",
>       "quantity": 40.00,
> ```

```
      "unit_price": 40.00,
      "cost": 950.00
    },
    {
      "description": "Nails and screws",
      "quantity": 50,
      "unit_price": 0.80,
      "cost": 40.00
    },
    {
      "description": "Paint and Plywood",
      "quantity": 1,
      "unit_price": 1000,
      "cost": 1000.00
    },
    {
      "description": "Imported wall tiles",
      "quantity": 40,
      "unit_price": 14.00,
      "cost": 560.00
    },
    {
      "description": "Freight",
      "quantity": 1,
      "unit_price":150.00,
      "cost": 150.00
    },
    {
      "description": "Sub-contractor Tile-t",
      "quantity": 1,
      "unit_price":"",
      "cost": 228.00
    }
  ],
  "subtotal": 2928.00,
  "tax": 439.20
  "total_due": 3367.20,
  "payment_info": {
    "account_number": "12 3456 789112 012",
    "due_date": "10th of the month following the date of invoice",
    "interest_rate": 10
  }
}

OCR 텍스트 = [다른 청구서에서 추출된 다른 텍스트]
```

이제 비슷한 다른 청구서에서도 동작할 것입니다.

LLM은 패턴 매칭에 매우 능숙합니다. 따라서 이런 종류의 애플리케이션은 일반적으로 매우 잘 작동합니다. 제대로 작동할 때까지 프롬프트를 계속 미세 조정하기만 하면 됩니다.

API를 통해 GPT-3.5 Turbo나 GPT-4를 사용할 때는 항상 학습 관련 내용을 호출할 때 전달하고 마지막에 광학 문자 인식 과정에서 반환된 값을 텍스트로 추가해야 합니다. GPT-3.5 Turbo와 GPT-4를 모두 테스트해 보고 같은 결과를 반환한다면 20배 더 저렴한 GPT-3.5 Turbo를 사용하면 됩니다.

물론 클로드 2 API에 접근할 수 있다면 해당 API도 테스트해 볼 수 있습니다.

8장에서 이 사용 사례를 다시 보면서 여러 사람이 현장에서 사용할 수 있는 챗봇에 이 기술을 적용하는 방법을 살펴보겠습니다.

5.5 요약

AI는 감성 분석, 데이터 분류, 데이터 정리, 패턴 매칭과 같은 다양한 기법을 통해 프롬프트 엔지니어링 분야에 혁신을 가져왔습니다. 이러한 기법들은 높은 품질의 응답을 생성하기 위한 정확성과 효율성을 크게 향상시켰습니다.

감성 분석은 자연어 처리를 이용해 단어와 구절 뒤에 숨겨진 감정적 어조를 식별합니다. 이를 통해 콘텐츠를 긍정적, 부정적, 중립적인 감정으로 자동 분류할 수 있습니다.

데이터 분류는 기계 학습 알고리즘을 사용하여 텍스트를 미리 정의된 묶음이나 범주로 분류합니다. 이는 비정형 데이터를 의미 있는 범주로 묶을 때 유용합니다.

데이터 정리는 실제 데이터를 다룰 때 필수적인 단계입니다. 패턴 매칭과 같은 AI 기술을 통해 철자 오류, 잘못된 형식, 중복 항목과 같은 문제를 자동으로 찾아 수정할 수 있습니다. 이렇게 데이터가 정리되면 다음 단계의 분석이나 기계 학습 모델에서 더 유용하게 활용할 수 있습니다.

패턴 매칭은 AI가 가진 또 다른 강력한 능력으로, 사용자 입력과 모델 출력에서 특정 패턴이나 구조를 인식하고 해석할 수 있게 합니다. 이를 통해 AI 시스템이 일반적인 패턴과 기대에 부합하는 응답을 생성할 수 있습니다. 패턴 매칭 기법을 사용하면 AI 도우미가 일관되고 적절한 응답을 제공할 수 있으며, 개발자들은 이를 통해 전체적인 사용자 경험을 향상시킬 수 있습니다.

감성 분석, 분류, 정리, 정보 추출은 모두 AI에 의해 자동으로 처리될 수 있습니다. 이는 막대한 시간과 노력을 절약하면서 일관성도 개선합니다. AI는 적절한 기술과 학습 데이터를 통해 텍스트에서 통찰력을 발견할 수 있는 잠재력을 가지고 있습니다. 이는 수작업으로는 불가능한 작업입니다.

이 장에서는 비정형 텍스트 데이터에서 통찰력을 추출하기 위한 AI 기법을 탐구했습니다. 다음 장에서는 교육과 법률을 비롯한 전문 분야에서 LLM을 적용하는 방법에 초점을 맞춰 알아보겠습니다.

3부

다양한 분야의 고급 사용 사례

GPT-4, 클로드, 제미나이와 같은 LLM이 급속도로 발전함에 따라 다양한 산업과 분야에서 이 강력한 AI 도구를 활용할 수 있는 새로운 기회가 열리고 있습니다. 이 책의 3부에서는 전문적인 요구에 맞춰 LLM을 최적화하는 기법과 혁신적인 활용 사례에 대해 탐구합니다.

우선 교육과 법률 같은 주요 분야의 사례를 살펴봅니다. 교사(교육에 종사하는 모든 교육자를 말하지만 여기서는 모두를 통틀어 간단히 교사라는 호칭을 사용하겠습니다)는 LLM을 활용하여 학습 목표에 맞춘 맞춤형 교육 자료를 신속하게 생성할 수 있습니다. 법률 전문가는 AI를 통해 연구, 조사를 간소화하고 문서를 검토하고 계약서를 작성하고 교육을 강화할 수 있습니다.

소프트웨어 엔지니어에게는 코딩 도우미가 단조로운 프로그래밍 작업을 자동화하는 동시에 인간의 창의성을 증진시킬 가능성을 제시합니다. 여기서는 AI의 지원을 받아 웹사이트와 브라우저 확장 프로그램을 개발하는 예제 프로젝트를 살펴봅니다.

대화형 인터페이스도 LLM과 통합하는 과정을 통해 큰 혜택을 받을 수 있습니다. GPT-4와 클로드와 같은 도구로 구동되는 챗봇은 텍스트 기반의 대화만으로도 더욱 자연스럽고 일관되게 대화하고, 복잡한 작업을 자동화합니다.

마지막으로 기존 인프라와의 통합을 통해 LLM 프롬프트를 최적화하고 확장하는 기법을 공개합니다. 코드 없이 자동화 플랫폼을 사용하거나 LangChain과 같은 맞춤형 개발자 라이브러리를 활용하거나 프롬프트 템플릿을 공유하는 등 AI를 어떤 방식으로 통합하든 새로운 효율성을 창출할 수 있습니다.

이처럼 다양한 활용 상황에서 가장 중요한 주제는 AI를 다목적 생산성 엔진으로 활용하는 것입니다. 신중한 프롬프트 설계는 LLM을 인간의 전문 지식을 대체하는 적대적인 도구가 아니라 인간의 특화된 작업 흐름을 향상시키는 도구로 만들 수 있습니다.

3부는 다음 장으로 구성되어 있습니다.

- **6장** 교육과 법률 분야의 LLM 사례
- **7장** AI 짝 프로그래머의 부상: 지능형 도우미와 함께 더 나은 코드 작성하기
- **8장** 챗봇을 위한 AI
- **9장** 더 똑똑한 시스템 구축: 고수준의 LLM 통합

CHAPTER 6

교육과 법률 분야의 LLM 사례

SECTION 1	ChatGPT를 이용한 강의 자료 작성
SECTION 2	유인물과 기타 자료 작성
SECTION 3	쪽지 시험 문제 작성
SECTION 4	평가 기준표 작성
SECTION 5	빈칸 채우기 이해력 시험 작성
SECTION 6	법률 연구를 위한 AI
SECTION 7	LLM을 활용한 법률 문서 검토
SECTION 8	LLM을 활용한 법률 문서 작성
SECTION 9	법률 교육과 학습을 위한 AI
SECTION 10	LLM을 활용한 전자 증거 개시와 소송 지원
SECTION 11	AI를 활용한 지적 재산 관리
SECTION 12	변호사를 위한 기타 LLM 활용
SECTION 13	요약

빠르게 변화하는 오늘날 기술 환경에서 AI와 기계 학습은 큰 진전을 이루어 다양한 분야에서 새로운 가능성을 열어 주고 있습니다. 특히 LLM은 인간과 유사하게 텍스트를 처리하고 생성하는 능력으로 주목받으며, 교육, 법률 연구, 문서 검토 등의 분야에서 유용한 도구로 자리 잡고 있습니다.

이 장에서는 LLM이 교육 경험을 향상시키고 법률 전문가를 지원하며 다양한 작업을 효율화하는 데 활용되는 사례를 폭넓게 탐구할 것입니다. 먼저 교육 분야에서 LLM이 어떻게 강의 자료를 작성하고 유인물과 쪽지 시험 문제를 개발하며 학생의 이해도를 평가하는 데 도움을 줄 수 있는지 알아보겠습니다. 또한 법률 분야에서는 LLM이 법률 연구, 문서 작성, 지적 재산 관리에 어떻게 기여하여 법률 전문가들의 업무 방식을 혁신하고 효율성을 높이는지 살펴볼 것입니다.

교육 분야에서는 LLM을 활용하여 학습 목표에 맞춘 교육 자료, 평가, 상호 작용 기반의 연습 문제와 피드백을 신속하게 생성하는 방법을 배울 수 있습니다. AI를 이용하여 쪽지 시험 문제, 프롬프트, 평가 기준, 학생 참여를 유도하는 콘텐츠를 생성하는 방법을 예시를 통해 소개할 것입니다.

이어서 법률 분야로 넘어가 최신 AI가 연구, 증거 수집, 초안 작성, 규정 준수, 위험 분석 등에서 어떻게 혁신을 일으키고 있는지 살펴보겠습니다. 변호사가 LLM을 활용하여 방대한 판례를 신속하게 소화하고 계약을 분석하고 소송 결과를 예측하고 문서 작성을 자동화하는 방법을 확인합니다. 또한 점점 더 발전하고 있는 AI가 법률 교육과 훈련에 미치는 영향도 살펴볼 것입니다.

그러나 LLM이 교육과 법률 분야에서 엄청난 잠재력을 보여 주지만, 그럴수록 인간의 감독이 중요하다는 점도 강조할 것입니다. 교사와 법률 전문가는 프롬프트를 전략적으로 설계하고 결과를 검증하며 필요한 조정을 해야 합니다. AI는 인간의 전문성을 보완하는 입장에 있어야 하며, 인간을 대체하는 입장에 있어서는 안 됩니다. LLM은 신중하게 구현될 때 전문가들이 반복적인 작업에서 벗어나 더 높은 수준의 사고와 판단에 집중할 수 있도록 돕는 힘을 가지고 있습니다.

이 장에서 다룰 주제는 다음과 같습니다.

- ChatGPT를 이용한 강의 자료 작성(단원 개요, 수업 계획, 토론 질문)
- 유인물과 기타 자료 작성(지침, 풀이 예시, 단어 문제)
- 쪽지 시험 문제 작성
- 평가 기준 작성
- 빈칸 채우기 이해도 시험 작성

- 법률 연구를 위한 AI
- LLM을 활용한 법률 문서 검토
- LLM을 활용한 법률 문서 작성
- 법률 교육과 학습을 위한 AI
- LLM을 활용한 전자 증거 개시(eDiscovery)[1]와 소송 지원
- AI를 활용한 지적 재산(Intellectual Property, IP) 관리

6.1 ChatGPT를 이용한 강의 자료 작성

LLM은 교사가 강의 자료를 설계하고 개발하는 데 귀중한 자원이 될 수 있습니다. LLM의 장점인 텍스트를 처리하고 생성하는 능력은 학생들의 특정 요구에 맞춘 단원 개요, 수업 계획, 흥미로운 토론 질문을 만들 때 도움이 됩니다. LLM을 활용하여 강의 개발 과정을 어떻게 향상시킬 수 있는지 살펴보겠습니다.

- **단원 개요**: 학습 여정을 안내하는 포괄적인 단원 개요의 개발은 교사와 학생 모두에게 중요합니다. LLM을 활용하여 주요 개념, 학습 목표, 교재의 진행 과정이 들어 있는 단원 개요를 생성할 수 있습니다. 주제, 하위 주제, 원하는 결과와 같은 관련 정보를 LLM에게 제공하면 잘 구조화되고 체계적인 단원 개요를 교사에게 제공합니다.
- **수업 계획**: LLM은 효과적이고 흥미로운 수업 계획을 만들 때 중요한 역할을 할 수 있습니다. 교사는 LLM을 활용하여 특정 학습 활동, 평가 방법, 학생들의 학습을 지원하는 자료 등을 포함한 수업 계획을 생성할 수 있습니다. 강사들은 LLM의 기능을 활용해 학생들의 다양한 학습 스타일과 독특한 요구를 충족시키도록 수업 계획을 최적화하고 개선할 수 있습니다.
- **토론 질문**: 학생들의 적극적인 참여와 비판적 사고 능력을 증진하는 것은 교육 환경에서 중요한 요소입니다. LLM은 지적인 토론을 자극하는 심오한 토론 질문을 만드는 데 도움을 줄 수 있습니다. 교사는 LLM에 관련 맥락과 원하는 학습 목표를 제공하여 다양한 토론 질문을 생성할 수 있습니다. 그리고 이 질문에 대해 학생들이 주제를 분석하고 평가하여 자신의 생각을 명확히 표현하게 지도할 수 있습니다.

---

1 법적 소송 과정에서 필요한 정보를 전자적으로 수집, 처리, 검토, 저장, 교환하는 절차입니다.

LLM은 강의 자료를 만드는 데 도움을 줄 뿐만 아니라 협업과 아이디어 생성의 기회도 제공합니다. 교사는 LLM을 활용하여 아이디어를 구상하고 다양한 접근 방식을 탐구하고 학생들에게 호응을 얻을 수 있는 혁신적인 자료를 개발할 수 있습니다. 비록 LLM이 이와 같이 매우 유용하지만, 그럼에도 불구하고 강의 자료의 품질과 효과를 보장하는 데는 인간의 전문성과 지도가 필수적이라는 점을 잊지 말아야 합니다.

교사는 LLM의 힘을 활용함으로써 강의 개발 과정을 간소화하고 자료 생성 시간을 절약해 궁극적으로 학생들에게 더욱 흥미롭고 효과적인 학습 경험을 제공할 수 있습니다. LLM을 이용해 단원 개요, 수업 계획, 토론 질문을 작성하는 것은 교사가 교육 전략을 향상시키고 오늘날 다양한 학습자들의 요구를 충족시킬 수 있는 새로운 가능성을 열어 줍니다.

예를 들어 고대 그리스의 역사를 가르치는 수업을 준비한다고 가정해 보겠습니다. 다음과 같은 프롬프트를 통해 단원 개요, 수업 목표, 과제, 평가 방법을 생성할 수 있습니다.

> **프롬프트**
>
> 주제: 고대 그리스의 역사
> 고등학교 역사 수업을 위한 고대 그리스 주제의 상세한 단원 개요를 작성하십시오. 개요에는 다음의 내용이 포함되어야 합니다.
> 전체 단원의 제목과 1-2 문장으로 된 간략한 설명
> 4-6개로 구성된 단원 핵심 학습 목표 목록
> 5-7개의 수업으로 나눈 단원의 구성, 각 수업의 제목과 1-2 문장으로 된 설명
> 단원의 주요 과제, 평가 및 활동에 대한 아이디어
> 이 단원이 전체 강의 목표와 주제에 어떻게 부합하는지에 대한 간략한 단락
> 개요는 간결하면서도 포괄적이어야 하며, 주요 주제, 학습 목표 및 평가를 다루어야 합니다.
> 명확한 조직과 구조로 서식화하고, 고대 그리스의 역사와 문화를 폭넓게 개관할 수 있도록 하세요.

> **응답**
>
> 다음은 제시된 프롬프트를 바탕으로 작성된 고대 그리스의 역사 단원 개요입니다.
> 고대 그리스의 역사 단원 개요: 이 단원에서는 고대 그리스 문명을 개관하며 주요 역사적 사건, 인물, 문화 요소, 서구 사회에 지속적으로 끼친 영향을 살펴봅니다. 학생들은 1차와 2차 자료를 분석하여 고대 그리스의 정치, 사회, 문화적 배경이 서구의 정치, 철학, 과학 등의 기초를 어떻게 형성했는지 이해하게 될 것입니다.
> 학습 목표
> - 고대 그리스 역사의 주요 시기와 중요한 사건을 설명할 수 있다.
> - 고대 그리스의 정치 구조와 인물들이 현대 민주주의에 미친 영향을 분석할 수 있다.
> - 고대 그리스 사회의 사회적 계층 구조와 역할을 평가할 수 있다.
> - 고대 그리스의 신앙 체계와 신화가 문화에 미친 영향을 조사할 수 있다.
> - 철학, 연극, 예술, 건축, 수학, 과학 분야에서 그리스인들이 이룩한 발전을 평가할 수 있다.
> 수업 구성

1. 고대 그리스의 지리와 연표 - 고대 그리스 문명이 언제 어디서 발생했는가?
2. 정치와 사회 - 그리스 도시 국가는 어떻게 구조화되고 통치되었는가? 누가 권력을 가졌는가?
3. 신화와 종교 - 그리스의 주요 신, 신화, 종교적 관습은 무엇이었는가?
4. 문화와 일상 생활 - 그리스 문화, 예술, 철학, 오락의 주요 측면은 무엇이었는가?
5. 전쟁 - 전쟁은 어떻게 발전했고 그리스인이 싸운 주요 전쟁은 무엇이었는가?
6. 유산 - 그리스는 정치, 과학, 수학, 철학 등의 분야에서 이후에 어떤 영향을 미쳤는가?

주요 과제와 평가
- 주요 사건의 삽화가 포함된 연표 작성
- 중요한 그리스 신 또는 여신에 대한 프로필 보고서 작성
- 그리스 철학에 관한 토론 또는 소크라테스식 세미나
- 그리스의 혁신과 영향에 관한 짧은 연구 논문
- 그리스 문화 또는 신화의 한 측면을 묘사하는 창의적 프로젝트

이 단원은 고대 그리스가 서구 문명 발전에 지속적으로 끼친 영향을 학생들이 이해하도록 도와줍니다. 1차 자료를 검토하고 그리스의 정치, 사회, 문화적 요소를 평가하는 과정은 비판적 분석 능력을 키울 수 있습니다.

훌륭한 초안입니다.[2] 프롬프트를 추가하여 출력 결과를 다듬고 조정하는 작업은 수작업으로 진행할 수 있습니다.

교사는 수업을 준비할 때 학생들을 위한 유인물을 준비하여 보조 자료로 활용합니다. 이때 AI를 사용해 아이디어를 얻고 필요에 따라 다듬을 수 있습니다. 다음 절에서는 유인물을 준비하는 예시와 함께 풀이 예시를 작성하고, 다양한 분야 간의 교차 학습을 강화하기 위해 단어 문제를 내는 방법도 탐구해 보겠습니다.

SECTION 6.2 유인물과 기타 자료 작성

교육 자료를 만들 때 유인물, 풀이 예시, 단어 문제는 학생들의 참여를 유도하고 이해를 강화하는 데 중요한 역할을 합니다. LLM과 AI의 발전으로, 교사는 자료를 만들 때 강력한 도구의 도움을 받을 수 있게 되었습니다. 이 절에서는 이에 대한 몇 가지 예를 살펴보겠습니다.

---

2   여기에서는 클로드 2를 사용하였습니다.

6.2.1 단원 유인물 작성

유인물은 학습에서 핵심 개념, 예제, 참고 정보를 이해하기 쉽게 간단히 요약하여 학습을 보조하는 중요한 역할을 합니다. 이 절에서는 교사가 AI 도우미에게 특정 강의 단원에 맞춘 유인물 아이디어를 생성하도록 요청하는 방법을 살펴볼 것입니다. AI 도우미(assistant)는 단원 주제와 학습 목표를 바탕으로 다양한 유인물 형식과 내용을 제안해 줍니다. 물론 AI 도우미가 초안을 제공하지만, 교사가 최종 유인물을 검토하고 수정하고 편집해야 합니다.

먼저 LLM에게 강의에 필요한 유인물 아이디어를 요청하는 것부터 시작하겠습니다.

> **프롬프트**
>
> 앞의 강의를 위한 유인물을 작성해 주세요.

> **응답**
>
> 다음은 고등학교 역사 수업에서 고대 그리스 단원에 쓸 수 있는 몇 가지 유인물 예시입니다.
> 고대 그리스 연표 유인물
> - 주요 날짜 범위를 표시하고 빈칸이 있는 연표 포함
> - 학생들은 교사가 제공한 카드에서 주요 사건과 인물을 채워 넣음
> 고대 그리스 신과 여신 유인물
> - 주요 그리스 신과 여신 10-12명의 프로필
> - 이름, 역할, 상징, 관련된 주요 신화 포함
> 고대 그리스 정치 체계 유인물
> - 군주제, 과두제, 참주제, 민주주의 비교
> - 권력을 가진 자, 법을 만드는 방식 등의 차이를 표로 정리
> 고대 그리스 철학자 유인물
> - 소크라테스, 플라톤, 아리스토텔레스 등 주요 그리스 철학자 5-7명의 프로필
> - 그들의 사상과 철학에 대한 기여 요약 포함
> "하루 일과" 유인물
> - 고대 그리스에서 다양한 집단(여성, 아이, 노예, 군인 등)의 일상 생활을 묘사
> - 사회 계층 간의 경험 비교
> 이 유인물은 학생들의 흥미를 유발하고 주요 내용을 체계적인 개요로 제공하며 고대 그리스 역사와 문화의 주요 요소를 이해하고 분석하고 비교하는 데 도움을 줍니다.

이것도 나쁘지는 않지만, 풀이 예시가 있는 유인물이 더 좋을지 모릅니다. 풀이 유인물에는 더 자세한 내용이 나와 있으니까요.

6.2.2 풀이 예시 작성

단원 개요를 제공하는 유인물 외에 풀이 예시는 개념을 실제로 보여 주는 데 매우 유용한 자료입니다. 이 절에서는 교사가 AI를 활용하여 문제, 증명, 유도, 단계별 과정 등을 포함한 풀이 예시를 넣어 유인물을 생성하는 방법을 살펴보겠습니다. AI 시스템에 관련 과목의 맥락을 제공하면 학습 목표에 맞춘 풀이 예시를 출력할 수 있습니다. 교사는 AI의 제안을 정리하여 단원에서 길러야 할 지식과 기술의 모범 사례를 제공하는 유인물을 완성할 수 있습니다. 풀이 예시는 전문가들이 개념을 실천할 때 사용하는 사고 과정을 확인할 수 있어 학습에 도움이 됩니다. 보충 자료를 개발할 때 AI 도우미를 활용하는 방안을 살펴보겠습니다.

> **프롬프트**
>
> 풀이 예시를 작성해 주세요.

> **응답**
>
> 다음은 고대 그리스 단원에 대해 완성된 정보가 담긴 유인물 예시입니다.
> 고대 그리스 연표 유인물 - 해답
> - 주요 사건 포함: 아테네의 첫 민주주의, 페르시아 전쟁, 펠로폰네소스 전쟁, 알렉산드로스 대왕의 부상
> - 각 사건의 날짜와 간략한 설명 제공
> 고대 그리스 신과 여신 유인물 - 해답
> - 제우스, 헤라, 포세이돈, 아테나, 아레스, 아폴론, 아르테미스, 아프로디테, 헤르메스, 하데스의 프로필
> - 각 신의 역할, 상징, 관련된 신화 포함
> 고대 그리스 정치 체계 유인물 - 해답
> - 군주제, 과두제, 참주제, 민주주의 비교: 통치자 수, 부/토지 소유, 권력의 기원 등 요소에 따른 비교
> - 그리스 도시 국가에서의 각 체제 예시 제공
> 고대 그리스 철학자 유인물 - 해답
> - 소크라테스, 플라톤, 아리스토텔레스, 피타고라스, 아르키메데스, 유클리드, 히포크라테스의 요약
> - 철학, 수학, 의학, 과학에 대한 주요 기여 강조
> "하루 일과" 유인물 - 해답
> - 고대 그리스에서 여성, 아이, 노예, 군인의 일상 생활과 역할 묘사
> - 부유층과 가난한 사람들, 특권층과 억압받는 집단의 경험 비교
> 이 풀이 유인물은 단원의 주요 주제에 대한 학생들의 이해를 강화하기 위해 예제와 세부 정보, 완성된 내용을 제공합니다. 다른 주제나 유인물 주제가 필요하시면 알려주세요!

'이제 이 유인물에 대한 풀이 예제를 작성해 주세요'와 같은 프롬프트를 사용하지 않았다는 점에 주목하세요. LLM이 맥락을 유지하여 제가 앞에서 작성한 유인물을 언급한다는 것을 이미 알고 있다는 뜻입니다.

풀이 예시가 학습 보조 역할에서 중요한 부분을 차지하고 있는 반면, 단어 문제는 학생들이 지식과 기술을 상황에 따라 독립적으로 적용하는 능력을 평가합니다.

6.2.3 단어 문제

단어 문제는 학생들이 실제 또는 가상의 상황에서 제시된 질문을 분석하고 관련된 세부 사항을 추출하여 해결 전략을 식별하고 계산이나 논리적 추론을 통해 해결책을 도출하도록 요구하는 질문입니다. 단어 문제는 추상적인 방정식이 아닌 실제 상황에서 연습함으로써 비판적 사고, 읽기 능력, 수학적 추론 능력을 키웁니다. 잘 설계된 단어 문제는 학습 동기를 부여하고 개념을 의미 있는 상황에 연결하며 이해력, 전략적 사고, 문제 해결 능력을 개발하고 평가할 수 있는 더 흥미로운 방법을 제공합니다.

계속해서 고대 그리스 역사 단원의 예를 통해 언어 능력을 강조하는 문제와 간단한 수학에 중점을 둔 문제를 각각 하나씩 살펴보겠습니다.

언어 능력을 강조하는 문제에 대한 프롬프트는 다음과 같습니다.

> **프롬프트**
>
> 수업 주제를 바탕으로 언어 능력을 강조하는 단어 문제를 작성해 주세요.

> **응답**
>
> 다음은 고대 그리스 역사의 맥락에서 언어 능력과 독해력을 강조하는 몇 가지 단어 문제입니다.
> - 스파르타는 동시에 두 명의 왕이 통치했습니다. 한 왕은 군대를 이끌었고, 다른 왕은 뒤에 남아 국가를 다스렸습니다. 스파르타에서 왕의 두 가지 역할은 무엇이었습니까?
> - 호메로스는 그의 서사시 『일리아스』에서 트로이 전쟁에 참여한 위대한 전사 아킬레우스를 묘사합니다. 이 정보를 바탕으로 아킬레우스를 묘사하는 단어를 아래에서 모두 고르세요.
> 용기 나태 영웅심 겁 약함 힘
> - 철학자 소크라테스는 제자인 플라톤에게 큰 영향을 미쳤습니다. 플라톤은 아리스토텔레스를 가르쳤고 아리스토텔레스는 알렉산드로스 대왕을 교육했습니다. 이 단락을 사용하여 이 네 주요 인물을 가장 이른 시기부터 가장 늦은 시기순으로 배열하세요.
> 1) _____ 2) _____ 3) _____ 4) _____
> - 그리스 여신 아테나는 지혜, 전투 기술 그리고 아테네의 예술을 후원한 것으로 유명했습니다. 이전 문장에서 아테나의 역할과 자질을 설명하는 구문 세 개에 밑줄을 치세요.
> - 과두정은 부유한 귀족들이 통치하는 반면, 아테네와 같은 민주정은 모든 남성 시민에게 권력을 부여했습니다. 과두정과 민주정을 비교하는 문장을 "반면"을 사용해 한 문장으로 쓰세요.
> 이 문제들은 읽기, 어휘, 연대기, 비교와 대조 등 다양한 언어 능력을 통합하여 내용 지식과 문해력을 함께 키울 수 있도록 도와줍니다.

역시 예제의 프롬프트에서 고대 그리스 역사를 언급할 필요가 없습니다. LLM이 대화의 맥락을 기억하고 있기 때문입니다. 항상 그래 왔듯이 더 구체적이거나 자세한 답변이 필요하면 프롬프트를 추가할 수 있습니다. 이제 수학 단어 문제를 요청해 보겠습니다.

> **프롬프트**
>
> 이제 고등학교 1학년 학생을 위한 고대 그리스 역사와 관련된 수학 단어 문제를 작성해 주세요.

> **응답**
>
> 다음은 고등학교 1학년 학생을 위한 고대 그리스 역사와 관련된 다단계 수학 단어 문제 4가지입니다.
> - 그리스의 수학자 피타고라스는 기원전 6세기에 직각삼각형에서 피타고라스의 정리($a^2 + b^2 = c^2$)를 개발했습니다. 여기서 a와 b는 직각을 이루는 변이고, c는 빗변입니다. 만약 한 그리스 신전의 지붕이 다리가 12미터와 16미터인 삼각형 모양이라면, 지붕의 빗변 길이가 얼마인지 피타고라스의 정리를 사용하여 계산하세요.
> - 역사가 헤로도토스는 기원전 480년 그리스-페르시아 전쟁 동안 페르시아 제국의 인구를 약 5,283,220명으로 추정했습니다. 페르시아 본토의 인구가 약 70만 명이었다면, 당시 페르시아 제국 인구의 몇 퍼센트가 페르시아 본토 밖에 살고 있었습니까?
> - 기원전 480년 테르모필레 전투에서 약 7,000명의 그리스군이 150,000명에서 300,000명 사이의 페르시아 군대와 맞섰다고 추정됩니다. 그리스군이 페르시아군에게 약 20,000명의 사상자를 입혔다면, 페르시아 군대 전체 중 몇 퍼센트가 손실되었습니까?
> - 기원전 447~432년에 건축된 파르테논 신전의 총 부피는 30,240세제곱미터였습니다. 길이가 69.5미터, 너비가 30.9미터, 높이가 13.72미터라면 건축가들이 계산한 부피와 길이x너비x높이 공식을 사용하여 계산한 부피가 일치합니까?

앞의 두 가지 예는 날짜 계산, 곱셈, 피타고라스 정리, 속도, 거리, 시간, 여러 묶음의 결합 등 간단한 수학에 중점을 두고 수학 기술을 통합한 것과 고대 그리스 역사의 핵심 개념을 강화하면서 언어 능력에 중점을 둔 것으로 단어 문제에 대한 이해를 높일 수 있습니다.

이어서 AI를 사용하여 학습 단원을 위한 쪽지 시험 문제를 만드는 방법을 알아보겠습니다.

6.3 쪽지 시험 문제 작성

쪽지 시험을 통한 주기적인 학습 평가는 교육의 기초 요소입니다. 이 절에서는 교사가 AI를 활용하여 특정 단원의 개념과 학습 목표에 맞춘 흥미로운 쪽지 시험 문제를 자동으로 생성하는 방법을 살펴보겠습니다. 적절한 프롬프트를 사용하면 AI가 다양한 쪽지 시험을 개발하여 교사의 시간을 절약해 줄 수 있습니다. 물론 교사는 AI가 생성한 쪽지 시험 내용을 선별하고, 교육 기준에 맞춰 학생에게 적절한 난이도를 설정해 학습을 자극하는 문제를 만들어야 합니다. AI가 평가 설계 과정을 보조하는 예를 탐구해 봅시다.

프롬프트

이 수업을 위한 객관식 쪽지 시험 문제 10개를 작성해 주세요.

응답

다음은 고대 그리스 역사 수업을 위한 10 문제의 객관식 쪽지 시험입니다.
1. 고대 그리스 문명이 최고조에 달했던 시기는 어느 시기인가요?
a) 고졸기
b) 고전기
c) 헬레니즘 시대
d) 로마 시대
2. 그리스의 대부분을 정복한 마케도니아의 유명한 왕은 누구인가요?
a) 레오니다스
b) 페리클레스
c) 알렉산드로스 대왕
d) 호메로스
3. 아테네에 리케이온이라는 학교를 세운 철학자는 누구인가요?
a) 소크라테스
b) 아리스토텔레스
c) 아르키메데스
d) 유클리드
4. 호메로스가 『일리아드』와 『오디세이』를 쓸 때 사용한 시의 형식은 무엇인가요?
a) 서사시
b) 서정시
c) 전원시
d) 극시
5. 아테네가 델로스 동맹에서 권력을 얻게 된 사건은 무엇인가요?
a) 테르모필레 전투
b) 마라톤 전투

c) 펠로폰네소스 전쟁
d) 페르시아 전쟁
6. 그리스 신화에서 신들의 왕이자 번개의 신은 누구인가요?
a) 아폴론
b) 제우스
c) 아테나
d) 포세이돈
7. 기원전 5세기 아테네의 정부 형태는 무엇이었나요?
a) 과두정
b) 참주정
c) 군주제
d) 민주정
8. 올림피아에서 4년마다 열렸던 경기는 무엇인가요?
a) 네메아 경기
b) 이스트미아 경기
c) 올림피아 경기
d) 피티아 경기
9. 도덕적 교훈을 담은 우화를 쓴 사람은 누구인가요?
a) 플라톤
b) 이솝
c) 프톨레마이오스
d) 헤로도토스
10. 아마존 여전사를 이끌고 전투에 나선 여성 전사는 누구인가요?
a) 헬레네
b) 카산드라
c) 안드로마케
d) 펜테실레이아

이 프롬프트에 이어 정답을 묻는 다른 프롬프트를 작성할 수 있습니다.

프롬프트

정답은 무엇인가요?

응답

다음은 고대 그리스 쪽지 시험 10문제의 정답입니다.
1. b) 고전기
2. c) 알렉산드로스 대왕
3. b) 아리스토텔레스
4. a) 서사시
5. b) 마라톤 전투
6. b) 제우스

```
7. d) 민주정
8. c) 올림피아 경기
9. b) 이솝
10. d) 펜테실레이아
```

쪽지 시험은 특정 주제에 대한 학생들의 일반적인 지식을 평가하는 좋은 방법입니다. 그러나 쪽지 시험 외에도 다양한 방법을 사용하여 학습한 내용에 대한 이해도를 평가할 수 있습니다.

이번에는 교사가 평가 기준표를 만들 때 생성형 AI에게 어떤 도움을 받을 수 있는지 확인해 보겠습니다.

 평가 기준표 작성

평가 기준표(rubric)는 학생들의 과제 품질을 평가하고 측정하는 데 사용하는 도구로 특정 기준과 성과 지표를 명시하는 채점 도구입니다. 평가 기준표는 기대 사항을 명확하게 전달하고 학생들이 어떻게 평가될지를 알려주는 구조화되고 표준화된 방법을 제공합니다. 이를 통해 교사는 학생들에게 건설적인 피드백을 제공할 수 있습니다.

평가 기준표는 일반적으로 과제나 프로젝트의 학습 목표와 관련된 일련의 기준, 각 기준에 대한 다양한 성과 수준 및 그에 대한 상세한 설명으로 구성됩니다. 성과 수준은 주로 초보자나 미흡한 수준부터 능숙하거나 모범적인 수준까지 범위를 나눠 성과의 스펙트럼을 평가할 수 있도록 합니다.

평가 기준표의 목적은 공정하고 투명한 평가 과정을 확립하는 것입니다. 평가 기준표를 사용하면 누가 평가하더라도 일관되고 객관적인 채점을 유지할 수 있습니다. 또한 학생이 자신에게 기대하는 바를 이해하여 스스로 학습 진행 상황을 평가하고 제공된 피드백을 바탕으로 개선할 수 있도록 도와줍니다.

평가 기준표는 에세이, 발표, 프로젝트, 실험 보고서 등 다양한 유형의 과제에 사용할 수 있습니다. 이는 단순히 채점의 틀을 제공하는 것뿐만 아니라 학생이 자신의 성과를 이끌어내는 데 필요한 구체적인 기준을 제시하여 과제를 수행하는 지침이 됩니다.

고대 그리스 수업 단원을 예로 계속 살펴보겠습니다.

> **프롬프트**
>
> 이 수업을 위해 평가 기준표를 정의해 주세요.

> **응답**
>
> 다음은 고대 그리스 역사 수업에서 학생들의 과제를 평가하는 데 사용할 수 있는 예제 평가 기준표입니다.
> 구술 발표 평가 기준
> - 역사적 정확성 - 제시된 모든 정보가 역사적으로 정확함 (5점)
> - 내용 지식 - 주제에 대한 명확한 이해를 보여 줌 (5점)
> - 구성 - 발표에 명확한 도입, 본문, 결론이 있음 (5점)
> - 발표 전달 - 명확하게 말하고 눈 맞춤을 유지하며 제스처를 사용함 (5점)
> 에세이 평가 기준
> - 주제문 - 도입부에서 명확한 주장이나 입장을 제시함 (5점)
> - 증거 - 주장을 뒷받침하는 구체적인 예와 사실을 사용함 (5점)
> - 분석 - 증거의 중요성과 주장과의 연관성을 설명함 (5점)
> - 글쓰기 - 명확한 구성, 전환, 문법, 맞춤법 (5점)
> 연표 평가 기준
> - 완전성 - 모든 주요 사건과 적절한 날짜 범위를 포함함 (10점)
> - 세부 사항 - 각 사건에 대한 정확한 세부 사항과 맥락이 있음 (5점)
> - 발표 - 사건이 연대순으로 구성되어 있으며, 제목과 이미지가 연표를 보완함 (5점)
> 토론 평가 기준
> - 주장 - 명확한 이유와 증거를 제공하여 토론에서 한쪽을 지지함 (10점)
> - 반박 - 효과적으로 상대방의 주장을 반박함 (10점)
> - 발표 - 명확하게 말하고 침착함을 유지하며 시간을 효과적으로 사용함 (5점)
> - 협동 - 협력하여 효과적으로 작업을 분담함 (5점)

평가 기준표는 점수 체계를 사용하여 성과와 과제의 주요 요소에 대한 기대치를 정의합니다. 이를 통해 주관적인 평가에서도 명확하고 일관되게 채점을 할 수 있습니다.

평가 기준표는 다양한 평가에서 학생의 작업물과 수행을 평가하는 중요한 틀을 제공합니다. 빈칸 채우기 활동은 핵심 어휘 숙달도와 문맥 이해 능력을 일상적으로 평가하는 데 더 집중된 접근 방식을 제공합니다. 빈칸 채우기 연습은 교육 텍스트의 핵심 용어와 개념 학습을 빠르게 측정합니다. 읽고 이해하는 능력인 독해력은 모든 학문 분야에서 성공의 필수 요소이기 때문에 빈칸 채우기 시험(cloze test)과 같은 독해력 평가를 위한 활동은 중요한 교육 도구입니다.

6.5 빈칸 채우기 이해력 시험 작성

빈칸 채우기 이해력 시험은 일부 단어 또는 구절을 의도적으로 생략된 지문을 제시하여 학생의 독해력을 평가하는 특정 유형의 평가 도구입니다. 이 시험의 목표는 학생이 생략된 단어를 채워 넣어 글을 잘 이해했음을 증명하는 것입니다.

빈칸 채우기 시험에서는 일정한 간격으로 지문의 단어나 구절을 제거해 빈칸만 남깁니다. 학생은 문맥과 글 전체의 이해를 바탕으로 누락된 단어를 찾아내야 합니다. 누락된 단어는 명사, 동사, 형용사, 부사, 전치사 등 다양한 형태일 수 있습니다.

빈칸 채우기 시험은 어휘 지식, 문장 구조의 이해, 문맥 단서, 글 전체의 이해 등 독해력의 여러 측면을 평가합니다. 학생들은 개별 단어와 문장의 의미를 파악하는 것뿐만 아니라 글을 일관된 전체로서 이해해야 합니다.

따라서 언어 학습, 문학 연구, 읽기 평가에서 학생이 주어진 글을 정확히 읽고 이해할 수 있는 능력을 측정하는 데 널리 사용됩니다. 이 시험은 교육적 맥락과 학습 목표에 따라 허구와 실화를 모두 사용할 수 있습니다.

> **프롬프트**
>
> 이 수업을 위한 빈칸 채우기 시험을 작성해 주세요.

> **응답**
>
> 다음은 고대 그리스 역사 수업을 위한 빈칸 채우기 시험 예시입니다.
> 고대 그리스인들은 철학, 수학, 과학과 같은 _____에 중요한 기여를 했습니다. 소크라테스, 플라톤, 아리스토텔레스는 영향력 있는 그리스 _____로서 그들의 사상은 후대 사상가들과 사회에 영향을 미쳤습니다.
> 고대 그리스는 _____ 체계를 갖춘 최초의 문명 중 하나였습니다. 기원전 5세기 아테네는 시민들이 법률과 문제에 대해 _____할 수 있는 민주적인 정부를 가졌습니다.
> 고대 그리스 문화는 운동을 중시했습니다. _____는 제우스와 다른 _____에게 경의를 표하기 위해 올림피아에서 4년마다 열리는 운동 경기였습니다. 경기는 달리기, 전차 경주, 레슬링 등을 포함했습니다.
> 아테네와 스파르타와 같은 많은 그리스 도시 국가들은 강력한 군대를 형성했습니다. 스파르타인들은 엄격한 _____ 체계를 개발하여 강한 전사를 양성하는 데 중점을 두었습니다. 페르시아 전쟁과 펠로폰네소스 전쟁과 같은 주요 충돌은 그리스의 _____ 능력을 보여 주었습니다.
> 신화는 그리스 _____와 문학의 중요한 부분이었습니다. 신화는 자연 현상을 설명하고, 헤라클레스와 같은 _____의 모험을 이야기하며, 가치를 보여 주었습니다. 호메로스와 같은 위대한 작가들은 그리스 신화를 바탕으로 서사시를 창작했습니다.

> 정답:
> 분야 철학자들 민주주의 투표 올림피아 신들 군사 전투 문화 영웅들 호메로스
> 이 빈칸 채우기 시험은 정부, 철학, 신화, 전쟁, 문화와 같은 주요 주제에 대한 이해를 평가합니다. 학생들은 빈칸을 채워 자신의 지식을 증명합니다.

요약하자면, AI 도구를 활용하면 높은 품질의 맞춤형 강의 자료를 생성할 수 있는 새로운 작업 흐름이 열립니다. 단원 개요, 과제, 평가, 실습 활동 등의 예를 통해 알 수 있듯이, 적절한 프롬프트를 사용하면 특정 학습 목표, 교육 과정 기준, 학생 요구에 맞춘 교육 자료를 얻을 수 있습니다. 물론 AI가 생성한 콘텐츠는 교사가 반드시 검토하고 다듬어야 하지만, 그럼에도 불구하고 기준에 맞는 자료의 초안을 자동으로 생성하는 능력은 교사의 생산성을 높이는 훌륭한 기능입니다. AI의 기능과 프롬프트 설계 기법이 계속 발전함에 따라 교사는 다양한 학습 자료를 신속하게 만들어 학습을 촉진하고 학생의 성공을 종합적으로 지원하게 될 것입니다.

앞 절에서는 학문적 교육을 위한 수업과 교육 과정 개발에 중점을 두었지만, AI는 법률 교육과 실무에서도 새롭게 활용되고 있습니다. 학생들의 학습 목표에 맞춘 자료를 생성하는 프롬프트 설계 기법처럼, AI는 법률 전문가들의 기술 향상과 업무 흐름을 개선하는 데도 가능성을 보여줍니다. LLM의 자연어 처리 능력을 통해 법학생을 위한 교육 자료, 변호사 훈련, 연구와 검색의 간소화, 문서 작성 자동화 등을 최적화할 수 있습니다. 법률 분야는 문서를 이해하고 작성하는 데 크게 의존하는 만큼 AI는 법률 전문가를 지원하고 접근성을 향상시키며 반복 작업에 소요되는 시간을 줄이는 데 도움을 줄 것입니다. 다음 절에서는 법률 교육부터 소송 지원까지 AI의 최첨단 활용 사례를 살펴보겠습니다.

6.6 법률 연구를 위한 AI

전통적으로 법률 전문가는 사건 분석과 법률 연구에 상당한 시간과 노력을 투자해야 했습니다. 그러나 LLM의 등장으로 이러한 작업이 크게 간소화되었습니다. LLM은 방대한 양의 법률 문서, 법령, 판례를 신속하게 검색하여 관련 정보를 추출하고 종합한 요약을 제공합니다. 법률 전문가는 LLM을 활용해 방대한 지식에 손쉽게 접근하여 연구와 분석 과정을 빠르게 진행할 수 있습니다.

예를 들어 변호사가 1973년 미국 대법원 판례인 로 대 웨이드 사건(The 1973 US Supreme Court case Roe versus Wade)[3]과 관련된 소송을 준비를 해야 한다면, 다음과 같은 프롬프트를 사용할 수 있습니다.

프롬프트

1973년 미국 대법원 판례인 로 대 웨이드 사건에서 헌법이 여성의 낙태 선택 자유를 과도한 정부 규제 없이 보호한다고 판결한 주요 사실, 법적 쟁점, 주장을 요약하고 판결을 설명하세요. 사생활의 권리를 확립한 이 판례에서 다수 의견과 반대 의견의 객관적인 개요 및 법원의 판결에 대한 법적 논리를 중점적으로 제시하세요. 개인적인 의견이나 논평은 포함하지 마세요.

응답

다음은 1973년 로 대 웨이드 사건의 주요 사실, 법적 쟁점, 주장 및 판결 요약입니다.
- 이 사건은 어머니의 생명을 구하는 경우를 제외하고 낙태를 수행하거나 받는 것을 범죄로 규정한 텍사스 법에 대한 이의 제기입니다.
- 주요 법적 쟁점은 헌법이 여성이 임신을 종료할 권리를 포함하는 사생활의 권리를 보호하는지, 그렇다면 주가 그 권리를 제한할 수 있는 정당한 이익을 가지고 있는지 여부입니다.
- 해리 블랙먼(Harry Blackmun) 대법관이 작성한 7대 2의 다수 의견에서, 대법원은 수정헌법 14조의 적법 절차 조항이 여성이 낙태를 결정할 권리를 포함하는 근본적인 사생활의 권리를 보호한다고 판결했습니다. 이 권리는 절대적인 것이 아니며, 주의 중요한 이익과 균형을 맞춰야 합니다.
- 법원은 인간의 생명이 수정되는 순간부터 시작된다는 텍사스의 주장을 기각했고, 태아의 생명을 보호하는 것이 중요한 주의 이익이라는 주장도 기각했습니다. 다수 의견은 태아가 헌법적 권리를 가진 "사람"으로 법적으로 간주되지 않는다고 판단했습니다.
- 그러나 법원은 주가 모성 건강과 "잠재적 생명"을 보호할 이익을 가지고 있어 낙태를 일부 규제할 수 있다고 언급했으며, 이는 과도한 부담을 주지 않는 한 가능합니다.
- 반대 의견을 낸 윌리엄 렌퀴스트(William Rehnquist)와 바이런 화이트(Byron White) 대법관은 헌법에 일반적인 사생활의 권리가 없으며, 이 문제는 주에 맡겨야 한다고 주장했습니다.
- 궁극적으로 로 대 웨이드 판결은 여성이 헌법적으로 낙태 수술을 받을 권리를 가지고 있음을 확인했으며, 이는 허용 가능한 주의 규제와 균형을 이루어야 한다고 명시했습니다. 이 판결은 생식 결정에 대한 사생활의 권리를 확립하면서 텍사스의 엄격한 낙태 금지법을 무효화했습니다.

다른 예를 살펴봅시다.

---

[3] https://ko.wikipedia.org/wiki/로_대_웨이드_사건

> **프롬프트**
>
> 다음은 1966년 미란다 대 애리조나 사건[4]의 주요 사실, 법적 쟁점, 주장 및 대법원 판결에 대한 개요입니다.
> 미란다 대 애리조나 사건의 주요 사실, 법적 쟁점, 주장 및 대법원 판결을 요약해 주세요. 이 사건은 수정헌법 제5조의 자백 강요 금지 권리와 수정헌법 제6조의 변호인 선임 권리를 구금된 용의자에게 심문 전에 알릴 것을 요구한 판례입니다. 다수 의견의 논리와 이 고지가 용의자의 헌법적 권리를 보호하기 위해 필요하다는 결론을 요약해 주세요. 또한 반대 의견의 반박도 요약해 주세요. 양측의 주요 주장을 객관적으로 전달하고, 개인적인 논평은 포함하지 마세요.

> **응답**
>
> 다음은 1966년 미란다 대 애리조나 사건의 개요입니다.
> - 이 사건은 에르네스토 미란다(Ernesto Miranda)가 체포되어 권리를 고지 받지 않은 채 2시간 동안 경찰 심문 후 유괴와 성범죄를 자백한 사건입니다.
> - 주요 법적 쟁점은 이 사건에서 수정헌법 제5조와 제6조의 권리에 대한 고지가 없었던 것이 헌법을 위반했는지, 그리고 그의 자백을 증거로 사용할 수 없는지 여부였습니다.
> - 대법원은 5 대 4 판결로 검찰이 절차적 보호 장치 없이 구금된 경찰 심문에서 나온 진술을 사용할 수 없다고 판결했습니다.
> - 얼 워런(Earl Warren) 대법원장이 작성한 다수 의견은 경찰이 용의자에게 침묵할 권리, 용의자가 말한 것이 불리하게 사용될 수 있다는 점, 그리고 변호인을 선임할 수 있는 권리를 알려야 한다고 밝혔습니다.
> - 법원은 이러한 미란다 고지가 구금된 심문의 "본질적으로 강압적인 압력"에 대항하기 위해 필요하다고 판단했습니다.
> - 반대 의견에서 바이런 화이트(Byron White) 대법관은 다수 의견이 지나치게 엄격한 요구를 부과했다고 주장했습니다.
> - 전체적으로, 미란다는 구금 중 심문을 받을 때 자백 강요 금지 권리를 알리기 위한 필수 고지를 확립하여 수정헌법 제5조와 제6조의 권리를 보호하려고 했습니다.

대화를 계속하면서 특정 측면에 대한 세부 정보를 더 요청하여 사건을 더 깊이 분석하고 법률을 연구할 수 있으며 이를 통해 상당한 노력을 절약할 수 있습니다.

이제 AI의 획기적인 발전을 바탕으로, 법률 문서 검토에서 보인 LLM의 혁신적인 능력에 주목하겠습니다. LLM의 힘을 활용하여 법률 전문가는 검토 과정을 간소화하고 최적화하여 정확성, 효율성을 보장하고, 향상된 의사 결정을 내릴 수 있습니다.

---

4 https://ko.wikipedia.org/wiki/미란다_원칙

LLM을 활용한 법률 문서 검토

법률 실무 분야에서 법률 문서 검토는 정확성, 규정 준수, 효과적인 의사 결정을 보장하는 데 중요한 역할을 합니다. AI, 그중에서도 특히 LLM의 발전 덕분에 법률 문서 검토의 환경은 크게 변했습니다. 이 절에서는 LLM이 어떻게 법률 문서 검토를 혁신하고 작업 흐름을 간소화하며 효율성을 높이고 기계 학습의 힘을 활용하여 정확하고 정보에 입각한 분석을 이끌어내는지 살펴봅니다.

파트너십 계약서를 검토한다고 가정해 봅시다. 계약서가 포괄적인지, 양측을 보호하기 위해 필요한 모든 측면을 다루고 있는지 알고 싶습니다. 다음 프롬프트를 통해 LLM이 이를 검토하고 몇 가지 권장 사항을 제공하도록 요청할 수 있습니다.

프롬프트

당신은 계약서 초안을 분석하는 법률 문서 검토자입니다. 목표는 계약서 문구에서 문제나 위험을 식별하고 전문적이고 중립적인 언어를 유지하면서 개선 사항을 제안하는 것입니다. 완전성, 명확성, 집행 가능성, 규정, 모범 사례 준수를 평가하는 데 중점을 두세요. 평가 요약을 두세 문장으로 제공하고, 구체적이고 실행 가능한 권장 사항을 3~5개 정도 건설적인 표현으로 제시하세요. 절대적인 판단이나 결론을 피하고 윤리적이고 편견이나 이해 충돌 없이 접근하세요.
문서는 다음과 같습니다.
이해 당사자:
최고 주식회사, 미국 델라웨어주에 등록된 다국적 자동차 회사로 본사는 미국 미시건주 디트로이트에 있으며 지역 본사는 영국 런던과 일본 도쿄에 위치해 있습니다.
가나다 유한회사, 전기차 파워트레인 개발에 중점을 둔 영국 런던에 설립된 기술 회사로 등록 사무소와 주요 연구 개발 시설은 영국 옥스퍼드에 있습니다.
목적 및 목표:
목적은 경량 및 중량 트럭, 밴, 버스를 포함한 맞춤형 전기 상용 차량의 연구, 설계, 개발, 프로토타입 제작, 테스트, 인증, 제조, 마케팅, 판매, 유통을 협력하여 수행하는 것입니다.
목표는 다음과 같습니다.
최고(주)의 자동차 설계, 제조 및 유통 능력과 가나다(유)의 전기 파워트레인 전문 지식을 활용하여 새로운 전기 상용 차량의 시장 출시 시간을 단축합니다.
5년 이내에 북미, 유럽, 아시아 태평양 시장에서 전기 상용 차량의 선도적인 시장 점유율을 달성합니다.
다양한 차량 세그먼트와 등급으로의 신속한 확장을 가능하게 하는 모듈형 및 확장 가능한 전기 차량 아키텍처를 개발합니다.
첨단 무배출 차량 기술을 통해 지속 가능한 운송 분야에서 최고(주)와 가나다(유)를 혁신의 선두 주자로 확립합니다.
범위와 독점성:
이 협정은 전기 상용 차량에 대한 최고(주)와 가나다(유) 간의 독점적인 협력을 규정합니다.
협정 기간 동안 양 당사자는 유사한 차량을 독립적으로 개발하거나 제3자와 협력하지 않습니다.

범위에는 초기 연구 개발부터 공동 개발 차량의 판매 및 유통에 이르는 모든 활동이 포함됩니다. 여기에는 다음이 포함됩니다:
- 전기 파워트레인 시스템 기술 개발
- 차량 통합 엔지니어링
- 설계 및 프로토타입 제작
- 테스트 및 인증
- 공급망 개발
- 최고(주)와 가나다(유)의 지정 시설에서의 제조
- 판매, 마케팅, 유통
- 애프터 세일즈 지원 및 서비스
- 충전 인프라

지리적 범위:
- 북미
- 유럽
- 아시아 태평양

기간:
이 협정은 [시작일]에 시작하여 초기 기간은 5년 동안 지속됩니다. 이후 자동으로 3년 단위로 갱신되며, 조기에 종료되지 않는 한 계속됩니다.

관리 구조:
양사의 고위 임원 5명으로 구성된 공동 관리 위원회가 설립됩니다. 공동 관리 위원회는 협력을 감독하고 합의에 따라 결정을 내립니다. 일일 프로젝트 팀은 양사 직원으로 구성되며 공동 관리 위원회가 설정한 목표를 달성하기 위해 노력합니다.

지적재산권:
각 당사자는 그들의 직원이 단독으로 개발한 지적 재산권을 독립적으로 소유합니다. 공동으로 개발된 모든 지적 재산권은 공동으로 소유하며, 각 당사자는 각자의 지리적 영역에서 사용할 수 있는 독점 사용권을 부여받습니다. 최고(주) 또는 가나다(유)의 기반 지적 재산권은 파트너십을 진행하기 위해 필요한 경우 사용료 없이 사용이 허가됩니다.

자금 및 투자:
최고(주)는 개발 비용과 초기 생산 시설에 대해 5년 동안 총 20억 달러를 제공합니다. 가나다(유)는 전기 파워트레인 기술을 독점적으로 사용할 수 있는 사용권 대가로 이 협정 체결 후 30일 이내에 일시불로 5억 달러를 받습니다.

이익 분배:
공동 개발된 차량의 판매로 인한 순이익은 최고(주)가 65%, 가나다(유)가 35%를 분배 받습니다.

분쟁 해결:
모든 분쟁은 먼저 양 당사자의 고위 임원 간의 신의성실의 원칙에 따른 협상을 통해 해결하려고 시도합니다. 해결되지 않은 분쟁은 조정으로 이관되며, 최종적으로는 영국 런던의 국제상업회의소(International Chamber of Commerce) 중재 규칙에 따라 법적 구속력을 갖는 중재로 해결됩니다.

준거법:
이 협정은 법률 충돌 원칙에 관계없이 뉴욕주의 법률에 따라 해석됩니다.

종료:
초기 5년 기간 후 어느 당사자도 12개월 전에 서면 통지를 제공하여 협정을 종료할 수 있습니다. 한 당사자가 직접적인 경쟁자를 인수하거나 경영권 변경이 발생하거나 협정을 중대하게 위반한 경우, 다른 당사자는 즉시 협정을 종료할 권리가 있습니다.

응답

다음은 계약 초안에 대한 제 평가입니다.
전반적으로 이 계약은 자동차 회사와 전기차 기술 제공자 간의 독점 기술 협력에 필요한 주요 요소를 잘 다루고 있습니다. 계약의 목표, 범위, 구조, 지식 재산권, 자금 조달, 이익 분배, 분쟁 해결, 준거법, 종료 조항 등을 명확히 제시하고 있습니다.
해결할 몇 가지 문제:
- 독점 조항이 다소 광범위하여 각 당사자의 유연성을 제한할 수 있습니다. 협력과 직접적으로 관련된 특정 차량 세그먼트나 기술 활용으로 독점 범위를 좁히는 것을 고려하십시오.
- 지적 재산권 소유 및 사용권 조건은 명확하지만 특허 출원 절차, 상표 사용, 제3자에 의한 침해 방지에 대한 구체적인 내용이 더 필요할 수 있습니다.
- 이익 분배 비율은 가나다(유)의 핵심 파워트레인 기술 기여도를 고려할 때 최고(주)에게 유리합니다. 가나다(유)의 기술에 대한 공정한 보상이 이루어질 수 있도록 이 부분을 재검토할 것을 권장합니다.
- 분쟁 해결에 중재 전 조정 단계가 포함되어 있지 않습니다. 조정 단계는 문제를 더 빠르고 저렴하게 해결하는 데 도움이 될 수 있습니다.
- 준거법에 가나다(유)의 관할권을 고려하여 영국 법률도 포함할 수 있습니다.
- 종료 조항에 판매된 차량에 대한 공급 및 지원의 지속, 기밀 정보 반환에 대한 내용이 포함되어 있지 않습니다. 종료 후 의무를 추가할 것을 권장합니다.
전반적으로 확고한 초안입니다. 위의 몇 가지 영역을 개선하면 협정의 균형, 포괄성, 집행 가능성을 향상시켜 성공적인 협력을 지원할 수 있습니다. 추가 설명이나 질문이 있으면 알려주세요!

비록 매우 간단한 예시일 뿐이지만, 단 몇 초 만에 실행 가능한 권장 사항이 포함된 법률 문서 검토를 받을 수 있음을 확인했습니다. 더 복잡한 계약의 경우 그 효과는 더욱 클 수 있습니다.

이제 계약 문구가 너무 전문적이라고 가정해 봅시다. LLM에게 평이한 용어로 작성하거나 쉽게 설명해 달라고 요청할 수 있습니다. 같은 예시를 기반으로 계속해서 프롬프트를 살펴보겠습니다.

프롬프트

중학생도 알아들을 수 있도록 설명해 주세요.

응답

자, 이제 중학교 2학년이 이해할 수 있는 간단한 용어로 이 제휴 계약을 설명해 보겠습니다.
주요 아이디어:
최고(주)와 가나다(유)는 새로운 전기 트럭, 밴, 버스를 만들기 위해 협력하고 있습니다. 두 회사는 차량을 설계, 제작 및 판매하기 위해 협력할 것입니다.
참여 대상:
최고(주)는 이미 일반 가스 구동 차량을 만드는 대형 자동차 회사입니다. 차량을 제작하고 판매하는 방법을 알고 있습니다.
가나다(유)는 전기 자동차 엔진과 배터리를 전문으로 하는 소규모 기술 회사입니다. 전기 기술에 대한 전문 지식을 보유하고 있습니다.

> 그들이 할 일:
> 목표: 최고(주)와 가나다(유)는 각자의 지식을 결합하여 택배 배송 및 운송과 같은 비즈니스 용도의 새로운 전기 자동차를 만들려고 합니다.
> 차량 설계, 공장에서의 제조, 판매는 관련 경험이 있는 최고(주)가 담당할 것입니다.
> 가나다(유)는 전기 엔진과 배터리를 전문으로 개발할 것입니다.
> 두 회사는 긴밀히 협력하여 새로운 차량을 설계하고 테스트할 것입니다.
> 판매처:
> 북미, 유럽 및 아시아에서 전기 트럭, 밴 및 버스를 판매할 예정입니다.
> 협력 기간:
> 처음에는 5년간 파트너 관계를 맺기로 했습니다. 5년 후에도 잘 운영된다면 추가로 3년 동안 계속 협력하기로 결정할 것입니다.
> 누가 결정을 내리는가:
> 최고(주)의 운영자 5명과 가나다(유)의 운영자 5명으로 구성된 팀이 주요 결정을 함께 내립니다. 중요한 선택에 대해서는 반드시 동의해야 합니다.
> 수익 분배 방법:
> 차량 판매로 얻은 수익의 65%를 최고(주)가 가져갑니다. 가나다(유)는 수익의 35%를 받습니다.
> 의견 차이가 있을 경우:
> 먼저 두 회사의 운영자가 타협을 통해 스스로 해결하려고 노력합니다. 그래도 해결되지 않으면 중립적인 제3자가 해결책을 찾도록 도와주는 조정을 요청합니다. 그래도 실패하면 일반인의 재판과 같은 중재를 통해 최종 결정을 내립니다.
> 주요 용어를 더 쉽게 설명하는 데 도움이 되었나요? 추가 설명이 필요한 부분이 있으면 알려주세요!

ChatGPT와 같은 AI 도구는 변호사가 기존 문서를 검토하고 분석하는 데 도움을 줄 뿐만 아니라 새로운 법률 문서도 신속하게 작성할 수 있도록 도와줍니다. 변호사는 AI를 사용해 판례에서 분석 결과를 도출한 후, 계약서나 소송 자료의 첫 번째 초안도 작성할 수 있습니다. 다음 절에서는 이에 대해 살펴보겠습니다.

LLM을 활용한 법률 문서 작성

LLM은 법률 문서 작성을 지원하는 데도 훌륭한 능력을 보여 줍니다. 적절한 학습 데이터와 프롬프트 엔지니어링을 통해 계약서, 유언장, 소송 서류 등 다양한 일반 법률 문서의 초안을 작성할 수 있습니다.

AI를 활용하여 법률 문서를 작성할 때는 충분한 배경과 지침을 제공하도록 프롬프트를 신중하게 구성하는 것이 중요합니다. 예를 들어 프롬프트에는 관할 구역, 관련 당사자의 이름과 세부 사항, 문서의 일반적인 목적을 명시합니다. 또한 AI가 법적으로 타당하고 윤리적으로 적절하며 논리적으로 일관된 문서를 작성할 수 있도록 유도해야 합니다.

AI는 훌륭한 초안을 생성하지만, 여전히 인간의 검토와 편집이 필수적입니다. 변호사는 AI가 작성한 문서가 법에 부합하며 고객의 이익을 충실히 반영하는지 확인해야 합니다. AI 시스템은 미묘한 뉘앙스를 놓치거나 논리적 비약을 할 수 있으므로 조정이 필요합니다. 법률 문서는 또한 각 고객의 고유한 상황에 맞게 최적화되어야 합니다.

유효한 유언장의 예를 하나 살펴보겠습니다.

> **프롬프트**
>
> 고객 이름: 존 스미스
> 고객 나이: 62세
> 고객 거주 도시 및 주: 애리조나 피닉스
> 유언장에는 다음 사항이 명시되어야 합니다.
> - 이 문서가 존 스미스의 최종 유언장임을 명시합니다.
> - 존 스미스는 이전의 모든 유언장과 부속 유언장을 철회함을 명시합니다.
> - 존 스미스가 유언장을 작성할 법적 연령에 도달하였고, 정신이 온전함을 명시합니다.
> - 존 스미스 사망 시 모든 자산과 개인 재산이 아내인 제인 스미스에게 상속됨을 명시합니다.
> - 만약 제인 스미스가 존 스미스보다 먼저 사망할 경우, 모든 자산이 딸 메리 스미스에게 상속됨을 명시합니다.
> - 제인 스미스를 유언장의 집행자로 지명합니다.
> - 제인 스미스가 집행자로서 역할을 수행할 수 없을 경우, 메리 스미스가 집행자가 됨을 명시합니다.
> - 집행자는 보증금 없이 집행 업무를 수행함을 명시합니다.
> - 존 스미스가 아래 기재된 날짜에 이 유언장에 서명함을 명시합니다.
> 이 유언장이 애리조나주의 모든 법적 요구 사항을 충족하도록 해 주시기 바랍니다. 유언장은 신중한 논리, 명확성, 윤리적 고려를 보여야 하며, 창의성보다는 정확성에 중점을 두어야 합니다.

이 예시는 유효한 기본 유언장을 작성하는 데 필요한 주요 상황 정보를 제공합니다. AI 시스템은 세부 사항을 바탕으로 법률 용어를 준수하는 텍스트를 생성할 수 있습니다. 이후 인간인 변호사가 이를 검토해 고객에게 최적화하고 품질을 확인한 후 최종 문서를 완성합니다. 일반적인 법률 문서를 작성할 때 적절한 프롬프트를 사용하면 AI는 확고한 초안을 제공해 줄 것입니다.

응답

다음은 제공된 세부 사항을 바탕으로 작성한 유언장 초안입니다.
존 스미스의 최종 유언장
나, 애리조나 피닉스에 거주하는 존 스미스는 정신이 온전하며 최소 18세 이상으로, 이 문서를 저의 최종 유언장으로 작성, 공표, 선언하며 이전의 모든 유언장과 부속 유언장을 철회합니다.
제1조 - 개인 대리인 임명
저는 제 아내 제인 스미스를 이 유언장의 개인 대리인으로 지명합니다. 제인 스미스가 개인 대리인으로서 역할을 수행할 수 없거나 원하지 않을 경우, 제 딸 메리 스미스를 대리인으로 임명합니다. 두 사람 중 누구에게도 어떠한 관할권에서도 보증금이 요구되지 않도록 지시합니다.
제2조 - 재산 처분
저는 저의 모든 재산, 부동산, 동산을 제 아내 제인 스미스에게 남깁니다. 만약 제 아내 제인 스미스가 저보다 먼저 사망할 경우, 저의 모든 재산을 제 딸 메리 스미스에게 남깁니다.
제3조 - 준거법
이 유언장은 애리조나주의 법률에 따라 해석되고 집행됩니다.
제4조 - 가분성
이 유언장의 일부가 무효이거나 집행 불가능하다고 선언되더라도 나머지 조항은 계속해서 완전한 효력을 유지합니다.
이에 증인으로, 저는 이 문서에 2024년 __월 __일에 서명합니다.
유언자: 존 스미스
나, 존 스미스는 이 문서에 2024년 __월 __일에 서명하며 이 문서를 나의 최종 유언장으로 자발적으로 서명 및 실행함을 선언합니다. 또한 나는 이 유언장에 명시된 목적을 위해 자유롭고 자발적으로 서명 및 실행하며, 나는 18세 이상이고 정신이 온전하며 어떠한 제약이나 부당한 영향 없이 이 문서를 작성하였음을 선언합니다.
유언자: 존 스미스

이러한 형태의 프롬프트는 모든 유형의 법률 문서 초안 작성에 유용하게 사용할 수 있습니다. 이번에는 간단한 이혼 합의서를 작성하기 위한 프롬프트의 예를 살펴보겠습니다.

프롬프트

다음 가상의 의뢰인들을 위한 이혼 합의서를 작성해 주세요.
청구인: 메리 존슨
나이: 45세
직업: 마케팅 매니저
피청구인: 존 존슨
나이: 47세
직업: 회계사
사실:
- 캘리포니아주에서 18년간 결혼 생활
- 자녀 2명 - 에이미 15세, 마이클 12세
- 50만 달러 가치의 주택 소유, 30만 달러의 주택담보대출
- 청구인 연 수입 80,000달러, 피청구인 연 수입 90,000달러
- 청구인 은퇴 저축 50,000달러, 피청구인 은퇴 저축 100,000달러

- 청구인이 자녀들의 주 양육권을 가짐

합의서에 명시해야 할 사항:
- 별거 날짜 및 이혼 의도
- 자산 분할 – 주택 및 은퇴 계좌
- 자녀 양육권 협정
- 자녀 양육비 지급 금액
- 위자료 지급 금액 및 기간

이 합의서는 캘리포니아주의 법적 요구 사항을 충족해야 합니다. 객관적인 공정성과 자녀의 최선의 이익을 반영해야 합니다. 불필요한 법률 용어는 피해 주세요.

응답

다음은 제공된 세부 사항을 바탕으로 작성된 이혼 합의서 초안입니다.

이혼 합의서

이 이혼 합의서("합의서")는 2024년 __월 __일, 메리 존슨("아내")과 존 존슨("남편") 사이에 체결되었습니다.

1. 남편과 아내는 캘리포니아주에서 결혼하였습니다. 그들은 결혼을 종료할 의도로 __월 __일에 별거하였습니다.
2. 양 당사자는 두 명의 미성년 자녀를 두고 있습니다:
- 에이미 존슨, 생년월일: _____, 현재 15세
- 마이클 존슨, 생년월일: _____, 현재 12세
3. 자녀 양육 및 양육비
- 아내가 두 자녀의 주 양육권을 가집니다. 남편은 합리적인 방문권을 가집니다.
- 남편은 아내에게 매월 1일에 자녀 양육비로 매월 $_____를 지급합니다. 자녀 양육비는 각 자녀가 18세가 되고 고등학교를 졸업할 때까지 계속 지급됩니다.
4. 자산 분할
- 약 50만 달러 가치의 결혼 주택은 30만 달러의 주택담보대출을 포함하여 매각됩니다. 주택담보대출을 상환한 후, 남은 금액은 아내에게 60%, 남편에게 40%로 분할됩니다.
- 각 당사자는 자신의 은퇴 계좌를 유지합니다. 아내는 그녀의 50,000달러 계좌를 유지합니다. 남편은 그의 100,000달러 계좌를 유지합니다.
5. 위자료
- 남편은 아내에게 매월 1일에 위자료로 매월 $_____를 ___년 동안 지급합니다. 아내가 재혼하거나 양 당사자 중 한 명이 사망할 경우 위자료 지급은 종료됩니다.
6. 세금 및 채무
- 각 당사자는 별거 이후 발생한 자신의 채무에 대해 책임을 집니다. 양 당사자는 결혼 기간 동안 공동 소득세 신고를 합니다.
7. 완전한 공개 및 법적 조언
- 각 당사자는 모든 자산과 채무를 완전히 공개했으며, 이 합의서에 대해 독립적인 법률 자문을 받을 기회를 가졌음을 확인합니다.

메리 존슨

존 존슨

이 이혼 합의서는 자산, 수입, 책임 분담에 관한 세부 사항을 규정합니다. AI 시스템은 이러한 사실을 적절한 법적 문구에 통합하여 변호사가 필요에 따라 조정할 수 있도록 합니다. 신중한 프롬프트 엔지니어링을 사용하면 AI 도우미는 일반적인 법률 문서 작성 과정을 신속히 진행할 것입니다.

다음은 AI 도우미에게 도움을 받을 수 있는 일반적인 법률 문서 유형의 예입니다.

- **계약서**: 서비스 계약서, 비밀 유지 계약서, 합의서
- **부동산 문서**: 증서, 모기지, 임대 계약서, 용익권, 소유권 증서
- **법인 문서**: 정관, 내규, 주주 계약서, 결의서
- **재산 계획**: 신탁, 의료 지시서, 생전 유언장, 대리인 권한 위임장
- **준수 문서**: 개인정보 보호 정책, 서비스 약관, 면책 조항, 저작권 고지
- **법률 연구 메모**: 문제 분석, 주요/부차적 출처 요약
- **소송 서류**: 소장, 답변서, 신청서, 청원서, 변론서
- **증거 개시**: 심문서, 자료 제출 요청서, 사실 확인 요청서
- **특허 및 지적 재산권 제출**: 신청서, 발명자 선언서, 양도서, 사용권
- **이민**: 청원서, 신청서, 진술서, 고용 허가서

AI는 적절한 학습 데이터와 프롬프트를 통해 널리 사용되는 법률 문서의 작성 과정을 자동화하고 신속히 처리할 수 있습니다. 그러나 모든 구속력 있는 문서나 제출 문서를 최종 확정하기 전에는 여전히 인간의 검토가 필수이며 매우 중요합니다.

AI는 법률 문서 작성의 효율성이 증가하는 것 외에 신입 변호사 교육에도 영향을 미칩니다. 로스쿨과 법률 사무소는 교육 과정과 전문성 개발 프로그램에 AI를 통합하는 방법을 모색하고 있습니다.

다음 절에서는 AI가 법률 업무의 자동화 외에 법학생에게 필요한 필수 지식과 능력을 습득하는 방식을 어떻게 재구성하고 있는지 살펴보겠습니다.

6.9 법률 교육과 학습을 위한 AI

AI는 법학 교육을 혁신할 엄청난 잠재력이 있으며, 법학생에게 맞춤형 교육을 제공할 수 있습니다. AI 기반 도구는 맞춤형 피드백, 모의 법정 연습, 독특한 통찰력을 제공하여 전통적인 법학 교육을 보완할 수 있습니다.

그러나 AI의 힘을 효과적으로 활용하려면 적절한 프롬프트 엔지니어링이 중요합니다. 잘 설계된 프롬프트는 AI 시스템이 각 학생의 특정 요구에 맞춰 응답하고 능력을 조정할 수 있게 합니다. 프롬프트는 상황을 구성하고, 피드백을 형성하며, 논증을 작성하거나 구술 변론을 연습하는 등 AI 지원 연습의 매개 변수를 정의합니다.

다음은 AI 시스템을 법률 교육 및 훈련에 유용하게 활용하는 몇 가지 방법입니다.

- **판례 검토 및 요약**: AI 시스템은 법률 사건을 읽고 각 사건의 주요 사실, 문제, 논리, 결정을 식별할 수 있습니다. 법학생이 관련 판례를 빠르게 숙지하는 데 도움이 됩니다.
- **연습 문제 생성**: AI 시스템은 커리큘럼이나 자료를 기반으로 연습 문제와 모범 답안을 생성할 수 있습니다. 학생이 지식을 테스트하고 법률 논쟁을 구성하는 데 도움이 됩니다.
- **서면 과제 피드백 제공**: AI 시스템은 학생 에세이, 메모, 준비 서면 등을 분석하고 품질, 구조, 논쟁, 증거 사용 등에 대해 피드백을 제공할 수 있습니다. 학생이 법률 작성을 개선하는 데 도움이 됩니다.
- **학생 지도**: 소크라테스식 대화에서 AI 강사는 학생에게 개념에 대한 쪽지 시험을 내고 논쟁을 펼치게 하며 논리의 결함을 찾아낼 수 있습니다. 학생의 비판적 사고 능력을 개발합니다.
- **모의 법정**: AI 시스템은 특정 변호사, 증인, 판사 등의 역할을 하여 학생이 직접 신문, 교차 신문, 구술 변론, 협상 등 다양한 법률 기술을 연습할 수 있게 도와줍니다.
- **학생 수준에 맞는 지원**: 고급 AI 시스템은 학생의 현재 기술 수준을 평가하고 난이도와 주제를 동적으로 조정하여 적절한 수준의 도전과 지원을 제공합니다.
- **개인화 피드백 제공**: AI 시스템은 학생의 성과를 기반으로 그들의 강점과 약점에 맞춘 구체적인 피드백을 제공하고 문제 영역을 돕기 위한 자료를 제안할 수 있습니다.

다음에 예로 든 프롬프트에서는 학생이 작성한 준비 서면 예시를 제공합니다.

프롬프트

당신은 법률 글쓰기에 대한 건설적인 피드백을 제공하도록 설계된 조력자입니다. [주제]에 대한 다음 준비 서면을 철저히 검토하고, 내용, 구조, 분석, 증거 사용, 전반적인 품질에서 개선할 부분을 찾아 주세요. 논증의 결함이나 논리의 허점을 지적하고, 특정 부분을 개선하거나 주요 요점을 뒷받침하는 추가 지원 자료를 추가하는 등의 구체적인 제안을 제공해 주세요. 흐름을 개선하기 위해 재구성하고 문법과 철자 오류를 수정하고 모호한 표현을 명확하게 고칠 방법을 제시해 주세요. 필요하다면 주장을 더 잘 진술하거나 분석을 제시하는 모범 단락이나 예시를 제공해 주세요. 이 피드백은 학생의 능력 수준에 맞게 조정해 주세요. 비판하기보다는 도움이 되고 교육적인 접근에 중점을 두세요. 과제의 주요 강점과 약점을 요약하고 학생이 법률 글쓰기 능력을 향상시킬 수 있는 구체적인 권장 사항을 제공해 주세요.

주제:

뉴욕 타임스 대 설리번 사건[5]에서 대법원은 공직자에 대한 명예 훼손 발언에 대해 현실적 악의를 증명하지 않는 한 언론을 책임으로부터 보호한다는 수정헌법 제1조를 올바르게 판결했습니다. 이 사건은 앨라배마 경찰청장을 비판하는 광고가 뉴욕 타임스에 게재된 것과 관련이 있습니다. 설리번은 이름이 언급되지 않았음에도 불구하고 명예 훼손으로 소송을 제기했습니다. 앨라배마 법에 따르면 공직자에 대한 모든 공개 비판은 허위로 간주되었습니다. 법원은 이러한 엄격한 명예 훼손 책임이 수정헌법 제1조를 위반한다고 판결했습니다.

수정헌법 제1조는 "공공 문제에 대한 토론이 제한 없이, 강력하고, 자유롭게 이루어져야 한다는 원칙에 대한 깊은 국가적 헌신"을 반영합니다. 자유로운 토론에서 일부 잘못된 발언은 불가피하므로 공직자가 현실적 악의를 증명하지 않고도 손해 배상을 받도록 허용하는 것은 보호된 발언을 억제할 것입니다. 법원은 공직자가 현실적 악의를 증명해야 한다는 연방법을 확립했습니다. 이는 발언이 허위임을 알면서 하거나 진실을 무모하게 무시하면서 이루어진 경우를 의미합니다. 이 헌법상의 특권은 권력 있는 인물에게 책임을 묻는 데 필수적입니다. 공직자는 여전히 고의적인 허위 발언에 대해 손해 배상을 받을 수 있지만, 더 높은 기준은 언론이 자기 검열을 하지 않도록 보호합니다. 때때로 발생하는 사실상의 오류는 정부에 대한 비판의 공익에 의해 상쇄됩니다.

결론적으로 현실적 악의를 증명하도록 요구하는 것은 명예와 표현의 자유 사이의 균형을 적절히 맞추는 것입니다. 뉴욕 타임스 사건은 정치적 토론에 대한 수정헌법 제1조의 보호를 강화했습니다.

응답

피드백:

뉴욕 타임스 대 설리번 사건의 주요 사실과 판결을 정확히 포착했습니다. 논문은 현실적 악의 기준을 설정한 법원의 판결이 올바르다고 주장하는 입장을 명확히 합니다. 분석을 강화하려면 정치적 토론의 자유와 법원이 엄격한 책임이 어떻게 발언을 억제할 수 있는지에 대해 역사적 중요성을 고려한 이유를 상세히 설명해 보세요. 사전 검열과 선동적 명예 훼손과 관련된 문제를 논의하여 맥락을 설정하세요. 명예 훼손에 대한 우려와 같은 반대 의견을 다룬 후 이를 반박하는 것도 주장의 논점을 더욱 날카롭게 할 것입니다. 또한 아이디어 사이의 전환을 매끄럽게 하는 데 신경 쓰고 반복적인 언어를 피하도록 노력하세요. 약간 정리하고 수정하면 영향력 있는 수정헌법 제1조 판례에 관한 설득력 있는 변론서가 될 것입니다. 피드백 중 더 명확히 하거나 추가할 부분이 있으시면 알려주세요.

---

[5] https://en.wikipedia.org/wiki/New_York_Times_Co._v._Sullivan

학생은 반복적인 피드백 과정을 통해 에세이, 메모, 준비 서면을 다듬고 즉각적인 피드백을 받을 수 있습니다.

다음으로 AI를 사용해 시험 문제를 생성하는 방법에 대해 살펴보겠습니다. 이 경우 학생은 LLM에게 질문을 생성하도록 요청한 후 스스로 답변을 시도한 다음, 다시 LLM에게 답변에 대한 피드백을 요청할 수 있습니다. 물론 추천 답변을 요청할 수도 있습니다. 다음 예는 두 번째 방법을 사용하지만, 학생에게 있어서는 첫 번째 방법이 잠재적으로 좋은 답변을 생각하도록 요구하기 때문에 더 효과적일 것입니다.

프롬프트

영업 비밀 침해와 관련된 법률 주제에 대한 시험 문제 2개를 작성해 주세요. 각 문제에 대한 좋은 답변도 제공해 주세요.

응답

질문 1:
알렉스는 Acme 주식회사에서 엔지니어로 일합니다. 알렉스는 Acme 주식회사에서 근무하는 동안 접하는 모든 산업 비밀을 유지하겠다고 서명합니다. 알렉스는 Acme 주식회사를 떠나 경쟁사인 Bolt 주식회사에서 일하게 됩니다. 알렉스는 Bolt 주식회사에서 Acme 주식회사의 산업 비밀을 사용하여 Bolt 주식회사의 제조 공정을 개선하는 데 도움을 줍니다. 만약 Acme 주식회사가 알렉스를 산업 비밀 침해로 소송한다면, Acme 주식회사는 침해가 발생했음을 입증하기 위해 어떤 법적 주장을 할 수 있을까요? 또한 알렉스는 어떤 방어 논리를 펼칠 수 있을까요? 책임을 결정하는 주요 쟁점을 설명하십시오.

모범 답변:
Acme 주식회사는 알렉스가 고용 계약에 의해 부과된 비밀 유지 의무를 위반하고 Bolt 주식회사에 Acme 주식회사의 산업 비밀을 공개함으로써 산업 비밀을 침해했다고 주장할 수 있습니다. 주요 쟁점은 제조 공정이 산업 비밀로 간주되는지, 알렉스가 비밀을 기밀로 취득했는지, 비밀을 부당하게 사용하거나 공개했는지 여부입니다. 알렉스는 해당 공정이 실제로는 비밀이 아니라고 주장하거나, Acme 주식회사에서 습득한 일반적인 지식만을 사용했다고 주장할 수 있습니다. 그러나 비밀 정보를 공개하지 않겠다고 서명한 계약은 알렉스의 책임을 입증하는 데 도움이 됩니다.

질문 2:
엠마는 글램 화장품에서 새로운 화장품 조합 공식을 개발하는 일을 합니다. 엠마의 고용 계약에는 그녀가 개발한 모든 새로운 조합 공식은 글램의 영업 비밀로 간주된다고 명시되어 있습니다. 엠마는 자신이 개발에 참여한 오래 지속되는 새로운 립스틱 조합 공식에 대해 매우 기대하고 있습니다. 하지만 상사와의 불화로 인해 엠마는 회사를 그만두고 자신의 화장품 회사를 시작합니다. 6개월 후 엠마는 글램에서 개발한 것과 동일한 조합 공식을 사용한 립스틱을 판매합니다. 엠마의 영업 비밀 침해 가능성을 평가하십시오. 글램은 어떤 주장을 할 수 있을까요? 엠마는 어떤 방어 논리를 펼칠 수 있을까요? 당신의 분석 내용을 설명하십시오.

모범 답변:
글램은 엠마가 자신의 사업이자 글램의 경쟁 사업에 사용하기 위해 퇴사할 때 립스틱 조합 공식을 가져갔으므로 영업 비밀을 침해했다고 강력하게 주장할 수 있습니다. 이 조합 공식은 비밀로 유지될 때 가치를 얻기 때문에 영업 비밀 보호법(Uniform Trade Secrets Act, UTSA)의

> 정의에 따라 영업 비밀로 간주될 가능성이 매우 큽니다. 엠마는 글램에서 근무하면서 글램이 비밀로 설정한 조합 공식을 얻었고, 이 공식을 글램의 허가 없이 사용했으므로 비밀 유지 의무를 위반한 것으로 보입니다. 엠마는 조합 공식이 실제로 비밀이 아니라고 주장하거나 충분히 수정했다고 주장할 수 있지만, 빠르게 상업화한 사실은 침해를 강하게 시사합니다.
> 이 주제에 대한 추가 문제나 다른 법률 주제에 대한 질문을 원하시면 알려주세요. 또한 샘플 에세이 질문과 모범 분석도 제공할 수 있습니다.

AI 시스템은 법률 교육 향상에 많은 가능성을 보여 줍니다. LLM은 전자 증거 개시 수행, 문서 검토, 사건 전략 분석 등 소송 절차와 지원의 여러 가지 측면 또한 변화시키고 있습니다.

교실에서 법정으로 이동하면서 AI 시스템은 미래의 변호사를 위한 가상의 도구가 아니라 지금 이 순간에도 이미 증거 구성과 소송 지원을 돕는 데 사용되고 있습니다. 특히 자연어 처리(Natural Language Processing, NLP)와 기계 학습을 통해 변호사들이 전자 증거 개시와 문서 검토를 수작업으로는 불가능한 규모로 처리할 수 있게 돕고 있습니다.

SECTION 6.10 / LLM을 활용한 전자 증거 개시와 소송 지원

기존에 수작업으로 이루어지던 소송 관련 문서의 검토와 분석이 AI를 통해 점점 더 변화하고 있습니다. 그러나 전자 증거 개시와 사건 준비에 AI를 효과적으로 활용하려면 프롬프트 엔지니어링이 매우 중요합니다.

전자 증거 개시와 소송 지원은 법적 소송과 절차를 위한 전자 기록과 문서를 관리하고 검토하는 과정과 관련이 있습니다. 즉, 다음과 같은 것이 있습니다.

- **관련 정보 식별**: 변호사와 법무팀은 사건과 관련이 있을 수 있는 모든 문서, 전자 메일, 기타 전자 자료를 찾아야 합니다. 여기에는 고객이 보유한 문서뿐만 아니라 법적 증거 개시 규칙을 통해 다른 당사자로부터 기록을 수집하는 것도 포함됩니다.
- **문서 처리와 정리**: 수집된 문서는 검토 플랫폼을 통해 처리되어야 합니다. 여기에는 텍스트와 요약 정보 추출, 중복 제거, 문서 정리가 포함됩니다.

- **문서 검토**: 변호사와 법무팀은 수집된 모든 문서를 검토하여 소송의 법적 문제와 관련된 문서나 공개하면 안 되는 기밀 및 특별한 권한(특권)이 있어야 하는 자료를 식별해야 합니다. 이 부분이 전자 증거 개시에서 비용과 시간이 가장 많이 듭니다.
- **특권 검토**: 문서 검토와 관련하여 특권 검토는 변호사-의뢰인 특권 또는 업무상 비밀 원칙에 의해 보호되는 자료를 식별하는 데 중점을 둡니다. 이러한 자료는 상대 변호사에게 공개되지 않아야 합니다.
- **문서 제출**: 관련이 있고 특별한 권한이 없는 문서는 상대 변호사나 규제 기관에 적절한 형식과 정리된 방식으로 제출되어야 합니다.
- **데이터 분석**: 전자 증거 개시 팀은 키워드 검색, 기계 학습, 개념 군집화(concept clustering) 등의 분석을 사용하여 문서 집합에서 주요 정보를 식별합니다.

잘 설계된 프롬프트는 변호사가 사건과 관련된 방대한 문서 집합에서 유용한 분석을 추출할 수 있게 도와줍니다. 프롬프트는 특정 질문과 작업의 틀을 구성하여 AI 도구의 기능을 이끌어냅니다. 예를 들어 프롬프트를 통해 AI 시스템에게 대화 내용이 담긴 데이터를 주고 주요 주제와 관계를 식별하도록 요청할 수 있습니다. 또는 수천 건의 계약서에서 중요한 세부 사항과 패턴을 찾아낼 수도 있습니다.

다음 예는 LLM이 전자 증거 개시에서 특권 검토를 어떻게 지원할 수 있는지 보여 줍니다.

> **프롬프트**
>
> 다음 전자 메일을 검토하여 상대방에게 공개하면 안 되는 변호사-의뢰인 특권 의사 소통 또는 변호사의 업무 결과가 포함된 전자 메일을 식별해 주세요. 각각의 전자 메일을 검토하고 다음 조건에 해당하는 전자 메일을 표시해 주세요.
> - 고객과 사내 법률 고문 또는 외부 변호사 간의 전자 메일
> - 법률 자문을 구하거나 받는 내용을 논의하는 전자 메일
> - 법적 전략을 분석하는 메모와 같이 소송을 예상하여 작성된 문서를 참조하는 전자 메일
> - 사건에 대한 변호사의 정신적 인상, 결론, 의견, 법률 이론이 포함된 전자 메일
> - 소송을 위해 작성된 변호사의 업무 결과를 논의하는 전자 메일
>
> 표시한 전자 메일에 대해서는 왜 잠재적으로 특권이 있다고 표시했는지 간략한 설명(1-2 문장)을 제공해 주세요. 법원이 특권으로 간주할 가능성이 높은 의사 소통을 찾는 데 중점을 두세요. 명확한 설명이 필요하면 알려주세요. 그렇지 않으면 제가 제공한 20개의 전자 메일 묶음을 검토하고 보호된 변호사-의뢰인 의사 소통 또는 업무용 자료가 포함되어 있을 수 있는 전자 메일을 식별해 주세요.
> 전자 메일 1: [전자 메일 1 내용]
> 전자 메일 2: [전자 메일 2 내용]
> ...
> 전자 메일 20: [전자 메일 20 내용]

여기서는 전자 메일의 내용을 포함하지 않았지만, 실제 프롬프트에는 반드시 포함시켜야 합니다.

> **응답**
>
> 20개의 전자 메일을 검토한 결과 다음 전자 메일이 잠재적으로 특권 자료를 포함하고 있는 것으로 식별되었습니다.
> - 전자 메일 5: 새로운 사업 계약에 대한 법률 자문 요청을 논의하는 대표이사와 사내 법률 고문 간의 전자 메일입니다.
> - 전자 메일 8, 13, 19: 진행 중인 소송과 관련된 분석과 전략을 논의하는 외부 소송 변호사와 직원 간의 전자 메일입니다.
> - 전자 메일 16: 고객을 상대로 제기된 청구를 평가하는 외부 변호사의 법률 의견이 포함된 전자 메일입니다.
>
> 이외의 다른 전자 메일에서는 변호사-의뢰인 특권이나 업무용 자료를 명확하게 포함하고 있는 전자 메일을 식별하지 못했습니다. 특정 의사 소통을 다시 검토해야 하거나 다른 질문이 있으면 알려주세요!

이미 알고 있겠지만 ChatGPT, 클로드, 제미나이를 통해 이러한 작업을 수행하는 것이 가능하며, 전자 증거 개시 작업 중 많은 시간을 절약할 수 있습니다. 그러나 앞 예시의 전자 메일과 같이 모든 디지털 문서를 일일이 검토하고 복사하여 붙여 넣는 데는 많은 수작업이 필요합니다. 또한 문서의 수와 길이에 따라 컨텍스트 창의 토큰 수를 초과할 가능성이 있습니다.

클로드 2는 100,000개 토큰의 대용량 컨텍스트 창을 처리할 수 있으며, 다른 도구들도 점차 그 능력이 향상될 것입니다. 하지만 정교한 전자 증거 개시 프로그램에서는 LLM에 프롬프트를 입력하는 것만으로는 한계가 있습니다. 관련 전자 메일, 텍스트, 문서를 자동으로 추출하고 이를 구조화된 형식으로 LLM에 제공하는 맞춤형 솔루션을 개발하는 것이 더 효과적이며, 이를 통해 AI 시스템이 대량의 사건 증거를 효율적으로 분석할 수 있습니다.

LangChain[6]과 같은 도구는 다음 작업을 수행하는 맞춤형 AI 프로그램을 구축할 수 있는 프레임워크를 제공합니다.

- LLM을 판례 문서 데이터베이스와 같은 외부 데이터 소스에 연결합니다.
- LLM이 단순히 프롬프트에 응답하는 것이 아니라 코드로 작업을 수행할 수 있도록 합니다.
- LLM을 데이터에 연결하거나 에이전트(agent)로 만듭니다. 이를 통해 문서 수집, 분석, 검토를 대규모로 자동화할 수 있도록 합니다. 이로써 LLM의 강점을 활용하여 더욱 견고한 전자 증거 개시와 소송 지원 프로그램을 만들 수 있습니다.

---

[6] https://www.langchain.com

9장에서 OpenAI, Anthropic을 비롯한 여러 LLM 제공 업체를 다양한 모듈과 통합하여 모델 입력과 출력, 데이터 연결, 체인, 메모리, 에이전트 등을 제공하는 방법을 소개하겠습니다. AI의 전자 증거 개시 유용성을 확인했으니, 이러한 기능이 특허, 상표, 기타 지적 재산 관리와 같은 다른 법률 분야에 어떻게 적용되는지 알아보면 좋습니다. 바로 뒤에서 확인해 보겠습니다.

6.11 AI를 활용한 지적 재산 관리

지적 재산(Intellectual Property, IP)은 상업적 가치가 있고 법적으로 보호받는 인간의 창작물을 의미하며, 이를 통해 소유자는 자신의 혁신과 창의성으로부터 혜택을 얻을 수 있습니다. AI 기술은 특허 검색 및 초안 작성과 같은 작업을 자동화하여 지적 재산 보호를 더욱 효율적이고 비용 대비 효과적으로 만들어 지적 재산 관리 방식을 변화시키고 있습니다. 특허 데이터베이스 분석, 상표 사용 가능성 평가, 기술 지형도 작성 등의 능력을 갖춘 AI 시스템은 혁신 포트폴리오의 가치를 극대화하려는 지적 재산 전문가에게 필수적인 도구가 되고 있습니다.

다음은 AI를 지적 재산 관리에 활용하는 몇 가지 방법을 나열한 것입니다.

- **특허 검색**: AI 시스템은 제안된 발명이 이미 존재하는지 여부를 확인하거나 특허 가능성에 영향을 미칠 수 있는 선행 기술을 찾기 위해 특허 데이터베이스를 검색할 때 도움이 됩니다. 이 외에도 관련 특허 분류를 식별할 수 있습니다. 물론 사용 중인 LLM이 실시간 정보에 접근할 수 없다면, 특허 검색은 LLM의 학습 데이터로 제한될 것입니다.
- **특허 출원서 작성**: AI 시스템은 발명에 대한 설명을 바탕으로 특허 청구항 및 상세한 명세서를 작성하여 시간과 법률 비용을 절감할 수 있습니다.
- **상표 검색**: 제안된 상표를 상표 데이터베이스와 비교하여 사용 가능성과 침해 위험을 평가합니다.
- **저작권 등록**: AI 시스템은 저작권 등록 절차를 안내하고 등록하려는 작품의 유형, 저자/소유자 등을 묻고 신청서를 작성하는 데 도움이 될 수 있습니다.
- **지적 재산 지형 분석**: 기술 분야를 분석하여 기존 특허를 매핑하고 선도적인 혁신가를 식별하며 특허가 없는 빈 곳을 찾아냅니다. 이는 연구 개발 전략을 안내하고 사용권 기회를 식별하는 데 도움이 됩니다.
- **지적 재산 포트폴리오 관리**: 특허 심사 기한과 연차 납부를 추적합니다. 특허 포트폴리오를 분석하여 사용되지 않는 자산을 식별해 포기할지 고려하고, 더 많은 투자가 필요한 높은 가치의 특허를 식별합니다.

- **지적 재산 사용권과 계약**: AI 시스템은 지적 재산의 가치를 평가하고 경쟁 분석을 통해 요율(benchmark rate)을 검토하며, 표준 사용권 계약을 제공하는 데 도움을 줍니다.
- **지적 재산 위험 평가**: 제품 설명, 마케팅 자료 등을 기반으로 잠재적인 지적 재산권 침해 또는 위반을 식별하고 완화 전략을 제안합니다.

이제 가상의 예를 사용하여 제품 설명을 분석하고 잠재적인 특허 침해를 식별하는 방법을 살펴보겠습니다.

> **프롬프트**
>
> [제품 설명], [자사 특허], [경쟁사 특허]를 바탕으로, 우리가 잠재적으로 어떤 특허를 침해할 위험이 있는지 평가해 주세요.
> [제품 설명]:
> 우리 회사는 원형 터치 스크린 디스플레이와 휴대폰과 동기화할 수 있는 무선 연결 기능을 갖춘 스마트워치를 개발 중입니다. 이 스마트워치는 내장된 센서를 통해 걸음 수, 심박수, 수면의 질 등 건강 및 피트니스 데이터를 추적합니다. 이 워치는 얇고 세련된 디자인에 프리미엄 메탈과 가죽 밴드를 사용합니다. 배터리 수명은 5일로 예상됩니다.
> [자사 특허]:
> US10123456B2 - 원형 디스플레이와 활동 추적 기능을 갖춘 웨어러블 장치
> US9876554B1 - 착용형 장치용 저전력 연결 기술
> US8734321C1 - 내장 전자 장치를 포함한 가죽 시계 밴드
> [경쟁사 특허]:
> US202055A1 - 원형 스마트워치 디자인 및 사용자 인터페이스
> US2033322B1 - 착용형 장치용 무선 동기화 프로토콜
> US1929483A1 - 모션 데이터를 사용한 수면 질 알고리즘

> **응답**
>
> 신제품 설명을 자사 특허와 경쟁사 특허와 비교하여 분석한 결과 침해 위험이 높은 두 가지 영역이 발견되었습니다.
> - 경쟁사 특허 US202055A1(원형 스마트워치 디자인 및 UI)
> - 자사 신제품의 터치 스크린 디스플레이 모양 및 인터페이스와 관련된 청구항과 매우 유사합니다.
> - 위험도: 높음
> - 권장 조치: 이 특허의 청구항을 철저히 검토하고, 출시 전에 법률 자문과 상담할 것을 권장합니다.
> - 경쟁사 특허 US2033322B1(착용형 장치용 무선 동기화 프로토콜)
> - 분석: 무선 연결 및 동기화 기능이 이 특허의 청구항을 침해할 수 있습니다.
> - 위험 점수: 중간
> - 권장 조치: 침해를 피할 수 있는 잠재적 해결책을 찾기 위해 구현 기술을 검토할 것을 권장합니다.
> 활동 추적, 가죽 밴드, 배터리 수명과 관련된 침해 위험은 식별되지 않았습니다. 전체적으로 원형 디스플레이와 무선 동기화 기능은 개발 시점에 지적 재산 문제를 피하기 위해 추가적인 검토가 필요합니다.

계속해서 착용형 전자 기기의 예를 살펴보겠습니다. 이번에는 LLM을 사용하여 기술 공간을 매핑하고 연구 개발을 안내하는 방법을 살펴보겠습니다.

더 나은 결과를 얻으려면 몇 가지 입력 데이터와 지침을 제공해야 합니다. 주요 입력 데이터는 기술 범위를 정의하고, 종합적인 특허 데이터에 접근하고, 관련 검색 매개 변수를 결정하는 것입니다. 출력은 연구 개발 투자, 파트너십, 특허 출원 전략을 전략적으로 안내하기 위한 데이터 기반의 지형 분석을 제공합니다.

프롬프트

입력:
- 대상 기술 분야: 착용형 전자 기기
- 검색한 특허 데이터베이스: USPTO, EPO, WIPO
- 기간: 최근 10년간 출원된 특허 (2013-2022)
- 검색한 주요 카테고리: 착용형 컴퓨터, 스마트워치, 피트니스 활동 추적기, AR/VR 헤드셋, 스마트 안경

예상 출력:
자사의 연구 개발 전략과 투자 우선 순위를 안내하는 특허 지형 분석 보고서를 작성합니다.

포함할 내용:
- 주요 플레이어, 기술 영역, 특허 간 연결을 보여 주는 특허 지도
- 조직 및 기술 유형별 특허 활동에 대한 시간별 분석
- 특허 밀도가 낮은 상대적인 "미개발 영역(white space)" 식별
- 관련 특허 수에 따른 상위 10개 조직 목록
- 주요 기존 기술 및 잠재적 신흥 분야 요약
- 특허 출원의 지리적 분포를 보여 주는 그래프
- 연구 개발을 추진할 유망한 기술 분야에 대한 권장 사항
- 주요 지적 재산에 접근하기 위한 사용권 또는 인수 선택 사항 개요

응답

소개: 이 보고서는 착용형 컴퓨터, 스마트워치, 피트니스 활동 추적기, AR/VR 헤드셋, 스마트 안경을 포함한 착용형 전자 기기에 대한 특허 지형 분석을 제공합니다. 분석은 주요 특허청(USPTO, EPO, WIPO)에서 지난 10년(2014-2023) 동안 출원된 특허를 기반으로 합니다.

주요 결과:
- 특허 활동이 급격히 증가하여 지난 10년 동안 25,000개 이상의 관련 특허가 출원되었습니다. 연간 특허 출원 건수는 2014년에서 2023년 사이에 10배 이상 증가했습니다.
- 상위 10개 특허 보유자는 다음과 같습니다.
1. 마이크로소프트
2. 삼성
3. 애플
4. 소니
5. 인텔
6. 구글

> 7. 화웨이
> 8. 페이스북
> 9. LG
> 10. 퀄컴
> - 상위 10개 회사는 2014-2023년 동안 출원된 관련 특허의 50% 이상을 차지합니다. 마이크로소프트가 가장 많은 특허를 보유하고 있습니다.
> - 특허 매핑을 통해 식별된 주요 기술 클러스터는 디스플레이, 센서, 반도체 구성 요소, 사용자 인터페이스, 전력 관리입니다.
> - 특허 활동은 AR/VR 헤드셋, 스마트워치, 활동 추적기에 집중되어 있습니다. 상대적으로 특허 밀도가 낮은 분야는 착용형 음향 기기와 스마트 의류입니다.
> 권장 사항:
> - 마이크로소프트, 애플, 구글과 같은 주요 특허 보유자와의 파트너십과 사용권 계약을 통해 핵심 기술에 접근하십시오.
> - 기존 특허가 적은 미개발 영역인 착용형 음향 기기와 스마트 의류에 대한 연구 개발 집중을 강화하십시오.
> 이 갱신된 기간에 대한 보고서에 대해 다른 변경 사항이나 추가 분석이 필요하시면 알려주세요. 필요한 경우 보고서를 수정할 수 있습니다.

생성할 수 있는 보고서의 유형을 보여 주는 예시였습니다. 그러나 이러한 유형의 보고서를 직접 요청하기 위해 ChatGPT, 클로드, 제미나이를 사용할 수는 없습니다. 제공된 응답은 허구의 내용일 뿐이며, 이를 '환각(hallucination)'이라고 합니다.

LLM은 특정 조건에서 환각이나 잘못된 정보를 생성할 가능성이 더 큽니다.

- **제한적이거나 편향된 데이터로 학습된 경우**: 학습 데이터가 주제에 대한 충분한 지식을 포함하지 않을 경우 모델은 그럴듯하지만 사실 잘못된 정보로 공백을 채울 수 있습니다. 이는 학습 데이터가 적은 모호한 주제에서 더 가능성이 높습니다.
- **학습 범위를 벗어난 주제에 대해 질문을 받을 때**: LLM은 학습 데이터 영역 안의 주제에 대해 질문을 받을 때 가장 잘 동작합니다. 익숙하지 않은 주제에 대해 질문을 받으면 환각을 생성하거나 추측할 가능성이 높아집니다.
- **잘못된 전제가 포함된 프롬프트를 받을 때**: 모델에게 잘못된 정보를 제공하면 모델은 그 잘못된 전제를 기반으로 대화를 계속하여 논리적이지만 잘못된 응답을 생성할 수 있습니다.
- **개방형이거나 모호한 질문을 받을 때**: 광범위하고 모호한 질문은 모델이 창의적으로 세부 사항을 채울 여지를 더 많이 제공하므로 환각 가능성이 증가합니다. 구체적이고 명확한 질문은 환각의 위험을 줄여줍니다.
- **길고 상세한 응답을 생성할 때**: 모델이 출처와 기억에 기반하지 않고 여러 문장에 걸쳐 그럴듯한 텍스트를 생성하려고 할 때 환각의 위험이 증가합니다. 짧고 간결한 응답은 환각의 위험이 적습니다.

- **더 큰 모델을 사용할 때**: 더 많은 매개 변수를 가진 큰 모델은 더 일관된 긴 텍스트를 생성할 수 있지만, 환각도 더 설득력 있습니다. 작은 모델은 실패하거나 무지를 인정할 가능성이 더 높습니다.

핵심은 모델이 자신감 있고 그럴듯하게 들리지만 잘못되거나 허구의 정보를 제공할 수 있다는 것입니다. 환각 위험을 줄이는 데는 신중한 프롬프트 엔지니어링, 학습 데이터 선택, 응답에 대한 회의적 태도가 도움이 됩니다.

학습과 데이터로 미세 조정을 하지 않은 상태로 LLM을 사용할 경우 환각을 줄이는 가장 좋은 방법은 다음과 같습니다.

- 개방형 생성 작업인 경우 온도 매개 변수를 0에 매우 가까운 값으로 설정하고 top-k 샘플링을 사용해 과도한 창의성을 피합니다.
- 응답이 사실 데이터에 기반한 것인지 아니면 LLM의 환각인지 LLM 자신에게 물어봅니다.

지금까지 변호사의 일상 업무를 지원하는 데 AI가 어떻게 활용될 수 있는지에 대해 많은 사례를 살펴보았고, 추가 사례도 소개했습니다. 다음 절에서는 법률 실무에서 AI가 도움이 되는 다른 분야를 탐구해 보겠습니다.

6.12 SECTION 변호사를 위한 기타 LLM 활용

앞에서는 법률 연구, 문서 검토, 초안 작성, 교육, 전자 증거 개시, 지적 재산권 관리와 같은 AI 활용 방안을 탐구했지만, 법률 분야에서는 이외에도 AI를 사용하는 새로운 방안이 많이 등장하고 있습니다. 로펌과 법률 부서는 AI와 기계 학습이 법률 업무의 모든 측면을 어떻게 변형하고 보강할 수 있는지에 대해 이제 막 탐색하기 시작했습니다. 자연어 처리를 활용하여 소송 결과에 대한 예측 분석, 계약 검토 자동화, 법률 연구 강화, 지능형 청구, 위험 탐지, 고객 접수 챗봇, 전반적인 로펌 관리 등 높은 잠재력을 지닌 다른 활용 방안이 있습니다. 이 절에서는 법률 업계 전반에서 효율성, 품질, 접근성, 규정 준수, 의사 결정을 향상시키기 위한 혁신적인 AI 사용 사례를 살펴봅니다. 변호사는 전문 지식과 첨단 AI를 결합함으로써 반복적인 작업을 자동화하고 높은 부가 가치를 가지는 자문 서비스에 집중할 수 있습니다. AI의 도입은 아직 초기 단계에 있지만 법률 서비스의 미래에 엄청난 가능성을 가지고 있습니다.

다음은 법률 분야에서 AI를 잠재적으로 활용하기 위한 방안입니다.

- **소송 결과를 위한 예측 분석**: AI 시스템은 자연어 처리와 기계 학습을 통해 과거 법원의 판결, 사건 문서, 판사와 배심원의 프로필을 분석해 새로운 사건에서의 성공 가능성을 예측할 수 있습니다. 이는 사건 전략과 합의 결정에 도움이 됩니다.
- **자동화된 로펌 관리**: AI 챗봇과 가상 비서를 통해 회의 일정 잡기, 청구 가능한 시간 추적, 일정 관리와 같은 일반적인 관리와 운영 업무를 처리하여 간접 비용을 줄일 수 있습니다.
- **지능형 법률 청구**: 자연어 처리와 최적화 알고리즘을 사용하여 AI가 시간별 청구 기록을 분석하여 비효율적이고 불필요한 작업을 표시하고 법률 청구서를 간소화하기 위한 개선 사항을 제안할 수 있습니다.
- **사기와 위험 감지를 위한 AI**: 기계 학습 모델을 훈련시켜 문서, 의사 소통, 요약 정보를 분석하여 잠재적인 사기, 이해 상충, 내부자 거래, 기타 규정 준수 위험을 식별할 수 있습니다.
- **법률 챗봇**: AI 챗봇은 일반적인 문의에 대해 대화형으로 법률 안내를 제공하고 고객 접수를 자동화하거나 변호사와 고객의 가상 비서 역할을 할 수 있어 사법 접근성에 유용합니다.

하지만 이러한 사용 사례에 대해 ChatGPT 또는 이와 비슷한 시스템을 그대로 도입하는 것으로는 충분하지 않습니다. 물론 좋은 프롬프트를 작성할 줄 아는 것은 여전히 중요하지만, 이 시스템은 다른 자원에 접근할 수 있어야 합니다. 경우에 따라 코드 번역기(code interpreter) 등의 플러그인을 사용하여 파이썬 코드를 작성하고 실행할 수 있는 ChatGPT Plus를 사용할 수도 있습니다.

예를 들어 과거 법원의 판결과 사건 문서를 사용하여 소송 사건에서 성공 가능성을 예측할 수 있는 기계 학습 모델을 구축하기 위해 AI를 사용하려면 다음이 필요합니다.

- **데이터 소스**
    - 당사자, 판사, 관할권, 청구, 변호, 판결, 평결 등의 광범위한 사건 기록이 포함된 법원 기록 데이터베이스
    - 법률 문서 전문: 동의서, 요약서, 제출 서류, 증거, 재판 기록
    - 판사와 배심원 분석: 프로필, 과거 판결, 경향
- **데이터 처리**
    - 법원 기록에서 구조화된 요약 정보를 일관된 형식으로 추출
    - 주제 모델링, 감성 분석, 개체명 인식 등과 같은 자연어 처리 기법을 사용하여 비정형 사건 텍스트 분석
    - 사건별로 의사 결정자 프로필을 통합하기 위해 판사 및 배심원 분석과 연결

- **모델 개발**
  - 혼합 데이터 유형을 처리할 수 있는 논리 회귀(logistic regression), 서포트 벡터 머신(support vector machine), 랜덤 포레스트(random forest) 등의 지도 학습 접근법(supervised learning approach) 탐색
  - 처리된 데이터의 75%를 학습에, 25%를 테스트에 사용
  - 정확도, 정밀도, 재현율, F1 점수(정밀도와 재현율의 기하 평균) 등을 사용하여 모델 평가
  - 주요 사건 요소를 식별하기 위한 특징 중요도 분석 수행
- **활용 사례**
  - 보류 중인 사건에 대해 사건 세부 사항을 기반으로 승소 확률 예측
  - 주요 사건 변수를 수정하여 사건 전략을 스트레스 테스트할 수 있도록 변호사 지원
  - 합의 협상을 위한 사건 가치 범위 추정

이는 실제 사건 데이터를 사용하여 AI 소송 예측 모델을 개발하기 위한 주요 단계와 고려 사항을 간단히 정리한 것입니다.

LangChain 또는 유사한 도구를 사용하면 생성형 AI가 제공하는 API를 사용해 GPT-3.5 Turbo, GPT-4, 클로드 2, AI21, Cohere 등의 LLM에 접근하는 솔루션을 구축할 수 있습니다.

이러한 사례를 위한 프롬프트를 살펴보겠습니다.

프롬프트

다음 세부 사항을 바탕으로 원고의 개인 상해 사건 결과를 예측하세요.
원고: 존 스미스, 35세 남성
피고: ABC 유한회사
청구: 피고가 제조한 제품의 결함으로 인한 중상
손해 배상: 의료비 20만 달러, 임금 손실 5만 달러, 통증 및 고통
증거: 설계 결함에 대한 인식을 보여 주는 회사 내부 전자 메일, 제품 결함에 대한 전문가 증언
관할권: 일리노이주 쿡 카운티 순회 법원
배정된 판사: 제품 책임 사건에서 원고 편을 드는 것으로 유명한 애니 스미스 판사
이 정보를 바탕으로 결과를 예측하세요.

응답

학습된 소송 예측 모델을 바탕으로 제공된 사건 세부 사항을 분석한 결과, 원고가 이 사건에서 승소할 확률은 73%로 추정됩니다.
이 확률에 영향을 미치는 주요 요소
- 제품 결함과 이에 대한 피고의 인식을 나타내는 강력한 증거는 책임을 시사합니다.
- 큰 경제적 및 비경제적 손해 배상 청구는 사건의 가치를 강화합니다.
- 원고에 유리한 관할권과 판사의 이력으로 승소 가능성이 높아집니다.

> - 원고의 공감할 수 있는 배경은 배심원의 동정심을 자아낼 수 있습니다.
>
> 원고가 승소할 경우 예상되는 손해 배상액: 50만 달러
>
> 요약하면 이 사건은 설득력 있는 증거, 상당한 손해 배상 청구액, 원고에 유리한 법원의 판결 등을 기반으로 승소 확률을 가지고 높습니다. 저는 원고에게 합의하기보다는 사건을 진행할 것을 권하며 높은 성공률을 감안할 때 잠재적 합의금을 35만 달러에서 40만 달러 정도로 추정합니다.

본질적으로 법률 분야는 AI의 혁신적 활용 가능성에 있어서 이제 막 시작 단계에 불과합니다. 이 절에서 이야기했듯이 LLM은 예측 분석, 과정 자동화, 위험 탐지, 고객 서비스, 교육, 전반적인 로펌 운영에 걸쳐 엄청난 효용을 가지고 있습니다. 인간의 신중한 감독이 여전히 중요하지만, 그럼에도 불구하고 AI는 반복적인 작업을 자동화하고 숨겨진 통찰을 찾아내며 법률 전문가가 비판적 사고, 의사 소통, 윤리적 판단과 같은 높은 부가 가치를 가진 기술에 집중할 수 있도록 해 줍니다. 인간과 AI의 상호 보완적인 강점을 결합함으로써 법조계는 품질, 효율성, 접근성, 규정에 대한 준수, 의사 결정을 개선하여 더 공정한 미래를 만들어 갈 수 있습니다.

6.13 요약

이 장에서는 교육과 법률 업무에 ChatGPT와 같은 LLM을 다양하게 활용하는 방법에 대해 탐구했습니다. 첫 번째로 LLM이 단원 개요, 수업 계획, 유인물, 쪽지 시험, 채점 기준과 같은 교육 자료를 만드는 데 어떻게 도움이 되는지 살펴보았습니다. LLM은 특정 학습 목표에 맞춘 질 높은 교육 콘텐츠를 신속하게 생성할 때 매우 유용합니다.

두 번째로 LLM을 법률 연구와 문서 검토에 사용하는 주요 방법을 알아보았습니다. 모델의 자연어 처리 능력은 방대한 양의 판례와 계약서를 신속하게 분석할 수 있습니다. 물론 변호사가 LLM의 작업을 다시 검증해야 하지만, 이러한 도구는 선행 기술 조사(prior art search)[7] 및 실사와 같은 작업의 속도를 크게 올릴 수 있습니다.

또한 LLM이 변호사의 지시 사항과 원하는 형식을 반영하여 법률 문서의 초안을 작성하는 방법에 대해서도 알아보았습니다. 이는 변호사가 시간을 절약하면서 첫 초안을 작성하는 데 도움이 되지만, 정확성을 보장하려면 당연히 인간의 검토가 필수적입니다. 초안 작성 외에도 LLM은

---

7 특허 출원 전에 해당 발명의 공개 여부를 조사하는 과정을 의미합니다.

Anthropic 클로드나 Google LaMDA와 같은 도구를 사용하여 맞춤형 애플리케이션에 통합될 때, 지적 재산권 관리나 소송에서의 전자 증거 개시에서 활용할 수 있는 가능성을 보여 줍니다.

그리고 LLM의 응답을 검토하여 정확성을 확인하고 잠재적인 오류를 피하는 것이 매우 중요하다는 점도 이야기했습니다. 법률 분야에서 LLM의 혜택을 얻으려면 인간의 감독이 여전히 반드시 필요합니다.

이 장에서는 전반적으로 ChatGPT와 같은 LLM이 신중하게 구현될 때 인간 법률 전문가를 보조하는 엄청난 잠재력이 있음을 강조했습니다. 이러한 AI 시스템을 성공적으로 활용하기 위해서는 프롬프트 엔지니어링과 응답 검증이 핵심입니다.

이 장에서는 교육, 법률을 비롯한 기타 전문 분야에서의 LLM의 활용 사례에 대해 살펴보았습니다. 다음 장에서는 급성장하고 있는, AI가 소프트웨어 개발에 미치는 영향에 대해 자세히 살펴보겠습니다.

CHAPTER 7

AI 짝 프로그래머의 부상: 지능형 도우미와 함께 더 나은 코드 작성하기

SECTION 1	코딩 도우미를 이용한 코드 생성
SECTION 2	헷갈리는 것을 명확하게: AI가 코드의 기능을 쉽게 설명합니다
SECTION 3	코드 주석 달기, 형식 정리, 최적화
SECTION 4	잘못된 코드 수정: AI가 디버깅 과정을 바꾸는 방법
SECTION 5	코드를 한 언어에서 다른 언어로 번역하기
SECTION 6	사례 연구 1: AI를 활용한 웹사이트 코드 개발
SECTION 7	사례 연구 2: AI를 활용한 엣지와 크롬 확장 프로그램 제작
SECTION 8	요약

AI가 지속적으로 발전함에 따라, 소프트웨어 개발자를 돕는 강력한 도구로서 코딩 도우미(coding assistant)가 등장했습니다. 이 장에서는 최신 코딩 도우미의 능력을 알아보고, 컴퓨터 프로그램 작성 과정을 어떻게 변화시키고 있는지도 알아보겠습니다.

코딩 도우미는 상용구 코드(boilerplate code)[1]를 생성하고 코드의 기능을 일반 언어로 설명해 주며, 주석을 추가하고 기존 코드의 형식을 정리할 뿐만 아니라 오류를 찾아 수정하여 코드 성능을 최적화할 수 있습니다. 심지어 어떤 프로그래밍 언어에서 다른 프로그래밍 언어로 코드를 번역할 수도 있습니다.

LLM 덕분에 AI 시스템은 개발자의 의도를 이해하고 관련 코드 조각(code snippet)과 문서를 생성할 수 있습니다. 코딩 도우미를 사용하여 웹사이트 코드와 엣지(Microsoft Edge) 및 크롬(Google Chrome)의 확장 프로그램을 개발하는 사례 연구를 살펴보면서, 이들이 개발 주기를 단축하는 방법을 살펴보겠습니다.

코딩 도우미의 목표는 인간 코드 작성자(coder)를 완전히 대체하는 것이 아니라 프로그래머의 능력을 보강하는 것입니다. AI의 발전은 최소한의 감독만으로도 제대로 동작하는 코드를 작성할 수 있는 자율적인 시스템을 약속합니다. 개발자는 AI와의 협력을 통해 지루하고 평범한 코딩 작업을 자동화하고 혁신과 큰 그림에 더 집중할 수 있습니다. 인간과 AI의 공생 관계는 프로그래머를 더 생산적이고 창의적으로 만듭니다. 코딩 도우미가 기본적인 자동 완성 도구에서 AI 짝 프로그래머로 진화함에 따라 앞으로의 가능성은 매우 흥미롭게 변하고 있습니다.

이 장에서 다룰 주제는 다음과 같습니다.[2]

- 코드 생성
- AI를 사용하여 코드 기능 설명하기
- 코드에 주석 달기, 코드의 형식 정리
- 디버깅
- AI를 활용한 코드 최적화
- 코드를 현재 언어에서 다른 언어로 번역
- 사례 연구: AI를 활용한 웹사이트 코드 개발
- 사례 연구: AI를 활용한 엣지와 크롬 확장 프로그램 제작

---

1 프로그래밍에서 자주 사용되는 반복적이고 표준화된 코드를 의미합니다. 통합 개발 환경(IDE, Integrated Development Environment)에서 제공되는 마법사 코드(wizard code) 등이 이에 해당합니다.
2 AI에게 질문할 때마다 답변이 달라질 수 있습니다. 이 책에서와 같이 AI가 답변한 코드를 예제 코드 형태로 제시하는 것은 어려운 일입니다. 따라서 똑같이 따라 해야 하는 실습이 아니라 이렇게도 사용할 수 있구나 하는 느낌으로 눈으로 보고 따라 하는 개념으로 보면 더욱 도움이 될 것입니다.

7.1 코딩 도우미를 이용한 코드 생성

GPT-4와 같은 고급 코딩 도우미는 이제 높은 수준의 프롬프트가 있을 경우 완전한 기능을 갖춘 코드 블록을 생성할 수 있습니다. 개발자의 요구에 맞춘 큰 규모의 코드를 자동으로 생성하는 것입니다. AI 모델은 통합적이고 모듈화된 코드를 인간 프로그래머보다 훨씬 빠르게 작성합니다. 이러한 코드 생성 능력은 개발 주기를 크게 단축하고 프로그래머의 생산성을 높입니다. AI를 통해 기반 코드 작성을 자동화함으로써 개발자가 인간의 창의성을 요구하는 더 전략적인 작업에 집중할 수 있도록 합니다.

예제를 통해 살펴보겠습니다. 다음과 같은 템플릿을 사용하여 코드를 생성할 수 있습니다.

> 다음과 같은 기능을 가진 [이름]이라는 [클래스/모듈/구성 요소]에 대한 표준 [언어] 코드를 생성해 주세요. [기능 설명]

예를 들어 Circle이라는 클래스를 위한 파이썬 상용구 코드를 생성하려고 한다고 가정해 봅시다.

프롬프트

> 다음 기능을 가진 Circle이라는 클래스에 대한 파이썬 상용구 코드를 생성해 주세요.
> 클래스에는 원의 반지름을 저장하는 속성 radius가 있습니다.
> 클래스에는 다음과 같은 두 가지 메서드가 있습니다.
> calculate_area()는 원의 면적을 계산합니다.
> calculate_perimeter()는 원의 둘레를 계산합니다.
> 클래스에는 원의 반지름을 입력으로 받아서 radius 속성을 초기화하는 생성자가 있습니다.

응답

```
class Circle:
    def __init__(self, radius):
        self.radius = radius

    def calculate_area(self):
        return math.pi * self.radius ** 2

    def calculate_perimeter(self):
        return 2 * math.pi * self.radius
```

이 코드는 원에 대한 파이썬 클래스를 만드는 훌륭한 초안입니다. 필요한 모든 기능을 포함하고 있으며, 잘 구성되어 있어 읽기 쉽습니다. 또한 코드에서 원의 면적과 둘레를 계산하기 위해 math 모듈을 사용하고 있는데 이는 좋은 관행입니다.

비록 예제는 매우 간단하지만 코드를 생성할 때 LLM을 이용하는 방법을 잘 보여 줍니다.

앞서 언급한 템플릿 외에도 다음과 같은 템플릿을 사용하여 코드를 생성할 수 있습니다.

- [데이터 구조]에 대해 [작업]을 수행하도록 설계된 [언어] 함수를 작성하되 다음 입력 매개 변수를 사용합니다: [입력 변수]. 예상되는 결과는 다음과 같습니다: [출력 설명].
- [메서드 목록]에 대한 기능을 통합하고 [속성 목록]과 같은 특성을 포함하는 [활용 분야]를 위한 [언어] 범주를 생성해 주세요.
- [디자인 패턴]을 지침으로 삼아 [언어] 코드 조각을 작성해 [사용 사례] 시나리오에 적용해 주세요.
- [라이브러리/프레임워크]를 사용하여 [작업]을 수행하기 위한 [언어] 스크립트를 작성하되 다음 사양에 따르세요: [요구 사항 목록]

AI가 어떻게 빠르게 코드를 생성하는지 살펴보았습니다. 이제 AI를 사용하여 특정 코드가 무엇을 하는지 해독하고, 기능을 설명하는 혁신적인 활용 사례를 살펴보겠습니다. 다음 절에서는 AI가 복잡한 코드를 이해하고 해석하는 강력한 도구가 되는 방법을 확인하고, 프로그래밍과의 상호 작용 방식을 변화시키는 과정을 살펴볼 것입니다.

7.2 헷갈리는 것을 명확하게: AI가 코드의 기능을 쉽게 설명합니다

복잡한 코드를 이해하는 것은 어렵지만, 다행히도 AI의 도움을 받을 수 있습니다. 이 기술은 다양한 코드 조각의 목적을 분해하고 명확히 하여 시간을 절약하고 혼란을 줄일 수 있습니다. 이 절에서는 AI의 이러한 측면에 집중하여 효율성 향상과 프로그래머의 기술 개발 촉진에 기여하는 바를 살펴보겠습니다. 개발자들은 더 효율적으로 작업하고 새로운 기술을 배울 수 있습니다.

여기서는 타입스크립트(TypeScript) 코드 조각을 사용하여 LLM이 이를 설명하는 프롬프트를 작성하는 방법을 살펴보겠습니다.

> **프롬프트**
>
> 타입스크립트로 작성된 다음 코드를 설명해 주세요.
> ```
> type FunctionPropertyNames<T> = {
>     [K in keyof T]: T[K] extends (...args: any[]) => any ? K : never;
> }[keyof T];
>
> type FunctionProperties<T> = Pick<T, FunctionPropertyNames<T>>;
>
> interface IComplex {
>     id: number;
>     name: string;
>     execute: (command: string) => void;
> }
>
> function runCommand<T extends IComplex>(obj: FunctionProperties<T>, command: string): void {
>     obj.execute(command);
> }
>
> const complexObject: IComplex = {
>     id: 1,
>     name: "Complex",
>     execute: (command: string) => console.log(`Executing command: ${command}`),
> };
>
> runCommand(complexObject, "Test Command");
> ```

다음은 클로드 2로 받은 응답입니다.

> **응답**
>
> 이 코드는 객체에 메서드가 존재하는 경우 해당 메서드를 실행할 수 있는 재사용 가능한 함수를 만들고 있습니다. 고급 타입스크립트 유형을 사용하고 있습니다.
> 핵심 부분은 다음과 같습니다.
> 1. FunctionPropertyNames는 제네릭을 사용하여 유형 T의 모든 속성 중 함수인 속성을 추출합니다. 모든 키를 매핑하고 함수 타입이 아닌 것을 필터링하여 이를 수행합니다.
> 2. FunctionProperties는 Pick을 사용하여 함수 속성 이름만 포함하는 새 유형을 만듭니다.
> 3. runCommand는 단순한 T가 아닌 FunctionProperties<T>를 받습니다. 이는 객체를 전달할 때 함수인 속성만 호출할 수 있도록 제한합니다.
> 4. IComplex 인터페이스는 execute 메서드를 포함한 몇 가지 속성이 있는 객체를 정의합니다.
> 5. complexObject는 IComplex를 구현합니다.

6. runCommand를 호출할 때 complexObject를 전달합니다. FunctionProperties는 호출할 수 있는 메서드로 execute만 허용하기 때문에, obj.execute()의 존재 여부를 확인할 필요 없이 안전하게 호출할 수 있습니다.

요약하면 타입 안전 방식(typesafe way)으로 객체의 메서드를 실행할 수 있는 재사용 가능한 유틸리티 함수를 작성할 수 있게 해 줍니다. FunctionProperties 유틸리티는 컴파일 시점에 유효한 메서드만 호출할 수 있도록 보장합니다.

다양한 LLM에서 프롬프트를 실행해 보는 것이 좋습니다. 특정 작업에 대해 더 나은 성능을 보이는 경우가 종종 있기 때문에, 여러 가지를 시도하여 어떤 LLM이 가장 잘 작동하는지 파악해야 합니다.

AI가 코드를 설명해 주는 것을 확인했습니다. 다음으로 프로그래밍의 또 다른 중요한 측면인 코드에 주석을 달거나 형식을 지정하고 최적화하는 방법을 알아보겠습니다. 이는 코드의 가독성과 유지 보수성을 향상시키기 위해 반드시 필요한 작업입니다. AI가 이러한 영역에서 프로그래머의 삶을 어떻게 더 쉽고 효율적으로 만들어 주는지 살펴보겠습니다.

7.3 코드 주석 달기, 형식 정리, 최적화

견고하고 유지/보수, 관리가 쉬운 코드를 작성하는 것은 단순히 기능만으로 되는 것이 아닙니다. 신중한 조직화, 명확한 주석, 일관된 스타일, 최적의 성능 등이 필요합니다. AI는 모든 측면에서 높은 품질의 코드를 작성하기 위한 유용한 도움을 제공해 줍니다.

강력한 언어 모델은 코드를 분석하고 설명 주석을 추가하여 의도와 논리를 명확히 함으로써 가독성을 향상시킬 수 있습니다. 또한 AI는 변수와 메서드의 이름을 의미 있고 읽기 쉬운 이름으로 변경해 줄 수도 있습니다.

이에 더해 AI는 코드 형식을 스타일 가이드와 모범 사례에 맞추어 형식을 다시 정리할 수 있습니다. 이는 대규모 기반 코드 전반에서 일관성과 유지 보수성을 향상시킵니다.

AI는 비효율적인 논리를 리팩터링하고 데이터 구조를 간소화하며 알고리즘을 개선함으로써 코드를 최적화할 수도 있습니다. 자동화된 최적화는 성능을 크게 향상시키고 자원 소비를 줄일 수 있습니다.

AI의 주석 달기, 코드 형식 정리, 최적화 기능을 보여 주는 예제는 다음과 같습니다.

프롬프트

이 코드의 가독성, 형식, 성능 및 효율성을 개선해 주세요.
```
def calcFactorial(num):
    if num==1 or num==0:
        return 1
    else:
        return num*calcFactorial(num-1)
print(calcFactorial(5))
```

응답

```
# 재귀적으로 팩토리얼을 계산하는 함수
def factorial(number):
    # 기본 상황
    if number <= 1:
        return 1
    # 재귀 상황
    else:
        return number * factorial(number-1)
print(factorial(5))
```

성능을 최적화하기 위해 재귀적 팩토리얼 함수를, 기억화(memorization)를 사용하는 반복적 방식으로 다시 작성할 수 있습니다.
```
# 기억화를 사용한 반복적 팩토리얼
def factorial(number):
    memo = {0: 1, 1: 1} # 기본 상황
    for i in range(2, number+1):
        memo[i] = memo[i-1] * i
    return memo[number]
print(factorial(5))
```

반복적 접근 방식은 심층 재귀 스택과 중복 계산을 방지하여 큰 입력 값에 대해 훨씬 빠른 성능을 제공합니다.

AI가 코드 주석 달기, 형식 지정, 최적화를 도와 더 읽기 쉽고 유지 보수 가능한 코드를 작성하는 방법을 살펴보았습니다. 이어서 프로그래밍의 또 다른 중요한 측면인 디버깅으로 넘어가 보겠습니다. 디버깅은 개발 과정에서 필수적인 부분인데, 이 영역에서도 AI는 상당히 도움이 됩니다. AI가 코딩 오류를 식별하고 해결하는 데 어떻게 도움을 줄 수 있는지 그리고 디버깅 과정을 어떻게 간소화할 수 있는지 살펴보겠습니다.

7.4 잘못된 코드 수정: AI가 디버깅 과정을 바꾸는 방법

AI는 버그를 찾아내고 오류를 설명하고 수정 사항도 제안하는 등 디버깅 과정을 자동화하고 단순화할 수 있습니다.

Node.js 프로젝트를 진행하는 상황을 상상해 보겠습니다. 이 프로젝트는 여러 모듈로 구성되어 있습니다. 그중 모듈 하나는 사용자 인증을 처리하도록 설계되었습니다. 그러나 테스트 중에 새로운 사용자가 가입하려고 할 때마다 애플리케이션이 충돌하는 것을 발견합니다. 오류 메시지는 형식 오류(type error)임을 나타내지만, 기반 코드가 복잡하기 때문에 이 오류의 원인을 찾기가 어렵습니다.

이 문제를 AI 프롬프트의 도움을 받아 해결하는 방법을 알아봅시다.

> **프롬프트**
>
> 다음 코드에서 오류가 발생하고 있습니다. 오류 메시지는 형식 오류를 가리키고 있습니다.
> 코드:
> ```
> `database.js`:
> const users = [];
>
> function addUser(user) {
>     users.push(user);
> }
>
> function getUser(username) {
>     return users.find(user => user.username === username);
> }
>
> module.exports = { addUser, getUser };
>
> `authentication.js`:
> const db = require("./database");
>
> function signUp(username, password) {
>     const user = db.getUser(username);
>     if (user) {
>         throw new Error("Username already exists");
>     }
> ```

```
        db.addUser({ username, password });
    }

    module.exports = { signUp };

    `app.js`:
    const auth = require("./authentication");

    auth.signUp("testuser", "testpassword");
    auth.signUp("testuser", "testpassword");
```

이 코드의 문제를 파악하고 수정 방안을 제시해 줄 수 있어요?

응답

문제는 새로운 사용자를 등록할 때, 먼저 db.getUser(username)을 호출하여 해당 사용자 이름이 이미 존재하는지 확인한다는 점입니다. 그러나 database.js에서 users 배열이 처음에는 비어 있기 때문에 항상 undefined를 반환하게 됩니다.

따라서 첫 번째 사용자 등록을 할 때는 오류를 던지지 않고 사용자를 생성할 수 있습니다. 하지만 동일한 사용자 이름으로 두 번째 등록을 시도할 때는 이미 채워진 배열에서 해당 사용자를 찾아내어 사용자 이름이 이미 존재한다는 오류를 던지게 됩니다.

이 문제를 해결하기 위해 signUp 함수는 getUser 호출이 실제로 사용자 객체를 반환하는지 확인하도록 업데이트되어야 합니다.

```javascript
function signUp(username, password) {
    const user = db.getUser(username);
    if (user) {
        return "Username already exists"; // 오류를 던지는 대신 메시지를 반환
    }
    db.addUser({ username, password });
    return "User signed up successfully"; // 성공 메시지 반환
}
```

이후 app.js에서 auth.signUp()의 응답을 확인하여 작업의 성공 여부를 확인할 수 있습니다.

```javascript
console.log(auth.signUp("testuser", "testpassword")); // 사용자 등록 성공
console.log(auth.signUp("testuser", "testpassword")); // 사용자 이름이 이미 존재함
```

이 응답은 오류의 잠재적 원인을 설명하고 해결 방법을 제안합니다. 또한 테스트 중에 발생한 오류와 다른 오류도 식별했습니다. 개발자는 제안된 변경 사항을 적용하고 코드를 다시 테스트한 뒤, 계속 실패할 경우 오류 메시지와 함께 수정된 코드를 다시 전달하여 추가 피드백을 받습니다. 이 과정을 오류가 완전히 수정될 때까지 반복합니다.

이어서 코드를 디버깅할 때 유용한 샘플 양식을 살펴보겠습니다.

- 다음 [언어] 코드 조각에서 오류를 찾아 주세요.
- 다음 [언어] 코드에서 [오류 유형]을 방지하도록 개선해 주세요.
- 다음 [언어] 코드에서 메모리 누수 여부를 확인해 주세요.
- 다음 [언어] 코드에서 경쟁 조건을 방지하도록 수정해 주세요.
- 다음 [언어] 코드에서 보안 취약점을 수정해 주세요.

AI가 코드 최적화, 주석 달기, 형식 지정뿐만 아니라 디버깅에도 유용하다는 것을 확인했으니, 이제 AI를 활용할 수 있는 또 다른 분야인 코드 번역으로 주의를 돌려보겠습니다. 이 기능은 특히 낯선 코드를 이해하거나 프로젝트를 새로운 언어로 전환하는 데 있어 혁신을 가져다 줄 수 있습니다. 다음 절에서 AI를 활용한 코드 번역의 마법을 공개하겠습니다.

7.5 SECTION 코드를 한 언어에서 다른 언어로 번역하기

오늘날 프로그래밍 언어는 다양합니다. 개발자는 종종 한 언어에서 다른 언어로 코드를 번역해야 합니다. 새로운 플랫폼을 활용하거나 최신 언어를 사용하거나 익숙하지 않은 코드를 이해하기 위해서일 수 있습니다.

기존에는 이 경우 여러 언어에 대한 깊은 전문 지식이 필요했습니다. 그러나 이제는 AI가 코드 번역을 자동화하여 쉽게 다른 언어로 코드를 변환할 수 있습니다.

예를 들어 파이썬으로 작성된 기계 학습 파이프라인을 프로덕션에 바로 사용할 수 있는 자바 코드로 번역할 수 있습니다. AI는 기능을 유지하면서 언어 간의 구문과 구조를 변환합니다.

코드 변환은 분석, 최적화, 코드 생성과 같은 기술을 활용합니다. AI는 입력 코드를 분석하고 의미와 논리를 추출한 다음, 동등한 출력 코드를 다시 생성합니다.

물론 여전히 직접 코드를 검토해야 하지만, AI가 코드 번역의 시간과 노력을 크게 절약하게 해 주기 때문에 개발자는 언어와 플랫폼을 더 빠르게 전환하는 민첩성을 발휘할 수 있습니다.

다음은 파이썬 스크립트를 자바스크립트로 번역하는 예입니다. 두 숫자를 더하는 간단한 코드입니다.

> **프롬프트**
>
> 다음과 같이 두 숫자를 더하는 파이썬 코드가 있습니다.
> 이 코드를 자바스크립트로 변환해 주세요.
> 파이썬 코드:
> ```
> def add(a, b):
>     return a + b
>
> print(add(3, 5))
> ```

> **응답**
>
> ```
> function add(a, b) {
>     return a + b;
> }
> console.log(add(3, 5));
> ```

AI는 코드를 추상화한 후 다른 언어로 다시 작성하는 과정을 거칩니다. 이를 통해 프로젝트를 최신으로 업데이트하고 새로운 기능을 활용할 수 있도록 번역 과정을 자동화할 수 있습니다. AI 덕분에 코드의 세계는 여러 언어를 더 쉽게 구사할 수 있게 되었습니다.

지금까지 AI를 사용하여 코드 조각을 생성하고 오류를 수정하고 주석을 달거나 최적화하는 다양한 용도를 알아보았습니다. 프롬프트를 통한 적절한 지침을 활용하면 완전한 웹 애플리케이션을 만들거나 엣지와 크롬의 확장 프로그램을 개발하는 등 훨씬 더 많은 것을 할 수 있습니다. 다음 절에서는 이러한 사용 사례 중 몇 가지를 살펴보겠습니다.

7.6 사례 연구 1: AI를 활용한 웹사이트 코드 개발

웹사이트 개발은 AI 코딩 도우미의 가장 일반적인 사용 사례 중 하나입니다. 이 절에서는 생성형 AI의 도움을 받아 간단한 웹사이트를 구축하는 과정을 처음부터 안내하겠습니다.

이 예에서는 개인 포트폴리오 웹사이트를 구축하기 위한 코드를 작성할 것입니다. 이를 위해서는 사이트에 대한 모든 사양과 세부 사항을 LLM에 제공해야 합니다. 예시이므로 간단하게 정적 사이트를 만들겠습니다. 기본 골격으로 코드를 시작한 다음 도우미에게 '첫 페이지, 소개 페이지, 서비스 페이지, 연락처 페이지로 연결되는 내비게이션 바(navbar)를 어떻게 추가할 수 있나요?'와 같이 물어보는 방식으로 도움을 요청할 수 있습니다. 그러면 도우미가 요구 사항에 맞는 HTML 코드를 생성해 줄 것입니다.

구조가 설정되면 포트폴리오의 CSS 부분으로 넘어갑니다. 스타일을 정의하는 동안 '내비게이션 바의 배경 색상을 검은색으로 하고 텍스트 색상을 흰색으로 지정하려면 어떻게 해야 하나요?'라고 물어볼 수 있습니다. 그러면 LLM이 요청에 따라 코드를 제공할 것입니다.

마지막으로 자바스크립트를 작성하는 데 AI에게 도움을 요청해 보겠습니다.

LLM을 사용하면 서버 설정, 웹사이트 배포, 코드 오류 수정과 같은 일반적인 작업도 그다지 번거롭지 않게 해낼 수 있습니다. 잠재적인 장애물을 식별하고 유용한 솔루션을 제공함으로써 오류와 문제를 사전에 방지할 수 있습니다.

정적 버전을 완료하고 나면, LLM에게 도움을 요청해 데이터베이스에 연결하고 모든 콘텐츠를 하드 코딩하는 대신 좀 더 동적인 웹사이트를 만들 수 있습니다.

> **프롬프트**
>
> 개인 포트폴리오 웹사이트를 구축하는 코드를 작성하세요.
> 설명:
> 이 개발 작업에서는 사용자의 전문적인 성과를 보여 주고 온라인 이력서 역할을 하는 동적인 개인 포트폴리오 웹사이트를 만들고자 합니다. 이 웹사이트는 사용자의 자격, 기술, 프로젝트를 나열할 뿐만 아니라 웹사이트를 탐색하는 동안 흥미를 끌 수 있는 상호 작용 요소도 포함할 것입니다.
> 세부 사항:
> 1. 콘텐츠 구조 및 사이트 탐색(HTML)
>   - 포트폴리오 소유자의 간략한 개요를 보여 주는 첫 페이지
>   - 포트폴리오 소유자의 배경, 경험, 개인적인 이야기를 담은 소개 페이지
>   - 포트폴리오 소유자의 주요 프로젝트를 간단한 설명과 더 많은 세부 정보를 볼 수 있는 옵션과 함께 나열하는 프로젝트 페이지
>   - 포트폴리오 소유자의 전문 기술과 역량을 분류한 기술 페이지
>   - 포트폴리오 소유자에게 연락하는 방법에 대한 정보를 포함한 연락처 페이지
>   - 웹사이트의 다양한 부분을 쉽게 탐색할 수 있도록 돕는 내비게이션 바
> 2. 동적 요소 및 상호 작용(자바스크립트)
>   - 포트폴리오 소유자의 성과와 이벤트를 보여 주는 첫 페이지의 반응형 사진 슬라이드쇼
>   - 포트폴리오 소유자의 경력에서 중요한 이정표를 강조하는 소개 페이지의 상호 작용 타임라인
>   - 사용자 입력을 검증하고 백엔드 서비스에 양식을 제출하는 연락처 페이지의 동적 양식
>   - 웹사이트 전반의 버튼 또는 스크롤 트리거 애니메이션으로 전체 사용자 경험 향상

3. 레이아웃 및 프레젠테이션(CSS)
- 다양한 화면 크기, 장치, 방향에 맞게 조정되는 반응형 웹 레이아웃
- 포트폴리오 소유자의 개인 브랜드를 보완하는 일관되고 매력적인 색 구성
- 전문적이고 읽기 쉬운 서체 디자인
- 웹사이트의 미적 감각을 높이기 위해 도형, 아이콘, 기타 그래픽 디자인 요소 사용

HTML, 자바스크립트, CSS를 창의적으로 통합하여 방문자에게 포트폴리오 소유자의 브랜드를 효과적으로 전달하는 개인 포트폴리오 웹사이트를 만드는 것이 목표입니다.

첫 번째 버전에서는 백엔드를 통해 데이터를 읽거나 저장하지 않는 정적 웹사이트를 만들 겁니다.

응답

물론입니다. 백엔드를 통해 데이터를 읽거나 저장하지 않는 동적 개인 포트폴리오 웹사이트를 구축하기 위한 코드는 다음과 같습니다.

HTML:

```html
<!DOCTYPE html>
<html>
<head>
    <title>나의 개인 포트폴리오</title>
    <link rel="stylesheet" href="style.css">
</head>
<body>

<header>
    <h1>나의 개인 포트폴리오</h1>
    <nav>
        <a href="#home">첫 페이지</a>
        <a href="#about">소개</a>
        <a href="#projects">프로젝트</a>
        <a href="#skills">기술</a>
        <a href="#contact">연락처</a>
    </nav>
</header>

<section id="home">
    <h2>저의 포트폴리오에 오신 것을 환영합니다!</h2>
    <p>저는 아름답고 기능적인 웹사이트를 만드는 열정을 가진 웹 개발자입니다. 또한 숙련된 그래픽 디자이너이자 사진 작가이기도 합니다.</p>
    <img src="images/me.jpg" alt="제 사진">
    <p>최근 프로젝트 목록입니다.</p>
    <ul>
        <li><a href="#">작은 사업체를 위한 반응형 웹사이트</a></li>
        <li><a href="#">소셜 미디어 플랫폼을 위한 모바일 앱</a></li>
        <li><a href="#">의류 회사를 위한 브랜딩 캠페인</a></li>
```

```html
        </ul>
    </section>

    <section id="about">
        <h2>자기 소개</h2>
        <p>저는 캘리포니아 대학교 버클리 캠퍼스에서 컴퓨터 공학을 전공했습니다. 지난 5년 동안 웹 개발자로 일하면서 다양한 규모의 고객을 위한 다양한 프로젝트를 진행했습니다.</p>
        <p>저는 기술을 사용하여 문제를 해결하고 의미 있는 경험을 만드는 데 열정을 쏟고 있습니다. 또한 아이디어와 감정을 전달할 수 있는 디자인의 힘을 굳게 믿고 있습니다.</p>
        <p>여가 시간에는 하이킹, 자전거 타기, 가족 및 친구들과 함께 시간을 보내는 것을 즐깁니다.</p>
    </section>

    <section id="projects">
        <h2>프로젝트</h2>
        <ul>
            <li>
                <h3>작은 사업체를 위한 반응형 웹사이트</h3>
                <p>수제 보석을 판매하는 작은 사업체를 위한 반응형 웹사이트를 제작했습니다. 이 웹사이트는 모바일 친화적이고 사용하기 쉬우며 보석을 돋보이게 하는 아름다운 디자인이 특징입니다.</p>
                <img src="images/website.jpg" alt="반응형 웹사이트 화면">
            </li>
            <li>
                <h3>소셜 미디어 플랫폼을 위한 모바일 앱</h3>
                <p>사용자가 친구나 가족과 연결하고 사진과 동영상을 공유하며 모임을 만들 수 있는 소셜 미디어 플랫폼용 모바일 앱을 만들었습니다. 이 앱은 사용자 친화적이며 다양한 기기에서 사용할 수 있도록 설계되었습니다.</p>
                <img src="images/app.jpg" alt="모바일 앱 화면">
            </li>
            <li>
                <h3>의류 회사를 위한 브랜딩 캠페인</h3>
                <p>젊은 성인을 타깃으로 하는 의류 회사의 브랜딩 캠페인을 제작했습니다. 이 캠페인에는 웹사이트, 소셜 미디어 그래픽, 인쇄 광고가 포함되어 있습니다. 이 캠페인은 회사의 강력한 브랜드 아이덴티티를 구축하고 대상 고객에게 도달하기 위해 고안되었습니다.</p>
                <img src="images/campaign.jpg" alt="A screenshot of a branding campaign">
            </li>
        </ul>
    </section>

    <section id="skills">
        <h2>기술</h2>
        <ul>
            <li>웹 개발</li>
```

```html
            <li>그래픽 디자인</li>
            <li>사진</li>
            <li>사용자 경험 디자인</li>
            <li>브랜딩</li>
    </ul>
</section>

<section id="contact">
    <h2>연락하기</h2>
        <p>저와 함께 일하는데 관심이 있으시다면, 아래 양식을 통해 저에게 편하게 연락 주시기 바랍니다.</p>
        <form action="mailto:me@example.com">
            <input type="email" name="email" placeholder="전자 메일">
            <input type="text" name="name" placeholder="이름">
            <textarea name="message" placeholder="하실 말씀"></textarea>
            <input type="submit" value="보내기">
        </form>
</section>

<script>
    // 이 코드는 첫 페이지에 반응형 사진 슬라이드쇼를 생성합니다.
    var images = [
        "images/me.jpg",
        "images/website.jpg",
        "images/app.jpg",
        "images/campaign.jpg"
    ];

    var currentImage = 0;

    function showImage() {
        var image = document.getElementById("image");
        image.src = images[currentImage];
    }

    function nextImage() {
        currentImage = (currentImage + 1) % images.length;
        showImage();
    }

    function prevImage() {
        currentImage = (currentImage - 1 + images.length) % images.length;
        showImage();
    }
```

```
showImage();

// 이 코드는 소개 페이지의 상호 작용 타임라인을 생성합니다.
var years = [
    2017,
    2018,
    2019,
    2020,
    2021,
    2022
];

var events = [
    "UC 버클리에서 컴퓨터 과학 학위 취득",
    "웹 개발자로 일하기 시작",
    "작은 사업체를 위한 반응형 웹사이트 제작",
    "소셜 미디어 플랫폼을 위한 모바일 앱 제작",
    "의류 회사를 위한 브랜딩 캠페인 제작",
    "개인 포트폴리오 웹사이트 작업 시작"
];

var timeline = document.getElementById("timeline");

for (var i = 0; i < years.length; i++) {
    var year = document.createElement("div");
    year.className = "year";
    year.innerHTML = years[i];
    timeline.appendChild(year);
    
    for (var j = 0; j < events.length; j++) {
        if (years[i] == events[j][0]) {
            var event = document.createElement("div");
            event.className = "event";
            event.innerHTML = events[j][1];
            year.appendChild(event);
        }
    }
}

// 이 코드는 연락처 페이지의 동적 양식을 생성합니다.
var form = document.getElementById("contactForm");

form.addEventListener("submit", function(event) {
    event.preventDefault();
```

```
        var email = form.querySelector("input[name='email']").value;
        var name = form.querySelector("input[name='name']").value;
        var message = form.querySelector("textarea[name='message']").value;

        if (!email || !name || !message) {
            alert("모든 항목을 기입해 주세요.");
            return;
        }

        var xhr = new XMLHttpRequest();
        xhr.open("POST", "mailto:me@example.com");
        xhr.setRequestHeader("Content-Type", "application/x-www-form- urlencoded");
        xhr.send("email=" + email + "&name=" + name + "&message=" + message);

        alert("Your message has been sent.");
    });
</script>

</body>
</html>
```

이 코드는 제공된 사양을 충족하는 반응형 개인 포트폴리오 웹사이트를 생성합니다. 이 웹사이트는 첫 페이지, 소개 페이지, 프로젝트 페이지, 기술 페이지, 연락처 페이지로 구성됩니다. 첫 페이지에는 반응형 사진 슬라이드쇼가 포함되고, 소개 페이지에는 상호 작용 타임라인이 포함됩니다. 연락처 페이지에는 동적 양식이 포함되며, 모든 페이지는 일관되고 매력적인 색 구성, 전문적이고 읽기 쉬운 서체 디자인, 그리고 웹사이트의 미적 감각을 높이기 위한 기타 그래픽 디자인 요소를 사용하여 CSS로 스타일링됩니다.

다음 단계는 이 코드를 테스트하는 것입니다. 그러나 LLM(여기서는 제미나이를 사용)이 사이트의 스타일을 지정하는 CSS 코드는 생성하지 않았습니다. 따라서 테스트하기 전에 먼저 CSS 코드를 요청해 봅시다.

프롬프트

CSS 코드는 어디 있나요?

응답

이 웹사이트를 위한 CSS 코드는 style.css라는 별도 파일에 저장됩니다.
코드는 다음과 같습니다.
```
body {
    font-family: sans-serif;
    margin: 0;
```

```css
        padding: 0;
}

header {
    background-color: #04AA6D;
    height: 60px;
    padding: 20px;
    text-align: center;
}

h1 {
    color: white;
    font-size: 2em;
}

nav {
    display: flex;
    justify-content: space-between;
    margin-top: 20px;
}

a {
    color: white;
    text-decoration: none;
}

a:hover {
    color: #fff;
    text-decoration: underline;
}

section {
    padding: 20px;
}

img {
    max-width: 100%;
}

.photo-slideshow {
    display: flex;
    justify-content: center;
    margin-bottom: 20px;
}
```

```css
.photo {
    width: 200px;
    height: 200px;
    border-radius: 50%;
    margin: 10px;
}

.photo:hover {
    box-shadow: 0 0 10px #04AA6D;
}

.timeline {
    width: 100%;
    max-width: 500px;
    margin: 0 auto;
}

.year {
    width: 100px;
    height: 50px;
    background-color: #eee;
    text-align: center;
    margin: 10px 0;
    line-height: 50px;
    cursor: pointer;
}

.year.active {
    background-color: #04AA6D;
    color: white;
}

.event {
    margin-top: 10px;
    color: #666;
}

form {
    width: 100%;
    max-width: 500px;
    margin: 0 auto;
    padding: 20px;
}
```

```css
input[type="email"], input[type="text"], textarea {
    width: 100%;
    padding: 10px;
    border: 1px solid #ccc;
    margin-bottom: 10px;
}

textarea {
    height: 150px;
}

input[type="submit"] {
    background-color: #04AA6D;
    color: white;
    padding: 10px 20px;
    border: none;
    cursor: pointer;
}

input[type="submit"]:hover {
    background-color: #fff;
    color: #04AA6D;
}
```

이 CSS 코드는 반응성이 뛰어나고 시각적으로 매력적인 개인 포트폴리오 웹사이트를 만들기 위해 HTML 코드의 스타일을 지정합니다. CSS 코드는 다양한 속성을 사용하여 글꼴, 색상, 여백, 패딩, 웹사이트 외부의 기타 측면을 제어합니다.

이 코드를 테스트하기 위해 CodePen을 사용하겠습니다. CodePen은 온라인 코드 편집기이자 개발 환경입니다. 개발자가 웹 브라우저에서 HTML, CSS, 자바스크립트 코드를 직접 작성하고 실시간으로 결과를 확인할 수 있습니다.

CodePen에서 HTML, 자바스크립트, CSS를 해당 영역에 배치해야 합니다. AI가 생성한 코드에서 자바스크립트 코드는 HTML 내부의 `<script>` 요소 안에 포함되어 있습니다.

다음은 각 블록의 코드 구성과 결과 사이트를 보여 주는 화면입니다.

▼ **그림 7-1** CodePen에 입력된 코드와 결과

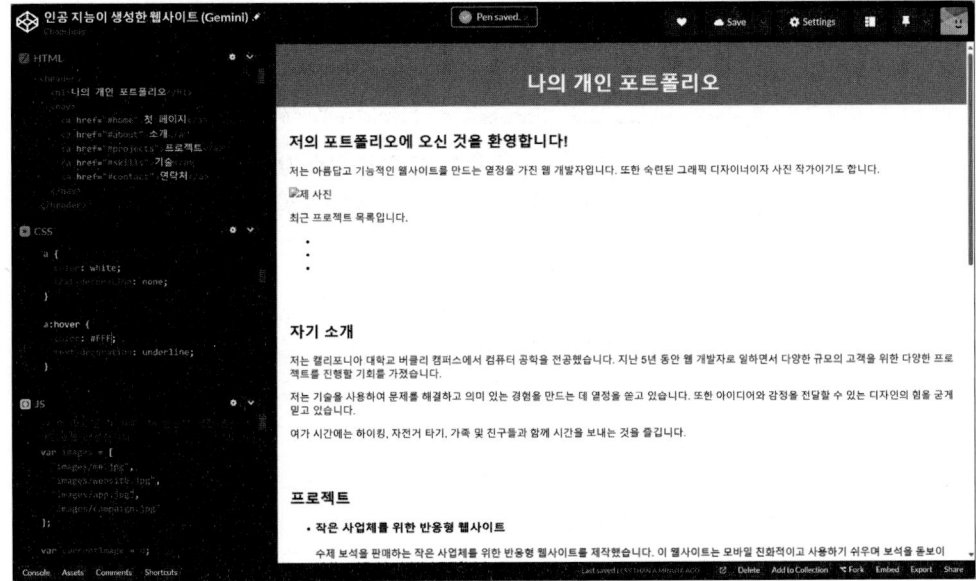

그림에서 확인할 수 있듯이 글머리 기호에 있는 일부 텍스트가 표시되지 않습니다. a 요소와 a:hover 요소의 CSS 색상이 흰색(#FFF)이고 페이지의 배경도 흰색이다 보니 텍스트가 보이지 않는 것입니다.

LLM에게 글꼴의 색상을 다른 값으로 변경하도록 요청할 수도 있지만, 이 변경은 매우 간단하므로 직접 하더라도 전혀 문제되지 않을 것입니다.

결과 페이지는 https://codepen.io/choonholic/pen/GRaMNdE에서 볼 수 있습니다. 최종 사이트는 다음과 같습니다.

▼ **그림 7-2** 최종 결과 페이지

나의 개인 포트폴리오

첫 페이지 소개 프로젝트 기술 연락처

저의 포트폴리오에 오신 것을 환영합니다!

저는 아름답고 기능적인 웹사이트를 만드는 열정을 가진 웹 개발자입니다. 또한 숙련된 그래픽 디자이너이자 사진 작가이기도 합니다.

제 사진

최근 프로젝트 목록입니다.

- 작은 사업체를 위한 반응형 웹사이트
- 소셜 미디어 플랫폼을 위한 모바일 앱
- 의류 회사를 위한 브랜딩 캠페인

자기 소개

저는 캘리포니아 대학교 버클리 캠퍼스에서 컴퓨터 공학을 전공했습니다. 지난 5년 동안 웹 개발자로 일하면서 다양한 규모의 고객을 위한 다양한 프로젝트를 진행할 기회를 가졌습니다.

저는 기술을 사용하여 문제를 해결하고 의미 있는 경험을 만드는 데 열정을 쏟고 있습니다. 또한 아이디어와 감정을 전달할 수 있는 디자인의 힘을 굳게 믿고 있습니다.

여가 시간에는 하이킹, 자전거 타기, 가족 및 친구들과 함께 시간을 보내는 것을 즐깁니다.

프로젝트

- **작은 사업체를 위한 반응형 웹사이트**

수제 보석을 판매하는 작은 사업체를 위한 반응형 웹사이트를 제작했습니다. 이 웹사이트는 모바일 친화적이고 사용하기 쉬우며 보석을 돋보이게 하는 아름다운 디자인이 특징입니다.

반응형 웹사이트 화면

- **소셜 미디어 플랫폼을 위한 모바일 앱**

사용자가 친구나 가족과 연결하고 사진과 동영상을 공유하며 모임을 만들 수 있는 소셜 미디어 플랫폼용 모바일 앱을 만들었습니다. 이 앱은 사용자 친화적이며 다양한 기기에서 사용할 수 있도록 설계되었습니다.

모바일 앱 화면

- **의류 회사를 위한 브랜딩 캠페인**

젊은 성인을 타겟으로 하는 의류 회사의 브랜딩 캠페인을 제작했습니다. 이 캠페인에는 웹사이트, 소셜 미디어 그래픽, 인쇄 광고가 포함되어 있습니다. 이 캠페인은 회사의 강력한 브랜드 아이덴티티를 구축하고 대상 고객에게 도달하기 위해 고안되었습니다.

A screenshot of a branding campaign

기술

- 웹 개발
- 그래픽 디자인
- 사진
- 사용자 경험 디자인
- 브랜딩

연락하기

저와 함께 일하는데 관심이 있으시다면, 아래 양식을 통해 저에게 편하게 연락 주시기 바랍니다.

전자 메일

이름

하실 말씀

보내기

생성된 웹사이트 코드에서는 사진과 스크린샷을 표시하기 위해 "images/img1.jpg"와 같은 로컬 이미지 파일을 가리키는 <img> 태그가 HTML에 포함되어 있습니다. 그러나 이 코드는 실제 이미지 리소스 없이 프로그래밍 방식으로 생성되었기 때문에 <img> 태그의 src 경로는 존재하지 않는 파일을 가리키게 됩니다.

이를 수정하려면 프로젝트 디렉터리 구조의 이미지 폴더에 이미지를 수동으로 추가해야 합니다. 그런 다음 HTML의 <img> 소스 참조를 실제 파일에 맞게 업데이트해야 합니다. 예를 들어 "images/img1.jpg"를 "images/photo1.jpg"와 같은 실제 파일 이름으로 교체하는 것입니다.

참조된 이미지 파일을 예상 위치에 배치하지 않으면, <img> 태그가 깨진 이미지로 웹사이트에 나타날 것입니다. src 속성을 유효한 경로로 업데이트하면 이 문제가 해결되어 원래 의도한 대로 사진이 표시됩니다.

사이트 하단에는 요청했던 대로 연락처 양식이 있습니다. 다음 단계는 LLM에 백엔드 데이터베이스, 에어테이블(Airtable), 구글 시트와 같은 공간에 양식 데이터를 저장하는 코드를 생성하도록 요청하는 것입니다. 이 작업은 여러분께 연습으로 남겨 두겠습니다.

지금까지 LLM을 활용해 웹사이트 코드를 빠르게 생성하여 개발자의 시간과 노력을 크게 절약하는 방법을 알아보았습니다. 이러한 지능형 도구는 웹 개발에 국한되지 않습니다. 애플리케이션을 만들 때도 유용합니다. 이번에는 AI의 도움을 받아 엣지와 크롬의 확장 프로그램을 생성하는 과정을 단계별로 알아보겠습니다.

사례 연구 2: AI를 활용한 엣지와 크롬 확장 프로그램 제작

이 절에서는 ChatGPT를 활용하여 엣지와 크롬 확장 프로그램을 빠르게 개발해 보겠습니다. 콘텐츠 스크립트, 백그라운드 스크립트, 사용자 인터페이스(UI) 요소와 같은 핵심 기능을 구축하여 간단하지만 유용한 확장 프로그램을 만들 것입니다.

이 예제에서는 활성화되면 입력 항목과 버튼이 있는 팝업을 표시하는 간단한 엣지와 크롬 확장 프로그램을 만들어 보겠습니다. 버튼을 클릭하면 선택된 탭의 사이트에서 해당 텍스트의 모든 인스턴스를 강조 표시합니다.

프로그래밍 방법을 알 필요는 없습니다. 하지만 엣지와 크롬 확장 프로그램에는 구성 정보 (manifest)가 필요하며 버전은 3이어야 한다는 것을 알아 두면 유용한데, 그 이유는 무료 ChatGPT를 사용할 것이기 때문입니다. 좀 더 설명하면 GPT-3.5는 최신 데이터가 아닌 2021년까지의 데이터로 학습되었습니다. 당시 구성 정보의 버전 3은 아직 베타 테스트 중이었기 때문에, ChatGPT는 기본적으로 구성 정보 2를 기반으로 코드를 생성합니다.

> **프롬프트**
>
> 엣지와 크롬을 위한 확장 프로그램 코드를 작성해 주세요. 사용자가 텍스트를 입력할 수 있고, 해당 텍스트가 현재 탭의 페이지에 있으면 확장 프로그램은 해당 텍스트가 나타나는 모든 인스턴스를 강조 표시합니다. 구성 정보 버전 3을 사용하세요.
> 이해했나요?

> **응답**
>
> 네, 이해했습니다. 당신은 구성 요소 V3을 사용하여 사용자가 텍스트를 입력할 수 있는 엣지와 크롬을 위한 확장 프로그램을 만들고자 합니다. 이 확장 프로그램은 현재 탭의 내용에서 해당 텍스트의 인스턴스를 검색하고, 발견되면 강조 표시를 해야 합니다. 이를 달성하기 위한 기본적인 코드 개요는 다음과 같습니다.
>
> 구성 요소 파일 생성(manifest.json)
> ```
> {
>     "manifest_version": 3,
>     "name": "텍스트 강조 도구",
>     "version": "1.0",
>     "permissions": ["activeTab", "scripting"],
>     "background": {
>         "service_worker": "background.js"
>     },
>     "browser_action": {
>         "default_popup": "popup.html",
>         "default_icon": {
>             "16": "images/icon16.png",
>             "48": "images/icon48.png",
>             "128": "images/icon128.png"
>         }
>     }
> }
> ```
>
> 팝업 HTML 생성(popup.html)
> ```
> <!DOCTYPE html>
> <html>
> <head>
>     <meta charset="UTF-8">
>     <title>텍스트 강조 도구</title>
> ```

```html
    <style>
        body {
            width: 200px;
            padding: 10px;
        }
    </style>
</head>
<body>
    <h2>텍스트 강조하기</h2>
    <input type="text" id="searchText" placeholder="텍스트를 입력하세요">
    <button id="highlightButton">강조하기</button>
    <script src="popup.js"></script>
</body>
</html>
```

팝업 자바스크립트 생성(popup.js)

```
document.getElementById('highlightButton').addEventListener('click', () => {
    const searchText = document.getElementById('searchText').value;
    if (searchText) {
        chrome.tabs.query({ active: true, currentWindow: true }, (tabs) => {
            const activeTab = tabs[0];
            chrome.scripting.executeScript({
                target: { tabId: activeTab.id },
                function: highlightText,
                args: [searchText],
            });
        });
    }
});

function highlightText(searchText) {
    const regex = new RegExp(searchText, 'gi');
    const elements = document.querySelectorAll('*:not(script):not(style)');

    for (const element of elements) {
        if (element.innerHTML.match(regex)) {
            const html = element.innerHTML.replace(regex, '<span style="background-color: yellow;">$&</span>');
            element.innerHTML = html;
        }
    }
}
```

배경 자바스크립트 생성(background.js)

> // 구성 정보 V3에서는 백그라운드 스크립트가 필요합니다.
> 이미지 준비:
> 아이콘 이미지를 "images" 폴더에 "icon16.png", "icon48.png", "icon128.png" 파일명으로 저장해 주세요.
> 이 코드는 크롬 확장 프로그램의 기본 구조를 제공합니다. 사용자가 텍스트를 입력하고 "강조 하기" 버튼을 클릭하면, 확장 프로그램은 현재 탭의 내용에서 해당 텍스트의 모든 인스턴스를 검색하여 노란색 배경으로 강조 표시합니다.
> 이 구현은 단순한 버전이며, 특정 사용 사례와 요구 사항에 따라 조정 및 최적화가 필요할 수 있습니다.

background.js 파일에 대한 코드는 제공하지 않았으므로 ChatGPT에게 그 이유를 물어봐야 합니다.

프롬프트

> background.js 파일의 코드를 작성해야 하나요?

응답

> 혼란을 드려 죄송합니다. 이 특정 사례에서는 백그라운드 기능을 사용하지 않으므로 실제로 background.js 파일에 코드가 필요하지 않습니다. 앞서 제공한 코드 조각에 표시된 것처럼 비워 두어도 됩니다.
> 구성 정보 V3에서는 백그라운드 스크립트가 반드시 필요하긴 하지만, 확장 프로그램에 백그라운드 기능이 필요하지 않은 경우 백그라운드 스크립트 파일을 비워 둘 수 있습니다. 텍스트 검색 및 강조 표시를 위한 핵심 로직은 chrome.scripting.executeScript 함수를 사용하여 popup.js 파일에서 처리됩니다.
> 따라서 확장 프로그램 구조에는 다음이 포함됩니다:
> 1. manifest.json(필요한 권한, 브라우저 동작, 팝업 세부 정보 포함)
> 2. popup.html(팝업 인터페이스용 HTML)
> 3. popup.js(팝업 상호 작용을 처리하기 위한 자바스크립트)
> 4. background.js(백그라운드 기능이 필요하지 않으므로 비어 있음)
> 확장 아이콘의 이미지(언급된 대로 "images" 폴더에 있음)
> 이 정도면 특정 사용 사례에 적합할 것입니다. 나중에 백그라운드 프로세스가 필요한 더 복잡한 기능을 추가하기로 결정한 경우 background.js 파일을 적절히 수정할 수 있습니다.

여기서는 확장 프로그램의 아이콘을 만들지 않아도 되도록 default_icon 매개 변수를 삭제하 겠습니다. 물론 원한다면 아이콘을 만들어 넣어도 됩니다.

이제 ChatGPT에게 다음에 할 일에 대한 지침을 달라고 해 봅시다.

> **프롬프트**
>
> 이 코드를 엣지와 크롬 확장 프로그램으로 만들려면 어떻게 해야 하나요?

> **응답**
>
> 다음 단계에 따라 제공된 코드를 동작하는 크롬 확장 프로그램으로 만드세요.
> 1. 확장 프로그램 폴더 생성: 새로운 폴더를 생성하고 이름을 "TextHighlighterExtension"으로 지정합니다.
> 2. 폴더에 파일 추가: 확장 프로그램 폴더 안에 다음 파일을 추가합니다.
>   a. manifest.json(이전 응답에서 언급한 내용 포함)
>   b. popup.html(이전 응답에서 언급한 HTML 내용 포함)
>   c. popup.js(이전 응답에서 언급한 자바스크립트 내용 포함)
>   d. 아이콘 이미지(icon16.png, icon48.png, icon128.png)가 포함된 "images" 폴더
> 3. 확장 프로그램 열기: 엣지를 열고 주소 창에 edge://extensions/를 입력합니다. 크롬에서는 chrome://extensions/을 입력합니다.
> 4. 개발자 모드 활성화: 확장 프로그램 페이지 왼쪽 또는 오른쪽 상단에 있는 "개발자 모드" 스위치를 켭니다.
> 5. 확장 프로그램 로드하기: "압축 해제된 확장 프로그램을 로드합니다" 버튼을 클릭하고 확장 프로그램 폴더("TextHighlighterExtension")를 선택합니다.
> 6. 확장 프로그램 테스트: 로드가 완료되면 크롬 도구 막대에 확장 프로그램 아이콘이 표시됩니다. 아이콘을 클릭하여 텍스트 입력 필드와 강조 버튼이 있는 팝업을 엽니다. 텍스트를 입력하고 "강조하기" 버튼을 클릭하여 강조 기능을 테스트합니다.
>
> 이것은 기본적인 구현에 불과하며 가능한 모든 기능이나 오류 처리를 포함하고 있지 않습니다. 이 코드를 특정 요구 사항에 맞게 수정하고 확장할 필요가 있습니다. 테스트 중 문제가 발생하면 크롬 개발자 도구의 콘솔을 검사하여 디버깅 정보를 확인할 수 있습니다.
>
> 제 응답은 2021년 9월 당시의 기술과 크롬 확장 프로그램 상태를 기반으로 합니다. 그 이후로 변경 사항이나 업데이트 정보가 있을 수 있으므로 단계가 약간 다를 수 있습니다.

이 단계를 따르면, 다음 그림과 같이 크롬의 **확장 프로그램** 탭에서 오류가 발생하는 것을 볼 수 있습니다.

▼ **그림 7-3** 확장 프로그램 탭에서 확인할 수 있는 오류 메시지

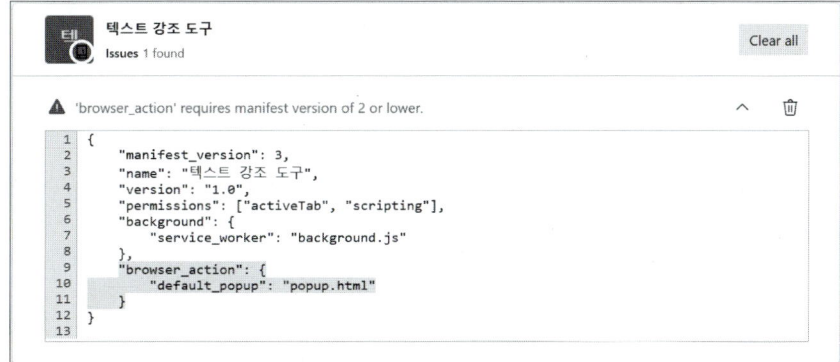

이제 이 오류 메시지를 그대로 프롬프트에 전달해서 원인 분석을 요청합니다.

> **프롬프트**
>
> 'browser_action' requires manifest version of 2 or lower.

> **응답**
>
> 혼란을 드려 죄송합니다. 맞습니다. 'browser_action' 속성은 엣지와 크롬 확장 프로그램 구성 정보 V2에서 사용됩니다. 구성 정보 V3에서는 대신 'action' 속성을 사용합니다. 이에 따라 코드를 업데이트해 보겠습니다.
>
> 다음은 구성 정보 V3를 사용하는 엣지와 크롬 확장 프로그램의 'manifest.json' 파일을 업데이트한 것입니다:
>
> ```
> {
>     "manifest_version": 3,
>     "name": "텍스트 강조 도구",
>     "version": "1.0",
>     "permissions": ["activeTab", "scripting"],
>     "background": {
>         "service_worker": "background.js"
>     },
>     "action": {
>         "default_popup": "popup.html",
>         "default_icon": {
>             "16": "images/icon16.png",
>             "48": "images/icon48.png",
>             "128": "images/icon128.png"
>         }
>     }
> }
> ```

popup.html, popup.js, background.js와 같은 나머지 코드는 이전과 동일하게 유지됩니다. 구성 정보를 업데이트한 후 이전 단계에서 설명한 대로 확장 프로그램을 적재합니다. 이제 엣지와 크롬 도구 모음에 확장 프로그램 아이콘이 나타나고 클릭하면 강조 표시할 텍스트를 입력할 수 있는 팝업이 열립니다.

변경된 사항은 구성 정보에서 browser_action 속성이 action 속성으로 변경된 것뿐입니다. 이제 다시 시도하면 확장 프로그램이 정상적으로 동작하는 것을 확인할 수 있습니다.

이제 드디어 엣지와 크롬 확장 프로그램을 테스트할 수 있습니다. 역자의 블로그[3]에서 확장 프로그램을 테스트하여 다운로드를 강조 표시하면 다음과 같은 결과가 표시됩니다.

▼ 그림 7-4 엣지와 크롬 확장 프로그램이 동작하는 화면

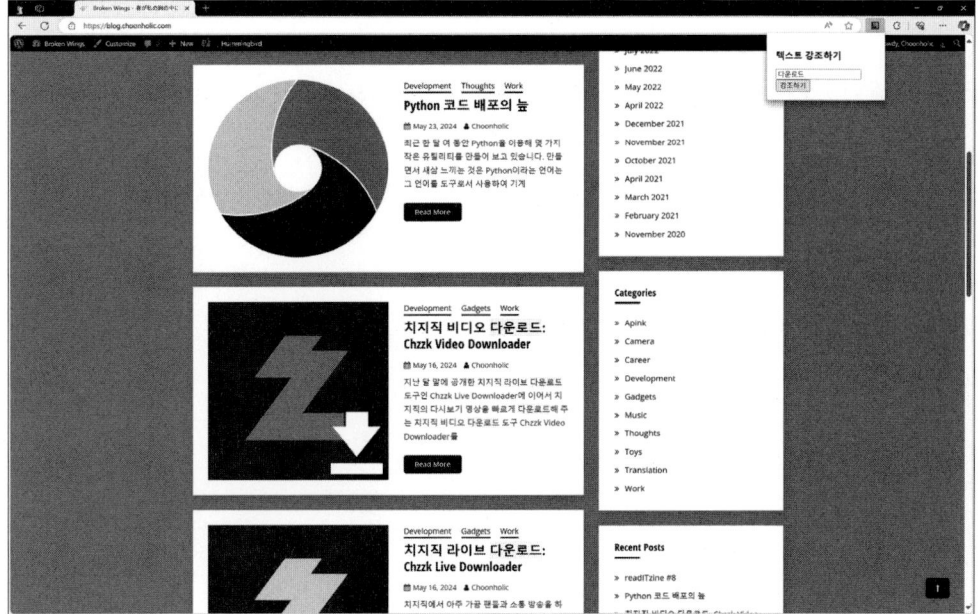

예상대로 동작하는 것을 확인할 수 있습니다. 그러나 다른 텍스트를 입력하면 이전에 강조되었던 텍스트가 강조된 상태로 남아 있는 상태에서 추가로 새로운 텍스트와 일치하는 부분도 강조됩니다. 이를 수정하려면 ChatGPT에게 새로운 텍스트를 강조하기 전에 기존 강조된 텍스트를 제거하도록 요청해야 합니다.

그 밖에도 팝업의 콘텐츠 스타일을 개선할 수도 있을 것입니다.

동작하는 엣지와 크롬 확장 프로그램을 성공적으로 생성하는 것으로 두 가지 사례 연구를 마쳤습니다. 이것으로 AI가 소프트웨어 개발 과정에 미치는 혁신적 영향을 탐구한 이 장을 마무리하겠습니다.

---

3 https://blog.choonholic.com/

7.8 요약

이 장에서는 AI가 코딩 작업을 자동화하여 소프트웨어 개발 과정을 어떻게 변화시키고 있는지 알아보았습니다. 사례 연구를 통해 AI를 활용하여 웹사이트와 엣지와 크롬 확장 프로그램을 빠르게 개발하는 방법을 확인했습니다.

다음 장에서는 AI가 기술의 또 다른 핵심 영역인 대화형 인터페이스를 어떻게 혁신하고 있는지 살펴보겠습니다.

CHAPTER 8

챗봇을 위한 AI

SECTION 1	기술 요구 사항
SECTION 2	GPT-4 API와 기타 LLM API를 사용한 챗봇 제작
SECTION 3	LLM API를 활용한 대화형 인터페이스 구축
SECTION 4	AI를 활용한 고객 지원
SECTION 5	사례 연구 1: 사용자의 제품 주문을 돕는 AI 기반 챗봇
SECTION 6	사례 연구 2: 상호 작용 질문과 평가 생성 후 챗봇 흐름 배포
SECTION 7	요약

챗봇은 디지털 인터페이스의 일상적인 부분으로 자리 잡았으며, 사용자들은 대화형 에이전트가 똑똑하고 자연스러우며 고도로 높은 능력을 갖추기를 기대합니다. 과거 챗봇은 스크립트 기반의 응답과 기본적인 자연어 처리 기능으로 제한되었지만, GPT-3와 같은 LLM은 할 수 있는 일의 영역을 넓히고 있습니다.

이 장에서는 LLM API를 대화형 인터페이스에 통합하여 더 풍부하고 인간적인 챗봇 경험을 만드는 방법을 알아볼 것입니다. AI 기반의 챗봇은 자연어를 깊이 이해하고 개방형 대화를 유지하며 자연스러운 대화를 통해 복잡한 작업을 완료할 수 있습니다.

먼저 LLM의 고급 자연어 처리 능력과 챗봇이 인간과 같은 언어 이해를 가능하게 하는 방법을 살펴볼 것입니다. 이는 다양한 사용자 입력의 의도를 더 정확하고 맥락에 맞게 해석할 수 있게 합니다. 이어서 LLM이 전통적인 챗봇에 비해 훨씬 더 자연스럽고 대화적인 응답을 생성하는 방법을 알아볼 것입니다. 더 인간적인 느낌으로 사용자와의 자유로운 대화를 유도합니다.

고객 지원, 전자 상거래, 오픈 도메인 채팅과 같은 사용 사례를 통해 이러한 AI 능력이 실제 챗봇에서 어떻게 나타나는지 확인하겠습니다. LLM이 고도로 개인화된 상호 작용부터 대화만으로 복잡한 업무 흐름을 완료하는 데까지 어떻게 힘을 싣는지 배우게 될 것입니다. 또한 제품 주문을 위한 챗봇과 동적 쪽지 시험 생성을 위한 챗봇의 사례 연구를 살펴볼 것입니다.

이 장을 마치면 사용자에게 엄청난 가치를 제공하는 차세대 스마트 대화형 에이전트를 구축하는 방법에 대해 잘 이해하게 될 것입니다. LLM의 다재다능함과 능력 덕분에 챗봇으로 할 수 있는 흥미롭고도 새로운 작업이 생기고 있습니다. 지금부터 함께 탐구해 봅시다.

이 장에서 다룰 주제는 다음과 같습니다.[1]

- GPT-4 API와 그 외 LLM API를 사용한 챗봇 제작
- LLM API를 사용한 대화형 인터페이스 구축
- AI를 활용한 고객 지원
- 사례 연구 1: 사용자의 제품 주문을 돕는 AI 기반 챗봇
- 사례 연구 2: 대화형 쪽지 시험/평가 생성 후 챗봇 흐름(chatbot flows) 배포

---

[1] 8장에서 사용하는 Twnel은 번역 당시 기업용 솔루션이라 사용할 수 없는 상태입니다. 똑같이 따라 해야 하는 실습이 아니라 이렇게도 사용할 수 있구나 하는 느낌으로 눈으로 보고 따라 하는 개념으로 보면 더욱 도움이 될 것입니다.

8.1 기술 요구 사항

이 장을 완료하려면 GPT-3.5 Turbo 및 GPT-4 기반의 OpenAI API, 클로드 및 클로드 Instant 기반의 Anthropic API를 비롯한 여러 API에 대한 접근 권한이 있어야 합니다.

OpenAI API에 접근하려면 https://openai.com을 방문하기 바랍니다.

Anthropic API에 접근하려면 https://www.anthropic.com을 방문하기 바랍니다.

또한 이 외에도 https://openrouter.ai를 통해 OpenAI, Anthropic, Meta(LLaMA20), 구글(PaLM2 Bison) 등의 API에 접근할 수도 있습니다. 이 목록은 주기적으로 업데이트되며 OpenAI GPT-3.5나 GPT-4에 접근할 수 있을 뿐만 아니라 OpenAI 자체보다도 먼저 32k 크기의 컨텍스트 창을 지원하는 GPT-4도 제공합니다.

OpenAI의 API 문서는 https://platform.openai.com/docs/api-reference에서 찾을 수 있습니다.

이 장에서 언급하고 있는 챗봇 생성 도구는 다음 목록에서 찾을 수 있습니다.

- https://twnel.com
- https://www.voiceflow.com
- https://uchat.au
- https://manychat.com
- https://botpress.com
- https://landbot.io

8.2 GPT-4 API와 기타 LLM API를 사용한 챗봇 제작

ChatGPT, 제미나이, 클로드 플레이그라운드 역시 기본적으로 챗봇이지만, 고객에게 가장 흥미를 유발하는 애플리케이션을 제공하려면 여러분의 비즈니스와 관련된 작업을 전문적으로 수행하는 맞춤형 챗봇을 구축해야 합니다. 챗봇을 구축할 때 GPT나 클로드 API를 활용하는 것이 ChatGPT나 클로드 플레이그라운드를 직접 사용하는 것보다 나은 이유는 다음과 같습니다.

- **명령어/프롬프트 감추기**: API 기반의 챗봇을 사용하면 프롬프트, 명령어, 상황 정보 등을 사용자에게 보여 주지 않으면서 자연스러운 최종 응답만 보여줄 수 있습니다. 이를 통해 더 매끄러운 사용자 경험을 제공할 수 있습니다.
- **데이터 소스 통합**: 맞춤형 챗봇은 LLM을 외부 데이터베이스, 자체 지식 기반, 기타 내부 데이터 소스와 연결하고, 응답을 생성할 때 이를 사용할 수 있습니다. 이것은 일반적인 플레이그라운드에서는 불가능한 작업입니다.
- **대화 상태 관리**: 챗봇은 대화 상태, 상황 정보 추적, 후속 질문 처리를 관리하여 일관된 사용자 경험을 유지할 수 있습니다. 반면 플레이그라운드에서는 각각의 프롬프트 간에 연관성이 없습니다.
- **어디서나 배포 가능**: 챗봇은 제품, 웹사이트, 앱 등에 배포되어 대규모 사용자 기반으로 확장될 수 있습니다. 반면 플레이그라운드의 사용은 개인 목적으로 제한됩니다.
- **작업 흐름 자동화**: 챗봇은 작업 논리 및 흐름과 통합되어 정보 제공 외에도 주문 접수, 티켓 발급 등의 작업도 수행할 수 있습니다.
- **지속적인 개선**: 사용자 피드백을 통해 챗봇의 동작을 계속 조정하고 개선할 수 있습니다. 반면 플레이그라운드 모델은 더 정적입니다.
- **접근 제어**: 챗봇 사용자에게 인증을 요구하고, 접근을 통제할 수 있습니다. 반면 플레이그라운드는 누구나 자유롭게 이용할 수 있습니다.

맞춤형 챗봇 솔루션을 구축하면 LLM의 기능을 최대한 활용하면서도 전체 사용자 경험을 적절히 제어할 수 있습니다. 단순한 질의응답 및 상호 작용을 넘어 사용자와 작업 흐름을 진정으로 이해하는 지능형 비서를 구축할 수 있습니다.

ChatGPT와 다른 LLM은 감성 분석, 데이터 분류, 데이터 정리, 패턴 매칭 등의 특정 데이터 분석 작업에 유용합니다. 그러나 이를 플레이그라운드 환경에서 직접 사용하기에는 큰 한계가 몇 가지 있습니다.

예를 들어 구글 시트에 텍스트 데이터가 있고 각 항목의 감정을 분석하려고 합니다. ChatGPT를 사용하면 각각의 항목을 인터페이스에 수동으로 복사해 붙여 넣어 감정을 분석하도록 요청한 다음 응답을 다시 해당 셀에 복사해 넣어야 합니다. 이는 대량의 데이터 집합을 대상으로 작업할 때는 매우 번거롭고 비효율적입니다.

GPT-3.5로 구동되는 맞춤형 챗봇은 이러한 번거로움을 해소할 수 있습니다. 챗봇은 구글 시트와 같은 데이터 소스에 직접 연결되어 데이터를 가져오고, AI를 반복적으로 호출해 각 항목을 분석하며, 상황 정보를 유지하고 구조화된 결과를 자동으로 원본 소스에 기록할 수 있습니다. 이러한 조정 작업은 수작업을 자동화하고 확장 가능한 데이터 분석 흐름을 제공합니다. 이는 기본 플레이그라운드 공간에서는 제공할 수 없는 기능입니다.

두 방식의 핵심적인 차이는 맞춤형 통합이 데이터와 AI 사이의 연결과 작업 흐름을 자동으로 처리하는 반면, 플레이그라운드 공간은 전적으로 수동 복사-붙여넣기 작업에 의존한다는 것입니다. LLM과 맞춤형 논리를 결합하면 더 강력하고 확장 가능한 애플리케이션을 만들어낼 수 있습니다.

감성 분석, 데이터 분류, 데이터 정리에 대한 챗봇의 작업 흐름은 모두 유사합니다.

▼ 그림 8-1 감성 분석 챗봇 흐름

챗봇 흐름: 감성 분석

1. 시작 봇을 이용해 구글 시트 ID 확인 — 챗봇이 처리될 데이터와 함께 ID와 시트 이름을 사용자로부터 확인
2. 구글 시트 데이터 적재 API 호출 — 데이터 획득 API 호출
3. LLM (GPT-3.5, GPT-4, Claude) API 호출 — 텍스트에서 감정 데이터를 얻기 위해 각각의 레코드를 LLM API에 전달
4. 각 '행'의 텍스트와 감정을 사용자에게 반환 — API가 처리한 행의 데이터와 감정 데이터를 사용자에게 표시
5. 행 데이터를 구글 시트에 저장 API 호출 — 지정된 행의 감정 데이터를 감정 열에 저장

챗봇 흐름을 자세히 살펴보겠습니다.

1. 챗봇이 시작되면 사용자에게 구글 시트 ID를 입력하라고 요청합니다. 여기서는 감성 분석을 수행하는 모든 텍스트는 구글 시트에 저장되어 있지만, 에어테이블이나 데이터베이스일 수도 있습니다. 이어서 시트의 이름도 확인합니다. 이 두 항목은 API가 구글 시트에서 데이터를 가져올 때 반드시 필요한 정보입니다. Twnel, ManyChat, UChat, BotPress 등의 챗봇 생성 도구는 모두 구글 시트와의 직접적인 통합 기능을 제공하는데, 아마 에어테이블도 지원할 것으로 생각됩니다. 이외의 챗봇 생성 도구는 Zapier나 Make 등의 통합 플랫폼을 통해 통합을 처리할 수 있습니다.
2. 다음으로 챗봇은 감성 분석을 수행하려고 하는 데이터를 가져옵니다.

3. 데이터가 로드되면 챗봇은 각 행과 열의 내용을 구문 분석할 수 있습니다. 따라서 LLM API에 분석하고자 하는 셀의 텍스트와 프롬프트를 지시할 수 있습니다. 이는 모두 백그라운드에서 자동으로 수행됩니다.
4. GPT-3.5, GPT-4, 클로드를 비롯한 LLM이 텍스트를 처리하고 0에서 1 사이의 감정 점수를 반환합니다. 챗봇은 이 응답을 받아 점수 임계값에 따라 '긍정', '중립', '부정'과 같은 감정 범주로 분류합니다.
5. 모든 기록이 처리되면 챗봇은 또 다른 API를 호출하여 각각의 기록이 담긴 행의 열을 찾아 감정 값을 기록합니다.

이러한 구현은 Twnel, BotPress, VoiceFlow, ManyChat, Uchat 등 많은 챗봇 플랫폼에서 사용할 수 있습니다. 도구의 대부분은 시각적 생성 도구를 제공하며, 사용자가 구성 요소를 끌어 놓는 방식으로 자동화 작업을 처리할 수 있습니다. 일부 도구는 구글 시트와 직접 통합되어 특정 시트에서 읽고 쓸 수 있습니다. 그러나 일부 도구는 사용자가 Zapier 또는 Make와 같은 다른 도구를 사용하여 통합해야 할 수도 있습니다.

8.3 LLM API를 활용한 대화형 인터페이스 구축

이 절에서는 사용자가 촬영한 청구서 사진에서 구조화된 데이터를 추출해 구글 시트에 저장하는 챗봇을 만들어 보겠습니다. 이 챗봇에서는 Twnel이라는 메시징 앱을 사용하겠습니다.[2] Twnel은 확장된 공급망과 관련된 과정을 대화형 인터페이스를 통해 자동화할 수 있습니다. 그러나 UChat, Botpress와 같은 다른 챗봇 생성 도구를 사용해도 유사한 구현이 가능하므로 반드시 Twnel을 사용할 필요는 없습니다.

이미지에서 광학 문자 인식(OCR)을 사용하여 추출한 비정형 텍스트를 구조화하는 AI 기반 챗봇의 작업 흐름은 다음과 같습니다.

---

2 Twnel(https://www.twnel.com)은 번역 당시에는 기업용 솔루션이라 사용할 수 없는 상태입니다. 똑같이 따라 해야 하는 실습이 아니라 이렇게도 사용할 수 있구나 하는 느낌으로 눈으로 보고 따라 하는 개념으로 보면 더욱 도움이 될 것입니다.

▼ 그림 8-2 이미지에서 구조화된 데이터를 얻는 챗봇의 작업 흐름

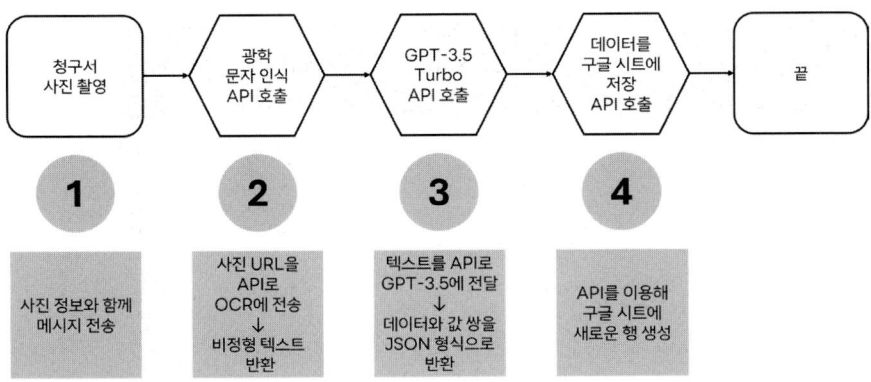

이 챗봇은 AI를 사용하여 광학 문자 인식을 통해 이미지에서 추출한 비정형 텍스트를 구조화합니다. 작업 흐름은 다음과 같습니다.

1. 사용자가 메시징 플랫폼을 통해 챗봇에 이미지를 전송합니다. 이 플랫폼은 사용자가 기존에 촬영했던 이미지를 업로드하거나 챗봇 인터페이스 내에서 직접 사진을 촬영할 수 있도록 해야 합니다.
2. 챗봇은 광학 문자 인식 API를 사용하여 이미지에서 텍스트를 추출합니다. 이 API는 이미지 URL을 입력으로 받아 추출된 텍스트를 출력합니다.
3. 챗봇은 GPT-3.5 Turbo를 사용하여 광학 문자 인식 단계에서 얻은 비정형 텍스트를 구조화하고 정리합니다.
4. 마지막으로 구조화된 데이터를 구글 시트나 데이터베이스에 기록합니다.

이 챗봇을 위해서는 메시징 플랫폼에서 사용자가 대화 흐름 내에서 이미지를 보낼 수 있게 해야 합니다. 다음 절에서는 텍스트 구조화 단계를 위해 OpenAI GPT-3.5 Turbo API를 활용하는 방법을 살펴보겠습니다. Twnel은 GPT-3.5와 구글 시트에 쉽게 통합할 수 있기 때문에, AI 기반 데이터 추출 챗봇을 구축하는 데 적합합니다.

OpenAI GPT-3.5 Turbo API를 호출할 때 JSON 응답을 받아 이를 변환한 후 챗봇 흐름으로 반환해야 합니다. 이를 간소화하기 위해 다음과 같은 작업을 수행하는 구글 앱스 스크립트를 작성했습니다.

- GPT-3.5 API 호출
- JSON 응답 구문 분석
- 수정된 JSON 객체 반환

이 프로그램은 원본 API 출력과 챗봇 사이에 필요한 변환 작업을 처리합니다. 이미지에서 비정형 텍스트를 얻기 위해 광학 문자 인식 API가 필요합니다. 앞에서 언급했던 챗봇 생성 도구들은 구글 시트를 읽고 쓸 수 있는 연결자(connector)를 가지고 있습니다. 만약 지금 사용 중인 챗봇 생성 도구가 해당 기능을 지원하지 않는다면 Zapier나 Make 또는 다른 외부 통합 도구를 사용할 수 있습니다.

앞으로 살펴볼 예제에서는 다음 청구서를 사용해 작업을 처리할 것입니다.

▼ 그림 8-3 예제에서 사용할 청구서 예제

Acme		Invoice	123456
123 Bird Avenue		Date	08/01/2023
Grand City, OH 43003		Due Date	08/31/2023
(123) 456-7890		Project	Experiment X

Invoice to
Richard Peers
CCT
1 Broadway
Cambridge, MA, 02141

Product	Qty	Unit price	Total price
Flux Capacitor	1	$225.00	$225.00
A set of 4 Pixel Bender Lights	2	$204.00	$408.00

Notes:

	Subtotal	$633.00
	Tax	$37.98
	Adjustments	-$100.00
		$570.98

이 예제에서는 5.4절의 응답 패턴 매칭에서 다루었던 내용을 확장합니다.

청구서에서 제품을 포함한 모든 정보를 추출할 수 있고, 반대로 제품을 제외한 모든 정보를 추출할 수도 있습니다. 이 예제에서는 다음 데이터를 스프레드시트에 저장하고자 합니다.

- 청구서 번호
- 날짜
- 마감일
- 수신인 이름
- 수신인 회사
- 프로젝트
- 소계
- 세금
- 조정 금액
- 총액

따라서 JSON 모델은 다음과 같은 형식이 되어야 합니다.

> **출력**
>
> ```
> json = {
>     "invoiceNumber": "string",
>     "date": "string",
>     "dueDate": "string",
>     "invoiceTo": {
>         "name": "string",
>         "company": "string",
>     },
>     "project": "string",
>     "subtotal": "number",
>     "tax": "number",
>     "adjustments": "number",
>     "total": "number"
> }
> ```

따라서 프롬프트를 다음과 같이 작성합니다.

> **프롬프트**
>
> [텍스트]를 광학 문자 인식을 사용하여 청구서에서 추출한 다음 [JSON 모델]에 표시된 구조로 JSON 객체로 구조화해 주세요.
> [text]="OCR에서 생성된 텍스트"
> [JSON 모델] = (위의 모델)
> 모델의 JSON 구조와 동일한 키를 포함하여 동일한 구조를 유지해야 합니다. 출력:

앞의 프롬프트는 GPT-3.5 API를 호출할 때 사용하기 위해 새로 작성되었기 때문에 5장에서 사용했던 프롬프트와는 다릅니다.

OpenAI API를 직접 호출하여 해당 매개 변수를 전달할 수도 있습니다. 그러나 더 높은 유연성을 위해 구글 앱스 스크립트를 통해 OpenAI API를 호출할 것입니다. 구글 앱스 스크립트를 사용하면 백엔드를 따로 만들지 않아도 백엔드에서 자바스크립트 코드를 작성할 수 있습니다. 코드가 작성되면 call_api 블록을 사용하여 챗봇에서 호출할 수 있는 웹훅(webhook)을 만들 수 있습니다.

이러한 접근 방식을 사용하면 모든 청구서나 문서에 일반화하여 적용할 수 있습니다. 구글 앱스 스크립트 코드는 어떤 문서에서도 JSON 모델을 추출할 수 있습니다. JSON 모델을 스프레드시트의 셀에 텍스트로 저장한다고 가정해 봅시다. 이 경우 챗봇에서는 해당 텍스트를 동적으로 가져올 수 있을 뿐만 아니라 광학 문자 인식을 통해 생성된 텍스트도 가져올 수 있습니다. JSON 모델 이상의 정보가 필요한 복잡한 경우에는 입력과 출력 예시를 동일한 스프레드시트의 추가 셀에 저장할 수 있습니다. 이 예시는 LLM이 더 나은 결과를 생성할 수 있도록 학습시키는 데 사용됩니다.

여기서 사용된 구글 앱스 스크립트 코드는 다음 링크에서 확인할 수 있습니다.[3]

- https://github.com/gilbutITbook/080427

이 코드를 실행하는 방법은 다음과 같습니다. 구글 시트를 열고 확장 프로그램 메뉴에서 Apps Script 항목을 선택하면 현재 시트에 연결된 새로운 구글 앱스 스크립트 프로젝트가 열립니다. 이 프로젝트에 저장소에서 다운로드한 파일을 복사하면 준비가 완료된 것입니다. 이때 구글 계정 인증 요청 메시지가 표시될 수 있으므로 안내에 따라 로그인하기 바랍니다.

이 코드는 HTTP POST 요청, JSON 데이터 처리, 입력 데이터를 기반으로 텍스트 콘텐츠를 생성하기 위해 OpenAI API에 요청하는 일련의 함수들을 정의합니다. 주석에 각 함수의 목적과 요청에 따라 AI가 생성한 컨텐츠에 대한 설명이 단계별로 설명되어 있으니 참고하시기 바랍니다.

이때 각각의 GPT-3.5 API 호출은 다른 호출과 연계되지 않기 때문에, 대화의 문맥이나 기억을 유지할 필요가 없으며, 따라서 "messages": [{"role": "user", "content": prompt}] 배열은 하나의 메시지만 저장하게 됩니다.

---

[3] 원서에서 제공하는 코드로 주석을 번역하여 제공합니다. 그러나 이 코드는 구글 인증해서 인증 기록을 남기고 Twnel에서 사용하는 코드라 실습할 수 없는 코드입니다. 따라 하는 실습이 아닌 눈으로 보면서 이렇게도 사용할 수 있다는 것을 참고하는 정도로 보면 더욱 도움이 될 것 같습니다.

또한 JSON 모델을 프롬프트로 전달하기 전에 문자열로 변환해야 한다는 점에도 유의하세요. LLM은 문자열 형식만 처리하기 때문에 JSON 객체나 배열은 혼동을 줄 수 있습니다. 이를 해결하기 위해 59번째 줄의 `const jsonString = JSON.stringify(json)` 구문이 사용되고 있습니다.

GPT-3.5를 통해 텍스트가 구조화되면, 데이터를 구글 시트에 저장할 수 있습니다.

다음 그림은 Twnel의 시각적 챗봇 생성 도구에서의 작업 흐름을 표시한 것입니다.

▼ **그림 8-4** Twnel의 시각적 챗봇 생성 도구를 통한 광학 문자 인식에서 데이터 구조화하기

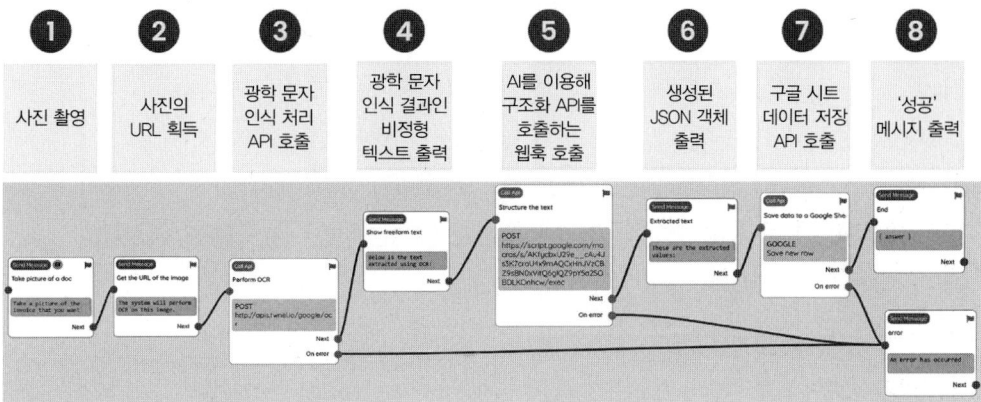

이 중에서 4번과 6번은 필수 사항이 아닙니다. 광학 문자 인식을 통해 생성된 텍스트와 GPT-3.5가 생성한 구조화된 데이터의 JSON 객체를 보여 주기 위해 포함된 것입니다.

실제 흐름은 다음 그림과 같습니다.

▼ 그림 8-5 이미지에서 데이터를 구조화하는 챗봇의 실제 화면

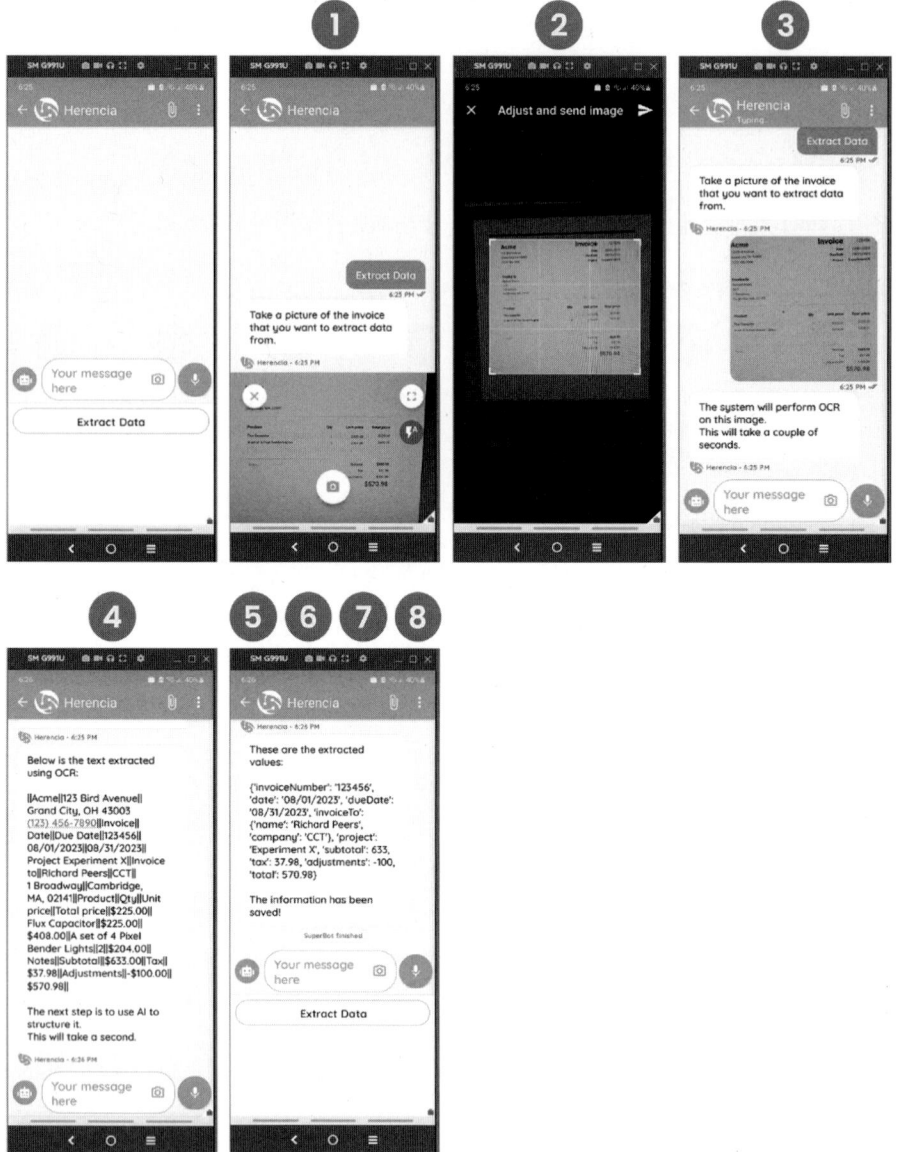

구글 시트에 행이 추가되고 그 안에 정보가 저장된 모습은 다음 그림과 같습니다.

262

▼ **그림 8-6** 추출된 데이터가 구글 시트에 저장된 모습

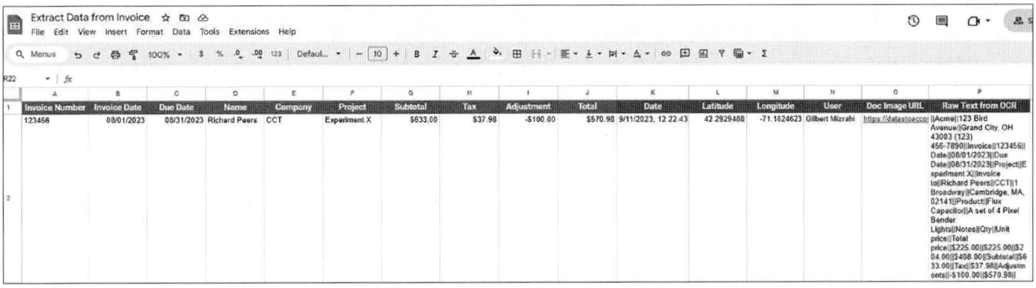

위와 같이 구조화된 데이터는 구글 시트에서 하나의 행으로 저장됩니다. 이 데이터에는 앞에서 설명한 데이터 외에 다음과 같은 추가적인 요약 정보를 포함하고 있습니다.

- 시간 정보: 사진이 촬영된 시각
- 위치 정보: 이미지가 촬영된 장소와 그에 따른 위도와 경도
- 이미지를 촬영한 사용자 이름
- 이미지 URL
- 광학 문자 인식으로 추출된 원본 텍스트

이 흐름은 완전한 대화형 자동화 과정의 일부가 되어야 합니다. 실제 사용 사례에서는 서비스를 제공하는 사람이 사전에 위치 확인, 수행 작업 문서화 등 몇 가지 작업을 수행해야 합니다. 이러한 자동화에 생성형 AI를 사용하면 이전에는 불가능했던 방식으로 작업을 개선할 수 있다는 점이 혁신적인 장점입니다.

이러한 유형의 챗봇 흐름은 다양한 분야에 활용될 수 있습니다. 예를 들어 트럭 운전사는 통행료, 유류비, 타이어 펑크 등의 수리 비용, 식비, 숙박비 등 환급이 필요한 경비 영수증 데이터를 저장할 수 있습니다. 운전사와 행정 직원 모두 시간을 크게 절약할 수 있을 뿐만 아니라 운전사는 신속하게 비용을 환급 받을 수 있습니다.

LLM을 통해 대화형 인터페이스를 구축하면 다양한 분야에서 새로운 가능성이 열립니다. 그중에서도 특히 고객 서비스 분야는 엄청난 혜택을 받을 수 있습니다. 다음 절에서는 고객 지원 요구에 맞춘 생성형 AI 챗봇을 제작하는 데 중점을 두고 설명해 보겠습니다.

8.4 AI를 활용한 고객 지원

생성형 AI 기반으로 동작하는 챗봇은 고객 서비스에서 상호 작용을 혁신할 수 있는 새로운 기회를 제공합니다. 이전에 사용되던 규칙에 따라 응답하던 단순한 챗봇과 달리, 생성형 모델은 인간처럼 더 자연스러운 대화를 나눌 수 있습니다. 이러한 챗봇은 적절한 학습 데이터와 프롬프트 엔지니어링을 통해 고객의 질문을 더 세밀하게 이해하고 그에 따라 실제로 도움이 되는 답변을 제공할 수 있습니다.

다음은 생성형 AI 챗봇을 고객 서비스에 활용하는 몇 가지 예시입니다.

- **회사 웹사이트에서 자주 묻는 질문(FAQ) 답변하기**: 챗봇은 제품, 서비스, 계정 접근, 배송 시간, 반품 등 자주 묻는 질문을 처리할 수 있습니다. 이를 통해 단순 문의를 줄일 수 있습니다.
    - 생성형 AI는 다양한 방식으로 표현된 질문을 구문 분석하여 적절한 답변을 찾을 수 있습니다. 정확한 문구가 필요한 경직된 봇보다 훨씬 유연합니다.
    - 챗봇은 과거 고객 서비스 대화 기록을 학습하여 일반적인 질문 변형을 배울 수 있습니다.
    - 흔한 질문이 아닐 경우에는 언어 생성 능력을 사용하여 유용한 대체 답변을 제공할 수 있습니다.
- **제품 지원과 문제 해결**: 챗봇은 제품의 사양과 설명서를 활용하여 가전 제품, 전자 기기, 소프트웨어 등의 문제를 진단하고 해결 방법을 안내할 수 있습니다.
    - 생성형 모델은 경직된 트리 기반의 흐름 대신 자유로운 대화가 가능합니다.
    - 챗봇은 제품 문서와 설명서를 통합하여 더 깊이 이해하고, 이를 바탕으로 더 나은 문제 해결 방법을 제안할 수 있습니다.
    - 학습을 통해 특정 제품 모델과 문제에 맞는 해결책을 추천할 수 있습니다.
- **계정 관리 지원**: 챗봇은 회사의 고객 관리 체계(CRM system)에 접근하여 고객의 계정 정보를 조회하고, 주문 상태를 확인하고, 정보를 업데이트하며, 구독을 취소하는 등의 작업을 처리할 수 있습니다.
    - 생성형 봇은 고객 관리 체계와 통합되어 고객 계정 데이터에 접근하고 이해하여 다양한 요청을 해결할 수 있습니다.
    - 전체 계정 상황 정보를 활용하여 더 개인화되고 상황에 맞는 대화를 나눌 수 있습니다.
    - 챗봇은 과거 계정 관리 대화를 사용하므로 수작업으로 흐름을 작성하지 않아도 학습할 수 있습니다.
- **레스토랑 예약**: 챗봇은 날짜와 시간, 인원 수, 연락처를 받아 예약을 처리할 수 있습니다.
    - 생성형 모델은 자연어로 제공된 날짜, 시간, 인원 수 등 기타 세부적인 예약 사항의 미묘한 차이를 이해할 수 있습니다.

- 챗봇은 독립적인 봇 흐름 대신 예약 시스템에 직접 통합될 수 있습니다.
- 과거 대화를 통해 예약을 원활하게 처리하기 위한 명확한 질문을 학습할 수 있습니다.

- **여행 예약**: 여행 챗봇은 고객 기준에 따라 목적지를 추천하고, 예약 가능 여부를 확인하고, 항공편, 호텔, 렌터카를 예약할 수 있습니다.
  - 챗봇은 고객의 요구와 선호에 맞는 개인화된 목적지와 여행을 추천할 수 있습니다.
  - 생성형 AI는 여러 종류의 여행 시스템을 검색하여 최적의 항공편, 호텔, 렌터카 선택지를 찾아낼 수 있습니다.
  - 챗봇은 여러 차례의 상호 작용을 요구하는 복잡한 다구간 여행 일정도 처리하도록 학습할 수 있습니다.

- **보험 청구 처리**: 보험 챗봇은 초기 보험금 청구 정보를 접수하고, 청구 번호를 할당하고, 처리를 시작하고, 고객의 질문에 답할 수 있습니다.
  - 챗봇은 대화를 개인화하기 위해 보험 시스템과 통합하여 전체 청구 상황 정보를 수집합니다.
  - 고객은 경직된 양식 대신 일상적인 언어로 청구에 대해 설명할 수 있습니다.
  - 챗봇은 과거 청구 상호 작용에서 학습한 명확한 질문을 통해 필요한 모든 세부 정보를 얻을 수 있습니다.

- **인사 가상 비서로 활용**: 인사(HR) 챗봇은 복리후생, 휴가 요청, 회사 정책 등에 대한 직원들의 질문에 답할 수 있습니다.
  - 직원들은 인사 정책, 복리후생, 급여 등 다양한 질문을 자연스럽게 할 수 있습니다.
  - 챗봇은 인사 지식 기반과 지침서를 활용해 질문을 더 잘 해결할 수 있습니다.
  - 사용자 대화를 통해 챗봇의 능력이 지속적으로 향상될 수 있습니다.

특정 고객 서비스 영역에 맞추어 잘 설계된 생성형 AI 챗봇을 사용하면 그 가능성은 무궁무진합니다. 중요한 것은 관련 학습 데이터를 제공하여 다양한 고객 요구와 요청을 처리할 수 있도록 하는 것입니다.

이어지는 두 개의 절에서는 사례를 탐구해 보겠습니다. 생성형 AI 챗봇이 방금 설명한 것과 같은 사례에서 어떻게 사용자 경험을 개선하는지를 보여 주는 사례입니다.

여러 문서의 내용을 통합하려면 솔루션에 계층을 추가해야 하는데, 이에 대해서는 다음 장에서 다루겠습니다.

사례 연구 1: 사용자의 제품 주문을 돕는 AI 기반 챗봇

챗봇은 기업에서 주문을 처리하는 업무를 지원하는 데 널리 사용되고 있습니다. 이 절에서는 가상의 회사인 헤렌시아 주식회사(Herencia Inc.)가 만든 챗봇을 살펴보겠습니다. 헤렌시아 주식회사는 수제 맥주를 생산하고 있는데, 편의점의 점주가 회사의 웹사이트나 챗봇을 통해 다양한 종류의 맥주를 주문할 수 있도록 지원하는 챗봇 사례입니다.

LLM은 제품 사양, 가격을 비롯한 관련 정보를 활용해 구매자가 제품을 주문할 때 지원할 수 있습니다. GPT-4나 클로드 API와 같은 LLM의 API를 사용할 때 주의해야 할 사항이 하나 있는데, 바로 프롬프트로 직접 적재할 수 있는 데이터 토큰의 수입니다. 다음 장에서는 플러그인이나 벡터 데이터베이스와의 통합을 통해 더 복잡한 상황에서 이 문제를 해결하는 방법을 알아보겠습니다.

이 챗봇이 수행할 수 있는 작업을 예로 들면 다음과 같습니다.

- **제품 추천**: 구매자의 요구 사항, 선호도, 예산을 분석하여 가장 적합한 제품을 추천할 수 있습니다.
- **제품 비교**: 구매자가 제품의 특징, 사양, 가격을 기준으로 다양한 제품을 비교하고 정보에 입각한 결정을 내리는 것을 도와줍니다.
- **맞춤 선택**: 회사에서 맞춤형 제품을 제공하는 경우, 구매자가 자신의 요구 사항을 충족하는 최상의 선택지를 고를 수 있도록 맞춤 과정을 안내합니다.
- **자주 묻는 질문**: 제품의 보증 정보, 반품 정책, 배송 옵션과 같이 자주 묻는 질문에 빠르게 답변하여 구매자의 구매 과정을 더 편리하게 만들어 줍니다.
- **가격 협상**: 가격 협상이 가능한 경우, 제품의 가치와 시장 동향을 기반으로 협상 팁과 전략을 제공합니다.
- **주문 추적**: 회사의 주문 관리 시스템과 통합되어 구매자에게 주문 상태와 예상 배송 시간을 실시간으로 업데이트해서 알려줍니다.
- **업셀링**(upselling)[4]**과 크로스셀링**(cross-selling)[5]: 구매자가 관심을 가질 만한 관련 제품이나 시너지를 일으키는 제품을 제안합니다.

---

[4] 고객이 구매하려는 제품보다 더 많은 기능 또는 편의성을 갖춘 제품을 제안하여 구매하도록 유도하는 판매 방식입니다.
[5] 고객이 구매한 제품을 기반으로 연계되거나 시너지 효과를 가지는 제품을 제안하여 구매하도록 유도하는 판매 방식입니다.

이번 예제에서는 임베딩(embedding)[6]이나 벡터 데이터베이스는 다루지 않고, 단지 챗봇을 사용해 맥주를 주문하는 방법을 설명할 것입니다. 여기서는 간단하게 헤렌시아 주식회사가 판매하는 맥주가 라거(lager), IPA, 스타우트(stout), 밀 맥주(wheat), 네 종류라고 가정해 보겠습니다. 각 맥주의 판매 선택 사항과 가격은 다음 표와 같습니다.

▼ 표 8-1 맥주 주문을 위한 헤렌시아 주식회사 제품 목록 – 챗봇 흐름

맥주 형태	12캔 묶음	24캔 묶음	12병 묶음	24병 묶음
라거	15달러	28달러	16달러	30달러
IPA	18달러	34달러	20달러	38달러
스타우트	20달러	38달러	22달러	42달러
밀 맥주			18달러	34달러

만약 챗봇 대신 이 기능을 ChatGPT, 제미나이, 클로드로 직접 대응하려면, LLM에 이 제품 목록과 함께 맥주 구매를 지원한다는 목표에 대한 명확한 지침을 제공해야 합니다.

이에 따른 프롬프트는 다음과 같습니다.

> **프롬프트**
>
> 구매자는 편의점 주인이고 헤렌시아 주식회사라는 맥주 회사에서 맥주를 구매한다고 가정해 봅시다. 헤렌시아 주식회사는 네 종류의 맥주를 판매하며, 해당 제품 목록은 [맥주]입니다. 구매자는 다양한 종류의 맥주를 다양한 형태와 포장으로 구매할 수 있습니다. 편의점 주인이 주문을 할 수 있도록 도와주세요. 마지막에 항목 가격과 총 가격을 포함하여 주문을 요약해 주세요.
> 맥주 = 포장과 가격별 맥주 목록 - 표를 여기에 복사하여 붙여 넣으세요.
> 어떤 제품을 주문하시겠습니까?

> **응답**
>
> 좋습니다! 귀하의 매장을 위한 다양한 맥주 선택 사항이 준비되어 있습니다. 다음은 네 가지 종류의 맥주와 포장 선택 사항별 가격입니다.
> 1. 라거:
>   - 12캔 묶음: 15달러
>   - 24캔 묶음: 28달러
>   - 12병 묶음: 16달러
>   - 24병 묶음: 30달러
> 2. IPA:
>   - 12캔 묶음: 18달러
>   - 24캔 묶음: 34달러

---

6 AI에서 토큰을 벡터화하여 연관성이나 유사성을 계산하는 것을 말합니다.

    - 12병 묶음: 20달러
    - 24병 묶음: 38달러
3. 스타우트:
    - 12캔 묶음: 20달러
    - 24캔 묶음: 38달러
    - 12병 묶음: 22달러
    - 24병 묶음: 42달러
4. 밀 맥주:
    - 12병 묶음: 18달러
    - 24병 묶음: 34달러

각 맥주의 종류별로 원하는 수량과 포장 선택 사항을 알려주세요.

이어지는 프롬프트는 다음과 같습니다.

프롬프트

라거 3묶음, IPA 2묶음, 스타우트 6묶음으로 주세요.

응답

요청 감사합니다. 더 제대로 도와 드리기 위해 주문하고자 하는 각 맥주의 포장 선택 사항(12캔 묶음 또는 24캔 묶음, 12병 묶음 또는 24병 묶음)을 지정해 주시겠어요? 참고로 선택 사항을 다시 한 번 안내해 드립니다.

1. 라거:
    - 12캔 묶음
    - 24캔 묶음
    - 12병 묶음
    - 24병 묶음
2. IPA:
    - 12캔 묶음
    - 24캔 묶음
    - 12병 묶음
    - 24병 묶음
3. 스타우트:
    - 12캔 묶음
    - 24캔 묶음
    - 12병 묶음
    - 24병 묶음
4. 밀 맥주:
    - 12병 묶음
    - 24병 묶음

원하는 선택 사항을 말씀해 주시면, 주문의 총 가격을 계산해 드리겠습니다.

이어지는 프롬프트는 다음과 같습니다.

> **프롬프트**
>
> 라거 24캔 묶음 3개, IPA 12병 묶음 2개, 스타우트 24병 묶음 6개.

> **응답**
>
> 선호 사항을 지정해 주셔서 감사합니다. 다음은 귀하의 주문 요약입니다.
> 1. 라거:
>   - 24캔 묶음: 3묶음 x 28달러 = 84달러
> 2. IPA:
>   - 12병 묶음: 2묶음 x 20달러 = 40달러
> 3. 스타우트:
>   - 24병 묶음: 6묶음 x 42달러 = 252달러
>
> 주문의 총 가격은 376달러입니다. 배송 비용과 배송 시간은 매장의 위치에 따라 계산될 예정입니다. 이 주문을 진행할지 또는 변경할 사항이 있는지 확인 부탁드립니다.

이와 같이 직접 LLM에게 지시하는 방식도 잘 작동하지만, 이러한 상호 작용은 모든 잠재 고객 또는 적어도 대부분의 고객에게 제공할 수 있는 챗봇을 사용해 제공해야 합니다. 그렇지 않으면 의미가 없습니다.

LLM의 API를 통해 챗봇과 LLM을 통합할 때 중요한 점은 챗봇 흐름의 개발자가 대화의 문맥을 관리하기 위해 대화의 기억을 유지해야 한다는 것입니다. ChatGPT나 LLM을 플레이그라운드에서 사용할 때는 LLM 서비스 공급자가 단기 기억을 대신 유지해 주고 있다는 사실을 명심하세요.

앞 예제에서 GPT-3.5나 GPT-4 API에는 messages라는 배열 형태의 매개 변수가 있다는 것을 확인했습니다.

```
"messages": [{"role": "user", "content": prompt}]
```

이때 각각의 응답이 끝나고 사용자가 API를 호출할 때마다 앞에서 호출했던 메시지를 매번 배열에 담아 전달해야 GPT-3.5나 GPT-4가 문맥을 유지하고 단기 기억을 관리할 수 있습니다. 흐름은 다음과 같습니다.

▼ **그림 8-7** 맥주 주문 챗봇 흐름

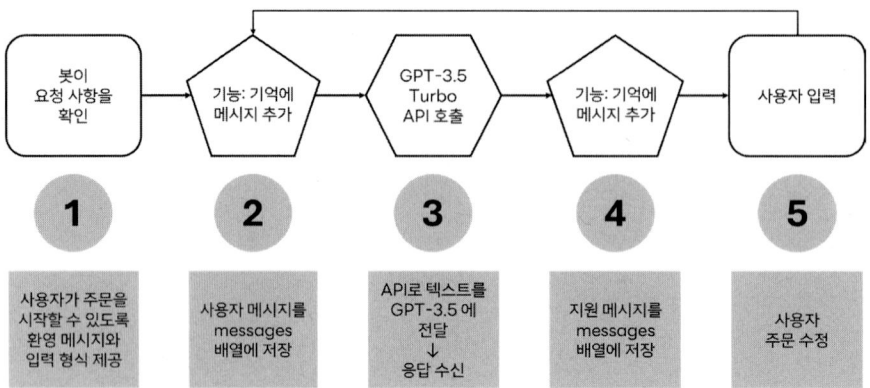

다음 그림은 Twnel의 시각적 챗봇 생성 도구(Visual Bot Builder)에서의 작업 흐름을 표시한 것입니다.

▼ **그림 8-8** Twnel의 시각적 챗봇 생성 도구에서의 흐름

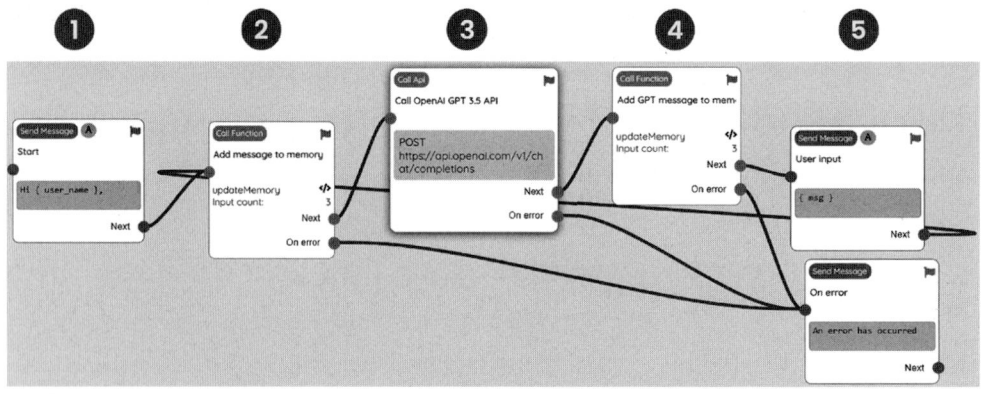

1단계에서는 인사와 함께 사용자가 주문하고 싶은 제품을 확인합니다. 2단계와 4단계에서는 자바스크립트 함수가 호출됩니다. 이 함수는 대화 전체의 기록을 포함한 messages 배열을 유지하는 역할을 하며, 마지막 메시지 객체인 {"role": "system", "content": system_prompt}를 messages 배열에 추가합니다.

3단계에서는 OpenAI API를 직접 호출합니다. 그림 8-9에서 머리 정보(headers)의 설정 방법을 확인할 수 있습니다.

▼ **그림 8-9** Twnel 시각적 챗봇 생성 도구에서 API 호출하기 – 머리 정보 설정

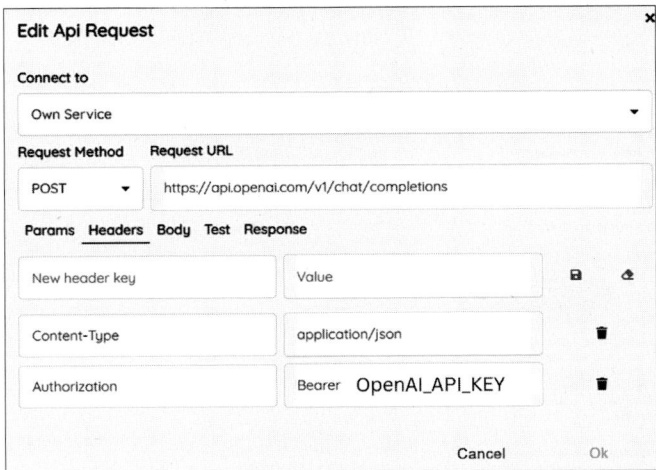

그림 8-10은 OpenAI 대화 API 요청 URL과 필요한 매개 변수를 포함한 본문입니다. 여기에는 모델과 대화를 담은 messages 배열이 포함됩니다.

▼ **그림 8-10** Twnel의 시각적 챗봇 생성 도구의 API 호출 블록에서 데이터 요청하기

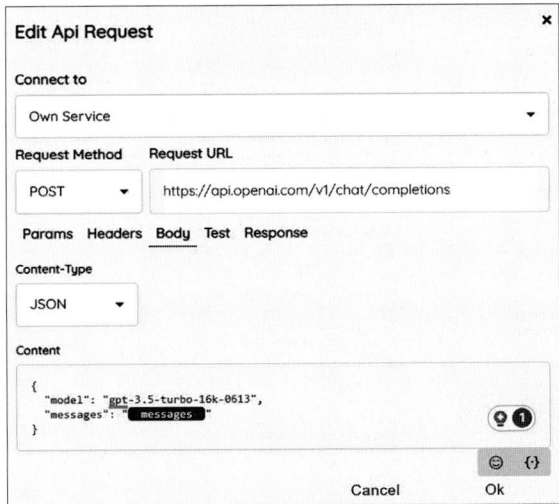

다음 그림은 실제 대화 흐름입니다.

▼ **그림 8-11** 챗봇에서 실제로 맥주를 주문하는 화면

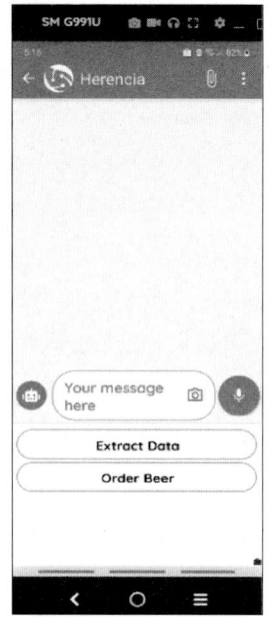
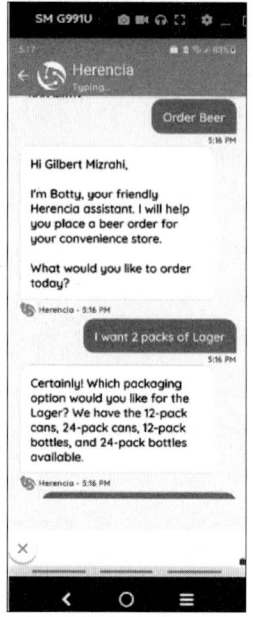
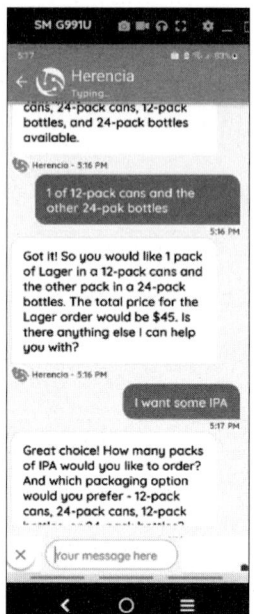
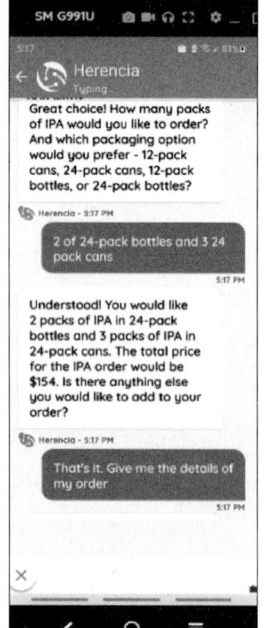
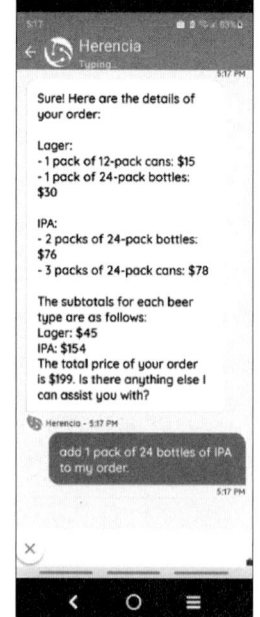
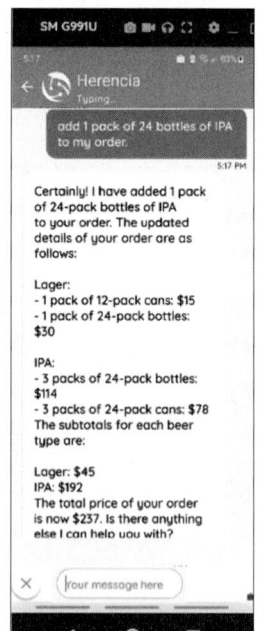

5단계에서 사용자는 응답을 읽고 주문을 다시 수정할 수 있습니다. 사용자 메시지는 다시 2단계로 돌아가 messages 배열에 추가되고, 이 흐름은 주문이 완료될 때까지 계속 반복됩니다.

누구나 접근할 수 있는 챗봇에 이 흐름을 구현하면 매우 유용합니다. 헤렌시아 주식회사의 맥주 재고와 상호 작용하여 재고 여부를 확인하는 API 호출 단계를 추가할 수도 있고, 편의점 점주가 결제할 때 신용 상태와 한도를 확인할 수도 있습니다. 이후 사용자에게 주문할 수 있는 페이지가 제공되고, 신용 조건과 계좌 잔고에 따라 챗봇에서 직접 결제를 요청할 수 있습니다. 최종적으로 주문이 완료되면 주문 데이터베이스에 저장되고 사용자가 배송을 추적할 수 있는 추적 링크를 생성합니다.

이와 함께 LLM에게 결과를 JSON 형식으로 생성하도록 요청할 수도 있습니다. 이때 프롬프트를 통해 JSON을 생성하고 사용자에게 친숙한 방식으로 표시되도록, 전체 텍스트 응답을 포함한 텍스트 요소와 주문 내역의 각 항목과 수량을 포함한 배열 요소를 요청할 수 있습니다.

OpenAI와 같은 LLM의 API를 챗봇에서 직접 호출할 때는 몇 가지 제한이 있습니다. API 요청당 허용되는 토큰 수가 제한되어 있기 때문에 단일 흐름에서 챗봇이 처리할 수 있는 제품 데이터의 양이 제한됩니다. 토큰 허용량이 증가하더라도 사용량이 많으면 여전히 비용이 증가합니다.

따라서 더 나은 접근 방식은 프롬프트를 여러 요청에 걸쳐 연결하고 전문 에이전트를 생성하는 LangChain과 같은 도구를 사용하는 것입니다. 이에 대해서는 다음 장에서 다루겠습니다.

이번에는 다른 영역을 살펴보겠습니다. LLM을 활용하는 챗봇은 더 상호 작용적이고 대상에 최적화된 질문을 생성할 수 있습니다. 대화형 AI는 맞춤형 설문지를 작성하고 자유 형식의 응답을 분석할 수 있습니다. 다음 사례 연구에서 확인해 봅시다.

사례 연구 2: 상호 작용 질문과 평가 생성 후 챗봇 흐름 배포

챗봇은 상호 작용 방식으로 대화형 질문과 평가를 생성하는 흥미로운 기능을 갖추고 있습니다. 챗봇은 LLM의 힘을 빌려 사용자에게 대화 기반의 질문을 던지고 자유로운 형식의 응답을 이해한 뒤, 이에 맞춰 개인화된 피드백을 제공할 수 있습니다.

이 절에서는 고객의 투자 목적에 따른 위험 감수 성향을 측정하는 위험 평가 질문을 진행하는 재무 상담 챗봇의 사례 연구를 살펴보겠습니다. 이 챗봇의 목적은 고객과의 초기 대응 절차 중 일부를 자동화하려는 것입니다. 챗봇은 자연스러운 대화를 통해 투자 위험 관련 질문을 던지고 이에 대한 고객의 응답을 평가해 고객의 위험 성향을 결정할 수 있습니다.

이 대화는 고객의 투자 위험에 대한 감정을 묻는 인간 상담사를 모방하도록 설계되었습니다. 챗봇은 고객의 비정형 응답을 해석하고 그에 따라 질문의 방향을 조정할 수 있습니다. 평가가 완료되면 챗봇은 요약된 위험 성향을 저장하여 인간 재무 상담사가 적절한 투자 추천을 할 수 있도록 도와줍니다.

이 사례 연구를 통해 대화형 AI가 동적 질문을 통해 주요 고객 정보를 수집하는 방법을 확인할 수 있습니다.

이때 LLM을 사용하는 방법에는 두 가지가 있습니다.

- 첫 번째 방법은 LLM이 모든 참가자에게 동일한 질문을 생성하는 방법입니다. 이 방법은 ChatGPT, 제미나이와 같은 도구를 사용하여 한 번에 수행할 수 있는데, 먼저 트리 기반 챗봇을 통해 사용자에게 질문을 해서 응답을 수집한 후, 마지막으로 LLM의 API를 호출하여 수집한 응답을 기반으로 평가를 수행합니다.
- 두 번째 방법은 챗봇이 LLM의 API를 사용하여 각 사용자에 맞춰 동적으로 질문을 생성하고, 수집한 응답을 기반으로 평가를 수행하는 방법입니다.

두 가지 방법 모두 각자 의미 있는 효과가 있습니다.

첫 번째 접근 방식은 LLM과 대화를 진행하는 것이 아니라 챗봇과 상호 작용을 하기 때문에 더 간단하게 구현할 수 있습니다. LLM의 API는 마지막에 평가를 요청할 때 한 번만 호출되므로, 새로운 상호 작용이 발생할 때마다 이전 메시지를 다시 보낼 필요가 없습니다. 따라서 운영에 드는 비용이 훨씬 적습니다. 또한 사용자 간의 평가에 일관성이 유지됩니다.

두 번째 접근 방식은 이전 질문에 대한 응답에 따라 다음 질문이 결정되는 경우 더 나은 결과를 낼 수 있습니다.

이 예제에서는 두 번째 방법을 살펴보겠습니다.

재무 상담사를 돕는 위험 평가 챗봇을 구현하기에 앞서, ChatGPT와 같은 LLM의 플레이그라운드에서 흐름을 직접 시연해 보겠습니다.

LLM이 상호 배타적이고 포괄적인 체계(Mutually Exclusive, Collectively Exhaustive framework, MECE framework)[7]를 사용하도록 요청할 것입니다. MECE 체계는 경영 컨설팅, 비즈니스 분석, 프로젝트 관리 등 다양한 분야에서 문제를 해결하고 정보를 구조화할 때 일반적으로 사용하는 개념입니다. MECE는 명확성과 포괄성을 보장하기 위해 정보를 조직하고 범주화하는 체계적인 방법입니다. MECE의 각 부분은 다음과 같습니다.

- **상호 배타적**(Mutually Exclusive): 정의한 범주나 요소가 서로 겹치지 않아야 합니다. 다시 말해 각각의 정보나 데이터는 하나의 범주에만 속해 있어야 하며, 다른 범주 안에 중복되어 포함되지 않아야 합니다. 이는 중복 계산이나 혼란을 방지하는 데 중요합니다.
- **포괄적**(Collectively Exhaustive): 모든 범주나 요소를 결합하면 전체 가능성을 포괄해야 하며 누락된 항목이 없어야 합니다. 이는 문제나 상황과 연관된 모든 측면을 고려했음을 보장하는 데 중요합니다.

MECE 체계를 적용하면 문제 분석, 문제 해결, 의사 결정, 정보 제시에 있어 명확하고 조직적인 구조를 만들 수 있습니다. 복잡한 문제를 관리 가능한 부분으로 쪼개고 중요한 요소를 간과하거나 중복된 구분을 하지 않도록 도와줍니다. MECE는 시장 세분화, 과정 개선, 프로젝트 계획, 문제 해결 작업에서 자주 사용됩니다.

실제로 MECE 체계를 만드는 작업은 상호 배타적이고 포괄적인 기준을 충족하는 범주나 묶음으로 문제나 정보를 쪼개는 작업으로부터 시작됩니다. 이 체계적인 접근 방식은 상황을 명확하고 포괄적으로 파악하도록 도와주어, 더 효과적인 의사 결정과 문제 해결로 이끕니다.

챗봇을 사용해 대화형 질문을 생성하려면 AI 비서가 질문과 응답의 선택 사항을 생성할 수 있도록 초기 프롬프트를 제공해야 합니다. 이 초기 프롬프트는 AI가 재무 상담사 역할을 하도록 명시하고, 사용자의 응답을 기반으로 맞춤형 투자 전략을 제안하도록 지시합니다.

다음은 이에 대한 예입니다. 초기 프롬프트는 다음과 같습니다.

> **프롬프트**
>
> 개인 재무 상담사로서 역할을 수행해 주세요. 현재 재정 상황, 위험 감수 성향, 목표, 선호도 등을 바탕으로 맞춤형 투자 전략을 제안해 주세요.
> 개인화에 필요한 모든 정보를 수집하기 위해, MECE 체계를 사용하여 10개의 질문과 각각 4개의 가능한 답변(a, b, c, d)을 포함한 맞춤형 질문을 만들어 주세요.
> 각 질문을 하고 답변을 기다렸다가 다음 질문을 하세요.

---

[7] 맥킨지(McKinsey & Company)에서 개발한 체계로, 컨설팅 업계뿐만 아니라 다양한 사업 분야에서 널리 사용되고 있습니다. 바바라 민토(Barbara Minto)의 저서인 『바바라 민토, 논리의 기술(The Minto Pyramid Principle)』(더난출판사, 2019년 8월)에서 MECE 원칙을 체계적으로 설명하고 있습니다.

> **응답**
>
> 첫 번째 질문입니다:
> 1. 귀하의 투자 목표는 무엇입니까?
> a. 소득 창출
> b. 자산 성장
> c. 자산 보존
> d. 위의 항목 중 여러 개의 조합

이어지는 프롬프트는 다음과 같습니다.

> **프롬프트**
>
> a

챗봇은 계속해서 질문을 하고 답변을 기다립니다. 흐름이 마지막 질문에 대한 답변까지 받으면 다음과 같은 응답을 생성합니다.

> **응답**
>
> 답변해 주셔서 감사합니다. 귀하의 답변을 바탕으로 한 맞춤형 투자 전략은 주식, 뮤추얼 펀드, ETF 등 다양한 자산 클래스로 분산된 성장 지향 포트폴리오가 될 수 있습니다. 귀하는 중간에서 높은 위험 감수 성향을 가지고 있으며 더 많은 위험을 감수할 의향이 있으므로, 이러한 유형의 포트폴리오가 적합할 수 있습니다.
> 또한 귀하의 투자 경험이 제한적이라고 언급하셨으므로, 성장주에 중점을 둔 적극적으로 관리되는 뮤추얼 펀드나 ETF가 좋은 시작점이 될 수 있습니다. 재무 상담사가 적절한 투자를 선택하고 지속적으로 포트폴리오를 확인하는 데 도움을 드릴 수 있습니다.
> 투자는 위험을 수반하며 수익이 보장되지 않는다는 점을 명심해야 합니다. 투자 결정을 내리기 전에 직접 연구하고 재무 상담사와 상담해야 합니다.

이 사례의 챗봇 흐름은 이전 사례와 매우 유사합니다.

▼ **그림 8-12** 재무 상담 지원 챗봇 흐름

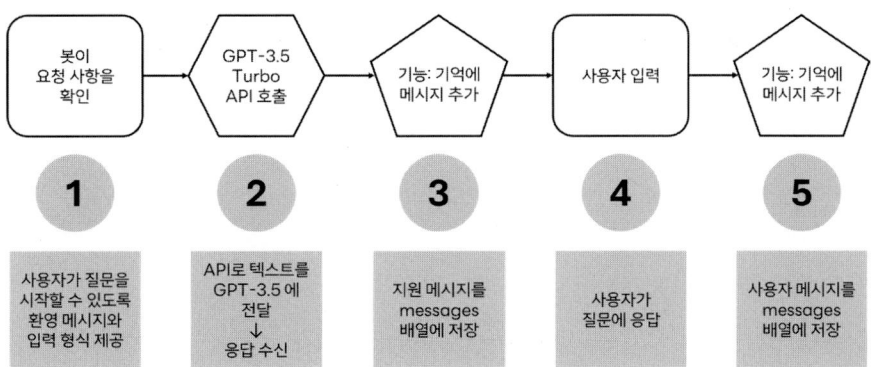

이 흐름과 이전 흐름의 유일한 차이점이 있는데, 바로 흐름을 활성화할 때 초기 메시지 이후에 OpenAI API를 호출하고 응답을 messages 배열에 추가하는 것입니다.

이때 사용자는 a, b, c, d 또는 텍스트로 답변할 수 있습니다. 또한 챗봇 흐름을 세분화하여 답변과 선택 사항이 다음과 같이 JSON 객체로 반환되도록 할 수 있습니다.

> 출력

```
{
    "response_type": "question",
    "question": "question text here",
    "answers": [
        {"id": "a", "label": "option 1 text"},
        {"id": "b", "label": "option 2 text"},
        {"id": "c", "label": "option 3 text"},
        {"id": "d", "label": "option 4 text"}
    ]
}
```

answers 매개 변수는 입력 유형이 checkbox일 때 Twnel에서 버튼을 표시하기 위해 사용하는 형식입니다. 그러나 열 번째 질문이 끝나면 LLM은 또 다른 JSON 형식의 질문을 반환하는 대신 텍스트 기반의 추천을 반환할 것입니다. 따라서 LLM의 response_type이 질문인지 평가인지 확인하여 이를 받아들이도록 흐름을 변경해야 하지만, 이 예제에서는 그 변경 여부는 중요하지 않습니다. 여기서 중요한 것은 대화형 자동화 도구가 사용자 상호 작용을 단순화할 수 있는 선택 사항을 제공한다는 것입니다.

OpenAI의 GPT-3.5와 GPT-4 API에는 함수 호출(function calling)이라는 기능이 있습니다. 이 기능을 사용하면 AI 모델에 함수의 기능을 설명할 수 있습니다. 그러면 모델은 해당 함수를 호출하는 데 필요한 매개 변수를 포함한 JSON 출력을 생성해 줍니다.

모델은 이를 통해 설명한 함수의 출력을 지능적으로 선택할 수 있습니다.

이때 중요한 점은 이것입니다. ChatCompletions 모델이 함수를 직접 실행하는 것이 아니고, 대신 함수 호출에 사용할 수 있는 JSON 데이터를 생성하는 것입니다.

이 주제는 이 책의 범위를 벗어나지만, GPT-3.5와 GPT-4 API는 함수들을 연쇄적으로 연결하고 받은 출력에 따라 다시 방향을 설정할 수 있다는 정도만 기억하면 됩니다. 여기서는 각각의 질문 아래에 네 가지 선택 사항에 대한 버튼을 표시하되, 평가를 제공할 때는 메시지만 표시해야 하기 때문에 이 기능을 사용하고 있습니다.

다음은 실제 대화 흐름입니다.

▼ 그림 8-13 실제 재무 상담 지원 챗봇 흐름

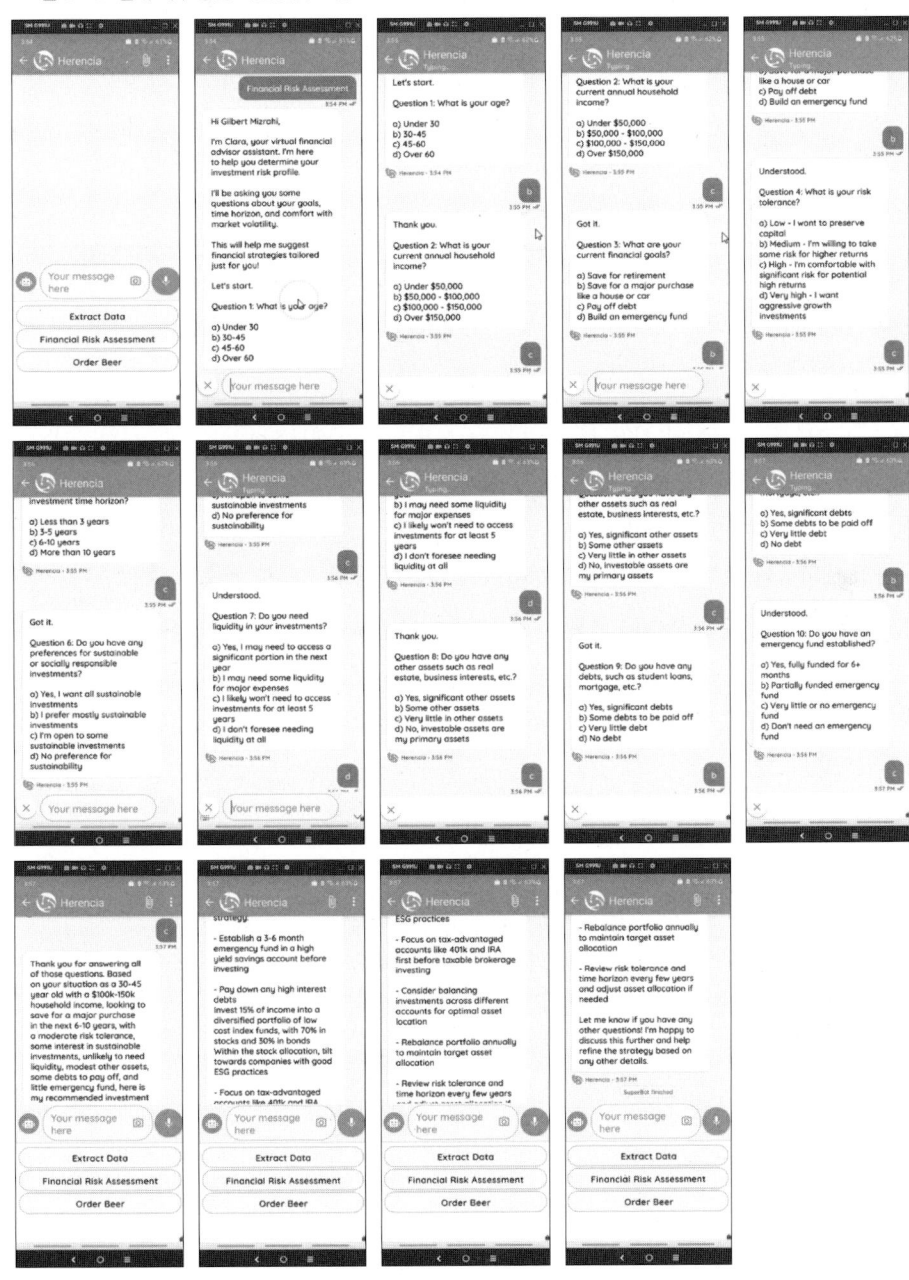

재무 상담 챗봇이 맞춤형 위험 평가 질문을 제공하는 이 사례 연구를 통해 LLM이 챗봇과 같은 대화형 AI 에이전트를 통해 동적으로 상호 작용하는 평가를 생성하는 방법을 살펴봤습니다. AI를 활용한 챗봇을 이용하여 대화 가능성을 탐구하는 여정은 여기서 마무리하겠습니다.

8.7 요약

GPT-3.5, GPT-4, 클로드와 같은 LLM 기반으로 동작하는 챗봇은 대화형 AI를 변화시키고 혁신함으로써 더 자연스럽고 인간과 유사한 디지털 경험을 선사합니다. 이 장에서 설명한 예제에서 알 수 있듯이, 강력한 생성형 모델을 통해 챗봇이 자연 언어를 진정으로 이해하고 사용자와 자유롭게 대화하며 상거래에서 맞춤형 평가까지 복잡한 작업 흐름을 완수할 수 있습니다.

챗봇의 능력을 최대한 발휘하게 해 주는 열쇠는 신중한 프롬프트 엔지니어링입니다. 개발자는 프롬프트에 중요한 맥락, 영역 지식, 사업 논리(business logic), 데이터 소스 등을 주입하여 챗봇의 행동을 조정할 수 있습니다. 플레이그라운드에서의 상호 작용은 단지 가능성을 엿보게 해 줄 뿐이지만, LLM의 API를 기반으로 맞춤형 솔루션을 구축하면 훨씬 더 많은 가능성을 열 수 있습니다.

AI 기반 챗봇들은 대화 상태와 메모리를 유지하고 백엔드 시스템과 통합될 수 있으며 사용자와의 상호 작용을 기반으로 성능을 최적화하고 플랫폼 간에 원활하게 배포됩니다. 고객 서비스, 전자 상거래, 여행 예약과 같은 다양한 작업 흐름에서 자연스러운 대화를 통해 주요 과정을 자동화함으로써 막대한 가치를 제공합니다.

이 장에서는 주요 챗봇 사용 사례에 초점을 맞췄습니다. 다음 장에서는 LLM을 보강하여 더욱 높은 수준의 대화형 AI 애플리케이션을 개발할 수 있는 LangChain을 비롯한 관련 도구를 깊이 있게 탐구할 것입니다. 프롬프트 연결, 임베딩을 이용한 문서 통합, 목적에 맞춘 에이전트 제작 등을 살펴보겠습니다.

CHAPTER 9

더 똑똑한 시스템 구축: 고수준의 LLM 통합

SECTION 1	스프레드시트를 활용한 대량 프롬프트 자동화
SECTION 2	Zapier와 Make를 통해 LLM을 기술 구성과 연동하기
SECTION 3	제품 설명 작성과 번역
SECTION 4	API를 넘어: LangChain으로 맞춤형 LLM 파이프라인 구축하기
SECTION 5	LangChain의 기본 구성 요소
SECTION 6	LangChain의 노 코드 도구: Langflow와 Flowise
SECTION 7	LLM 통합의 미래: 플러그인, 에이전트, 어시스턴트, GPT, 멀티 모달 모델
SECTION 8	요약

GPT-4와 같은 LLM은 그 능력이 폭발적으로 증가하고 있습니다. 그러나 단순히 기본적인 텍스트 완성 API만 사용하는 것은 잠재력이라는 수박의 겉만 핥는 것에 불과합니다. 고립된 생성 방식을 넘어서면 LLM은 추론하고 연구하고 대화하고 행동을 취할 수 있게 됩니다.

단지 신기한 도구를 사용하는 것에서 벗어나 LLM을 강력한 생산성 도구로 변모시키려면 기존에 사용하던 도구와 작업 흐름에 통합하는 것이 매우 중요합니다. 이 장에서는 LLM을 기술 구성(tech stack)과 연결하여 더 나은 적용 방식을 제공하는 고급 기술을 확인해 보겠습니다.

이 장에서는 다음과 같은 주제를 다룹니다.

- 구글 시트, Zapier, Make와 같은 플랫폼을 사용하여 대량의 프롬프트를 자동화하는 방법
- LangChain, Flowise, Langflow와 같은 개발자 도구를 사용하여 맞춤형 AI 파이프라인을 구축하는 방법
- 여러 개의 LLM을 연쇄(chain)하여 다양한 모델의 특화된 강점을 활용하는 방법
- 경쟁 정보, 고객 데이터, 문서 분석을 위한 추출 데이터 통합 연습
- 멀티 모달 모델(multi-modal model)이나 LLM 앱 플러그인과 같은 새로운 혁신 기술

한 마디로 아우르면 LLM이 검색, 대화, 창작, 행동할 줄 아는 추론 도우미로서 잠재력을 완전히 발휘하는 방법을 배우게 됩니다. LLM은 단순히 텍스트를 생성하는 것에 그치지 않고 통합을 통해 문맥과 연결성을 부여 받아 실제 작업을 향상시킬 수 있습니다.

먼저 많은 수의 항목에 대해 대량의 프롬프트를 자동화할 때 사용할 수 있는 방법인, 스프레드시트 템플릿과 통합하는 것으로 시작해 보겠습니다.

9.1 스프레드시트를 활용한 대량 프롬프트 자동화

앞에서 소셜 미디어 게시물 작성(2장)과 감성 분석, 데이터 분류, 데이터 정리(5장)를 다룬 바 있습니다. 이러한 작업들은 여러 항목에 대해 수행되는 경우가 많기 때문에 개별적으로, 수동으로 LLM의 프롬프트를 작성하는 것은 번거롭고 비효율적입니다.

물론 ChatGPT, 제미나이, 클로드와 같은 도구에서 변수를 사용할 수 있지만, 여전히 입력 텍스트를 복사하여 LLM에 전달하여 처리한 다음, 그 결과 출력을 다시 스프레드시트나 다른 문서에 붙여 넣어야 합니다.

이러한 작업 흐름은 프롬프트를 수동으로 작성하는 대신, 자동으로 처리하는 것이 훨씬 효율적입니다. 앱스 스크립트(Apps Script)를 통해 LLM과 구글 시트를 통합하면 대량의 입력에 대해 프롬프트를 자동으로 매번 다시 실행하는 사용자 정의 수식을 만들 수 있습니다.

예를 들어 =AI_GPT(A2) 같은 형식의 수식을 작성하여 셀 A2의 텍스트를 가져와 GPT-3.5 또는 GPT-4 API에 전송하고 그 응답을 다시 셀에 저장할 수 있습니다. 이 수식을 선택한 후 아래로 끌어내리면 각 행마다 API를 호출하여 해당 행의 셀에서 입력 텍스트를 가져오게 됩니다. 이 수식은 LLM이 생성한 응답을 시트에 바로 채워 줍니다.

이런 방식을 통해 입력 셀을 업데이트하여 대량으로 프롬프트를 처리할 수 있습니다. 통합 수식이 텍스트를 API에 전달하고 출력을 채우는 과정을 자동으로 처리하기 때문에 별도의 수작업이 필요하지 않습니다. 이때 앱스 스크립트는 다양한 상황에서 프롬프트를 자동으로 다시 실행하는 연결자 역할을 합니다.

다음과 같이 네 가지 사용자 정의 수식을 포함하고 있는 구글 시트 템플릿인 SheetSmart를 제작했습니다.

- **AI_GPT**: GPT-3.5, GPT-4를 통해 프롬프트를 입력하고 즉시 결과를 얻는 기능
- **AI_USE_EXAMPLES_GPT**: 원하는 결과를 생성하도록 모델을 훈련시키기 위해 값의 범위를 선택하는 기능
- **AI_TABLE_GPT**: '역대 최고 노래 10곡 나열'과 같은 프롬프트를 기반으로 표를 생성하는 기능
- **AI_DALLE2**: 입력한 프롬프트를 기반으로 이미지를 생성하는 기능

이 템플릿은 https://buy.sheetsmart.pro/l/AI_in_Sheets에서 다운로드할 수 있습니다.[1]

템플릿의 **확장 프로그램** 메뉴에서 **Apps Script**를 선택하면 앱스 스크립트에 접근할 수 있습니다.

---

1 이 파일은 템플릿 파일이기 때문에 해당 파일을 직접 처리하는 게 아니라, 해당 파일이 보기 전용 상태로 열리면 파일-복사본 만들기 메뉴를 통해 자신의 드라이브에 복사본을 만들어야 합니다. 해당 복사본을 열면 스크립트에 접근할 수 있습니다.

▼ 그림 9-1 SheetSmart 템플릿에서 앱스 스크립트에 접근하기

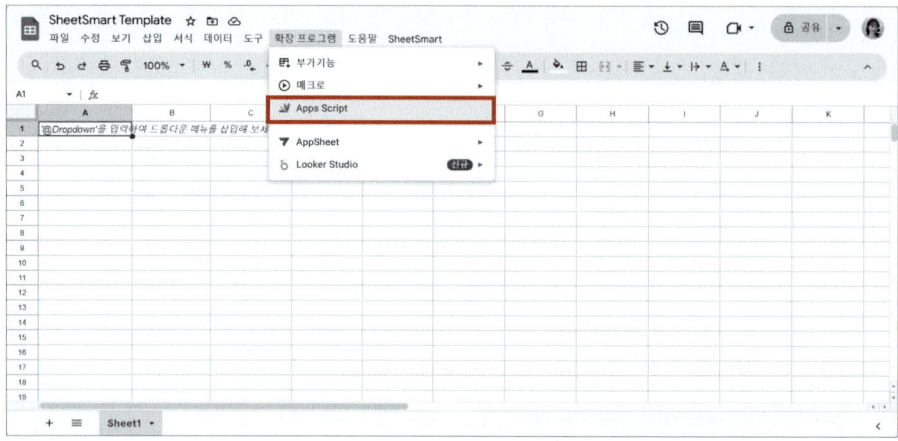

이어서 앞에서 언급했던 수식의 일반적인 활용 사례를 살펴보겠습니다.

- **사례 1**: AI_GPT 수식을 이용하여 지저분한 데이터를 정리하는 방법

  ▼ 그림 9-2 지저분한 데이터를 정리하는 예시

- **사례 2**: AI_USE_EXAMPLES_GPT 수식을 이용하여 몇 가지 예시를 통해 모델을 학습시키는 방법

  ▼ 그림 9-3 감성 분석 수행

  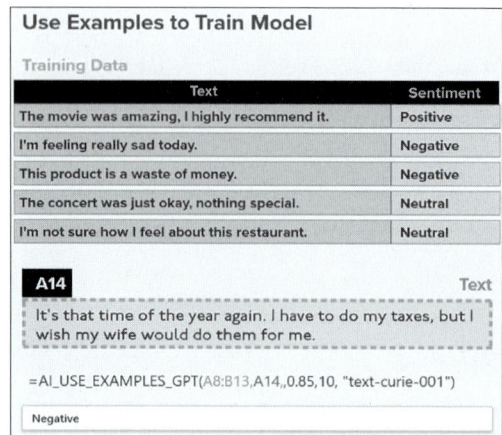

- **사례 3**: AI_GPT 수식을 이용하여 제품 설명을 생성하는 방법

▼ **그림 9-4** 제품 설명 생성하기

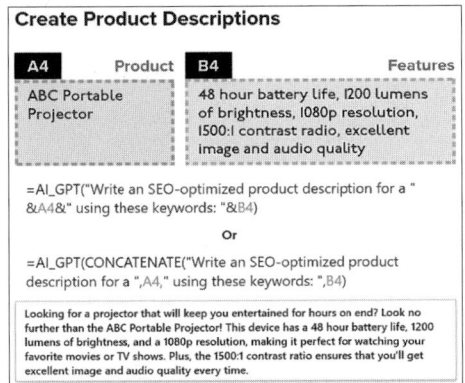

- **사례 4**: AI_TABLE_GPT 수식을 이용하여 프롬프트를 기반으로 표를 작성하는 방법

▼ **그림 9-5** 프롬프트를 기반으로 표 작성하기

Title	Year	Artist
"Hey Jude"	1968	The Beatles
"Let It Be"	1970	The Beatles
"Imagine"	1971	John Lennon
"What's Going On"	1971	Marvin Gaye
"Stairway to Heaven"	1971	Led Zeppelin
"My Sweet Lord"	1971	George Harrison
"Crazy Little Thing Called Love"	1979	Queen
"The Boy With the Thorn In His Side"	1985	The Smiths
"Walking on Sunshine"	1985	Katrina and the Waves

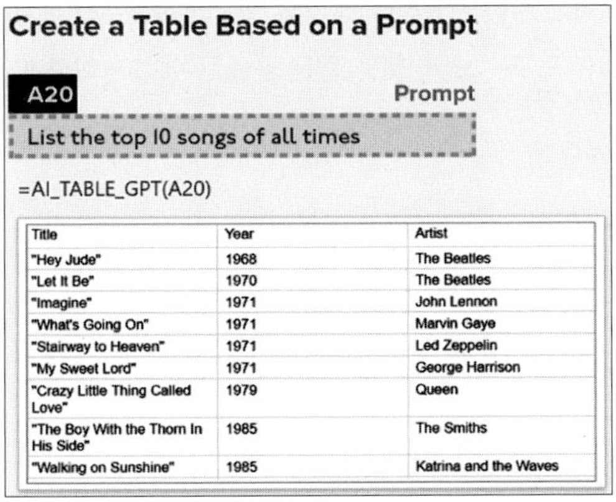

이 예시들을 통해 수식의 활용 방안을 더욱 명확하게 이해할 수 있을 것입니다.

다음 구글 시트에서는 더 많은 예시를 확인할 수 있습니다.

- https://docs.google.com/spreadsheets/d/1DnHAjvV77SZg3UYGFfUVfn5gyFqZu-E02OSI0-dDBbE/edit?usp=sharing

마이크로소프트와 구글은 이미 GPT-4와 같은 LLM 체계를 Windows, Office 365, Google Workspace와 통합하고 있습니다. 이들의 접근 방식은 SheetSmart가 바라보는 방향과 같지는 않지만, 곧 이와 유사한 기능들이 이 플랫폼에서 기본적으로 제공될 것입니다.

이 템플릿이 가지고 있는 문제는, 구글 시트에서 시트를 열거나 탭을 이동할 때마다 모든 사용자 정의 수식을 매번 다시 계산한다는 것입니다. 이는 비용 면에서 문제를 일으킬 수 있습니다. 모든 생성 작업이 새로 수행되며, 이로 인해 OpenAI의 토큰을 소모하게 됩니다.

이를 피하는 방법 중 하나는 일단 수식에 의해 결과가 출력되면 다른 시트에 **값만 붙여 넣는 것**입니다. 이렇게 하면 생성된 텍스트는 수식과 연동된 결과 값이 아닌 단순 텍스트 문자열로 남게 됩니다.

그러나 더 유연하게 LLM과 스프레드시트를 통합하는 방법도 여러 가지 있습니다.

- Zapier나 Make 같은 플랫폼을 사용하여 스프레드시트 데이터를 LLM의 API와 연결할 수 있습니다. 이 통합 방식은 입력을 제공하고 이에 대한 응답을 획득한 후, 이를 다시 시트에 저장할 수 있습니다. 이렇게 하면 대량으로 프롬프트를 자동화할 수 있습니다.
- 구글의 새로운 제미나이 확장을 사용하면 제미나이가 직접 구글의 전자 메일, 문서, 드라이브, 지도 등에서 관련 정보를 획득해 응답을 향상시킬 수 있습니다. 제미나이는 구글 앱 전반에 걸쳐 스마트 비서로 동작합니다.
- LangChain 또는 Superagent와 같은 개발자 도구를 활용하여 LLM과 데이터 파이프라인 사이에 맞춤형 통합 체계를 구축할 수 있습니다. 이러한 도구는 요약, 챗봇, 질문 응답 등 데이터 최적화 용도에 맞춰져 있는 API와 프레임워크를 제공합니다.

이 중에서 어떤 접근 방식이 가장 나은 방식인가는 필요와 기술적 능력에 따라 다릅니다. 값으로 붙여 넣으면 그 결과는 정적 텍스트가 되지만, 통합과 확장을 할 수 있다면 스프레드시트와 LLM 사이에 동적인 연결 체계를 제공합니다. 이를 통해 앱 전반에서 더 복잡한 자동화와 작업 흐름 개선을 시도할 수 있습니다.

다음 절에서는 Zapier와 Make를 사용해 사례를 확장해 보겠습니다.

9.2 Zapier와 Make를 통해 LLM을 기술 구성과 연동하기

Zapier[2]와 Make[3]는 앱을 연결하고 작업 흐름을 자동화하며 웹 서비스 간에 데이터를 쉽게 공유할 수 있는 통합 플랫폼 서비스입니다.

Zapier는 부분 유료화 모델로 운영되며, 사전 구축된 통합, 동작 조건, 동작 원리를 제공하여 코드를 작성하지 않아도 신속하게 작업 흐름을 구축할 수 있습니다. Zapier로 구축한 자동화 작업 흐름인 Zap은 Zapier가 기존에 제공하는 연결자를 활용하여 2,000개 이상의 다양한 애플리케이션을 연결합니다.

Make는 복잡한 작업 흐름과 데이터 흐름을 조정하고 챗봇을 구축할 수 있는 기업용 통합 플랫폼을 제공합니다. API 통합, 디버깅 흐름, 버전 관리, 접근 관리와 같은 고급 도구를 포함하고 있습니다.

Zapier와 Make는 모두 기존 구성(stack)에 LLM을 통합할 수 있습니다. 예를 들어 구글 시트와 GPT-3.5와 GPT-4 API를 위한 연결자를 통해 스프레드시트의 데이터를 LLM로 전달하고 그 결과를 다시 시트에 기록하는 자동화를 구축할 수 있습니다.

이 플랫폼을 사용하면 수작업으로 이루어지는 과정을 신속하게 처리하고 LLM이 다른 도구를 보강할 수 있다는 이점이 있으며, 그 가능성은 무궁무진합니다.

Zapier와 Make는 GPT-3.5와 GPT-4를 사용하는 구글 시트 템플릿과 동일한 기능을 제공합니다. Zapier와 Make를 사용하면 사용자 정의 프런트엔드 또는 챗봇을 구축하여 프롬프트를 생성할 수 있으며, AI의 응답은 수식 자체가 아닌 값으로 직접 저장됩니다. 이를 통해 비용이 많이 드는 재계산을 피할 수 있지만, 반대급부로 Zapier와 Make 구독을 위한 비용이 추가됩니다. 하지만 전반적으로 Zapier와 Make는 구글 템플릿 기반으로 작업하는 것보다 프롬프트 수집과 결과 저장을 할 때 더 많은 유연성을 제공합니다. 그러나 이 세 가지 도구 중 어떤 것을 사용하더라도 사용자는 구글 시트 작업 흐름 내에서 LLM을 활용할 수 있습니다.

다음은 Zapier와 Make를 사용하여 LLM과 다른 도구를 통합하는, 확장된 사용 사례입니다.

---

[2] https://zapier.com
[3] https://www.make.com

- 마케팅 자동화
    - **창의적인 광고 콘텐츠 자동 생성**: Make와 Stability AI[4]의 생성형 AI를 사용하여 지속적으로 새로운 광고 콘텐츠를 생성하는 작업 흐름을 만들 수 있습니다. 이는 높은 성과를 달성한 광고를 식별하고, GPT-4에 복사본을 전달하여 텍스트를 다시 작성하고, Stable Diffusion에 프롬프트를 제공하여 새로운 이미지를 생성합니다. 이렇게 자동화와 최신 AI를 결합하여 높은 품질의 새로운 광고 콘텐츠를 효율적이면서도 대량으로 생산할 수 있습니다.
    - **다국어 랜딩 페이지**: 높은 성과를 보이는 영어 랜딩 페이지와 광고 콘텐츠를 DeepL[5]을 사용하여 대상 언어로 번역하고, 최종적으로 GPT-3.5를 사용하여 좀 더 자연스럽게 다듬습니다. 이렇게 글로벌 도달 범위를 확장할 수 있습니다.
- 영업 지원
    - **회의 준비 브리핑**: 달력의 일정, 메모, 전자 메일 등에서 주요 고객 상호 작용을 정기적으로 요약하고, 고객과의 회의를 준비하기 위한 항목을 제공하는 Zap을 생성합니다.
    - **제안서 작성**: 클로드로 고객의 요구 사항 문서와 과거 구성을 분석하여 각 고객의 요구에 맞춘 개인화된 동적 제품 구성과 사양 제안서를 작성합니다.
    - **프레젠테이션 초안 작성**: 클로드로 계정의 세일즈포스[6] 기록을 검토하고 처리할 주요 사항, 강조 내용, 대응할 반대 의견 등을 제안하여 영업 회의에 시용할 프레젠테이션 초안을 자동으로 작성합니다.
- 고객 경험
    - **기사를 첨부하여 티켓 강화**: 클로드를 통해 고객 지원 티켓[7]의 원본을 가져와서 지식 기반 기사를 첨부하도록 제안하고, 에이전트 검토에서 사용되는 문제 요약을 제공하는 작업 흐름을 생성합니다.
    - **이탈 예측 및 제안**: LLM이 Zendesk[8] 티켓 데이터를 분석하여 이탈 위험이 높은 고객을 사전에 식별하고 개인화된 유지 제안과 돌봄 정책을 작성하도록 합니다.
    - **안내 지침 영상 생성**: 클로드를 이용해 맞춤형 스크립트를 생성하여 각 고객의 수준과 사용 사례에 맞춘 단계별 안내 지침 영상을 생성합니다.

---

4 https://stability.ai
5 https://www.deepl.com
6 https://www.salesforce.com
7 고객 지원 티켓(customer support ticket)은 고객이 문제나 요청을 제기할 때 사용하는 시스템 내의 기록입니다. 고객 지원 시스템에서 고객이 제출한 문의, 문제, 불만, 또는 서비스 요청 등을 추적하고 관리하기 위해 티켓을 생성합니다. 각 티켓은 고유한 식별번호를 가지며, 이를 통해 고객 지원 팀이 문제를 확인하고 해결하는 과정을 효율적으로 관리할 수 있습니다. 예를 들어 고객이 제품 사용 중 문제가 발생했을 때 지원팀에 연락하면, 이 문의는 티켓으로 등록되고 해결될 때까지 추적됩니다.
8 https://www.zendesk.com

- 경영 지원 정보
  - **자동 보고서 생성**: 클로드 또는 GPT-4를 사용하여 세일즈포스의 판매 데이터를 분석하고 맞춤형 계정 성과 요약, 지역 분석, 예측 업데이트 정보를 자동으로 작성하는 보고서 생성 작업 흐름을 구축할 수 있습니다.
  - **경쟁사 정보**: 클로드를 통해 경쟁사의 실적, 출원 자료, 특허, 웹 트래픽, 채용, 소셜 미디어, 뉴스 언급 등을 분석하여 통찰력을 제공하는 경쟁사 맞춤형 정보 브리핑을 작성할 수 있습니다.
- 운영
  - **배포 정보 생성**: GPT-3.5를 이용해 깃허브의 코드 커밋(commit)을 검토해 새로운 기능과 수정 사항을 정리해 간결하고 자동화된 배포 정보 요약을 제공할 수 있습니다.

이러한 통합을 어떻게 구축하는지 확인하기 위해 간단한 사용 사례를 살펴보겠습니다. Zapier 작업 흐름을 생성하여 제품 데이터를 수집하고, GPT-3.5를 사용해 영어와 스페인어로 설명을 작성하여, 이를 구글 시트에 저장하는 예제를 만들어 보겠습니다.

9.3 제품 설명 작성과 번역

제품 설명은 전자 상거래 회사에 있어 시장 전반에 걸쳐 전환율을 높이는 데 매우 중요한 요소입니다. 그러나 모든 제품에 대해 현지에 맞춘 설명을 수작업으로 작성하려면 매우 많은 시간이 필요합니다. 이 절에서는 Zapier와 GPT-3.5를 이용해 높은 품질의 다국어 기반의 제품 설명을 손쉽게 자동으로 생성하는 작업 흐름을 살펴보겠습니다.

Zapier를 사용하기 위해 https://zapier.com에 접속합니다. 계정이 없다면 새로 계정을 만듭니다. 그러면 대시보드에서 수행할 작업을 설명하는 인터페이스를 찾을 수 있습니다. Zapier의 흐름은 AI 기반으로 동작하므로 자동화하려는 과정을 설명하면 그림 9-6과 같이 Zapier가 직접 작업 흐름을 생성합니다.[9]

---

[9] 실습 과정 및 화면은 2024년 7월 기준입니다. 이후 Zapier의 업데이트에 따라 달라질 수 있는 점 참고해 주세요.

▼ **그림 9-6** AI를 통해 자동으로 작업 흐름 생성하기

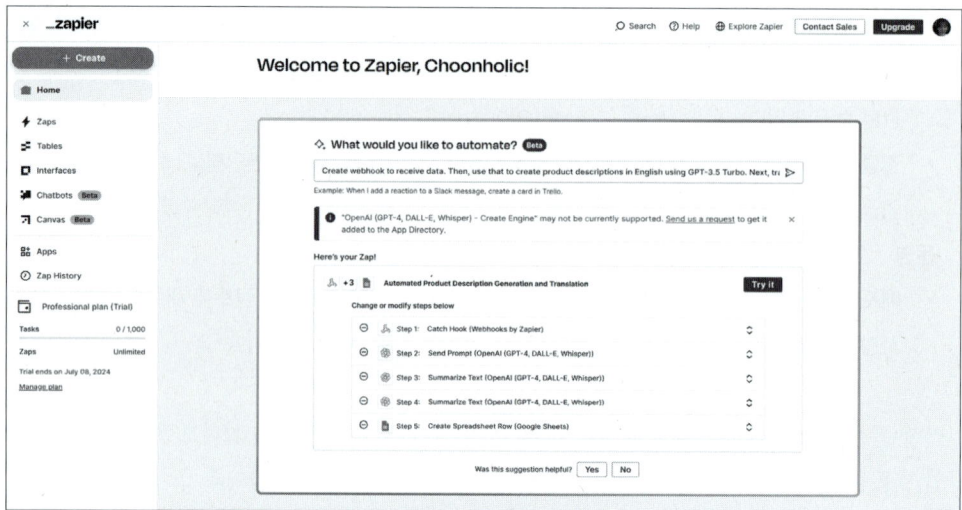

하지만 이 사례는 간단하므로 처음부터 하나씩 직접 해 보겠습니다. 먼저 위의 화면에서 왼쪽의 **Create** 버튼을 클릭한 후, 팝업 메뉴에서 **Zaps**를 선택합니다.

그러면 다음 그림과 같은 출력을 얻을 수 있습니다.

▼ **그림 9-7** 직접 Zap을 생성했을 때 초기 화면

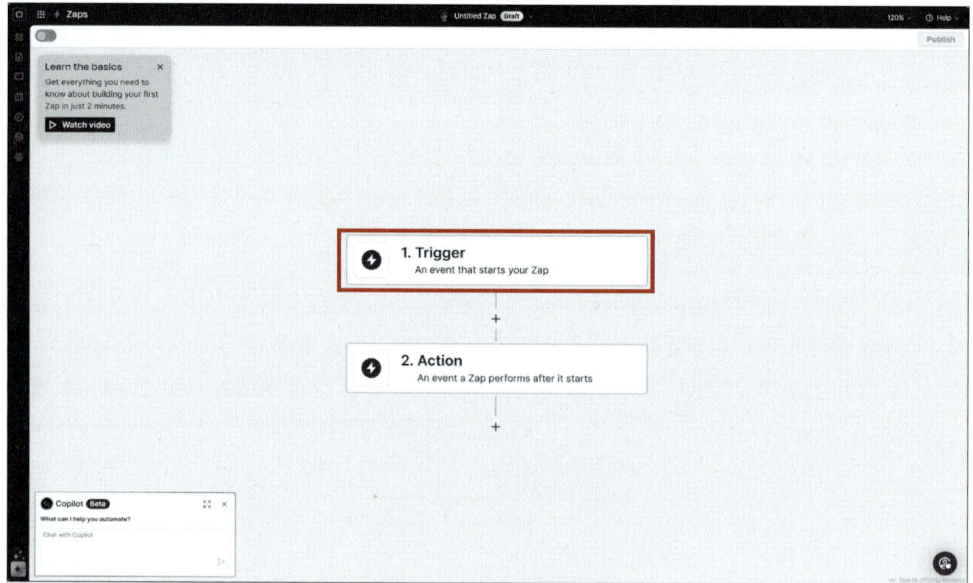

먼저 첫 번째 단계인 **1. Trigger**를 클릭하여 선택합니다. 검색 대화 상자가 열리면 webhook을 검색하고, 그림 9-8과 같이 **Webhook by Zapier**를 선택합니다.

▼ **그림 9-8** 작업 흐름의 Zap

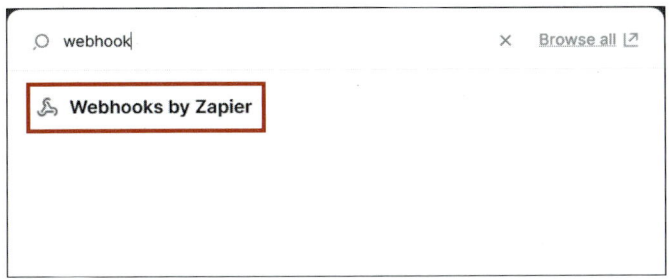

오른쪽에 열린 상세 정보 패널에서 **Event** 검색 상자를 클릭합니다. 팝업 메뉴가 나타나면 그림 9-9와 같이 **Catch Hook**을 선택하면 Zapier에 데이터를 전송할 API 끝점(API endpoint)을 지정할 수 있습니다. 이 이벤트는 입력 양식 또는 챗봇에서 사용할 수 있습니다. 이 예시에서는 API와 웹훅을 테스트하는 데 많이 사용되는 Postman[10]을 이용해 데이터를 전송할 것입니다.

▼ **그림 9-9** Catch Hook 선택하기

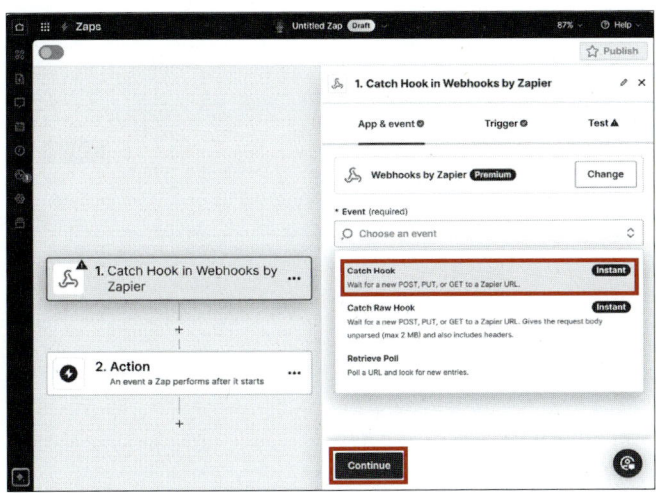

이제 그림 9-10처럼 웹훅의 URL이 표시될 때까지 **Continue** 버튼을 클릭해 다음 단계로 넘어갑니다.

---

10 https://www.postman.com

▼ **그림 9-10** 웹훅 URL 획득하기

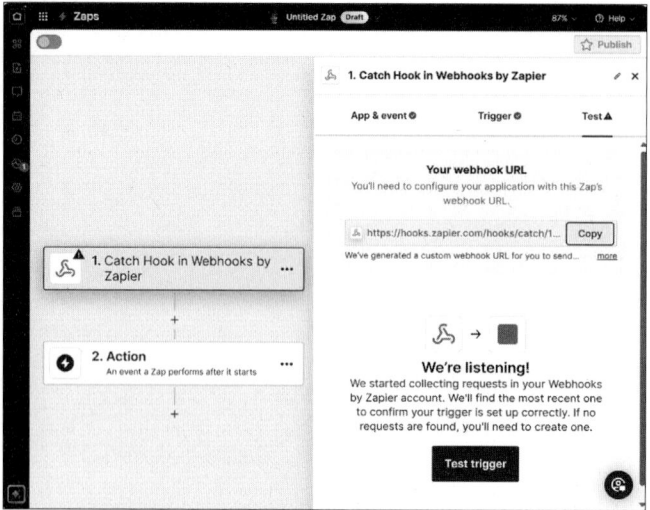

이제 이 웹훅 URL에 데이터를 얹어 테스트할 차례입니다. 그림 9-11과 같이 Postman에서 웹훅의 URL에 특정 제품의 JSON 데이터를 실어 호출해 봅니다.[11]

▼ **그림 9-11** Postman에서 웹훅 테스트하기

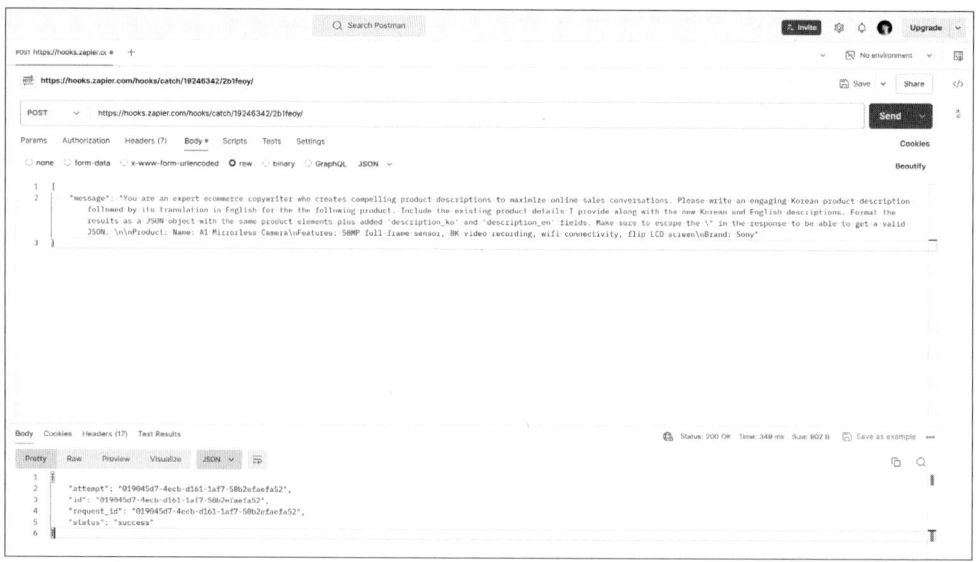

---

11 프롬프트를 영문으로 작성한 이유는 뒤에 사용할 LLM인 gpt-3.5-turbo-instruct가 한국어로 작성된 프롬프트를 제대로 이해하지 못하기 때문입니다. 하지만 결과는 한국어와 영어로 제대로 반환하고 있는 것을 확인할 수 있습니다.

이제 다시 Zapier로 돌아와서, 그림 9-10에서 볼 수 있는 **Test trigger** 버튼을 클릭합니다. 그러면 그림 9-12와 같이 앞에서 Postman으로 전송한 데이터가 들어온 것을 확인할 수 있습니다.

▼ **그림 9-12** 웹훅을 통해 전송된 데이터를 Zapier에서 확인하기

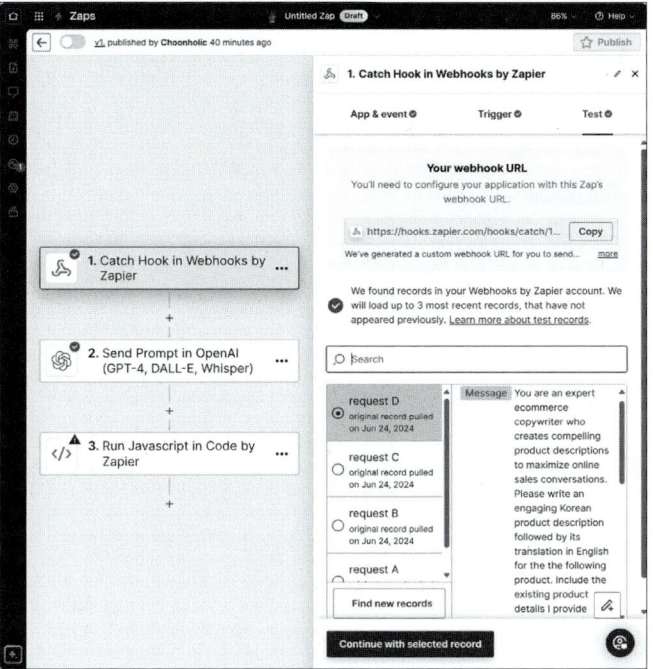

이제 다음 단계인 **2. Action**으로 넘어가 보겠습니다. 이번에는 검색 대화 상자에서 그림 9-13과 같이 OpenAI를 검색하고 **OpenAI (GPT-4, DALL-E, Whisper)**를 선택합니다.

▼ **그림 9-13** OpenAI 검색

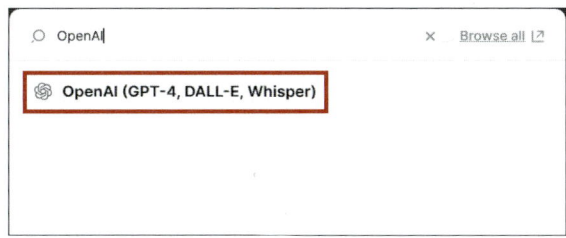

여기서 주의할 점으로, **Event**를 선택할 때 반드시 **Send Prompt**를 선택해야 합니다. 그리고 다음 단계로 넘어가기 위해 **Continue** 버튼을 클릭합니다.

▼ 그림 9-14 Send Prompt 선택

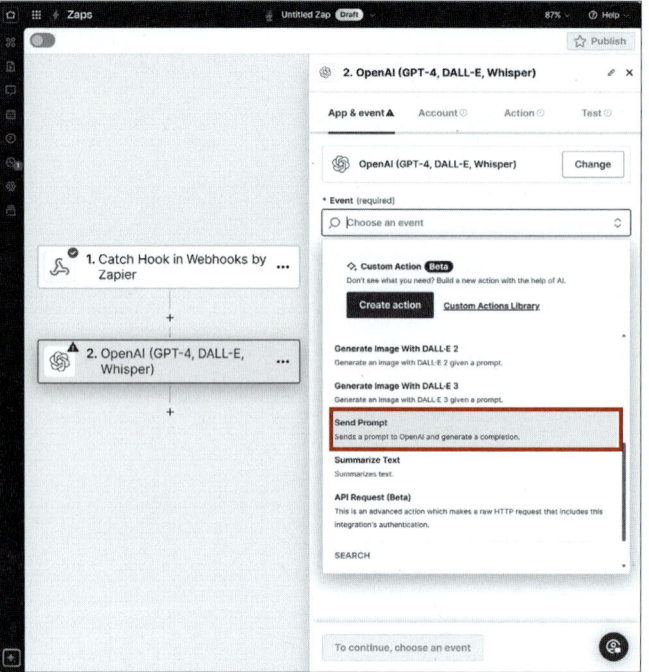

그림 9-15와 같이 **Account** 탭이 열리면 **Sign in** 버튼을 클릭합니다. 이때 OpenAI API 키와 조직 ID를 입력해야 합니다. 해당 메뉴에서 새로운 API 키를 생성할 수 있으며, OpenAI 웹사이트의 **Settings** 메뉴에서 조직 ID를 확인할 수 있습니다. 이때 서비스 API 키를 사용한다면 조직 ID를 입력해야 하고, 개인 API 키를 사용한다면 조직 ID를 입력하지 말고 비워 두어야 합니다.

▼ 그림 9-15 OpenAI 계정에 로그인하기

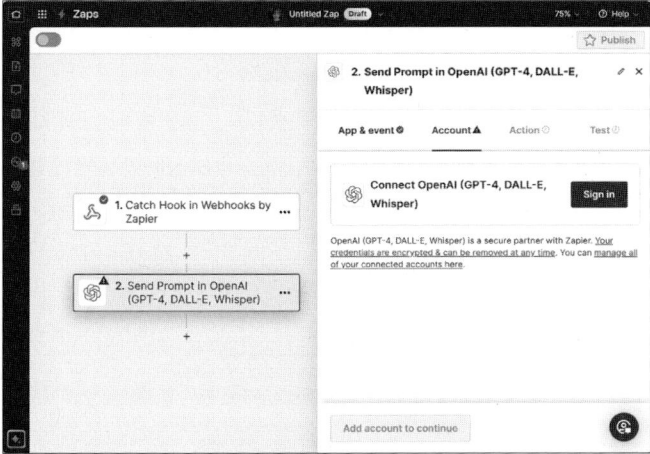

정상적으로 로그인이 되었다면 **Continue** 버튼을 클릭한 후 **Action** 탭에서 사용할 LLM을 선택합니다. 이 경우에는 기본 모델인 gpt-3.5-turbo-instruct를 사용해도 충분합니다. 이어서 그림 9-16과 같이 **Prompt** 항목에 웹훅에서 받아온 메시지를 프롬프트로 지정합니다. 마지막으로 **Continue** 버튼을 클릭하고 마지막 단계에서 **Test step** 버튼을 클릭해 모델이 정상적으로 응답하는지 확인해 봅니다.

▼ 그림 9-16 프롬프트 지정하기

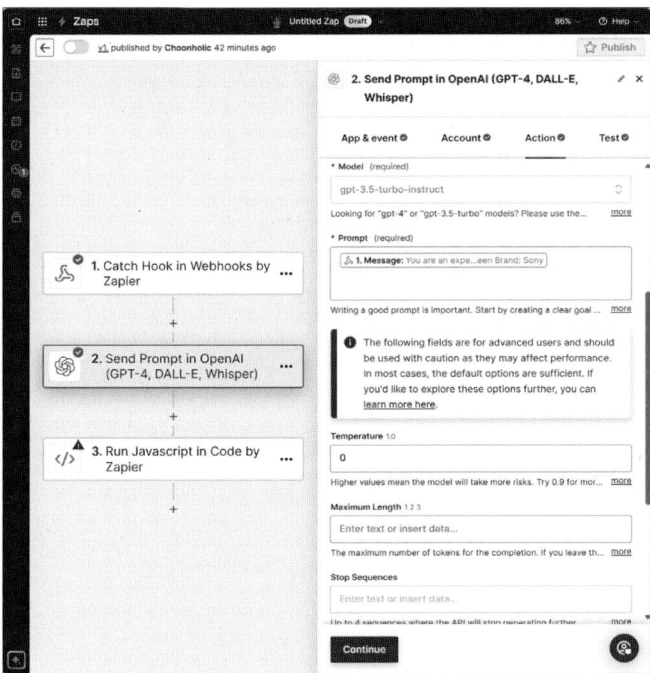

모든 설정과 테스트가 모두 정상적으로 완료되면 각 탭의 오른쪽에 정상 아이콘이 표시됩니다. 만약 경고 아이콘이 표시되어 있다면 해당 탭에 가서 정상적으로 설정되어 있는지 다시 한번 확인해 보기 바랍니다.

다음 단계의 흐름을 생성하기 위해 **2. Action** 아래의 + 기호를 클릭합니다. 이번에는 검색 대화 상자에서 code를 검색한 후 **Code by Zapier**를 선택하고 상세 정보 패널의 **Event** 항목에서 **Run Javascript**를 선택합니다. 이제 GPT-3.5의 응답 결과를 JSON 객체로 변환하는 작은 코드 조각을 작성해야 합니다. 반환되는 결과 데이터가 JSON 객체처럼 보이겠지만, 아직까지는 그저 텍스트 문자열에 불과합니다. 다행스럽게도 Zapier는 AI를 이용해 자동으로 코드를 생성해 주는 기능을 갖추고 있습니다. 그림 9-17은 이 선택 사항과 필요한 코드입니다.

▼ **그림 9-17** Zapier에서 AI를 이용해 자바스크립트 코드 생성하기

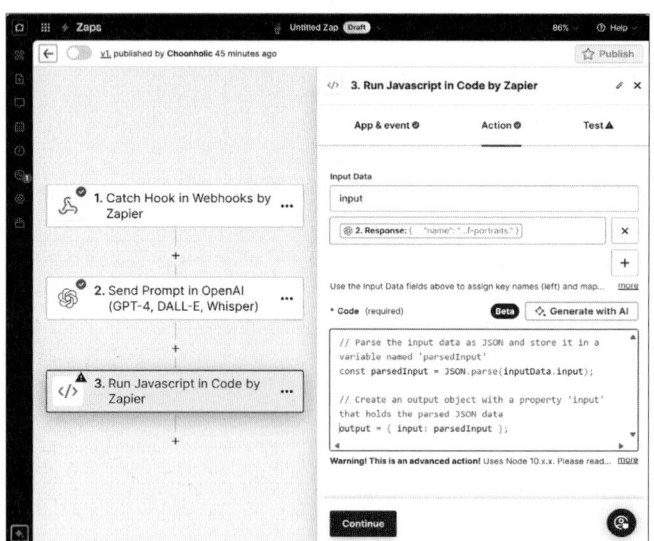

테스트 단계로 넘어가기 위해 **Continue** 버튼을 클릭합니다. **Test** 탭에서 그림 9-18과 같이 결과가 정상적으로 JSON 객체 형식으로 처리된 것을 확인할 수 있습니다.

▼ **그림 9-18** 코드 테스트하기

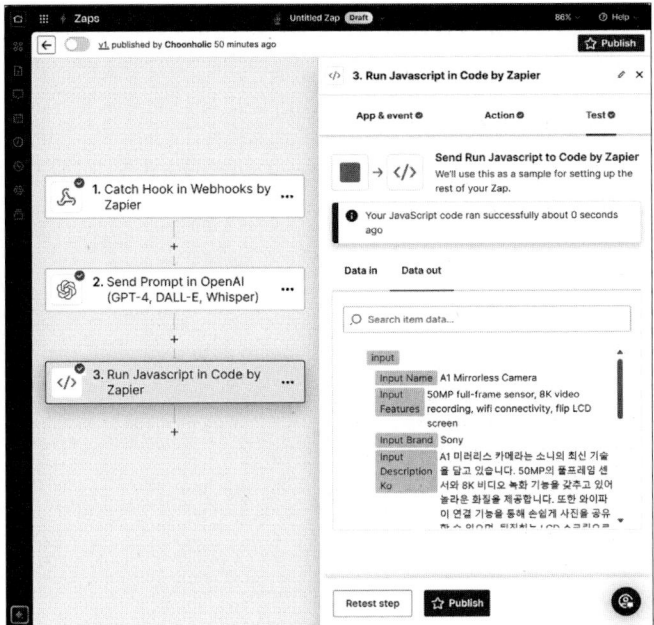

이제 각각의 변수가 키와 값의 쌍으로 짝지어졌으므로 마지막 단계로 진행할 차례입니다. 바로 구글 시트의 새로운 행으로 데이터를 저장하는 것입니다. 새로운 단계를 추가하기 위해 아래의 + 기호를 클릭하고 이번에는 Google Sheets를 검색합니다. **Event** 항목에서 **Create Spreadsheet Row**를 선택한 후 **Continue** 버튼을 클릭합니다. **Account** 탭이 열리면 **Sign in** 버튼을 클릭하여 스프레드시트를 생성할 구글 계정과 연동하고 **Continue** 버튼을 클릭합니다. **Action** 탭에서는 데이터를 저장할 스프레드시트와 시트를 선택하는데, 이때 시트에는 그림 9-19와 같이 저장할 변수를 나타내는 값이 미리 지정되어 있어야 합니다. 따라서 시트가 미리 준비되어 있지 않다면 먼저 새로 작성해야 합니다.

▼ **그림 9-19** 데이터를 저장할 시트

	A	B	C	D	E
1	Product	Brand	Attributes	Description Korean	Description English
2					
3					
4					
5					
6					

시트가 선택되면 해당 시트의 내용을 분석한 후 자동으로 그림 9-20과 같이 **Worksheet** 항목 아래에 값을 저장할 열을 지정할 수 있는 항목이 표시됩니다.

▼ **그림 9-20** 구글 시트에 새로운 행 생성하기

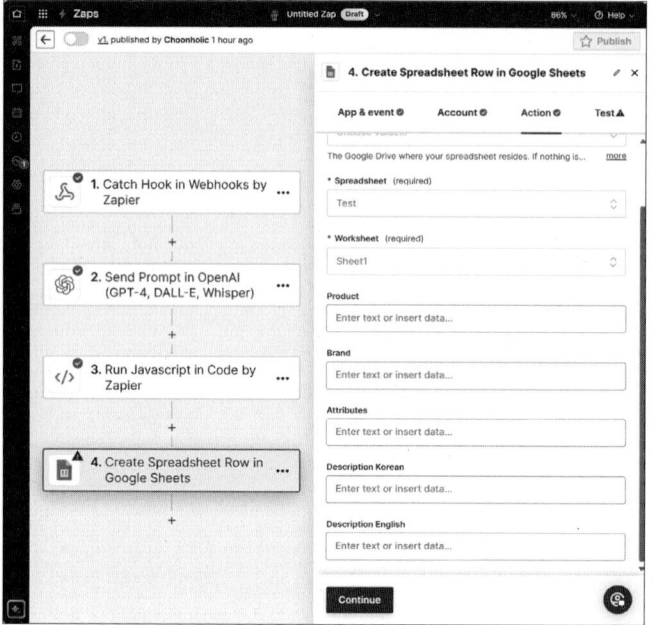

각각의 항목을 클릭하면 값을 사상(mapping)할 수 있습니다. 여기서는 3단계에서 코드로 생성한 값을 넣을 것이기 때문에 그림 9-21과 같이 **3. Run Javascript in Code by Zapier**를 선택한 후, 각 항목에 알맞은 키와 값 쌍을 선택해서 사상해 주면 됩니다.

▼ **그림 9-21** 각각의 열에 전달할 값 사상하기 – 첫 번째

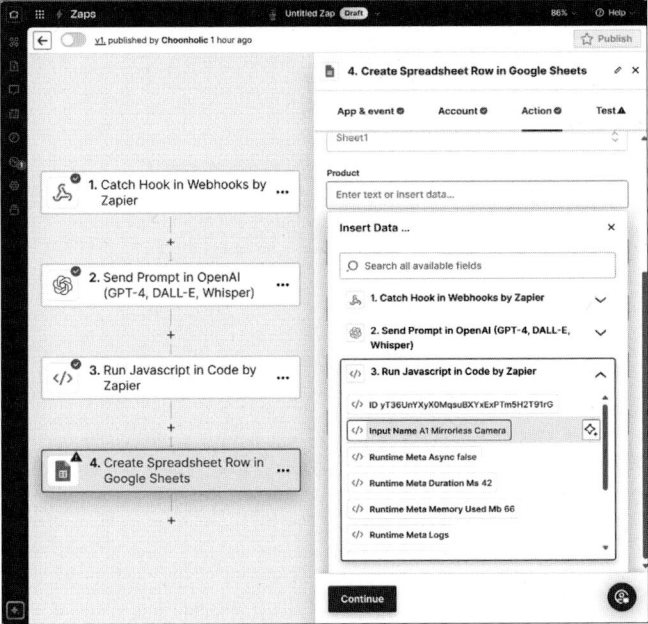

그림 9-22는 전체 항목을 사상한 결과입니다.

▼ **그림 9-22** 각각의 열에 전달할 값 사상하기 – 두 번째

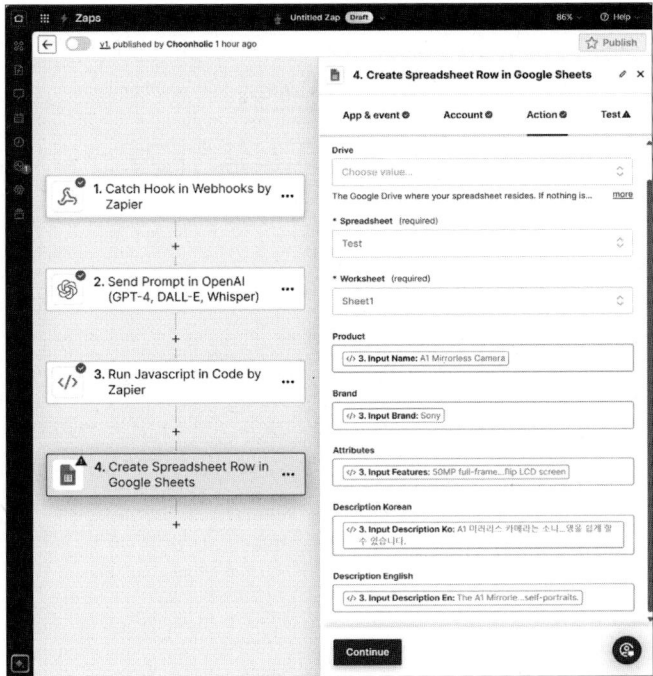

이제 **Continue** 버튼을 눌러 **Test** 탭을 연 다음 **Test step** 버튼을 클릭하여 실제로 구글 시트에 의도한 대로 데이터가 저장되었는지 확인합니다. 그림 9-23은 저장된 결과입니다.

▼ **그림 9-23** 구글 시트에 저장된 결과

	A	B	C	D	E	F	G
1	Product	Brand	Attributes	Description Korean	Description English		
2	A1 Mirrorless Camera	Sony	50MP full-frame sensor, 8K video recording, wifi connectivity, flip LCD screen	A1 미러리스 카메라는 소니의 최신 기술을 담고 있습니다. 50MP의 풀프레임 센서와 8K 비디오 녹화 기능을 갖추고 있어 놀라운 화질을 제공합니다. 또한 와이파이 연결 기능을 통해 손쉽게 사진을 공유할 수 있으며, 뒤집히는 LCD 스크린으로 셀카나 셀프 촬영을 쉽게 할 수 있습니다.	The A1 Mirrorless Camera is packed with Sony's latest technology. With a 50MP full-frame sensor and 8K video recording capabilities, it offers stunning image quality. It also features wifi connectivity for easy photo sharing and a flip LCD screen for effortless selfies and self-portraits.		
3							
4							
5							
6							

마지막으로 작성한 작업 흐름을 게시(publish)하면 모든 작업이 마무리됩니다. 이제 프로그램에서 웹훅이 호출되면 전송되는 데이터를 받아 프롬프트를 실행하고 구글 시트에 새로운 행을 추가할 준비가 끝났습니다.

다음 절에서는 LangChain, Langflow, Flowise와 같은 도구를 통해 더 유연하게 다양한 프로그램에 AI 기반 도구를 구축하는 방법을 살펴보겠습니다.

9.4 API를 넘어: LangChain으로 맞춤형 LLM 파이프라인 구축하기

LangChain은 GPT-3과 같은 LLM을 사용하여 작업 흐름과 시스템을 구축하기 위한 오픈 소스 라이브러리로 파이썬과 자바스크립트를 지원합니다.

해리슨 체이스(Harrison Chase)가 개발한 LangChain은, 처음에는 OpenAI API와의 통합을 단순하게 바꿔 주는 것으로 출발했지만, 지금은 Anthropic 클로드와 같은 다른 LLM도 지원하도록 확장되고 있습니다.

이 라이브러리는 2022년에 발표된 ReAct[12] 논문[13]의 기법을 실제로 구현한 것입니다. ReAct는 LLM이 사고 과정을 유지하면서 추론도 가능하게 하는 프롬프트 작성 방법을 보여 줍니다. 모델은 또한 인터넷 검색과 같은 도구를 활용하여 정보를 수집함으로써 행동을 취할 수도 있습니다.

ReAct라는 이 조합은 LLM이 논리를 통해 사고하고 외부 지식을 도입해 문제를 더 효과적으로 해결할 수 있도록 합니다. LangChain은 이 기법을 개발자 친화적인 프레임워크를 통해 코드로 작성할 수 있게 해 줍니다.

LangChain은 다음과 같이 매우 다양한 제공자와 LLM을 지원합니다.

- OpenAI: GPT-3
- Anthropic: 클로드, Constitutional AI
- Microsoft: Turing NLG
- Google: LaMDA, PaLM
- Meta: OPT
- Baidu: ERNIE, PaddlePaddle
- Tencent: Wu Dao
- Hugging Face: BLOOM, LeoLM, Jurassic-1
- AI21 Studio: Jurassic-1 J1
- Cohere: Generative QA

LangChain의 작업 흐름 엔진은 다양한 모델의 강점과 기능을 활용하여 프롬프트 라우팅(prompt routing)과 체인(chain) 로직을 처리합니다. 이를 통해 개발자는 특정 제조사의 모델에 종속되지 않고 최적의 LLM을 조합해 시스템을 구성할 수 있습니다. LangChain은 주요 LLM의 새로운 버전이 나올 때마다 지속적인 지원을 제공하기 때문에, 사용자가 LangChain으로 AI 연구의 혁신을 일관되게 통합할 수 있도록 도와줍니다.

LangChain을 통해 다양한 LLM의 고유 기능을 활용하는 예를 몇 가지 들면 다음과 같습니다.

- 개발자는 LangChain을 사용하여 GPT-4와 Jurassic-1을 체인으로 연결하여 코드, 스크립트와 같은 개발 관련 텍스트뿐만 아니라 시, 음악, 전자 메일, 편지와 같은 창의적인 텍스트를 생성할 수 있습니다.

---

12 Reason + Act.
13 『ReAct: Synergizing Reasoning and Acting in Language Models』, Shunyu Yao, Jeffrey Zhao, Dian Yu, Nan Du, Izhak Shafran, Karthik Narasimhan, Yuan Cao (https://arxiv.org/pdf/2210.03629)

- 연구자는 LangChain을 사용하여 여러 LLM의 자연어 처리 작업 성능을 비교할 수 있습니다.
- 회사는 LangChain을 사용하여 여러 LLM의 강점을 활용해 사용자에게 더 유익하고 흥미로운 응답을 제공하는 챗봇을 만들 수 있습니다.

종합해 보면 LangChain은 LLM의 기본 API를 직접 호출하여 이를 실제 활용 가능한 자연어 처리 시스템으로 전환하는 과정을 간소화해 줍니다. 또한 LangChain의 작업 흐름은 텍스트의 생성 품질을 향상시키고 실제 프로그램에서 사용할 수 있도록 개인화할 수 있습니다.

LangChain과 같은 도구가 왜 필요한지 알아보았으므로, 지금부터는 그 핵심 구성 요소를 살펴보겠습니다. 구성 요소를 사용하면 맞춤형 AI 작업 흐름을 개발할 수 있습니다.

9.5 LangChain의 기본 구성 요소

LangChain은 복잡한 자연어 처리 시스템과 작업 흐름을 구축하는 데 사용할 수 있는 강력한 모듈형 구성 요소를 제공합니다. 개발자는 이러한 기본 구성 요소를 통해 LLM을 실제 운영 애플리케이션과 쉽게 통합할 수 있습니다. 지금부터 기본 구성 요소를 자세히 살펴보겠습니다.

- **스키마(schema)**

    LangChain의 스키마는 작업 흐름의 각 단계에서 데이터 집합의 입력과 출력 구조를 정의할 때 사용됩니다. 항목 이름, 데이터 유형, 관계를 지정하여 텍스트, 이미지, 음성, 동영상, 데이터베이스 형식의 스키마를 만들 수 있습니다.

    스키마는 데이터가 LangChain 파이프라인을 통해 흐르면서 어떻게 처리되어야 하는지에 대한 청사진 역할을 합니다. 이를 통해 각 구성 요소가 무엇을 기대하고 반환해야 하는지 알 수 있습니다.

- **모델(model)**

    모델 구성 요소는 GPT-3, 클로드, PaLM, Codex, OPT와 같은 다양한 LLM을 작업 흐름에 통합할 수 있도록 추상화 계층을 제공합니다. 사용자가 지정한 학습 모델을 연결하고 엔진 버전, 온도, top-p 표본 추출과 같은 매개 변수를 지정할 수 있습니다.

    모델 사이에 전환이 필요할 경우에도 이 일관된 인터페이스를 통해 쉽게 처리할 수 있습니다. 모델은 체인으로 연결하여 모델마다 가지고 있는 서로 다른 강점을 고르게 활용할 수 있습니다.

- **프롬프트(prompt)**

  LangChain은 분류, 요약, 질문 응답과 같은 다양한 자연어 처리 작업을 위한 프롬프트 템플릿 라이브러리(prompt template library)를 제공합니다. 이러한 템플릿은 필요에 따라 재사용하거나 정의할 수 있습니다.

  프롬프트를 반복적으로 개발하고 모델이 이를 해석하는 방식을 분석하며 문제를 디버깅할 수 있는 도구도 제공됩니다. 프롬프트는 프로그래밍 방식으로 생성하거나 수동으로 정의할 수도 있습니다.

- **색인(index)**

  LangChain은 크롤러(crawler)와 같은 도구를 통해 대규모 데이터 집합에서 높은 성능의 검색을 지원합니다. 또한 일반에 공개된 말뭉치(common public corpora)를 위해 미리 구축된 색인을 활용할 수도 있습니다.[14]

  색인을 사용하면 핵심 단어(keyword)나 의미적 유사성을 사용하여 관련 문서나 구절을 빠르게 찾고 모델에 문맥 정보를 제공할 수 있습니다.

- **기억(memory)**

  LangChain은 작업 단계 사이에 서로 공유해야 하는 중간 결과, 상태, 임시 변수를 임시로 담아 두기 위한 기억 구성 요소를 가지고 있습니다. 기억 구성 요소는 작업 흐름 전반에 걸쳐 전역적으로 사용할 수도 있고, 모듈 내에서 지역적으로 사용할 수도 있습니다.

  지능형 보관 전략은 중복 계산을 피하여 비용과 지연 시간을 최적화할 수 있으며, 지속성 선택 사항을 통해 여러 개의 실행 사이에서 상태를 유지할 수도 있습니다.

- **체인(chain)**

  프롬프트와 모델의 체인을 구축하는 것은 추론과 대화형 작업 흐름을 개발하기 위한 LangChain의 핵심 개념에 해당합니다. 조건에 따라 분기하고, 반복하고, 긴 체인을 재사용 가능한 모듈형 구성 요소로 나누어 선형 체인(linear chains)을 구성할 수 있습니다.

- **에이전트(agent)**

  LangChain을 사용하면 모듈형 에이전트에 검색, 질문 응답, 번역, 최적화와 같은 기능을 담아 재사용 가능한 논리를 담아 둘 수 있습니다. 이렇게 담아둔 기능을 통합하려면 작업 흐름 내에서 이 에이전트를 호출해야 합니다.

  에이전트는 파이썬이나 자바스크립트를 이용해 개발할 수 있으며, 완전한 사용자 정의가 가능합니다. 물론 일반적인 용도를 위해 사전 구축된 에이전트도 제공되므로 개발 속도를 향상시킬 수 있습니다.

이 외에도 Langflow나 Flowise 같은 오픈 소스 노 코드 플랫폼을 통해 개발에 익숙하지 않은 사용자도 LangChain의 고급 자연어 처리 기능을 활용하여 자연어 작업 흐름과 애플리케이션을

---

[14] 언어 연구나 자연어 처리에서 사용되는 대규모 텍스트 데이터 집합을 말뭉치(단수형: corpus, 복수형: corpora)라고 합니다.

구축할 수 있습니다. 개발자가 아니라면 Flowise와 Langflow로 시작하는 것도 좋습니다. 다음 절에서는 이러한 노 코드 플랫폼에 대해 살펴보겠습니다.

 LangChain의 노 코드 도구: Langflow와 Flowise

Langflow와 Flowise는 둘 다 사용자들이 텍스트 생성, 분류, 검색, 번역과 같은 작업을 사전 구축된 블록을 끌어 놓아(drag-and-drop) 손쉽게 작업 흐름으로 구성할 수 있는 시각적 작업 흐름 생성 도구(visual workflow builder)를 제공합니다.

직관적인 끌어 놓기 인터페이스를 사용하기 때문에 사용자는 전문적인 코딩 지식이 없어도 미리 구축된 템플릿 작업 흐름에서 출발하거나 특정 용도에 맞는 흐름을 직접 정의할 수 있습니다.

Langflow와 Flowise는 관리형 인프라에서 작업 흐름을 배포하고 운영, 관리합니다. 이 외에도 모니터링, 분석, 접근 제어, 기능 확장을 위한 연결자도 제공합니다.

두 가지 도구의 주요 차이점은, Langflow는 LangChain과의 통합에 중점을 두고 있는 반면, Flowise는 LangChain 외의 서비스에도 연결자를 제공한다는 점입니다. 또 다른 차이점은 Langflow는 파이썬으로 작성되었지만, Flowise는 자바스크립트로 작성되었다는 것입니다.

정리하자면 Langflow와 Flowise 모두 LangChain이 가지고 있는 강력한 기능을 비개발자에게도 개방하여 제품 관리자, 그로스 해커(growth hacker), 광고 담당자, 영역 전문가 등이 큰 어려움 없이 자연어 처리를 위해 LLM을 활용할 수 있게 해 줍니다.

또한 기술 자원이 없더라도 LangChain의 기술 저장소(repository of techniques)를 사용하여 정교한 작업 흐름을 구축할 수 있도록 도와줍니다.

지금까지 설명한 도구에 대한 자세한 정보는 다음 웹페이지에서 확인할 수 있습니다.

- **LangChain 문서**: https://docs.langchain.com/docs
- **Langflow 문서**: https://docs.langflow.org
- **Flowise 문서**: https://docs.flowiseai.com

Flowise를 사용하는 몇 가지 사례를 살펴보면서 가능한 활용 사례를 확인해 보겠습니다.

9.6.1 Flowise 탐색하기

Flowise를 실제로 사용해 보기 위해 설치 과정과 몇 가지 예제 챗봇을 구축하는 방법을 살펴봅시다.[15]

1. `npm install -g flowise` 명령어를 실행하여 Flowise를 설치합니다.
2. `npx flowise start` 명령어를 실행하여 Flowise를 시작합니다.
3. 웹 브라우저에서 http://localhost:3000을 열면 다음 그림과 유사한 화면이 표시됩니다.

▼ 그림 9-24 Flowise 인터페이스

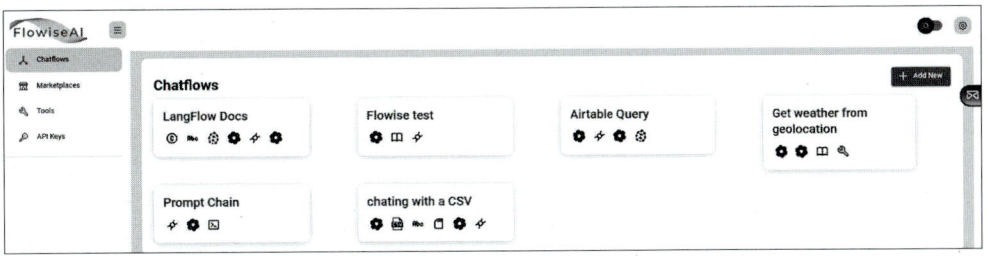

Flowise를 처음 사용한다면, 화면에 대화 흐름(chatflow)이 하나도 표시되지 않을 것입니다. 대화 흐름이 바로 여러분이 직접 개발하게 될 애플리케이션이기 때문입니다.

왼쪽의 메뉴에서 **Marketplaces**를 클릭하면 다양한 애플리케이션에 대한 기본 양식과 바로 사용할 수 있게 사전 구축된 도구를 볼 수 있습니다.

▼ 그림 9-25 Flowise 대화 흐름 템플릿

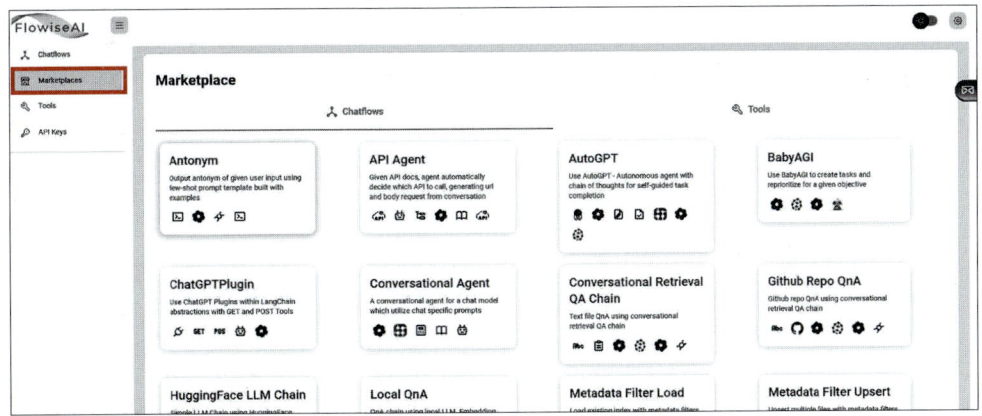

---

[15] 리눅스에서 서버 상태로 돌리는 환경입니다. 충분한 개발 지식과 리눅스 환경에 익숙한 개발자가 해 볼 수 있는 실습이므로, 똑같이 따라 하지 않아도 이렇게도 사용할 수 있구나 하는 느낌으로 눈으로 보고 따라 하는 개념으로 보면 더욱 도움이 될 것입니다.

사용해야 하거나 필요한 도구가 있다면 해당 도구의 API를 사용해 쉽게 만들 수 있습니다. 이 방법 외에도 Zapier나 Make로 작업 흐름을 생성하고 진입점을 웹훅으로 설정하면, 이를 통해 사용자 정의 도구를 설정할 수 있습니다. 앞의 Zapier 예제에서 살펴보았듯이 웹훅은 특정 이벤트가 발생할 때 앱이나 서비스가 다른 앱이나 서비스에 실시간으로 정보를 업데이트해 주는 방법 중 하나이며, 이를 통해 더 강력한 애플리케이션을 구축할 수 있습니다.

▼ **그림 9-26** Flowise 사전 정의 도구

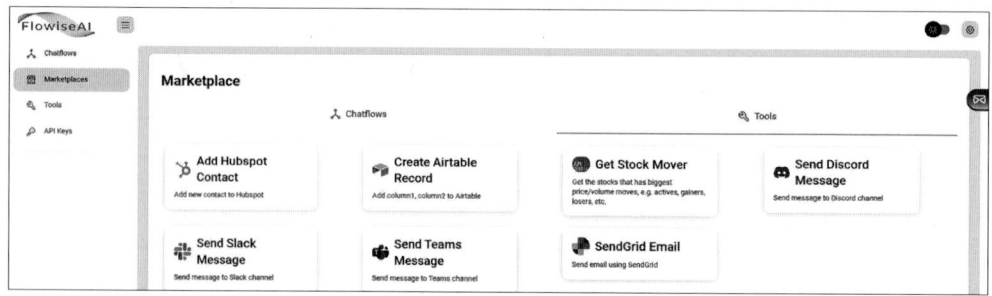

Flowise는 LangChain 위에 구축되는 시각적 생성 도구이므로, LangChain의 여러 가지 기본 구성 요소 유형을 반영합니다. 각 유형마다 다양한 구성 선택 사항을 제공하여 사용자가 특정 상황에 더 적합한 것을 선택할 수 있습니다. 기본 구성 요소 유형에는 다음과 같은 것이 있습니다.

- **대화 모델**(Chat model): GPT-3.5 Turbo나 GPT-4 같은 대화 모델은 대화형 AI 애플리케이션을 위해 특별히 설계된 것입니다. 이 모델은 문맥 정보로 이전의 메시지를 받아 이와 관련된 다음 응답을 생성합니다.

  이러한 대화 중심 모델은 대화 애플리케이션에서 text-davinci-003과 같은 일반적인 목적의 '완성(completion)' 모델에 비해 훨씬 더 강력하고 비용 면에서도 효율적입니다. 완성 모델은 양쪽에서 대화가 오가는 상호 작용 대신 단일 응답 텍스트 생성에 맞도록 조정됩니다.

  대화 모델은 GPT-3 등의 모델을 기반으로 구축되며, 대화 흐름과 일관성을 위해 추가된 학습 데이터와 최적화를 활용합니다. 이를 통해 대화 문맥을 따라 이전 응답을 반영하기 때문에 더 자연스럽고 관련성 높은 응답을 생성할 수 있습니다.

  예를 들어 대화 모델은 후속 질문에 답변하고 의도를 명확히 하며 이전 발언의 잘못을 인정하고 수정할 수 있습니다. 또한 이러한 모델의 학습은 몰입도(engagingness), 긍정성(positivity), 일관성(consistency)에 초점을 맞춥니다.

- **임베딩**(embedding): 임베딩은 텍스트를, 시맨틱 의미를 인코딩하는 수치 기반의 표현으로 변환합니다. 기계 학습 모델은 대규모 데이터 집합에서 단어와 문장 간의 관계를 분석하여 임베딩 정보를 생성할 수 있습니다.

텍스트 임베딩은 겉으로 보이는 수준의 단어 연결을 넘어 맥락적 뉘앙스와 유사성을 함께 포착합니다. 예를 들어 임베딩은 벡터 공간에서 동의어와 유사어를 서로 가깝게 사상할 수 있습니다.

이러한 텍스트의 수치적 표현은 의미적으로 관련된 문서를 찾을 때 매우 유용합니다. 단순한 핵심 단어 연결 대신, 문서 임베딩 사이의 벡터 거리를 비교하여 관련성이나 유사성이 높은 구절을 식별할 수 있습니다.

임베딩 처리를 통해 벡터 유사성 검색을 수행하여 개념적으로 연관된 콘텐츠를 포함한 문서를 검색할 수 있습니다. 단순한 핵심 단어 색인 접근 방식으로는 이러한 수준의 의미적 연결이 불가능합니다.

- **벡터 스토어**(vector store): 벡터 스토어는 대규모의 수치 벡터와 임베딩 묶음의 관리에 최적화된 데이터베이스로, 전통적인 데이터베이스에 비해 고차원 데이터 포인트를 좀 더 효율적으로 저장하고 검색할 수 있습니다.

  Flowise는 Pinecone, Chroma, Supabase, Qdrant 등 여러 벡터 스토어와 통합될 수 있으며, 이러한 통합을 위해 다음과 같은 두 가지 방식이 주로 활용됩니다.

  - **문서 임베딩 삽입 및 갱신**(upserting document embeddings): 벡터화된 구성 요소는 텍스트나 기타 미디어에서 임베딩을 생성합니다. 이러한 임베딩은 삽입 및 갱신(upsert)[16] 동작을 통해 벡터 스토어에 추가될 수 있으며, 이때 색인의 재계산이 일어납니다.
  - **기존 색인 적재**: 사전 구축된 벡터 색인을 작업 흐름의 상태 정보에 적재할 수 있으며, 이를 통해 벡터 스토어의 유사성 함수를 사용하여 색인된 임베딩을 검색할 수 있습니다.

- **문서 적재기**(document loaders): PDF 문서, TXT 파일, CSV 파일, Notion 문서, Confluence 페이지 등 다양한 경로에서 텍스트 콘텐츠를 수집할 수 있습니다. 문서 적재기는 다양한 경로에서 콘텐츠를 수집하고 이를 부호기로 벡터화하여 벡터 유사성에 기반한 관련 문서를 일치시킬 수 있도록 합니다. 이는 비정형 텍스트와 고성능 의미 검색 간의 연결 고리를 제공합니다.

- **기억 구성 요소**(memory component): 챗봇이 사람처럼 문맥을 유지하고 이전 대화를 기억할 수 있게 해 줍니다.

- **도구**(tool): 에이전트가 작업을 수행할 수 있도록 재사용 가능한 함수를 제공합니다. 외부 데이터 소스와의 상호 작용, 하위 작업 흐름의 실행, 다른 에이전트에 접근하는 논리 등을 감싸는 역할을 합니다. 개발자는 도구 추상 계층을 이용해 에이전트에 다양한 기능을 통합할 수 있으며, 에이전트는 작업 흐름을 조정하면서 기존 도구를 모듈형 기본 요소로서 재사용할 수 있습니다.

다음 절에서는 Flowise를 이용해 간단한 챗봇을 몇 가지 만들어 보겠습니다.

---

16 데이터베이스에서 갱신(update)과 삽입(insert)을 지칭하는 단어로, 처리하려는 레코드가 이미 존재할 경우 갱신하고, 없을 경우 삽입하는 작업을 의미합니다.

9.6.2 ChatGPT 스타일의 챗봇 구성하기

Flowise의 흐름 중 가장 간단하게 구현할 수 있는 것 중 하나는 ChatGPT의 기능을 복제하는 챗봇을 만드는 것입니다. 이렇게 구성된 챗봇은 웹사이트에 연동하여 사용자에게 ChatGPT의 기능을 제공할 수 있습니다.

이 작업 흐름은 그림 9-27과 같이 세 가지 구성 요소로 구성됩니다.

1. **대화 체인**: 대화 체인 구성 요소는 언어 모델(Language Model)과 기억(Memory)이라는 두 가지 입력을 요구합니다.
2. **언어 모델**: 여기서는 ChatGPT를 복제할 것이기 때문에 언어 모델로 **gpt-3.5-turbo-0613** 모델을 선택합니다.
3. **기억**: 여기서는 **버퍼 메모리**(Buffer Memory)로 충분합니다.

▼ **그림 9-27** ChatGPT 복제 작업 흐름

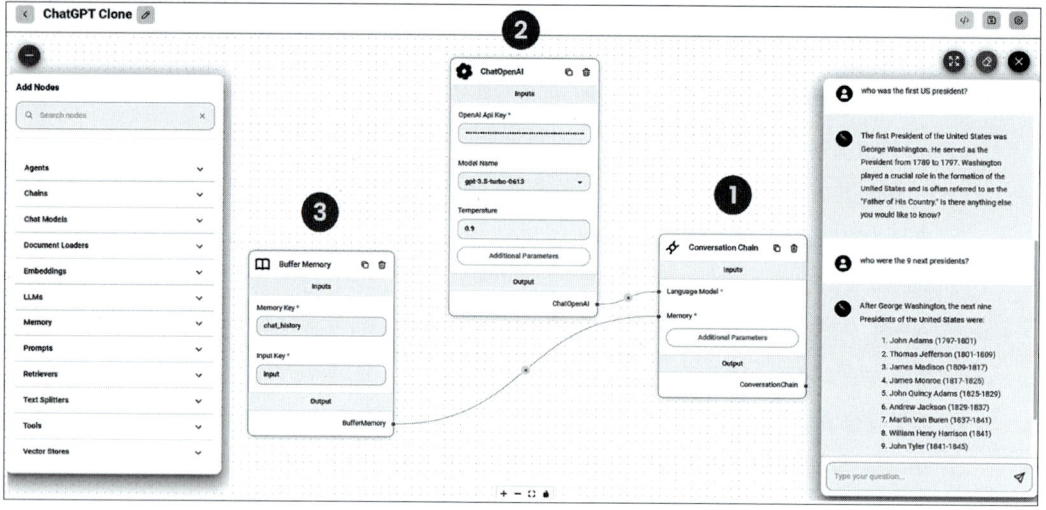

앞의 그림에서 볼 수 있듯이 왼쪽에 노드 또는 구성 요소 목록이 있고, 오른쪽에서 실제 대화를 진행할 수 있는데, 그림의 경우는 몇 가지 질문을 던져 테스트를 실행한 결과입니다.

작업 흐름은 웹사이트에 직접 포함시키거나 API로 사용할 수 있습니다. 이 작업은 화면 오른쪽 상단의 〈/〉 아이콘을 클릭하여 수행할 수 있습니다. 그러면 다음 그림과 같은 선택 사항을 포함한 팝업이 표시됩니다.

▼ **그림 9-28** Flowise에서 웹사이트에 포함시키거나 API로 사용할 수 있습니다.

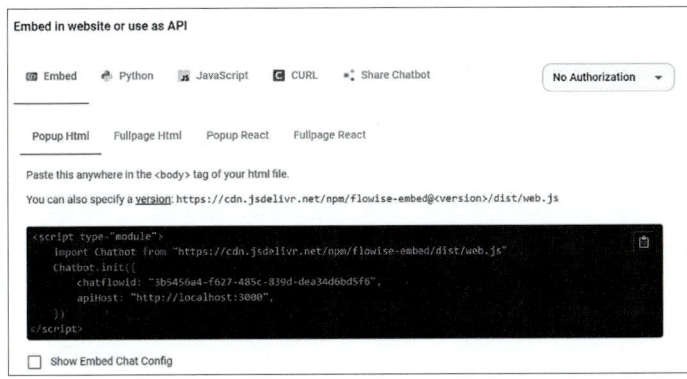

이 예제에서 Flowise는 지역 환경에서 실행되지만 Render, Railway, Replit과 같은 클라우드 서비스나 AWS, Azure, GCP, DigitalOcean과 같은 클라우드 제공 업체에도 배포할 수 있습니다.

LLM을 활용하는 일반적인 방법 중 하나는 PDF나 기타 유형의 문서를 요약하고 이에 대해 질문하는 것입니다. 다음 절에서 이에 대한 작업 흐름을 확인해 보겠습니다.

9.6.3 LLM을 활용해 PDF에서 답 찾기

많은 신생 기업과 AI 컨설팅 회사들은 사용자가 문서와 대화하고 내용에 대해 질문할 수 있는 서비스를 제공하고 있습니다. Flowise를 사용해 몇 분이면 이러한 작업 흐름을 구축할 수 있습니다.

작업 흐름은 그림 9-29와 같습니다.

1. 가장 먼저 준비해야 할 것은 문서 적재기입니다. 이 예시에서는 PDF 적재기를 사용해야 합니다. 물론 이 외에도 텍스트 파일, CSV, 마이크로소프트 워드, 웹 스크레이퍼 등 다양한 유형의 문서 적재기를 사용할 수 있습니다.

2. 이어서 준비할 것은 N개의 문자를 기준으로 문서를 조각으로 나누는 텍스트 분할기입니다. N은 사용자가 정의하는 문자 개수이며, 이 예제에서는 1,000으로 설정했습니다. 인접 조각과 서로 연결할 수 있도록 일부 겹치는 부분(overlay)을 설정하는 것이 좋습니다.

3. 이러한 조각들은 필요할 때 시맨틱 검색을 사용할 수 있는 벡터 데이터베이스에 저장되어야 합니다. 저는 많이 사용되고 있는 벡터 저장소인 Pinecone을 선택했지만, 이 외에도 다양한 선택 사항이 존재하며, 지금도 계속 늘어나고 있습니다.

4. Pinecone을 사용하려면 https://www.pinecone.io 계정을 생성해야 합니다. 이어서 색인을 생성하고 API 키, 환경, 색인을 Flowise의 Pinecone 노드에 입력해야 합니다. 앞에서 생성한 문서 조각을 벡터화하려면 임베딩 노드가 필요합니다. 여기서는 OpenAI의 임베딩 노드를 사용하고 있습니다. OpenAI의 노드를 사용하려면 OpenAI 계정과 API 키가 필요합니다.
5. PDF에 대해 질문하기 위해 대화형 검색 QA 체인을 선택했습니다.
6. 마지막으로 LLM이 필요합니다. 여기서는 GPT-3.5-0613 모델인 ChatOpenAI를 선택했습니다. 해당 노드에도 앞에서 확인한 OpenAI API 키를 입력해야 합니다.

▼ **그림 9-29** PDF의 내용에 대해 질문하는 Flowise 작업 흐름

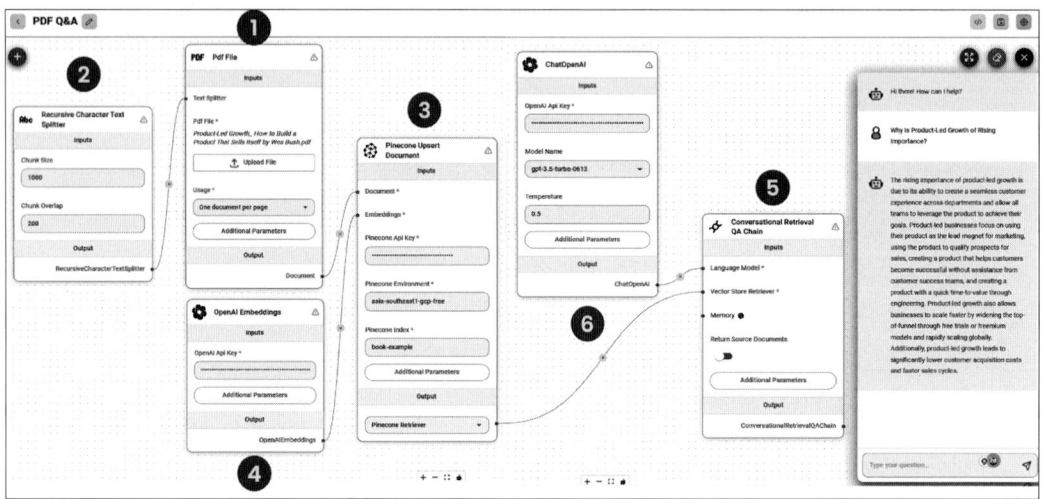

프로젝트를 저장한 뒤 대화를 선택하여 테스트해 볼 수 있습니다. 그림 9-29에서 볼 수 있듯이 우리가 원하는 대로 질문에 답하고 있습니다.

하나가 아닌 여러 문서와 대화하고 싶다면 PDF 노드를 더 추가하면 됩니다.

간단하지만 강력한 또 다른 작업 흐름으로, LLM이 실시간으로 인터넷에 접근할 수 있도록 하는 흐름이 있습니다. 이를 위해 SERP API, Serper, Web Browser와 같은 노드를 사용할 수 있습니다.

이 두 가지 간단한 예시에서 알 수 있듯이 LangChain, Flowise, Langflow는 LLM을 사용해 정교한 애플리케이션을 구축하는 강력한 기능을 제공합니다. 전체 작업 흐름을 하나의 맞춤형 도구로 구축하면 또 다른 작업 흐름에서 활용할 수도 있습니다. Zapier나 Make로 구축한 작업 흐름을 앞에서 만든 작업 흐름과 통합하는 것도 가능합니다. 가능성은 무궁무진합니다.

LangChain은 2024년 2월에 LLM 애플리케이션의 디버깅, 테스트, 모니터링을 할 수 있는 도구인 LangSmith를 출시[17]했는데, 이 도구를 통해 LangChain 작업 흐름의 문제를 쉽게 해결할 수 있습니다. 다음 절에서는 LangSmith에 대해 좀 더 자세히 알아보겠습니다.

9.6.4 LangSmith: LLM 작업 흐름 디버깅, 테스트, 모니터링하기

LangSmith는 LLM 애플리케이션의 개발, 디버깅, 테스트, 모니터링에 사용되는 종합적인 통합 솔루션입니다. 이 통합 플랫폼은 팀이 시제품 개발에서 운영 단계로 이동할 수 있도록 LLM 애플리케이션 수명 주기 전반에 걸쳐 강력한 기능을 제공합니다. 주요 기능으로는 버그를 식별하기 위한 디버깅 도구, 기능을 검증하기 위한 테스트 프레임워크, 운영 단계 앱 모니터링, 인프라를 이해하기 위한 시각화, 분석과 공유를 위한 데이터 내보내기 등이 있습니다. LangSmith는 초기 시제품 개발부터 출시 그리고 그 이후까지 기업 수준의 LLM 애플리케이션의 구축을 지원하는 것을 목표로 하고 있습니다.

LangSmith에 대한 자세한 정보는 https://www.langchain.com/langsmith에서 확인할 수 있습니다.

이 분야의 혁신은 매우 빠르게 진행되고 있습니다. 머지않아 또 다음 단계의 새로운 발전이 있으리라 기대됩니다. 다음 절에서 이러한 혁신 중 몇 가지에 대해 알아보겠습니다.

9.7 LLM 통합의 미래: 플러그인, 에이전트, 어시스턴트, GPT, 멀티 모달 모델

지금까지 템플릿, 노 코드 도구, LangChain과 같은 개발자 플랫폼을 사용하여 LLM을 통합하는 방법에 대해 알아보았습니다. 그러나 이 분야의 혁신은 매우 빠르게 진행되고 있기 때문에 머지않아 더 강력하고 유연한 통합 기능이 등장할 것입니다. 다음과 같은 주요 발전 사항이 여러분을 기다리고 있습니다.

---

[17] https://blog.langchain.dev/langsmith-ga

- **LLM 플러그인과 확장 기능**

    매번 환경에 맞춰 코드를 작성하는 대신, LLM을 일반 플랫폼에 직접 통합하기 위한 플러그인 및 확장 기능을 기대할 수 있습니다. 이미 ChatGPT Plus에는 추가 플러그인이 제공되고 있으며, 그중에서도 코드 번역기(code interpreter)와 같은 것들은 매우 강력합니다. 코드 번역기는 코드 실행이 가능한 격리된 파이썬 환경을 제공합니다. 물론 프로그래머를 위해 설계된 것이지만, 일반 사용자도 이 플러그인을 통해 다양한 작업을 수행할 수 있습니다.

    예를 들어 코드 번역기를 활용해 광학 문자 인식으로 PDF를 변환하고, 동영상 파일을 편집하고, 수학 문제를 풀고, 데이터 분석과 시각화를 수행하고, 그래프와 차트를 생성할 수 있습니다. ChatGPT의 코드 번역기에는 다양한 형식의 파일을 직접 적재할 수 있습니다.

    구글 역시 제미나이에서 사용할 수 있는 확장 기능을 출시했습니다. 제미나이의 확장 기능은 Gmail, 구글 지도, 유튜브와 같은 서비스의 상황 정보를 가져와 구글의 대화형 AI가 더 유용하고 통합된 응답을 제공할 수 있도록 합니다. 이를 통해 계획, 콘텐츠 작성, 학습과 같은 작업 전반에서 생산성, 창의성, 편리성이 향상됩니다.

    LLM이 표준적인 업무 도구로 자리 잡으면서, 경량의 플러그인은 기존 작업 흐름과 쉽게 통합되고 있습니다. API와 SDK는 단순한 사용자 인터페이스 뒤에서 복잡한 일을 처리할 것입니다.

- **새로운 LLM**

    앞으로 새로운 모델이 계속 등장할 것입니다. 구글의 제미나이[18]도 새로 등장한 모델 중 하나로 텍스트, 이미지, 코드를 처리하고 생성할 수 있는 멀티 모달 LLM입니다.

- **특화된 LLM 에이전트**

    앞으로 특정 작업에 대해 사전 학습된 모듈형 특화된 LLM이 점점 더 많이 등장할 것입니다. 이러한 전문 에이전트는 고급 검색, 데이터 분석, 최적 추천, 자동 보고서 생성 등의 기능을 제공할 수 있습니다. 개발자는 이러한 최고의 전문 에이전트를 조합하여 복잡한 작업 흐름을 수행할 수 있습니다. 범용 LLM 하나에 의존하는 대신, 에이전트를 사용한 방식은 각 모델의 강점을 전부 살릴 수 있습니다. LangChain뿐만 아니라 Superagent[19], LlamaIndex[20]처럼 같은 목적의 다양한 도구들이 개발되고 있습니다.

- **멀티 모달 LLM 통합**

    지금까지 LLM은 주로 텍스트, 이미지, 음성 정보를 처리하고 생성해 왔습니다. 그러나 이제 모델은 빠르게 텍스트, 이미지, 음성, 동영상을 비롯한 여러 가지 형식을 결합하는 방향으로 발전하고 있으며, LLM과 다른 매체를 더 긴밀하게 통합해 주는 도구가 등장할 것입니다. OpenAI가 2023년 초에

---

18 2024년 2월에 구글의 Bard와 제미나이가 리브랜딩을 통해 통합되었습니다.
19 https://superagent.sh
20 https://docs.llamaindex.ai/en/stable/index.html

GPT-4를 발표할 당시 멀티 입력 기능의 잠재력을 일부 보여 준 바 있는데, 제미나이는 여기에 더해 이미지를 적재하고 해당 이미지의 맥락에 대해 물어볼 수 있습니다. 조만간 더 강력한 멀티 모달 모델이 등장하게 될 것입니다.

LLM은 더 이상 별도의 도구가 아니라 일상적으로 사용되는 앱 전반에 걸쳐 생산성을 높이는 결합형 보조 도구가 될 것입니다. 긴밀한 통합을 통해 더 많은 맥락 기반 추천과 자동화의 잠재력이 개화할 것입니다.

LLM의 발전에 따라 통합 도구는 더 폭넓게 접근하면서도 특화된 영역에 최적화될 것입니다. 템플릿과 노 코드 도구는 비개발자를 지원하고 확장성은 공급자에 종속되는 것을 피할 수 있게 도와줄 것입니다. 다음 혁신의 물결은 누구나 자신만의 요구 사항에 적용 가능한 유연한 도구로 LLM을 만드는 것이 될 것입니다.

2023년 11월 6일에 OpenAI가 발표한 내용은 앞으로 LLM을 통합함에 있어 몇 가지 주요한 발전 방향을 제시합니다.

- 단순화된 도우미 API(assistant API)
- 사용자 정의 가능한 GPT
- 더 긴밀한 멀티 모달 연결

OpenAI의 새로운 도우미 API는 코드 실행, 데이터 분석, 작업 자동화 등의 기능을 갖춘 지능형 에이전트를 쉽게 만들 수 있게 해 줍니다. 개발자는 자연어 기반의 명령으로 프롬프트를 작성하여 특정 사용 사례에 기반한 도우미를 빠르게 생성할 수 있습니다.

도우미 API는 데이터 소스 수집, 메시지 간 대화 맥락 유지, 코드 번역기와 데이터 검색(data retrieval)과 같은 도구를 뒤에서 적절히 제어해 줍니다. 이는 작업 흐름과 LLM을 통합하는 데 있어 장벽을 낮추는 효과를 기대할 수 있습니다.

사용자 정의 가능한 GPT로 특정 영역과 작업에 최적화된 GPT를 제작할 수 있습니다. 예를 들어 수학 교사 GPT나 제품 광고 문구 작성 도우미를 제작하는 것 등입니다. GPT를 사용하면 데이터 과학에 대한 전문 지식이 없어도 LLM을 자신에 맞게 최적화할 수 있습니다.

또한 OpenAI의 GPT 스토어를 통해 유용한 AI 도구를 다른 사람들과 공유할 수도 있습니다. 이 거래소에서 창작자는 자신이 작성한 맞춤형 도우미를 배포하고 잠재적으로 수익을 창출할 수도 있습니다.

멀티 모달 측면에서는 텍스트 프롬프트를 기반으로 이미지를 생성하는 DALL-E 3 같은 모델에 접근하면 텍스트와 시각적 데이터를 더 긴밀하게 연결할 수 있습니다. 새로운 텍스트-음성 변환 API 역시 텍스트와 음성을 연결해 줍니다.

LLM의 발전에 따라 텍스트, 이미지, 음성, 동영상, 데이터를 우아하게 통합하는 모델이 등장할 것입니다. 이러한 결합은 우리의 작업에 더 도움이 되고, 더 개인화되어 인간적인 상호 작용을 가능하게 해 줄 것입니다.

AI의 가치는 여러 가지를 모두 다루는 범용 LLM이 아닌 고유한 특정 사용 사례에 목적별로 최적화된 도우미, GPT, 통합을 통해 더욱 더 빛을 발하게 될 것입니다.

9.8 요약

이 장에서는 LLM을 작업 흐름과 통합하여 대량으로 프롬프트를 자동화할 수 있는 다양한 기술들을 살펴보았습니다. 먼저 구글 시트에서 사용할 수 있는 SheetSmart와 같은 간단한 템플릿 선택과 Zapier와 같은 노 코드 자동화 플랫폼을 살펴보았습니다. 이보다 더 복잡한 개인화 작업의 경우 LangChain, Flowise, Langflow와 같은 개발자 도구를 사용하여 여러 종류의 LLM을 사용하는 흐름과 애플리케이션을 구축할 수 있습니다. 경쟁사 정보, 고객 데이터 강화, 문서와 대화하기 위한 사용 사례를 통해 실제로 통합이 어떻게 동작하는지도 살펴보았습니다.

앞으로는 대화형 AI와 일상적인 생산성 앱 사이가 긴밀히 연결되어 LLM이 더 높은 관련성을 가지고 맥락에 맞는 추천과 자동화를 제공하게 될 것입니다. 그러나 이러한 통합은 유용성을 열어 주는 동시에 윤리적으로 고려해야 할 중요한 것들도 제기합니다. 다음 장에서는 이러한 문제를 탐구해 보겠습니다. 이러한 강력한 기술이 일상 생활에 더욱 깊이 자리 잡아갈 때마다 투명성, 책임성, 통제와 같은 원칙이 더 중요해집니다.

4부

윤리, 한계, 앞으로의 발전

10장에서는 점점 더 강력해지는 생성형 AI 시스템의 등장으로 제기되는 다양한 윤리적 문제를 살펴봅니다. 기술의 발전은 편향을 지속시키고 프라이버시를 위협하며 노동 시장을 교란하거나 기후 변화를 악화시키는 등의 위험을 초래할 수 있습니다. 그러나 인권에 뿌리를 둔 올바른 운영 관리는 혁신을 유익한 방향으로 이끌어 줄 것입니다. 즉, 설계 단계에서부터 윤리를 강조하고 알고리즘 감사를 수행하며 신중한 규제를 적용하고 포괄적인 참여를 촉진해야 합니다.

11장은 개인화된 프롬프트를 위한 조건부 프롬프트, 추론을 위한 인과성 프롬프트, 위험을 탐구하기 위한 비식별화 프롬프트 등 이 책에서 다루었던 핵심 개념을 요약하며 마무리합니다. 접근이 민주화되면 책임 있는 감독과 운영 관리가 반드시 필요합니다. 프롬프트 엔지니어링은 엄청난 창의성을 발휘하도록 도와줍니다. 우리에게는 인간과 AI의 장점을 결합하여 더 나은 방안으로 활용하도록 신중하게 이끌 의무가 있습니다. 미래는 아직 결정되지 않았으며, 오늘날 우리의 선택이 앞으로 여러 세대에 걸쳐 영향을 미칠 것입니다.

4부는 전체적으로 급격히 가속화되고 있는 기술에 대한 책임 있는 관리에 대해 이야기할 것입니다. 개발과 운영 관리에 윤리가 기반이 된다면, 프롬프트 엔지니어링은 인간의 존엄성과 지혜를 유지하면서도 AI의 잠재력을 발휘할 수 있을 것입니다.

4부는 다음 장으로 구성되어 있습니다.

- **10장** 생성형 AI: 윤리와 혁신의 교차점에서 발생하는 문제들
- **11장** 결론

CHAPTER 10

생성형 AI:
윤리와 혁신의 교차점에서
발생하는 문제들

SECTION 1	생성형 AI의 윤리적 도전 과제 탐구
SECTION 2	경제적 영향에 대한 고려
SECTION 3	환경 지속 가능성 문제
SECTION 4	사회적 위험과 성찰
SECTION 5	앞으로 나아갈 길: 해결책과 안전 장치
SECTION 6	요약

생성형 AI 시스템은 AI의 새로운 시대를 대표합니다. 좁은 범위의 작업을 수행하도록 프로그래밍되어 있는 좁은 AI와 달리, 생성형 AI는 학습된 데이터를 기반으로 텍스트, 이미지, 음성, 동영상 등 다양한 새로운 콘텐츠와 결과를 자동으로 생성할 수 있습니다.

최근 심층 학습(deep learning)의 발전으로 GPT-4, DALL-E 3, Stable Diffusion과 같은 생성형 모델이 빠른 속도로 더 정교해지고 있습니다. 이는 새로운 창의적 잠재력을 열어 주지만, 이러한 기술이 사회 전반에 확산됨에 따라 긴급히 해결해야 할 심각한 윤리적 도전 과제도 늘어납니다.

생성형 AI가 발전함에 따라 윤리, 기술 발전, 사회적 영향의 교차점에서 복잡한 질문을 제기합니다. 이 장에서는 편향의 위험과 노동 시장에 대한 위협부터 환경 지속 가능성 문제와 기계 창의성의 본질에 대한 깊은 철학적 질문에 이르기까지 다양한 차원에 걸친 새로운 문제들을 살펴봅니다. 생성형 AI 시스템에서의 투명성, 책임성, 신뢰에 대한 주요 윤리적 문제를 검토할 뿐만 아니라 경제적 영향도 논의하며 근로자에게 닥칠 기회와 잠재적 대체 위험도 강조할 것입니다. 에너지 사용과 배출량과 같은 환경 지속 가능성 문제도 간단하게 훑어보고, 사회적 위험과 기계 창의성의 발전이 마음의 철학에 대해 무엇을 드러내는지에 대한 성찰도 다룹니다. 마지막으로 협력적 운영 관리에 대해 재차 강조하고 인간 중심 가치를 유지하며 이러한 변혁적 기술을 사회에 유익하게 이끌기 위한 잠재적 해결책과 안전 장치를 제안할 것입니다. 이 장은 생성형 AI가 부상하면서 제기되는 다차원적 윤리적 지형에 대한 포괄적인 개요를 제공하도록 하겠습니다.

이 장에서는 다음과 같은 주제를 다룹니다.

- 생성형 AI의 윤리적 도전 과제 탐구
- 경제적 영향에 대한 고려
- 환경 지속 가능성 문제
- 사회적 위험과 성찰
- 향후 방향: 해결책과 안전 장치

10.1 생성형 AI의 윤리적 도전 과제 탐구

생성형 AI는 두 가지 주요 윤리적 도전 과제를 제기하고 있으며, 이 과제에는 신중한 해결책이 필요합니다.

첫째, 이러한 시스템은 사회적 편견이 반영된 데이터를 기반으로 학습된 경우 불공정한 편견을 지속시킬 수 있습니다. 편향된 데이터는 모델에 편견을 심어 주어 소외된 그룹에 해를 끼치는 차별적인 선택을 하도록 유도합니다.

둘째, 생성형 AI의 엄청난 복잡성은 시스템 자체의 투명성을 매우 떨어뜨립니다. 전문가들조차도 모델이 내부적으로 어떻게 결정을 내리는지 설명하기 어렵습니다. 해석 가능성이 부족하다는 문제는 시스템이 가질 수 있는 편향성과 같은 문제에 대해 적절히 처리하지 못하게 하고, 결과적으로 공공의 신뢰를 저해합니다. 다음 절에서 이러한 과제에 대해 더 알아보겠습니다.

10.1.1 생성형 AI의 신뢰와 책임 문제

생성형 AI와 관련된 가장 시급한 문제는 복잡한 내부 동작의 투명성이 부족하다는 점입니다. 마치 블랙 박스처럼 추론과 의사 결정 과정이 눈에 보이지 않을 뿐더러 인간의 이해를 벗어난 상태로 남아 있습니다. 시스템이 어떻게 작동하고 출력을 생성하는지에 대한 불투명성은 적용된 논리와 과정을 쉽게 해석하거나 검증할 수 없기 때문에, 알고리즘의 편향성 문제 등을 검증하고 회피하는 것을 극도로 어렵게 만들며, 생성된 결과에 대한 신뢰도를 떨어뜨리는 결과를 낳습니다.

신뢰와 책임 문제는 단기적인 우려를 불러일으키지만, 생성형 AI의 경제적 영향은 우리가 사전에 적극적으로 해결해야 할 추가적인 과제를 제시합니다.

편향과 차별의 위험성

대부분의 생성형 AI 모델의 모든 능력은 오롯이 학습 데이터에서 비롯된 것입니다. 학습에 사용된 데이터가 사회적 편견을 반영하고 다양성이 부족할 경우 모델은 문제적 편향을 이어받아 증폭시키게 됩니다.

연구에 따르면 주요 언어 모델에서 강한 성별 편향과 인종 편향이 발견되었습니다. 편향된 데이터는 미묘하지만 해로운 방식으로 부호화됩니다. 이러한 데이터가 금융, 형사 사법 분야와 같은 영역에 배포되면 이를 학습한 생성형 AI는 이미 소외된 집단에 대한 차별을 더 크게 악화시킬 수 있습니다.

2019년 4월에 AAAI/ACM AI, 윤리 및 사회 컨퍼런스가 개최되었는데, 여기서 발표된 보스턴 대학교와 마이크로소프트 리서치의 연구에 따르면 GPT-2에서 상당한 수준의 성별 편향이 발견되었습니다. 연구자들은 이 모델이 프로그래머는 남성으로, 가정 주부는 여성으로 지칭하는 등 직업과 관련된 전형적인 성별 단어를 연관시키는 것을 발견했습니다.

이 편향은 모델이 학습한 텍스트에서 비롯된 것으로, 사회의 성별 불균형과 고정 관념을 반영한 결과입니다. 결과적으로 GPT-2는 기본적으로 편향된 출력을 내놓았습니다. 이 모델을 이력서 검토나 구직자 추천에 사용할 경우, 내재된 편향으로 인해 기술 분야에서 여성을 차별할 가능성이 매우 높습니다.

불공정한 편향을 완화하려면 학습 데이터 선별부터 원치 않는 편향을 평가하는 데 이르기까지 AI 개발 수명 주기 전반에 걸쳐 다양성과 포용의 모범 사례를 포함해야 합니다. 이에 더해 더 공정한 결과를 달성하려면 지속적인 윤리적 감시가 필요합니다.

편향이 지속될 수 있다는 위험 외에도 최첨단 생성형 AI 시스템의 불투명하고 이해하기 어려운 내부 동작 원리는 투명성과 설명 가능성을 심각하게 제한합니다. 이러한 해석 불가능성은 의사 결정 과정이 불명확한 시스템을 제대로 검증하거나 신뢰를 구축할 수 없기 때문에 윤리적 운영 관리에 추가적인 부담을 초래합니다.

투명성과 설명 가능성의 도전 과제

최첨단 생성형 모델의 내부 동작 원리는 AI 전문가조차 쉽게 해석할 수 없습니다. 설명 가능한 AI(Explainable AI, XAI) 등의 기법이 어느 정도 통찰력을 제공하지만, 현재 방법만으로는 GPT-3와 같은 대형 시스템의 비선형 동작을 완전히 설명할 수 없습니다. 설명 가능한 AI는 AI와 기계 학습 모델을 인간에게 더 투명하고 인간이 이해할 수 있게 만드는 것을 목표로 하는 연구 분야입니다. 설명 가능한 AI 기술은 AI 시스템의 내부 논리, 추론, 의사 결정 과정을 설명함으로써 신뢰를 구축하고 편향을 감지하며 인간이 이러한 시스템을 적절히 해석, 검증, 감독할 수 있게 합니다.

해석 가능성이 없으면 사용자는 생성형 AI를 제대로 검증하거나 신뢰를 구축할 수 없습니다. 의료 서비스와 같은 민감한 사회 분야에서 사용할 경우 이와 같이 결정 과정을 검증하고 질의할 수 있는 능력이 더욱 중요합니다. 블랙 박스를 밝혀내는 설명 가능한 AI에 대해 더 많은 연구와 개발이 시급합니다.

신뢰와 책임 문제는 단기적인 우려를 제기하지만, 생성형 AI가 경제에 미치는 영향은 우리가 선제적으로 해결해야 할 추가 과제를 제시합니다.

10.2 경제적 영향에 대한 고려

생성형 AI가 점점 더 강력해지고 그에 따라 창의적이고 분석적인 다양한 작업을 자동화하게 되면 향후 10년 동안 노동 시장과 소득에 큰 혼란을 일으킬 가능성이 높습니다. 그러나 순고용에 미치는 영향 예측은 여전히 복잡하고 불확실합니다.

한편에서는 생성형 AI가 생산성 향상, 맞춤형 서비스 제공, 새로운 산업 자극을 통해 전세계 GDP에 수천조 원 이상 늘릴 수 있다는 연구 결과도 있습니다. 그러나 또 다른 분석에 따르면 인간의 역할을 대체하는 자동화가 향후 10~15년 안에 일자리의 50%에 영향을 미치고, 미국에서만 최대 1,200만 명의 근로자가 AI로 대체될 것이라고 경고하기도 합니다. 특히 전문 서비스, 미디어, 소프트웨어, 운송 분야가 위험에 처해 있습니다.

이는 공정한 경제 전환을 위한 현명한 운영 관리와 비전을 갖춘 리더십이 필요하다는 것을 의미합니다. 근로자 재교육 프로그램, 교육 개혁, 일자리 창출 노력, 소득과 사회적 지원, 공공-민간 파트너십 등을 통해 영향을 받는 개인들이 새로운 기회를 활용하고 적응할 수 있도록 해야 합니다.

학자 마리아나 마추카토(Mariana Mazzucato)[1]가 주장한 것처럼 기술 발전과 함께 인간의 회복력, 권한 부여, 존엄성을 중심에 두고 '사회가 AI에 대비'하는 대신 'AI를 위한 사회를 준비'해야 합니다. 포용적 성장을 유지하려면 운영 관리 주체가 노동권과 경제적 정의를 중심으로 삼아야 합니다.

또한 경제적 영향에 대한 고려 외에도 생성형 AI 시스템 개발과 배포의 환경적 영향에도 주의가 시급합니다.

---

[1] 이탈리아 태생의 경제학자로 UCL(University College London)에서 교수로 재직 중입니다.

10.3 환경 지속 가능성 문제

대규모 생성형 AI 모델이 요구하는 막대한 계산 능력은 상당한 에너지를 필요로 하며 이에 따라 탄소를 배출하고 자원을 소비합니다. 이에 대한 고려 없이 생성형 AI를 무한정 사용하고자 하면 기후 변화와 환경 오염을 크게 가속시킬 위험성이 있습니다.

예를 들어 단일 자연어 모델을 학습시키는 데 30만kg 이상의 이산화탄소를 배출할 수 있으며, 이는 자동차 수십 대가 폐차될 때까지 배출하는 이산화탄소 양에 맞먹습니다. 분석에 따르면 2025년까지 주요 모델이 요구하는 계산 능력에 따른 이산화탄소 배출량은 중진국의 배출량을 뛰어넘는 수준입니다.

재생 에너지 요구 사항, 모델 증류와 같은 효율성 혁신, 포괄적인 수명 주기 평가, 탄소 회계, 강력한 환경 정책과 인센티브를 통해 이러한 영향을 억제하려면 신중한 운영 관리가 시급합니다.

AI의 기하급수적인 발전과 기후 행동을 연계하려면 연구자, 기업, 정책 입안자, 대중의 공동 노력이 필요합니다. 우리는 인간과 자연 지능의 미래를 보호하기 위해 이러한 기술의 지속 가능성을 관리해야 합니다.

그리고 편향성이나 투명성과 같은 윤리적 문제는 분명한 도전 과제이지만, 이와 함께 점점 더 뛰어난 능력을 가진 생성형 AI 시스템의 등장으로 인해 발생할 수 있는 미묘하지만 심각한 사회적 위험에 대해서도 신중히 고려해야 합니다. 이러한 기술의 확산에 발맞추어 생성형 AI가 사회 공동의 안녕, 가치, 방향에 시간이 지날수록 어떤 영향을 미칠지 선제적으로 담론을 넓혀 참여해야 합니다.

10.4 사회적 위험과 성찰

앞에서 살펴본 혁신적인 기술 발전에 의해 생성형 AI가 유발하는 즉각적인 윤리적 문제에 이어, 이 절에서는 그 뒤에 도사리고 있는 사회적 구조와 집단적 가치에 미칠 수 있는 훨씬 더 큰 위험에 대해 생각해 보겠습니다. 문화, 운영 관리, 인간 인지, 자기 이해에 미치는 영향을 살펴볼 것입니다.

10.4.1 더 넓은 사회적 영향

점점 더 강력해지는 생성형 시스템의 확산은 직접적인 피해보다 조금은 미묘하지만 파장이 더 큰 사회적 영향을 끼칠 위험이 있습니다. 예를 들어 합성 미디어가 널리 퍼지면 공적 신뢰를 훼손하거나 국가나 기업이 자신의 이익을 위해 대중 서사를 조작할 위험성이 있습니다.

창작 분야에서 생성형 AI를 지나치게 사용하면 시간이 지남에 따라 문화적 풍요로움과 진정성을 저하시킬 수도 있습니다. 대중의 담론이 지혜보다 관심을 끄는 데 최적화된 기계에 의해 중재되는 일이 점점 더 늘어난다면, 그 결과 소통의 장벽은 낮아질 수 있지만 역설적으로 다양한 관점에 대한 인간의 이해가 악화될 수 있습니다.

생성형 AI와 진리성, 창의성, 소속감과 같은 인간 가치 사이의 복잡한 상호 작용은 매우 불확실합니다. 기술적 결함뿐만 아니라 민주주의, 정신 건강, 아동 발달 등에 대한 파급 효과를 논의함으로써 기술 윤리에 대한 담론을 넓혀야 합니다.

생성형 AI가 사회의 기능에 위험을 초래할 수 있지만, 기계의 창의성이 발전하는 것은 지능의 본질에 대한 깊은 철학적 성찰을 요구하기도 합니다.

10.4.2 기계의 창의성이 인지에 대해 알려주는 것들

철학적 차원에서 볼 때, 생성형 시스템의 창의적 능력이 커지면서 창의성, 의식, 지능의 본질에 대한 심오한 질문이 제기되고 있습니다. 기계가 예술, 음악, 해학, 문학을 이해하고 만들어 낼 수 있다면 창의적 인지의 본질이라는 것을 어떻게 규정할 수 있을까요?

일부 관점에서는 생성 모델이 '진정한' 창의성이나 의도를 나타내는 것이 아니라 데이터에서 패턴을 재구성하는 것에 불과하다고 생각합니다. 이 관점에 따르면 알고리즘의 결과물인 출력은 독창적인 사고와 이해에 필수적인 마음의 주관적인 특성을 모방하는 것일 뿐 실제로 복제하는 것은 아닙니다. 회의론자들은 인간의 창의성은 본질적으로 알고리즘에는 존재하지 않는 고유한 의도 상태, 가치, 삶의 경험을 반영한다고 주장합니다.

그러나 다른 관점에서는 생성 시스템의 기능이 계산만으로도 인지를 충분히 드러낼 수 있다고 주장합니다. 생성형 모델이 인간과 구별되지 않는 수준으로 다양한 창의적 행동을 모방할 수 있다면, 인지에 주관적 경험이 필수적인 것이 아니라 단지 부수적인 현상일 수도 있다고 이야기합니다. 이러한 유물론적 관점으로 보면 마음은 기계이며, 물리적 알고리즘 너머에 의식의 신비한 불꽃은 존재하지 않습니다.

이렇게 상반된 관점을 조율하는 것은 여전히 어려운 과제입니다. AI의 창의성이 이질적이지만 실제로 존재하는 기계 의식의 새로운 형태를 반영하는 것인지, 기계적인 처리 과정을 가리고 있는 지능의 환상에 불과한 것인지, 아니면 그 사이의 회색 지대 어디쯤 존재하는 것인지 아직 밝혀내지 못했기 때문입니다. 궁극적으로 기계의 창의성과 인지를 어떻게 판단하는가에 따라 AI 시스템의 능력이 점점 더 향상되고 있는 이 시대의 사회적 자기 인식과 윤리에 깊은 영향을 미칠 것입니다.

이러한 논쟁을 단정적으로 해결하기보다는 인간과 기계의 창의성을 통합하는 것이 사회를 어떻게 향상시키는지 신중하게 고려해야 합니다. 마음 챙김, 지혜, 인본주의적 윤리가 발전과 운영 관리를 이끌게 되면, 가속화되는 기술의 궤적을 긍정적으로 형성할 수 있습니다.

창의성과 인지의 본질을 고려할 때는 물론이고, 의료나 국방과 같은 민감한 분야에서 오용과 피해 가능성을 고려할 때도 생성형 AI의 운영 관리에 특별한 신중함이 요구됩니다.

10.4.3 국방과 의료 분야의 우려

생성형 AI는 국방이나 의료와 같은 민감한 분야에서도 새로운 과제를 안겨 줍니다. 자율 무기와 같은 군사적 활용은 잠재적인 오용 가능성이 있으므로 신중한 운영 관리가 필요합니다. 의료 분야에서의 활용은 환자를 위험에 빠뜨릴 수 있는 편향되거나 잘못된 치료를 피하기 위해 철저한 검증이 필요합니다.

생성형 AI의 발전에 따라 우리는 노동 시장의 붕괴부터 민주주의에 대한 위협에 이르기까지 심각한 위험에 직면해 있지만, 반면에 윤리적인 협업을 통해 이러한 기술을 올바르고 선한 방향으로 발전시킬 수 있는 기회도 분명히 존재합니다. 정의, 인간의 존엄성, 지혜와 같은 인본주의적 가치에 기반을 두고 시민 사회, 정부, 민간 부문의 다양한 이해 관계자들이 함께 협력한다면, 이 강력한 혁신을 인류 전체를 위태롭게 하는 대신 도움이 되는 방향으로 이끌 수 있습니다.

10.5 앞으로 나아갈 길: 해결책과 안전 장치

생성형 AI의 다각적인 윤리적 문제를 해결하기 위해서는 기술, 정부, 학계, 미디어, 시민 사회 등 다양한 이해 관계자 사이의 협력이 필요합니다. 앞으로 나아갈 방향을 다음과 같이 정리해 보았습니다.

- 기술 기업은 내부 감독 위원회, 신제품에 대한 알고리즘 영향 평가, 외부 감사를 장려하기 위한 편향성 검증 프로그램을 시행하여 윤리적 설계를 준수해야 합니다.
- 정책 입안자는 투명성 보고서의 의무화, 수출 통제법을 통한 유해한 사용 금지, 권리 보호 데이터 관행 의무화와 같은 신중한 규제를 제정해야 합니다.
- 연구자는 편향성 탐지를 위한 적대적 테스트, AI 안전 연구소, 투명한 문서화, 평가 프로토콜에 관한 표준 제안과 같은 기술을 계속 발전시켜야 합니다.
- 근로자는 생계에 영향을 미치는 AI 시스템의 운영 관리를 통제할 수 있어야 합니다. 근로자의 힘은 예전에도 사회를 발전시켰으며, 이번 전환기에도 반드시 필요합니다.
- 교육 기관은 필수 윤리 과정, 기술과 인문학을 결합한 다학제적 프로그램, AI에 대한 이해 증진을 위한 지역 사회 참여 활동을 통해 학생들의 준비를 도와야 합니다.
- 철학자, 윤리학자, 인문학자를 비롯한 깊이 있는 사상가들은 변화 과정에서 우리의 가치를 유지하기 위해 급속히 발전하는 시스템의 사회적 통합을 이끌어야 합니다.
- 독립적인 감사 패널, 참여형 알고리즘 영향 평가 프레임워크, 소외된 집합이 의견과 반응을 제공할 수 있는 기제를 통해 더 넓은 시민 사회의 참여를 이끌어낼 수 있습니다.

생성 능력이 폭발적으로 증가함에 따라 앞으로 나아갈 길은 선형적이지 않을 것이 확실합니다. 그러나 인본주의적 가치를 지키고 윤리와 존엄성에 집중하며 협력함으로써 이러한 변혁적 기술을 사회를 향상시키는 유익한 목표로 이끌 수 있습니다. 미래는 아직 정해지지 않았습니다. 연대와 지혜를 통해 위대한 다음 장을 목적에 맞게 써 나가야 합니다.

10.6 SECTION 요약

이 장에서는 생성형 AI 시스템의 부상으로 인해 발생하는 다각적인 윤리적 환경에 대한 개요를 알아보았습니다. 기술이 확산됨에 따라 인권과 민주적 가치에 뿌리를 둔 신중한 운영 관리를 요구하는 중대한 기회와 위험에 직면해 있습니다.

우리는 편향 지속의 위험과 개인 정보 침해 문제부터 경제적 평등, 환경 지속 가능성, 철학적 정체성 문제 등에 이르기까지 다양한 도전을 탐구했습니다. 모든 도전 과제는 윤리, 권한 부여, 인간 존엄성을 중심에 두면 협력적인 해결이 가능합니다.

생성형 모델 동작의 투명성과 책임성을 보장함으로써 대중의 신뢰를 구축할 수 있습니다. 포용적 운영 관리와 근로자를 위한 공정한 전환을 통해 경제적 이익을 공평하게 나눌 수 있습니다. 재생 에너지 투자와 효율성 혁신을 통해 기후 행동과 지속 가능성을 AI의 발전을 연계할 수 있습니다. 혼란 속에서도 최고의 가치가 무엇인지 인지하고 이를 지킴으로써 혁신적인 기술을 인류의 미래를 풍요롭게 하는 방향으로 이끌 수 있습니다.

생성형 기술이 계속 확산됨에 따라 기술의 오용으로 인해 국방이나 의료와 같은 민감한 분야에서 인명과 인권이 위태로워지는 위험성에 대해서도 경계를 늦추지 말아야 합니다. 윤리적 사고가 운영 관리를 이끌면 이익을 실현하는 동시에 잠재적 피해를 줄일 수 있습니다.

그러나 지금 우리에게는 시간을 낭비할 여유가 없습니다. 생성형 AI의 윤리와 운영 관리에 대한 지금의 선택은 이후 여러 세대에 걸쳐 영향을 미칠 것입니다. 이 이야기가 미래에 대한 경고가 될지 아니면 희망의 실현이 될지를 결정하는 지혜의 시간은 바로 지금이며 우리 인류의 미래가 달려 있습니다. 연대, 창의성, 도덕적 용기를 통해 위대한 다음 장을 의도에 맞도록 함께 써내려 갈 수 있습니다.

여기서 교훈은 우리가 앞으로 나아가려면 모든 이해 관계자의 부지런하고 능동적인 노력이 필요하다는 것입니다. 기술 기업은 윤리 설계와 지속적인 알고리즘 감사를 준수해야 합니다. 정책 입안자는 혁신과 책임 있는 운영 관리의 균형을 유지해 주는 신중한 규제를 제정해야 합니다. 연구자들은 투명성, 책임성, 안전성을 촉진하는 기술을 계속 발전시켜야 합니다. 근로자는 이러한 시스템이 자신의 생계에 미치는 영향을 통제할 수 있어야 합니다. 시민 사회의 참여는 소외된 목소리가 들릴 수 있도록 하는 데 중요합니다.

이어지는 마지막 장에서는 지금까지 탐구한 개념을 종합하여 생성형 AI의 프롬프트 엔지니어링에 대한 포괄적인 지침을 제공하겠습니다.

CHAPTER 11

결론

SECTION 1	책 내용의 요약
SECTION 2	가능성 확장하기: 혁신적인 프롬프트 엔지니어링 활용
SECTION 3	의도한 결과 달성하기: 프롬프트 엔지니어링의 목표
SECTION 4	한계를 이해하고 감독 유지하기
SECTION 5	요약

프롬프트 엔지니어링의 최전선을 탐구하는 여정을 마무리하며, 주요 교훈을 요약하고 이 기술이 이끌어 낼 미래의 활용 방안과 역량에 대해 전망해 봅시다.

신중한 프롬프트 엔지니어링은 AI의 잠재력을 열어 주는 획기적인 기술입니다. 다양한 예시를 통해 보았듯이 마치 요리를 하는 것과 같습니다. 프롬프트 작성자는 LLM을 이끌기 위해 재료들을 신중하게 다듬어야 합니다.

현재 시점에서도 모델에게는 여전히 인간의 엄격한 검증이 필요하지만, 프롬프트 엔지니어링은 인간의 능력과 창의성을 크게 향상시킬 수 있습니다. 활용 분야는 발견을 가속화하고 의사 결정을 개선하며 생산성을 향상시키는 데 도움이 될 수 있습니다.

그러나 우리는 위험과 한계도 인식해야 합니다. 인간과 AI의 강점을 유익하게 결합하려면 신중함, 지혜, 투명성이 필요합니다. 모델에 대한 접근이 민주화됨에 따라 책임 있는 혁신을 장려하는 정책 인센티브가 중요하게 될 것입니다.

이 장에서는 다음과 같은 주제를 다룹니다.

- 책에서 다룬 핵심 개념에 대한 요약
- 산업 전반에 걸친 프롬프트 엔지니어링의 혁신적 활용 강조
- 의도한 결과를 이끌어 내기 위한 프롬프트 작성 방법 논의
- 역량의 발전에 따라 필요한 책임 있는 감독 검토

프롬프트 엔지니어링에 대한 심도 있는 탐구를 마치며, 이 신기술이 AI의 매우 유망한 최전선을 대표한다는 것이 분명해졌습니다. 우리는 가능성의 겉만 살짝 다룬 것에 불과하지만, 프롬프트 엔지니어링은 거의 모든 산업과 분야를 근본적으로 변혁할 수 있는 엄청난 잠재력을 가지고 있습니다.

11.1 책 내용의 요약

앞에서 신중한 프롬프트 엔지니어링을 통해 LLM과 같은 생성형 시스템으로부터 엄청난 가치를 이끌어내는 방법을 살펴봤습니다. 프롬프트 엔지니어링은 콘텐츠 생성 가속화, 코딩 자동화, 데이터에서 통찰을 추출하는 등 이전에는 불가능했던 새로운 활용을 가능하게 해 줍니다. 이는 사려 깊은 방향 제시를 통해 AI의 잠재력을 발휘할 수 있도록 해 주는 획기적인 돌파구입니다.

다양한 분야에서 맞춤형 프롬프트는 AI를 다재다능한 도우미로 변화시켜 데이터 처리 자동화, 초안 생성, 개인화된 추천을 가능하게 함으로써 인간의 노력을 보조합니다. 물론 이제 막 AI가 성장하는 현 단계에서는 인간 전문가의 역할이 여전히 중요하고 필수적입니다.

개인화를 위한 조건부 프롬프트 작성, 인과성 프롬프트 작성, 비식별화 프롬프트 작성, AI 토론과 같은 기법들은 앞으로 더 안전하고 신뢰할 수 있는 활용 방안에 대한 가능성을 보여 줍니다. 이러한 프롬프트 작성 유형에 대해 간략히 살펴보겠습니다.

- **조건부 프롬프트 작성**: 사용자의 속성과 선호도에 따라 모델 출력을 조건으로 구분하여 생성된 콘텐츠를 개별 사용자에게 맞추도록 프롬프트를 구조화합니다.
- **인과성 프롬프트 작성**: 원인과 결과의 관계를 추론하는 프롬프트를 통해 생성형 AI에 인과적 추론을 부여합니다. 이는 시스템이 인과적 가정에 답하고 의사 결정을 개선하는 데 도움이 될 수 있습니다.
- **비식별화 프롬프트 작성**: 모델이 삭제된 정보를 재구성하도록 신중하게 프롬프트를 작성하여 잠재적인 재식별 위험을 드러냅니다. 능력이 향상됨에 따라 위험을 회피할 수 있도록 책임 있는 프롬프트 작성이 필요합니다.
- **AI 토론 기법**: 모델이 텍스트에서 반대되는 관점을 주장하도록 훈련하여 모순된 증거와 편견을 드러냅니다. 이는 잘못된 정보의 위험을 줄이는 데 도움이 될 수 있습니다.

연구가 계속됨에 따라 인간과 AI의 협업을 단순한 일방적 지원에서 더 깊은 쌍방향 파트너십으로 발전시킬 수 있습니다. 이미 엑셀(Microsoft Excel)과 같은 도구가 분석가들을 지원하고 있는 것처럼, 앞으로 개발될 창의적인 AI 시스템도 교육, 연구, 의학 분야에서 발견을 촉진하여 이와 유사한 혁신을 일으킬 수 있을 것입니다.

11.2 가능성 확장하기: 혁신적인 프롬프트 엔지니어링 활용

의료를 비롯한 중요 분야에서 프롬프트 엔지니어링은 전략적인 방향 제시를 통해 작업을 자동화하고 전문가의 능력과 생산성을 크게 향상시킬 수 있습니다. 엑셀 덕분에 프로그래머가 아닌 사람들을 소프트웨어 전문 사용자가 된 것처럼, 프롬프트 엔지니어링 프레임워크를 통해 비전문가도 AI 기술을 안전하게 활용할 수 있는 미래를 살짝 엿볼 수 있었습니다.

의료 분야는 프롬프트 엔지니어링이 가장 설득력을 가지는 활용 분야에 해당합니다. 이에 대한 몇 가지 활용 사례는 다음과 같습니다.

- **임상 의사 결정 지원**: 잘 작성된 프롬프트는 의사에게 환자의 증상과 병력을 바탕으로 진단 및 치료를 위한 증거 기반 추천을 할 수 있습니다. 일종의 임상 의사 결정 지원의 형태이기는 하나, 의사가 지침을 다시 한번 직접 검증해야 합니다.
- **환자 교육**: 프롬프트로 LLM에게 환자에게 복잡한 건강 상태, 검사, 절차, 치료 선택 사항 등을 환자의 이해 수준에 맞는 간단한 언어로 설명하도록 지시할 수 있으며, 이를 통해 환자의 이해도와 순응도를 향상시킬 수 있습니다.
- **문서 이해**: 프롬프트로 LLM이 의료 기록, 비망록, 처방전 등의 문서에서 주요 정보를 추출하고 관련 세부 사항을 요약하거나 강조하는 형태로 의사를 돕도록 할 수 있습니다.
- **약물 발견**: 프롬프트로 LLM이 분자 상호 작용과 3차원 단백질 구조를 분석하여 새로운 약물 후보나 기존 약물의 재사용 용도를 식별하도록 유도할 수 있습니다.
- **이미지 분석**: 적절한 프롬프트로 LLM이 방사선 촬영 결과에서 이상 여부를 찾아내고 의사에게 진단을 제안하는 등 의료 이미지 분석에서 탁월한 성능을 보이도록 할 수 있습니다.
- **역학**: LLM은 적절한 프롬프트로 설계되면 방대한 역학 데이터, 뉴스, 과학 논문을 신속하게 분석하여 조기 질병 발생 신호를 감지할 수 있습니다.
- **가상 비서**: LLM API로 구축된 의료 챗봇은 건강 주제에 대한 대화 기반의 지침을 제공하고 진료를 예약하며 접수 양식을 작성하는 등의 역할을 할 수 있습니다.
- **임상 시험**: LLM은 프롬프트를 통해 환자 기록을 검토하여 대상 후보를 식별하고 등록 기준을 감시하며 적절한 동의서를 얻도록 도울 수 있습니다.

이 외에 공학, 정부, 저널리즘, 교육 등과 같은 다른 산업 분야에서도 프롬프트 엔지니어링을 통해 인간의 능력을 극대화할 수 있는 큰 잠재력을 보여 줍니다. 반복적인 작업을 자동화함으로써 드러난 통찰을 전략적으로 지시하면 발견과 의사 결정을 가속시킬 수 있습니다. 다음은 이에 대한 몇 가지 예입니다.

- **금융**: LLM은 프롬프트로 수익 보고서, 투자 설명서, 뉴스 등을 분석하여 투자 추천이나 보고서 초안을 생성할 수 있습니다. 이는 투자, 거래, 분석에 유용합니다.
- **공학**: 프롬프트로 방대한 기술 지식을 활용하여 공학 문제에 대한 재료, 설계, 방법을 추천하도록 LLM에게 지시할 수 있습니다. 이는 아이디어 구체화, 프로토타이핑에 도움이 됩니다.
- **저널리즘**: 프롬프트로 LLM이 적절한 맥락을 제공받아 기사의 초안이나 연구의 주요 세부 사항을 요약하도록 안내할 수 있습니다. 이는 글쓰기에 도움이 됩니다.

- **정부**: 효과적으로 설계된 프롬프트는 LLM이 정책, 법률, 규정을 신속히 분석하여 정책 입안자에게 요약된 통찰을 제공하거나 문서의 초안을 작성하도록 할 수 있습니다. 이는 분석과 정책 결정에 도움이 됩니다.
- **과학 연구**: 프롬프트는 LLM이 연구 목표와 데이터를 제공받아 가설을 개발하고 실험 프레임워크를 설계하며 결과를 분석하거나 원고를 작성하도록 유도할 수 있습니다. 이는 연구 개발을 보완합니다.
- **고객 서비스**: LLM은 프롬프트로 고객 문의에 답변하고 해결책을 추천하도록 할 수 있으며, 직접 해결할 수 없을 경우 문제를 상급자나 관리자에게 전달할 수 있습니다. 이를 통해 고객 지원 과정을 간소화할 수 있습니다.
- **제조**: LLM에게 프롬프트로 수요 예측 등의 매개 변수를 기반으로 최적화된 생산 흐름, 재고 수준, 예측 유지 보수 일정을 제안하도록 지시할 수 있습니다. 이는 효율성을 높일 수 있습니다.
- **인사**: 프롬프트로 LLM이 이력서를 검토하고 면접 일정을 조율하며 면접 질문을 추천하고 직무 설명을 작성할 수도 있습니다. 이는 채용과 인사 작업 흐름을 간소화합니다.
- **교통**: 적절한 프롬프트로 LLM이 교통 패턴, 날씨 데이터, 차량 원격 측정 등을 분석하여 배송 차량의 최적 경로와 일정을 추천하게 할 수 있습니다. 이를 통해 효율성을 높일 수 있습니다.
- **보험**: 프롬프트로 LLM이 청구서에서 주요 세부 사항을 추출하고 위험을 평가하고, 이전 사례와 정책 조건에 기반하여 공정한 합의 금액을 제안하도록 할 수 있습니다. 이를 통해 보험금 청구 처리를 신속하게 처리할 수 있습니다.
- **농업**: 효과적으로 설계된 프롬프트는 LLM이 실시간 토양 조건, 날씨, 작물 성장 데이터 등을 바탕으로 관개, 비료, 수확 시기 등의 개입을 제안하도록 하여 정밀한 작업을 할 수 있도록 지원해 줍니다.
- **소매**: 프롬프트로 LLM이 제품 설명을 생성하고 고객 데이터를 분석하여 맞춤형 추천을 제공하거나, 수요 예측에 기반하여 가격과 재고를 최적화하게 할 수 있습니다. 이는 매출과 전환율을 높입니다.
- **부동산**: 적절한 프롬프트로 LLM이 부동산 가치를 평가하고 계약서의 위험을 표시하며 시장 데이터에 맞춘 목록 가격을 제안하거나 부동산 설명을 작성하도록 할 수 있습니다. 이와 같은 작업은 부동산 중개인과 에이전트를 도와줍니다.
- **사이버 보안**: LLM은 보안 엔지니어가 작성한 프롬프트로 코드를 신속히 검사하고 위협을 분석하며 취약점을 식별하고 수정 사항을 제안해 소프트웨어 보안을 강화할 수 있습니다.
- **교육**: 앞에서 학습 자료를 만드는 활용 방법에 대해 알아본 바 있지만, LLM은 이 외에도 적절한 프롬프트를 통해 개인화되고 적응력이 필요한 교육에도 훌륭한 성능을 보입니다.

이러한 높은 수준의 활용 방안은 최첨단 프롬프트 작성 방법이 필요할 수 있지만, 이어서 살펴볼 내용은 프롬프트로 LLM이 달성할 수 있는 모든 범위의 목표를 고려하는 것입니다.

11.3 SECTION / 의도한 결과 달성하기: 프롬프트 엔지니어링의 목표

프롬프트 엔지니어링은 목표 지향적인 노력으로 접근할 때 가장 효과적입니다. 달성하고자 하는 목표와 의도한 결과를 명확하게 정의하는 것이 모든 프롬프트 설계 과정에서 가장 중요한 첫 번째 단계입니다.

프롬프트를 작성하기 전에 항상 자신에게 물어보세요. 이 콘텐츠를 생성하거나 이 작업을 수행하는 목적은 무엇인가? 프롬프트 작성에 따른 결과에서 성공을 의미하는 것은 무엇인가? 목표를 구체적이고 명확히 설정하면 프롬프트 엔지니어링의 방향을 설정하고 그에 따라 LLM을 원하는 결과로 이끄는 능력이 향상됩니다. 텍스트 요약을 생성하거나 데이터에서 통찰을 종합하거나 개인화된 추천을 제안하는 등 그 어떤 목표라도 특정한 목표에 프롬프트를 고정시키는 것이 핵심입니다.

프롬프트 엔지니어링의 활용 방안은 다양한 유형의 목표를 달성할 때 사용될 수 있으며, 그림 11-1은 목표의 예입니다.

▼ **그림 11-1** 프롬프트의 목표

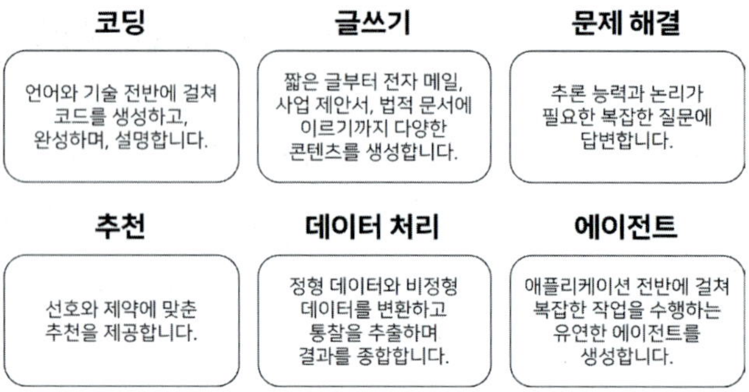

코딩	글쓰기	문제 해결
언어와 기술 전반에 걸쳐 코드를 생성하고, 완성하며, 설명합니다.	짧은 글부터 전자 메일, 사업 제안서, 법적 문서에 이르기까지 다양한 콘텐츠를 생성합니다.	추론 능력과 논리가 필요한 복잡한 질문에 답변합니다.
추천	**데이터 처리**	**에이전트**
선호와 제약에 맞춘 추천을 제공합니다.	정형 데이터와 비정형 데이터를 변환하고 통찰을 추출하며 결과를 종합합니다.	애플리케이션 전반에 걸쳐 복잡한 작업을 수행하는 유연한 에이전트를 생성합니다.

애플리케이션 전반에 걸쳐 복잡한 작업을 수행하는 유연한 에이전트를 생성합니다.

신중한 프롬프트 엔지니어링은 LLM의 잠재력을 활용하여 광범위한 목표를 달성할 수 있도록 도와주지만, 다음에 살펴볼 내용처럼 현실적인 기대와 책임 있는 감독을 유지하는 것은 여전히 중요합니다.

11.4 한계를 이해하고 감독 유지하기

물론 한계도 인식하고 있어야 합니다. LLM이 내놓는 결과에는 여전히 인간의 엄격한 검증이 필요합니다. 현 시점의 모델은 근본적으로 언어에 대한 진정한 이해가 부족하기 때문입니다. 인간과 AI의 상호 보완적인 강점을 유익하게 결합하는 것은 세심한 주의, 지혜, 투명성을 요구하는 지속적인 과제가 될 것입니다.

직관적인 도구를 통한 이러한 기술의 민주화는 접근성을 크게 확대할 수 있지만, 신중한 운영 관리가 없다면 큰 위험을 초래할 수 있습니다. 잠재적인 사회적 영향에 대한 참여형 커뮤니티 검증을 장려하는 정책적 보상은 편향성과 오용 방지와 같은 요소를 평가하는 독립적인 테스트와 표준 기관을 지원하는 것과 마찬가지로 책임감 있는 혁신을 이끌어 낼 수 있습니다. 배포 전 공개 알고리즘 영향 평가에 대한 요구 사항은 신중해야 합니다.

이러한 모델은 Zapier 같은 플랫폼을 통해 서비스와 통합하면 기능이 크게 향상됩니다. LLM이 구동하는 챗봇은 자연스러운 대화를 할 수 있습니다. 자동화는 LLM을 다양한 데이터 소스 그리고 출력과 연결합니다. LangChain 같은 도구는 LLM에게 향상된 응답을 위해 데이터 소스를 사용자 정의할 수 있는 기회를 제공합니다. LangChain을 통해 일정, 전자 메일, 비망록과 같은 독특한 데이터로 모델을 학습시키면 개인화된 AI 에이전트를 생성할 수 있으며, 사용자의 맥락과 선호도를 깊이 이해하는 맞춤형 솔루션을 구축할 수 있습니다. 개인화의 가능성은 무궁무진합니다.

신중한 프롬프트 엔지니어링은 이러한 모델을 인간의 감독을 유지하면서 유익한 결과로 이끄는 강력한 수단입니다. 생성형 AI는 올바르게 사용하면 인간의 능력과 창의력을 크게 증가시킬 수 있습니다. 그리고 프롬프트는 이 잠재력을 여는 열쇠입니다.

11.5 요약

이 책에서는 텍스트 생성 기술에 대한 소개에 대부분의 분량을 할애하고 있지만, 프롬프트 엔지니어링은 그 이상의 것을 포함하고 있습니다. 새롭게 떠오르는 기술은 이미지, 음성, 3D 데이터, 영상도 생성할 수 있으며, 이와 같이 LLM이 점점 멀티 모달 형식 기반으로 진화함에 따라 프롬프트 엔지니어링은 더욱 풍부한 창의적 가능성을 열어 줄 것입니다.

빠르게 진화하고 있는 LLM은 조만간 컨텍스트 창이 100만 개의 토큰을 넘어서고, 훨씬 더 큰 기억 용량과 언어적 맥락에 대한 이해를 제공할 것입니다. 또한 거대한 멀티 모달 형식에 기반한 지식을 통합하면서 기하급수적으로 더 강력해지고 정교해질 것입니다.

우리는 이미 다양한 사용 사례에서 활용할 수 있는 프롬프트를 설계할 때 필요한 핵심 지식을 갖추고 있습니다. 여기서 우리의 상상력에는 한계가 없습니다. 이 책은 AI가 앞으로 어떻게 삶과 작업에 있어 거의 모든 측면을 변혁할지에 대한 고민에 불을 붙이려고 노력했습니다. 생성형 AI는 아직 어린 아이에 불과하지만, 우리의 미래는 밝아 보입니다.

지금부터 해야 할 다음 단계는 이 책에서 제공한 핵심 원칙과 기술을 적용하여 실험을 시작하는 것입니다. 신중한 프롬프트 엔지니어링으로부터 태어날 놀라운 결과들을 기대합니다. 이 흥미로운 분야에 들어선 여러분에게 감사하며, 여러분의 기술이 이 분야의 미래를 형성하는 데 도움이 될 것입니다. 이야기는 이제 막 시작되었을 뿐입니다.

리뷰어 소개

다니엘 미즈라히(Daniel Mizrahi)는 Google에서 소프트웨어 엔지니어로 근무하고 있으며, 제3자 서비스를 Google Cloud로 배포하는 자동화를 담당하고 있습니다. 그는 지난 2년 동안 운영 효율성을 향상시키고 좀 더 높은 수준의 클라우드 기반 애플리케이션으로 가는 길을 열어 주는 체계를 만드는데 집중해 왔습니다. 그는 이 경험을 통해 현대 클라우드 프레임워크의 미묘한 차이에 대한 깊이 이해하고 있습니다.

Google에서 근무하기 전에는 Amazon Prime Video 팀에서 콘텐츠 제공자를 위한 포털 개발을 담당했으며, 이를 통해 사용자 중심의 소프트웨어 솔루션을 만드는 기술을 갖추었고, 소프트웨어 공학과 디지털 콘텐츠 배포 사이의 복잡한 관계에 대한 이해를 습득했습니다.

서던 캘리포니아 대학교(University of Southern California)에서 기계 학습과 AI를 중심으로 컴퓨터 과학 석사 학위를 취득했습니다. 이러한 학문적 배경은 기술적 전문성의 기반이 되었습니다.

디빗 굽타(Divit Gupta)는 20년간 업계에서 경력을 쌓은 노련한 IT 전문가로 전략적 구조 설계 계획을 주도하고, 다차원적 판매 주기 내에서 능숙하게 리더십을 발휘합니다. 또한 기술 파트너십을 주도하고 팀의 나아갈 방향을 정의하며 새로운 전략적 시도를 옹호합니다.

Tech Talk with Divit, Live Labs with Divit, Cloud Bites with Divit 등 Oracle의 기술 계획과 리더십을 보여 주는 인기 팟캐스트의 진행자이며, 2022년부터 2년간 Oracle TV의 CloudWorld 특파원으로도 활동했습니다. 지식 공유에 대한 그의 열정은 국제 컨퍼런스 발표, 기술 블로그, 새로운 기술을 다루는 여러 권의 책에서 엿볼 수 있습니다.

Oracle CloudWorld FY 2023에서 Oracle 데이터베이스 기술에 대해 발표한 인정받는 전문가이며 Microsoft, Oracle, AWS, Databricks에서 40개 이상의 인증을 보유하고 있을 정도로 기술의 최전선에서 활약하고 있습니다.

데이비드 산티아고 카스티요(David Santiago Castillo)는 Twnel에서 10년 이상 근무한 노련한 소프트웨어 개발자로, 커뮤니케이션 플랫폼의 진화에 중추적인 역할을 해왔습니다. 메시징 플랫폼으로 시작되었던 Twnel은 이제 대화형 사용자 인터페이스 기반의 비즈니스 프로세스 자동화 솔루션으로 변모했습니다. 빠르게 진화하는 AI와 자연어 처리 환경에서 LLM이 가진 힘을 활용하여 Twnel의 자동화 기능을 향상시키고 확장하는 데 앞장서고 있습니다.

찾아보기

ㄱ

감성 분석 156
고객 지원 티켓 288
구성 정보 244
구조화 165
기억 303
기억 구성 요소 307

ㄴ

능동적 학습 040

ㄷ

단계형 프롬프트 042
대화 모델 306
대화형 프롬프트 041
데이터 검색 313
데이터 정리 163
데이터 정제 163
데이터 청소 163
도구 307

ㄹ

로 대 웨이드 사건 196

ㅁ

마리아나 마추카토 321
마크다운 159
매개 변수 062
매너티 티 인퓨저 151
멀티 모달 프롬프트 043
모델 302
모델 크기 062
문서 적재기 307
미란다 대 애리조나 사건 197
미세 조정 036

ㅂ

벡터 스토어 307
비식별화 프롬프트 329
비정형 텍스트 데이터 156
빈칸 채우기 시험 193

ㅅ

사실형 프롬프트 042
사전 학습 035
상용구 코드 222
상황 패턴 057
상황형 프롬프트 042
색인 303
선행 기술 조사 219
설명 가능한 AI 320
세일즈포스 288

소네트 138
스키마 302

짧은 동영상 125

ㅇ

언어 패턴 056
에이전트 303
연쇄 프롬프트 044
온도 062
위치 부호화 035
유튜브 쇼츠 125
응답 패턴 057
의견 기반 프롬프트 043
인과성 프롬프트 329
임베딩 306

ㅊ

창의형 프롬프트 042
체계적 프롬프트 043
체인 303
최대 토큰 수 063

ㅋ

컨텍스트 창 037
코드 번역기 312
코드 조각 222
코딩 도우미 222

ㅈ

자기 주의 집중 035
자연어 처리 209
작업 패턴 056
전이 학습 041
전자 증거 개시 209
전환율 083
정성적 정보 156
제로샷 프롬프트 039
조건부 프롬프트 329
증거 개시 205
지시형 프롬프트 041
지적 재산 212

ㅌ

트랜스포머 035
틱톡 125

ㅍ

판매 문구 083
팟캐스트 110
패턴 매칭 165
편향성 066
평가 기준표 192

퓨샷 러닝 040
프롬프트 303
프롬프트 길이 063
프롬프트 라우팅 301

ㅎ

하이쿠 138
함수 호출 278
환각 066, 215

A

active learning 040
Adobe Firefly 081
agent 303
AI 도우미 186
AI 토론 329
AIDA 공식 073

B

boilerplate code 222

C

Canva 124
chain 303

ChatGPT Speech to Text 플러그인 120
Chat model 306
cloze test 193
code interpreter 312
code snippet 222
coding assistant 222
contextual prompts 042
context window 037
conversational prompts 041
creative prompts 042

D

data cleaning 163
data cleansing 163
data retrieval 313
data scrubbing 163
Deepgram 120
DeepL 288
Descript 120
document loaders 307

E

embedding 306
Explainable AI 320

F

factual prompts 042
FOMO 공식 073
function calling 278

H

hallucination 066, 215

I

index 303
instructional prompts 041
Intellectual Property 212
IP 212

L

LangSmith 311

M

Make 287
manatea tea infuser 151
manifest 244
Mariana Mazzucato 321
markdown 159
memory 303

memory component 307
Midjourney 081
model 302
multi-modal prompts 043

N

Natural Language Processing 209
NLP 209

O

OpenAI Whisper 120
opinion-based prompts 043

P

PAS 공식 073
Pixabay 087
positional encoding 035
POWER 공식 074
prior art search 219
prompt 303
prompt chains 044
prompt routing 301

R

ReAct 301
rubric 192

S

schema 302
self-attention 035
short-form video 125
SMILE 공식 074
sonnet 138
Stability AI 288
Stable Diffusion 081
step-by-step prompts 042
systematic prompts 043

T

The 1973 US Supreme Court case Roe versus Wade 196
TikTok 125
tool 307
top-k 063
transfer learning 041
transformer 035

V

vector store 307

X

XAI 320

Y

YouTube Shorts 125

Z

Zapier 287
Zendesk 288
zero-shot prompting 039